운영체제의 이해

안 동 찬 · 변 창 우 공저

오성 미디어

머리말

새롭게 한해가 시작되었다. 그리고 시간은 빠르게 흐른다.

컴퓨터 분야의 기술 서적이 대부분 그렇듯, 운영체제 분야의 많은 책들도 해마다 새로운 버전과 업그레이드된 버전이 나오고 있다. 시시각각 새롭게 이슈화 되는 내용을 모두 교재에 담기에는 책으로서 감당하기 힘들 만큼 진화된 많은 기술들이 쏟아져 나오고 있다. 하지만 시간이 지나고 새로운 기술이 쏟아져 나와도 컴퓨터의 기본 운영체제의 원리는 변하지 않았음을 우리는 모두가 다 알고 있다. 지난 6년간 운영체제를 강의 하면서 늘 아쉬웠던 점은 빠르게 변하는 운영체제를 좀 더 쉽게 이해하도록 만들어진, 우리 학생들에게 맞는 교재가 필요하다는 것이다. 매학기 새롭게 결심을 하였지만 이러저러한 핑계로 미루어 오다 이제야 좀 학생들에게 가까운 운영체제를 선보이게 되는 것 같다. 과감하게 줄일 것은 줄이고 꼭 필요한 내용만을 담으려고 노력하였다. 특히, 이론적으로 꼭 알아야 할 내용을 기사시험 출제범위에 준해서 기술하였으며, 책의 끝에는 최근 3년간 기출문제를 부록으로 달아 여러분의 실력을 향상시키는데 주력하였다. 문제를 풀고 답을 찾는 과정 속에서도 여러분의 실력은 향상될 것이다.

책의 순서는 제1장에서 운영체제를 배우기 전에 알아두어야 할 기본적인 지식, 컴퓨터 시스템의 개요에 대해 설명한다. 제2장은 운영 체제의 전반적인 개요를 설명하고 있으며, 제3장 프로세스 개요에서는 프로세스의 개념을 설명하고 있다. 제4장 프로세스 스케줄링은 운영체제 이론 내용 중 가장 중심이 되는 내용이며 아주 중요한 내용을 다루고 있다. 제5장 교착상태는 프로세스 스케줄링을 통해 발생되는 문제점 중 하나이며 이것을 예방하기 위한 방법도 함께 제시하고 있다. 제6장 기억장치 관리는 가상 기억 장치를 이해하는 기초이며, 제7장 가상 기억 장치는 기억장치의 한계를 극복하는 가상 개념을 소개한다. 제8장 가상 기억 장치 관리는 기억장치 관리의 핵심적인 기술 들을 소개한다. 제9장에서는 디스크의 구조 등을 소개

머리말

하며 디스크 스케줄링 기법을 자세히 소개한다. 제10장 파일 시스템은 파일의 특성, 접근 방법, 조작, 보호에 대해서 다루며, 제11장에서는 병행프로세스 개념 및 프로세스 간의 동기화에 대해 다룬다.

끝으로 이 책이 출간되기까지 물심양면으로 수고를 아끼지 않으신 오성미디어 오성결 사장님과 편집진 여러분께 감사드리며, 이 책으로 공부하는 여러분 모두에게 무궁한 발전을 기원합니다.

2009년 2월

초지동 연구실에서

목 차

제 1 장 컴퓨터 시스템의 개요

제 2 장 운영 체제의 개요

목 차

목 차

제 5 장 교착 상태(deadlock)

목 차

제 6 장 기억 장치 관리

목 차

제 7 장 가상 기억 장치(Virtual Memory)

목 차

제 9 장 디스크 관리

목 차

제 10 장 파일 시스템

목 차

목 차

제 1 장 컴퓨터 시스템의 개요

1.1 기본개념

1.1.1 프로세스

(1) CPU

CPU(Central Processing Unit) 또는 처리기(processor)는 주기억 장소에서 인출된 (fetched) 프로그램 명령어(instruction)들을 실행하는데, 이러한 명령어들은 주기억 장소 주소를 순차적으로 증가시키면서 실행된다. 하지만 분기 명령어들은 명령어의 그룹(group)을 스킵(skip)하거나 반복 또는 서브루틴(subroutine)을 호출한다. 서브루틴을 호출할 때 복귀할 기억장소 주소는 서브루틴의 끝에 있는 복귀 명령어를 만나면 복귀할 수 있도록 저장해 두어야 한다. 전형적으로 복귀 주소는 기억 장소에 있는 스택(stack)의 top에 삽입되어 저장되며, 스택의 top은 CPU에서 사용하는 스택 포인터 레지스터(register)가 가리킨다.

인터럽트(interrupt)는 명령어들의 순차적인 실행을 깨트리는 또 다른 방법이다. 인터럽트는 서브루틴 호출과 같이 CPU가 자동적으로 특정 주소에서 실행을 시작할 수 있도록 하게하고, 스택의 top 상에 복귀 주소와 몇 가지 처리기 상태 레지스터(processor state register) 값들을 저장해 놓는다. 이렇게 저장된 내용들은 인터럽트된 프로그램의 실행을 다시 재개시킬 때 사용된다.

또한, CPU는 산술, 논리, 주소 연산 등을 수행하기 위하여 많은 범용 레지스터들을 가지고 있다. 이러한 범용 레지스터들은 직접 어셈블리 언어 프로그램에서 사용할 수 있으며, 컴파일러(compiler)는 고급 언어 프로그램들이 사용한 이러한 레지스터들의 내용을 추적한다.

몇몇 마이크로 프로세서들은 이러한 범용 레지스터들을 CPU 장치에 구성시키지 않고 주기억 장소를 활용하기도 한다. 범용 레지스터용으로 사용되는 주기억 장소 위치들은 CPU에 구성된 CPU 포인터로 나타낸다.

(2) 프로세스

프로세스(process) 또는 태스크(task)의 개념은 운영 체제를 이해하는데 매우 중요하다. 보통 프로세스를 "실행 중인 프로그램"이라 정의한다. '실행(execution)'이라는 용어 대신에 '수행(performance)' 또는 '평가(evaluation)'라고 하기도 한다.

프로세스와 태스크를 구분하기는 매우 어렵지만 어떤 책에서는 "태스크를 실행해야 할 연산이나 연산들의 집합"이라고 정의하고, "프로세스를 태스크의 실행"이라고 정의하기도 한다.

또한, 프로세스라는 용어는 60년대 MULTICS 운영 체제에서 처음 사용하였고, 태스크는 IBM에서 처음 사용하였다는 것으로 구분할 수도 있다.

(3) 프로그램과 프로세스

앞에서 프로세스를 "실행 중인 프로그램"이라고 정의하였다. 이를 프로그램과 비교하면서 좀 더 자세히 알아보자.

우리들이 잘 알고 있듯이 프로그램 실행 단계는 사용자가 자신의 업무를 처리하기 위해 특정 언어의 명령어들을 나열하여 원시 프로그램을 작성한 후 디스크 상에 파일로 저장시킨다(test.java라 하자). 저장된 프로그램은 컴파일을 통해 클래스 파일로 변환되어 다시 디스크 상에 생성된다(javac test.java에 의해 클래스 파일 test.class를 생성한다). 이러한 작업 단계를 거친 후 프로그램을 실행하기 위해서는 디스크 상에 저장되어있는 관련 클래스 파일을 실행시킨다(java test 실행). 프로그램 카운터에 값이 정해지면 CPU는 실행 파일에 순차적으로 생성된 명령어 단위 순서로 프로그램 실행하기 시작한다.

그러나 프로그램이 실행되기 이해서는 프로그램의 크기는 얼마인지, 주기억 장치의 어디에 위치하는지, 프로그램이 실행되기 위한 필요한 자원들은 무엇인지 등의 여러 가지 여분의 정보들이 필요하다.

특히 다중 사용자 시스템에서 여러 개의 프로그램을 관리하기 위해서는 우선순위, 현재 실행된 시간 등 추가 정보가 더욱 필요하다. 운영 체제가 프로그램 실행을 위해 필요한 정보를 담고 있는 자료 구조를 보통 프로세스 제어 블록(PCB : Process Control Block)이라 한다. 그러므로 프로세스는 프로그램 자체인 실행 코드와 자료 그리고 실행 제어 정보가 들어 있는 PCB가 합쳐진 단위가 된다.

또한, 사용자가 키를 사용하여 dir 명령어를 입력했다고 가정하여 보자. 입력한 dir 명령어를 쉘(shell) 또는 명령어 해석기(command interpreter)라고 불리는 프로세스가 명령어를 받아들여 해석한 후 dir 명령어에 대한 실행 파일 PCB와 결합한 프로세스로 생성하여 실행 결과를 화면에 보여준다.

따라서, 하나의 프로그램은 단순히 디스크 상에 저장되어 있는 파일의 내용으로써 수동적(passive)인 정적 단위가 되고, 반면에 하나의 프로세스는 다음 명령어를 실행할 수 있도록 지정하는 프로그램 카운터와, 레지스터들, 변수들 등을 가진 능동적(active)인 동적 단위가 된다.

즉, 프로세스는 프로그램이 실행되기 위한 필요한 기억 장소 영역, PCB등의 자원을 할당받은 상태를 말한다. 한 프로세스의 실행은 순차적인 방법으로 수행되는데. 어느 한 순간에 많아야 하나의 명령어만 프로세스를 대표하여 실행하게 된다.

새로운 프로그램(=작업)이 시스템에 입력되면 운영 체제가 프로그램에 필요한 기억 장소와 프로그램에 관계된 자료들에 대한 기억 장소 그리고 프로그램 실행을 위한 필요한 정보를 담고 있는 PCB를 기억 장소에 생성해 줌으로써 하나의 프로세스는 생성된다.

(4) 프로그램과 프로세스의 차이

하나의 프로그램과 하나의 프로세스는 거의 같은 개념이나 하나의 프로그램이 여러 개의 프로세스들로 생성될 수 있다는 점에서 다소의 차이점을 찾을 수 있다.

하나의 프로그램이 여러 개의 프로세스로 생성되는 첫 번째 예는 다음과 같다. 프로그램은 일반적으로 계산 과정과 입출력 과정을 포함하고 있고, 대부분의 컴퓨터 시스템은 CPU와 입출력 장치 처리기들로(채널, DMA 등) 구성되어 있다. 그러므로 프로그램의 초기 작업 프로세스가 입출력 명령을 만나면 운영체제의 도움을 받아 입출력 프로세스를 생성하고, 이렇게 생성된 입출력 프로세스는 입출력 장치

처리기에서 실행하게 한다. 즉, 하나의 프로그램을 실행하는 과정은 계산 프로세스와 입출력 프로세스들로 나누어 생성하여 CPU와 입출력 장치 처리기들의 협력을 통하여 병행 실행된다.

하나의 프로그램이 여러 개의 프로세스로 생성되는 또 다른 예는 하나의 프로그램이 병렬(parallel)로 실행되기 위해서는 여러 개의 부분으로 나누어 질 수 있다. 이렇게 나누어진 여러 개의 부분들은 분리된 각각의 병행(concurrent) 프로세스들로 생성될 수 있다.

(5) 병행성(concurrency)

다중 사용자 컴퓨터 시스템에서 여러 명의 사용자가 터미널을 사용하고 있다면 분명 동시에 병렬적으로 작업하고 있는 것이다. 실제로 여러 명의 사용자들이 같은 순간에 어떤 키를 입력하는 일도 있을 수도 있다.

아무튼 여러 명이 동시에 작업하고 있다고 말할 수 있다. 만일 여러 명이 컴퓨터의 같은 자원들을 사용하면서 작업하고 있다면 여러 명의 사용자들은 어떤 형태로든지 시간 공유(time-sharing) 형태로 경쟁하면서 작업을 실행할 수밖에 없다. 이러한 형태의 병렬성(parallelism) 즉, 둘 이상의 작업이 동시에 실행되나 어느 한순간에 단지 한 작업만이 실행되는 것을 병행성 또는 동시성(concurrency)이라 한다.

앞에서 하나의 프로그램(=작업)이 여러 개의 프로세스를 생성되어 상호협력하면서 프로그램이 실행되고 있음을 알 수 있었다. 그러므로 컴퓨터 시스템에는 다수의 사용자에 의해 생성된 다수의 프로세스들이 상황에 따라 협력하기도 하고 경쟁하면서 제한된 컴퓨터 자원들을 공유하면서 병행 실행해 나간다.

(□) □□□ □□ 프로그램(reen□r□n□□ro□r□□)

동시에 두 개 이상의 프로세스가 하나의 프로그램을 공유하여 사용가능하면 공유 프로그램 재진입 가능하다고 한다. 재진입 가능 프로그램은 자신의 값이나 코드를 수정할 수 없으며 프로세스 이미지(image) 바깥에 있는 전역 변수(global variable)들을 변경할 수 없다. 그래서 주기억 장소에 있는 하나의 재진입 가능 프로그램을 복사본은 각기 서로 다른 실행 상태를 갖는 여러 개의 프로세스들에게 공유될 수 있다. 보통 재진입 가능 프로그램은 변하지 않기 때문에 순수 코드(pure code)라 하며 ROM에 저장할 수 있다.

많은 운영 체제의 입출력 프로세스들은 재진입 가능 프로그램 복사본을 사용하는 방법으로 구현된다. 그 외에도 편집기, 컴파일러, 쉘(shell) 등이 재진입 가능 프로그램의 예가 되는데, 이러한 프로그램이 다수의 사용자에 의해 공유되지 않고 독립적으로 수행되면 엄청난 기억 장소의 낭비가 초래된다.

이를 해결하기 위해 편집기, 컴파일러, 쉘 등을 재진입 가능 프로그램으로 만들어 공유시킨다. 즉, 편집기, 컴파일러, 쉘 등을 여러 명이 사용하여도 재진입 가능 프로그램 부분은 기억 장소에 하나만 있으면 되고, 각 사용자 프로세스의 가변 자료 영역만을 개인용으로 따로 배당해 주면 된다. 재진입 가능 프로그램은 우리가 프로그램을 작성할 때 자주 사용하는 부분을 서브루틴으로 만들어 공유하는 원리와 똑같다.

1.1.2 기억 장치

(1) 주기억 장치

주기억 장치는 CPU에 의해 프로그램과 자료들을 즉시 접근할 수 있도록 저장용으로 사용되며, CPU와 호환성이 있는 접근시간(access time)을 가진 입출력 RAM(Random Access Memory)이 주로 활용되고 있다. 또한 주기억 장소는 변하지 않는 프로그램과 자료들을 고정한 몇몇 ROM(Read Only Memory)을 포함하기도 한다. ROM 정보는 전원이 켜지면 즉시 이용 가능하지만 대부분의 RAM 정보는 전원이 켜진 후 재 적재 과정을 수행한 후 이용하게 된다.

경제적인 이유로, 보통 컴퓨터 시스템들은 속도는 느리나 비트당 가격이 저렴한 보조 기억 장치를 가지고 있으며 이러한 보조 기억 장치들은 직접 접근이 가능한 디스크 장치나 순차 접근만이 가능한 테이프 장치로 크게 구분된다. 보조 기억 장치들은 언제나 운영 체제에 있는 입출력 구동기(driver)에 의해서만 접근된다.

(2) 기억 장치 계층 구조

기억 장치는 CPU가 실행할 프로그램과 데이터를 기억하거나, 실행 후의 결과를 저장하는 장치로서 주기억 장치(main memory, real memory, primary memory)와 보조 기억 장치(secondary memory, auxiliary memory)로 구분된다.

프로그램과 데이터가 즉시 참조되어 실행되기 위해서는 주기억 장치(코어, 반도체 기억 장소 등) 내에 있어야 하고, 보조 기억 장치(디스크, 드럼, 테이프 등)는 실행되어야 할 프로그램과 처리되어야 할 대량의 데이터들을 저렴하게 저장해 준다.

이러한 기억 장치의 성능은 기억 장치에 저장된 정보를 읽거나, 기록하는 속도를 측정하여 결정하며, 일정한 양의 정보를 읽어내는데 걸리는 평균 시간을 측정하여 판단한다. 이 경우 한 워드 단위의 정보를 읽어 내는데 걸리는 시간을 접근 시간(access time)이라 한다.

기억 장치는 접근율(access rate)에 비례하여 가격이 비싸지기 때문에 컴퓨터 시스템을 구성하는데 있어서 CPU와 직접 연결된 기억 장치는 작은 용량의 속도가 빠른 것으로 처리 속도를 높여야 한다.

그러므로 하나의 컴퓨터 시스템은 속도와 기억 저장량을 보완하기 위해 여러 수준의 기억 장치 계층 시스템을 가지고 구성되어야 한다.

기억 장치 계층 시스템은 다음과 같이 세 단계로 구분하여 볼 수 있다.

① CPU와 주기억 장치 간의 속도 차이를 보완하기 위해 중간 위치에 있는 CPU와 비슷한 고속 기억 장치로 버퍼(buffer), 캐시(cache) 또는 연관 기억 장치(associative memory) 등 이에 속한다.

② 프로그램과 데이터를 저장하는 주기억 장치로서 RAM이나 ROM과 같은 반도체 기억 장치와 자기 코어(magnetic core) 기억 장치가 있다.

③ 주기억 장치 용량을 보조할 수 있는 보조 기억 장치로서 자기 디스크, 자기 드럼, 자기 테이프 등이 있다.

CPU와 주기억 장치 그리고 보조 기억 장치 간에 계층 관계를 그림 1-1에서 보여준다.

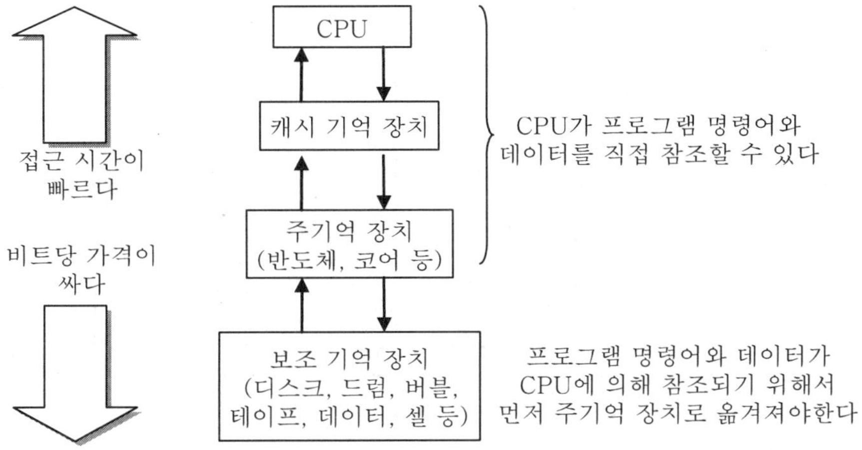

[그림 1-1] 기억 장치 계층 관계

(3) 뱅크 스위치(bank switching)

주기억 장치의 크기가 CPU의 주소화 범위(addressing range)를 초과하면 CPU는 운영 체제의 도움 없이는 주기억 장치에 저장된 모든 프로그램과 자료들을 직접 주소화 할 수 없다. 이는 다음과 같이 뱅크 스위칭(bank switching) 기술을 사용하여 해결할 수 있다.

주기억 장치의 크기가 CPU의 주소화 범위를 초과하면 물리적인 기억 장소를 블록들로 나눌 수 있다. 블록을 뱅크라 부른다. 하나의 뱅크 선택 레지스터는 CPU가 기본으로 주소화하여 즉시 접근 할 수 있는 블록들을 식별하기 위해 사용된다.

이러한 기본적인 개념을 발전시켜 각 뱅크마다 독립된 MBR(Memory Buffer Register)와 MAR(Memory Address Register)를 구성하여 여러 개의 뱅크에서 명령어 인출과 자료 인출을 동시에 수행시켜 CPU와 주기억 장치 간의 실질적인 대역폭을 향상시킨다.

뱅크 스위칭의 예를 그림 1-2에서 보여준다.

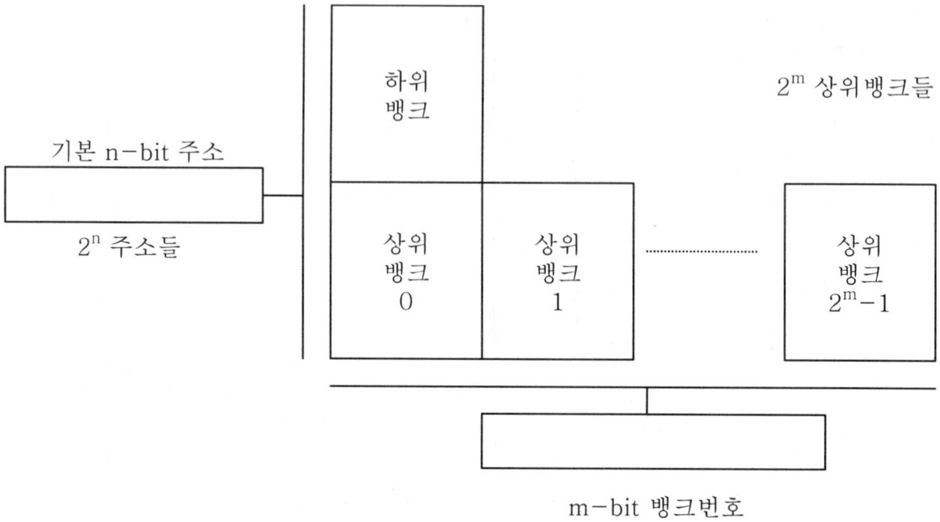

[그림 1-2] 뱅크 스위칭의 예

기본 주소와 뱅크 번호의 조합은 주기억 장치의 주소화 능력을 강화시킨다. 전체적으로 강화된 주소는 구 문맥의 적절한 재저장을 허락하기 위하여 많은 문맥 교환(context switching) 상황들을 저장해야 함을 주의해야한다.

뱅크 스위칭은 속도 느린 보조 기억 장치와 물리적인 정보 전송을 하지 않기 때문에 속도가 빠르다는 점을 제외하고는 이후에 소개하는 보조 기억 장치를 사용하는 가상 기억 장치 방법과 매우 유사하다. 즉, 두 방법의 전략은 대부분 비슷하다. 두 경우에서 사용자가 기계의 상세한 사항에 관하여 알 필요가 없도록 기억 장치 관리 메커니즘(mechanism)에서 처리하도록 해야 한다.

예를 들어, 사용자에 의해 접근할 수 없는 블록이 주소화 되는 매 시기 마다 제어를 운영 체제로 옮겨 해결하게 한다. 이는 때때로 페이지 부재(page fault)라고 부른다. 운영 체제는 사용자에게 제어가 복귀되기 전에 기억 장치를 재편성해야 한다.

1.1.3 입출력과 인터럽트

(1) 채널(channel)

기계적인 특성을 갖고 있는 저속의 입출력 장치와 고속의 CPU 간의 속도 차이 때문에 입출력 장치와 CPU를 직접 연결하는 것은 비효율적일뿐더러 CPU 내에서의 모든 연산은 제어 장치의 통제에 의해 동기적(synchronous)으로 처리될 수 있으나 입출력 동작은 입출력 특성상 CPU와 비동기적(asynchronous)으로 수행되어야 한다.

이를 해결하기 위해서 입출력 장치와 CPU 간에 입출력 전용 처리기인 입출력 채널을 두어 CPU와 입출력이 독립적으로 병행 수행될 수 있도록 보통 그림 1-3과 같이 컴퓨터 시스템을 구성한다.

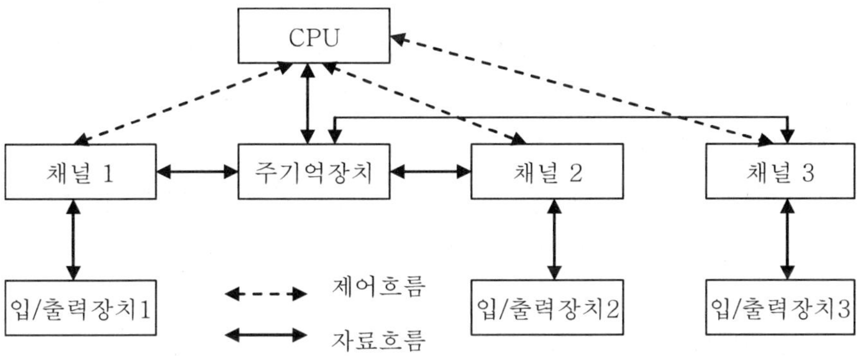

[그림 1-3] 컴퓨터 시스템의 채널들

이와 같이 구성된 컴퓨터 시스템에서의 모든 입출력 동작은 채널을 통하여 수행됨으로써 CPU는 채널에게 입출력 명령을 주고 나면 더 이상 입출력에 대해 신경 쓰지 않고 유휴 상태(idle state)에 있거나 다른 프로그램을 수행할 수 있다.

이러한 채널의 종류는 여러 개의 입출력 장치가 연결되어 있다 하여도 한 번에 단 하나의 입출력 장치만을 지원하는 선택 채널(select channel)과 여러 개의 입출력 장치가 하나의 자료 경로를 작은 시간 간격의 시분할(time-sharing) 형태로 공유하면서 제어되는 멀티플렉서 채널(multiplexer channel) 등이 있다.

선택 채널은 전송 속도가 비교적 빠른 테이프나 디스크와 같은 입출력 장치에 사용되고 멀티플렉서 채널은 터미널, 프린터, 카드 판독기와 같이 저속의 장치에서 사용된다.

(2) 입출력 인터럽트

다중 프로그래밍을 지원하는 시스템에서 CPU와 입출력을 처리하는 채널 간에는 상호 배타적으로 독립적인 동작에 의해 동시 처리가 가능해야 한다. CPU는 채널에게 입출력 명령을 주고 더 이상 입출력에 대해 신경 쓰지 않고 유휴 상태(idle state)에 있거나 다른 프로그램을 수행한다. 또한 채널은 입출력 동작을 완료하였거나 입출력의 오류가 발생하면 인터럽트를 이용하여 CPU에게 입출력 종료를 알려야 한다. 이와 같이 인터럽트는 입출력을 실행하는 기본적인 수단을 제공하고 있다.

(3) 인터럽트 종류

인터럽트 개념은 컴퓨터의 순차적인 성질을 극복할 수 있을 뿐만 아니라 특히, 여러 개의 작업을 병행적으로 실행할 수 있는 다중 프로그래밍 시스템에서는 CPU, 기억 장치와 같은 자원의 배당과 회수 등에 관계된 효율적인 스케줄링을 위해 필수적으로 인터럽트 개념을 사용하고 있다.

운영 체제에서는 방금 기술한 입출력 인터럽트 외에도 시스템의 각종 응급 상황에 대해 다양한 대체를 위하여 다음과 같은 인터럽트 종류가 있다.

① 외부 인터럽트

시스템 타이머 클럭(clock)에서 일정한 시간이 지나거나 조작자(operator)가 콘솔(console) 상에서 발생하는 인터럽트

② SVC(supervisor call) 또는 시스템 호출 인터럽트

사용자 프로그램의 명령어가 수행되는 과정에서 입출력 수행을 위하여 또는 기억 장치의 배당 등을 위하여 발생하는 인터럽트

③ 프로그램 검사(program check) 인터럽트 또는 트랩(trap)

사용자 프로그램의 명령어가 수행되는 과정에서 명령어에 이상이 있거나 명령어가 수행되는 것을 금지하기 위한 인터럽트로서 다음과 같이 다양하게 발생한다.

- 연산시 오버플로우가 발생하거나 0으로 나누기 등이 수행되어 명령어가 정확하게 실행될 수 없을 때 발생한다.
- 기억 장치의 보호 영역을 침범하거나 사용자 모드에서 특권 명령이 실행되는 등 금지된 동작을 실행하려고 시도할 때 발생한다.
- 없는 명령(operation) 코드나 기억 장치 범위를 벗어난 주소를 사용하거나 또는 컴퓨터 환경에 없는 선택형 장치들을 사용하는 등 실행할 명령이 없는 경우 발생한다.

④ 기계 검사(machine check) 인터럽트
기계적인 장애나 오류로 인해 발생하는 인터럽트

⑤ 재시작(restart) 인터럽트
조작자가 콘솔 상에서 재시작 키를 누를 때 발생하는 인터럽트

1.1.4 UNIX

UNIX 운영 체제는 커널(kernel), 쉘(shell), 파일 시스템이라는 세 가지 중요 특징이 있는데 커널에 대하여 간단히 살펴보자.

(1) 커널

커널(kernel)은 UNIX 시스템이 부팅될 때 가장 먼저 읽혀지는 운영 체제의 핵심 부분으로 주기억 장소에 상주하면서 프로세스를 스케줄링하고, 주기억 장치 공간과 보조 기억 장치의 파일 시스템을 관리하며 주기억 장치와 주변 입출력 장치 간의 자료 전송을 제어한다.

또한, 커널은 시스템 호출을 통해 다른 운영 체제의 기능들을 서비스한다. 예를 들어, 컴파일, 파일 조작과 같은 유용한 기능들을 사용자가 제공받기 위해서는 커널이 뒷받침하는 시스템 호출을 사용한다.

그림 1-4는 UNIX 시스템의 커널 구조를 도식화한 것이다.

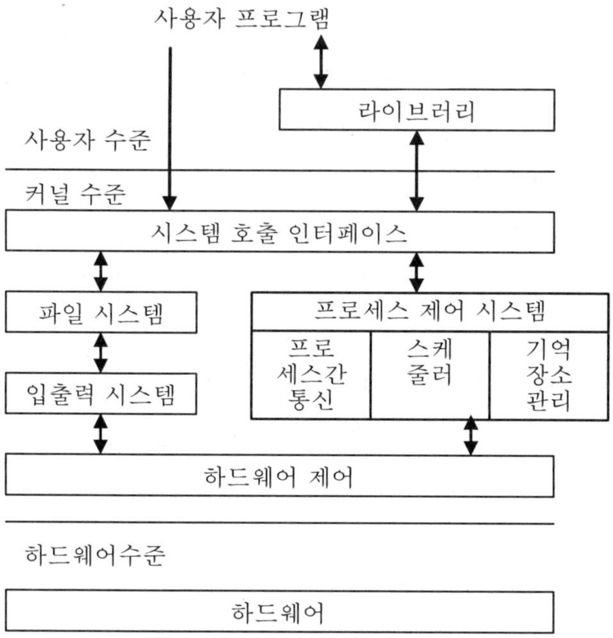

[그림 1-4] UNIX 시스템의 커널 구조

커널은 다음과 같이 크게 몇 부분의 기능으로 구성되어 있다.

① 시스템의 기억 장소와 각 프로세스의 배당 문제를 관리하는 기능
② CPU를 사용하는 순서를 정하여 모든 사용자가 골고루 원하는 작업을 동시에 실행시키는 기능
③ 시스템에서 처리되는 각종 데이터를 변환, 전송하는 기능
④ 쉘(shell)과 연관되어 쉘에서 지시한 작업을 수행하고, 그 결과를 쉘로 보내는 기능
⑤ 파일 시스템의 접근 관한을 처리하는 기능

(2) 사용자 모드와 커널 모드

커널 모드는 커널 자신의 프로그램과 자료에 대한 접근뿐만 아니라 모든 사용자 프로세스의 프로그램과 자료 접근이 가능한 모드이고, 사용자 모드는 단지 자기 자신의 프로그램과 자료만을 접근할 수 있는 모드이다.

즉, 커널 모드는 서로 다른 사용자들 간에 간섭받지 않고 병행적으로 실행을 유

지하기 위한 보호 모드 역할로서 매우 중요하다. 이러한 사용자들 간의 보호를 위해서 운영 체제용의 특권 상태(privileged state)와 사용자용의 제한된 상태(restricted state)의 두 가지의 서로 다른 상태로 컴퓨터가 실행되도록 설계되었다.

(3) 커널에서의 인터럽트 처리

운영 체제 내의 각 사용자 프로세스들은 커널 인터럽트에 의해 병행적으로 수행될 수 있다. 커널은 인터럽트가 발생하면 인터럽트 종류를 파악하여 처리하고 인터럽트 취급 루틴(interrupt handler)의 주소를 알려 주어 해당 인터럽트가 수행되도록 하고, 또 다른 인터럽트를 처리한다. 인터럽트 처리 순서는 다음과 같다.

① 현재 실행 중인 프로세스의 레지스터 문맥을 저장한다.
② 인터럽트의 원인을 결정하고 인터럽트 종류를 확인한다.
③ 커널은 인터럽트 취급 루틴을 호출한다.
④ 인터럽트 취급 루틴은 자신의 일을 완료하고 이전 레지스터 문맥과 커널 스택을 복원하여 원래의 문맥으로 복귀한다.

여기서 주목할 내용은 커널이 인터럽트를 처리하는 동안에 인터럽트 불능화(interrupt disable)를 시킨다는 점이다.

왜냐하면, 여러 개의 인터럽트가 동시에 발생할 경우 커널은 동시에 인터럽트를 처리할 수 없어 바빠지기 때문에, 운영 체제의 커널이 인터럽트를 처리하는 아주 짧은 시간 동안에 다른 인터럽트가 들어오지 못하도록 하여 최소한의 인터럽트 처리로 차례대로 인터럽트 취급 루틴이 수행되도록 보장해 주어야 하기 때문이다.

(4) 시스템 호출(system call)

시스템과 응용 프로그래머들은 자신의 프로그램에서 시스템 호출을 통해 자주 운영 체제의 기능들을 서비스 받는다. 즉, 시스템 호출은 사용자가 운영 체제의 기능을 서비스 받기 위한 수단이 된다. 이를 APIs(Appplication-Programming Interfaces)라고도 부른다.

앞에서 소개했듯이 커널은 UNIX의 핵심으로서 항상 주기억 장소에 상주하여 프로세스와 입출력 장치 그리고 파일 시스템을 관리하고, 사용자 프로그램에서 커널이 제공하는 운영 체제의 다른 기능들을 서비스 받기 위해서는 시스템 호출을 통하여 커널에게 작업을 요청하는 것이다.

예를 들어, UNIX에서 사용자가 cat, pwd와 같은 명령어(command)를 입력하면 커널에 의해 일련의 시스템 호출들로 변환되어 cat, pwd와 같은 명령어들이 실행된다. 이러한 시스템 호출은 사용자 프로그램에서 직접 시스템 호출을 할 수도 있고 라이브러리를 통해 이루어질 수도 있다. 시스템 호출은 프로그래머가 일반 C 함수(function)를 호출하는 것과 같은 방법으로 호출된다.

일반 함수와 시스템 호출 사이의 본질적인 차이점은 CPU 모드가 사용자 모드에서 커널 모드로 바뀌는 문맥 교환이 이루어지는 점과 프로그램일반 함수를 호출할 때 수행되는 코드는 비록 라이브러리(library)로 링크 되더라도 항상 최종은 실행 가능 프로그램의 일부분이고, 시스템 호출에 의해 수행되는 코드의 대부분은 호출 프로그램이 아니라 실제 커널 그 자체인 점이다.

사용자 프로세스와 커널 사이의 전환(switch)은 보통 소프트웨어 인터럽트 절차를 통하여 이루어진다. 이를 트랩(trap)이라 한다. 시스템 호출의 대부분이 파일 또는 프로세스에 대한 명령어들을 수행하기 때문에 시스템 호출은 파일과 프로세스에 관련된 기본적인 프리미티브(primitive) 명령어들로 구성된다.

파일의 경우 이러한 명령어들은 파일로 또는 파일로부터 자료를 전송하고, 파일의 어느 부분을 임의적으로 찾고, 파일에 관련된 접근 허가(access permission) 권한 등을 조사하는 명령어들을 포함한다.

프로세스의 경우 시스템 호출 명령어들은 새로운 프로세스를 생성하고, 존재하는 프로세스를 종료하고, 프로세스 상태에 대해 정보를 얻고, 두 프로세스 사이에 통신 채널을 설치하는 것을 포함한다.

시스템 호출은 크게 UNIX의 입출력 부분인 파일 부분과 프로세스를 제어하는 프로세스 부분, 그리고 외부 인터럽트 및 내부 인터럽트를 처리하는 신호(signal) 부분으로 나눌 수 있다.

예를 들어, UNIX에는 fork(새로운 프로세스 생성시키는 시스템 호출), exec(실행중인 프로세스에 새로운 내용을 수행시키는 시스템 호출), wait(fork된 자식 프로세스와 부모 프로세스를 동기화 시키는 시스템 호출), exit(프로세스를 종료시키는 시스템 호출), brk(프로세스에 할당된 메모리 크기를 제어하는 시스템 호출), signal(비정상적 사건에 대한 프로세스의 반응 제어용 시스템 호출)과 같은 프로세스 제어용 시스템 호출들이 있다.

다음은 시스템 호출을 처리하는 일반적인 과정이다.

① 시스템 호출 테이블에서 시스템 호출 번호에 해당하는 항목을 찾는다.
② 시스템 호출에 대한 인수의 개수를 확인한다.
③ 인수들을 디스크에서 u area로 복사한다.
④ 중도 복귀를 위해 현재 문맥을 저장한다.
⑤ 커널 내의 시스템 호출 코드를 호출한다.
⑥ 시스템 호출을 실행하고 그 결과를 해당 레지스터에 저장한다.

시스템 호출이 성공적으로 끝나면 상태 코드의 결과 값을 0으로 실패하면 1을 되돌려 준다.

1.2 운영 체제의 분류

1.2.1 범용 운영 체제

범용 운영 체제(general-purpose operating system)들은 다양한 작업들을 잘 혼합하여 짧은 시간 안에 실행할 수 있도록 설계되어 있다. 이러한 범용 운영 체제들의 발전 과정은 초기의 한시기에 하나의 작업을 실행하는 단순한 시스템에서 현재의 복잡한 다중 프로그래밍이 되는 분산 처리 시스템으로 추적함으로써 알 수 있다.

(1) 하나의 작업(single job)

초기의 범용 운영 체제들은 매우 원시적으로 단지 한시기에 하나의 작업만을 실행하였다. 이때의 전형적인 입력 장치는 카드 판독기(card reader)만을 실행하였다. 이때의 전형적인 입력 장치는 카드 판독기(card reader)였고, 출력 장치는 라인 프린터를 사용하였는데 둘 다 컴퓨터 CPU에 비해 매우 속도가 느렸다.

한시기에 단지 하나의 작업만을 실행하는 시스템의 주요한 결점은 CPU와 입출력 장치들의 유휴 시간(idle time)이 큰 비율을 차지하고, 작업 실행이 아주 순차적이라는 점이다. 또한 초기 시스템들은 사용자가 프로그램이 오류가 있으면 기계가 가동되지 않는 문제를 가지고 있었다.

(2) 일괄(batch) 처리 시스템

테이프. 디스크와 같은 보조 기억 장소들을 사용함으로써 시스템의 성능이 크게 향상되었는데 이는 테이프, 디스크와 같은 입출력 장치들의 속도가 CPU와 주기억 장소의 속도에 근접하여 동작되었기 때문이다. 주 컴퓨터의 처리 능력(throughput)은 모든 입력과 출력을 보조 기억 장치를 다음과 같이 이용함으로써 증가되었다.

여러 개의 값싼 작은 컴퓨터를 사용하여 처리할 입력 작업들을 카드 판독기로부터 입력 일괄 테이프로 복사하여 놓은 후 주 컴퓨터는 테이프로부터 입력 작업들을 속도 빠르게 받아들여 처리하고, 반대로 주 컴퓨터에서 처리된 작업들의 출력 결과들은 일괄 테이프에 저장한 후 값싼 작은 컴퓨터를 사용하여 테이프의 내용을 라인 프린터로 복사한다.

여러 개의 작업들이 테이프 상에 함께 모여 있기 때문에 이를 초기의 일괄 처리 시스템(batch processing system)이라 부른다. 그림 1-5는 하나의 작업을 일괄 처리 시스템을 통하여 처리하는 과정을 보여 준다.

초기의 일괄 처리 시스템은 초기에 한시기에 하나의 작업을 실행하는 시스템의 성능을 크게 향상 시켰으나 여전히 작업들을 순차적으로 실행한다.

결과적으로 짧은 작업이 긴 작업 뒤에 놓여 있으면 작업이 제출되어서 종료되는 경과 시간(turn-around time)이 크게 증가되며, 더욱이 일괄 테이프 상에 존재하는 첫 번째 작업의 출력 결과는 전체 일괄 작업들의 실행이 끝날 때까지 이용할 수 없는 상황이 발생한다. 또한 테이프들을 탑재하는(mounting) 시간 역시 초기 일괄 처리 시스템의 결점이라 할 수 있다.

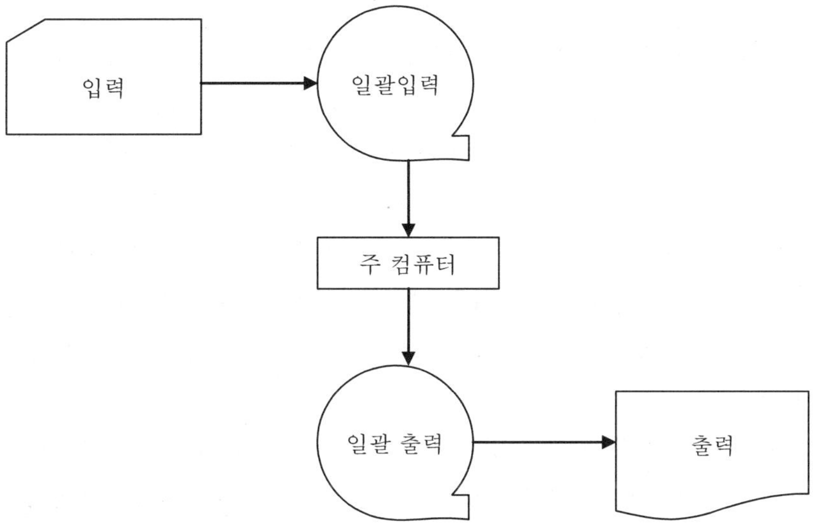

[그림 1-5] 일괄 처리 시스템

(3) 다중 프로그래밍(multiprogramming) 시스템

이러한 초기 일괄 처리 시스템의 문제들은 인터럽트(interrupt) 개념에 의해 해결된다. 인터럽트가 발생했을 때 현재 프로그램의 실행을 중지하고 다른 프로그램을 실행한다. 인터럽트 된 프로그램은 해당 인터럽트 처리가 끝난 후 다시 재개된다. 이와 같은 인터럽트 개념은 컴퓨터의 순차적인 성질을 극복할 수 있을 뿐만 아니라 여러 개의 작업을 병행적으로 실행할 수 있는 방법을 제공한다. 이러한 병행 조작이 근본이 되는 기술을 다중 프로그래밍이라 부른다.

다중 프로그래밍은 CPU와 입출력 장치들을 가능한 바쁘게 활용하는 기술로서 주기억 장소에 여러 개의 작업이 상주해 있어야 한다. 하나의 작업은 CPU 상에서 입출력 장치가 요구될 때까지 실행되는데 CPU보다 속도가 훨씬 느린 입출력 장치는 드물게 CPU로부터 발생하는 인터럽트 신호를 감지할 수 있어야 한다. 하나의 작업은 CPU 상에서 입출력 장치가 요구될 때까지 실행되는데 CPU보다 속도가 훨씬 느린 입출력 장치는 드물게 CPU로부터 발생하는 인터럽트 신호를 감지할 수 있어야 한다. 실행 중이던 하나의 작업이 입출력 조작을 시작하기 위해 중지되면 준비 상태에 있는 두 번째 작업으로 제어가 옮겨져 CPU에서 두 번째 작업이 실행을 시작한다. 두 번째 작업이 실행되는 동안에 인터럽트된 첫 번째 작업은 입출력 장치에 의해 독립적으로 입출력이 행해진다.

이와 같은 방법으로 하나의 작업은 실제 CPU에서 실행되고, 다른 나머지 작업들은 입출력 조작을 수행하게 된다. 여러 개의 작업들에 대하여 계산(computation)과 입출력을 잘 혼합하기만 하면 이 기술은 시스템을 효율적으로 이용하는 방법이 된다.

시간을 배당하는 인터럽트는 다중 프로그래밍을 효율적으로 사용할 수 있는 기본 원리가 된다. 즉, 하나의 작업을 주어진 일정한 시간 동안만 실행을 허락하고, 주어진 시간을 초과하거나 입출력이 발생하면 운영 체제는 다른 작업을 선택하여 실행시킨다.

이런 식으로 입출력이 거의 없는 긴 작업을 다른 작업들과 병행 실행시킬 수 있는데 이는 필요에 따라 CPU를 강제적으로 뺏는 선점(preemptive)개념의 스케줄링이라 한다.

결과적으로 작업들은 비순차적으로 실행될 수 있고, 짧은 작업이 긴 작업 뒤에 실행될 지라도 좋은 경과 시간을 얻게 된다. 그림 1-6은 다중 프로그래밍의 블록 다이어그램을 보여 주고 있다.

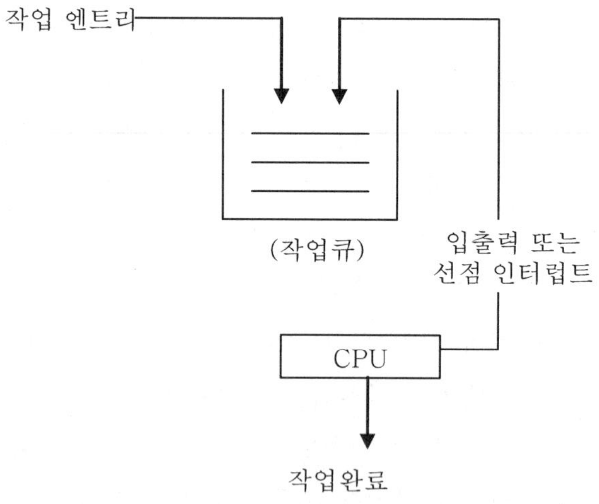

[그림 1-6] 단일 CPU에서의 다중 프로그래밍

(4) 스풀링(spooling) 시스템

다중 프로그래밍 기술은 라인 프린터(line printer) 상에 여러 개 작업들의 출력 결과가 혼합되는 문제점이 발생할 수 있는데 이는 스풀링(SPOOLing : Simultaneous Peripheral Operation On-Line) 기술로서 해결된다.

하나의 작업이 라인 프린터로 출력을 시도할 때 스풀링 프로그램(SPOOLer라 함)은 이 요청을 가로채어 디스크와 같은 보조 기억 장소로 출력을 변경한다. 즉, 디스크를 많은 논리적인 라인 프린터처럼 활용하여 여러 개의 작업에 대한 출력 요청을 먼저 디스크에 출력을 완료한 후 출력을 시도한 순서에 따라 실제 물리적인 라인 프린터로 각 작업에 대한 출력 결과를 인쇄한다. 이러한 기술은 카드 판독기와 같은 저속의 입력 장치에도 적용될 수 있다. 그림 1-7은 스풀링 시스템의 구성 방법을 보여준다.

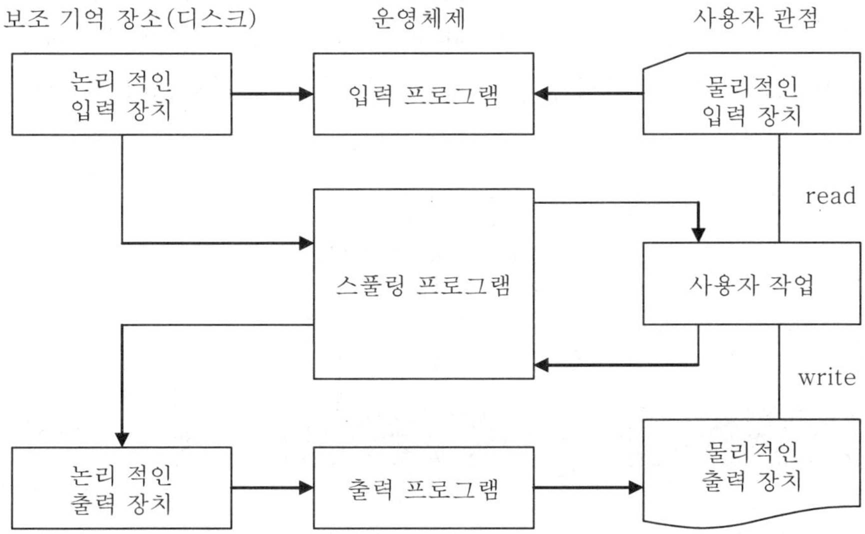

[그림 1-7] 스풀링 시스템의 구성

이와 같이 디스크를 스풀 공간으로 사용하는 가장 큰 이유는 기계적인 특성을 갖고 있는 저속의 입출력 장치와 고속의 CPU 간의 속도 차이를 해소하기 위해서이다.

즉, 미리 저속의 입력 장치로부터 레코드나 블록을 읽혀 들여 디스크에 저장하고, 출력 장치로 레코드나 블록을 직접 출력하기보다는 디스크 상에 미리 출력 파일로 저장하여 나중에 출력 장치에 출력할 수 있게 한다.

이러한 스풀링 방법은 다중 프로그래밍 환경에서 다수의 프로세서들이 입출력 장치를 서로 요구하거나, 입출력 장치의 수가 제한되어 있을 때, 이들 장치에 대한 공유를 가능하게 하기 위하여 각 프로세스에게 디스크를 제공해 주는 개념이다.

특히, 스풀링은 CPU를 많이 사용하는 계산 중심의 프로세스와 입출력 중심의 프로세스가 혼합되어 있는 작업에서, CPU와 입출력 장치가 아주 높은 효율로 작업할 수 있도록 해줌으로써 시스템의 성능 향상을 가져올 수 있다.

버퍼링은 한 레코드가 읽혀 CPU가 이에 대한 계산을 시작함과 동시에 입출력 장치가 곧 다음에 필요한 레코드를 미리 읽어서 주기억 장치의 일부인 버퍼에 저장함으로서 CPU가 필요한 레코드를 기다리는 일이 없도록 하는 것이다. 그림 1-8은 버퍼를 이용한 출력 과정의 예를 보여준다.

버퍼링은 그림 1-8과 같이 단일 버퍼를 사용하는 방식과 좀 더 효율적인 처리를 위하여 두 개의 버퍼를 사용하여 CPU가 하나의 버퍼를 채우면 채널은 다른 버퍼를 비우는 이중 버퍼링(double buffering) 방식 그리고 여러 개의 버퍼를 환영 큐(circular queue)처럼 동작시켜 입출력을 수행하는 환형 버퍼링(circular buffering) 방식 등이 있다.

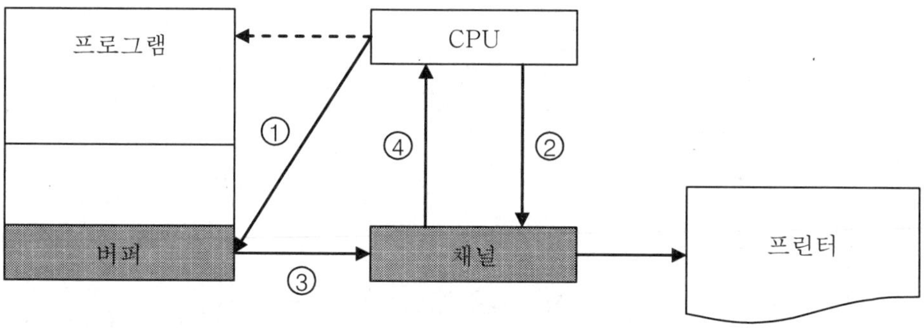

① CPU는 출력할 레코드를 버퍼에 저장한다.
② 버퍼가 채워지면 CPU는 출력을 채널(channel)에게 출력을 지시하고 CPU는 계속 자신의 일을 수행한다.
③ 채널은 출력을 수행하여 버퍼를 비운다.
④ 채널이 출력을 완료하여 버퍼를 비우면 CPU에게 이를 알린다.

[그림 1-8] 버퍼를 이용한 출력 과정의 예

버퍼링과 스풀링의 차이점을 비교하면, 그림 1-9와 같이 버퍼링은 한 작업에 대해 계산과 입출력을 동시에 수행하는 반면, 스풀링은 서로 다른 여러 작업에 대하여 입출력뿐만 아니라 계산을 동시에 수행할 수 있다는 점이다. 간단한 시스템에서도 스풀러는 한 작업의 출력을 인쇄하는 동안 동시에 다른 작업의 입력을 할 수 있다. 동시에 이 시간 동안에 또 다른 작업을 수행할 수도 있다.

표 1-1. 버퍼링과 스풀링의 차이점

버퍼링	스풀링
• 하드웨어적으로 구현함 • 한 작업에 대한 입출력 계산을 동시에 수행함 • 스택 또는 큐 방식의 입출력을 수행함 • 단일 사용자 • 버퍼의 위치는 주기억 장치	• 소프트웨어적으로 구현함 • 여러 작업에 대한 입출력과 계산을 동시에 수행함 • 큐 방식 입출력 수행함 • 다중 사용자 • 스풀의 위치는 디스크

(5) 보호(protection)

다중 프로그래밍은 범용 시스템의 성능을 크게 향상시키는 반면에 서로 다른 사용자들 간에 간섭받지 않고 병행적으로 실행을 유지하기 위해 시스템의 복잡도(complexity)가 크게 증가된다.

서로 다른 사용자들 간에 간섭받지 않고 병행적으로 실행을 유지하기 위한 보호 문제는 매우 중요하다. 이러한 사용자들 간의 보호를 위해서 운영체제용의 특권 상태(privileged state)와 사용자용의 제한된 상태(restricted state)의 두 가지의 서로 다른 상태로 컴퓨터가 실행되도록 운영 체제를 설계한다. 이를 UNIX 시스템에서는 커널 모드와 사용자 모드라 부른다.

사용자용의 제한된 상태에서 사용자가 특권 명령을 사용하려고 하거나 기억 장소의 어떤 영역을 접근하려고 하면 운영 체제가 인터럽트를 발생시킨다.

더 나아가 프로그램 동기화(synchronization) 기술은 원치 않는 상호 작용을 제거하기 위해 개발되었는데 후에 자세히 언급된다.

(6) 시분할(timesharing) 시스템

작업 중심(job-oriented) 운영 체제는 일괄 처리 시스템이라 할 수 있다. 이러한 일괄 처리 시스템의 성능 향상을 위해서는 카드 판독기의 제거와 라인 프린터의 사용을 최소화하는 것이다. 이는 단말기(terminal)에 의해 시스템과 사용자들의 상호 작용을 지원하는 시분할(timesharing) 운영 체제가 소개됨으로써 성취되었다.

각 개인의 사용자는 단말기에서 모든 입력을 직접하고 대부분의 출력을 단말기로 직접 내보낸다. 시스템에게 여러 문장의 작업을 제출하는 대신에 사용자는 간단한 한 문장 단위의 명령문들을 단말기에서 입력한다. 이러한 상호 작용의 모드를 대화식(interactive)이라 부르는데 대부분의 명령어에 대하여 시스템은 간단한 대답과 함께 빠르게 응답한다.

이러한 시분할 운영 체제는 여러 사용자들이 컴퓨터 자원에 대한 짧은 시간 단위의 공유(sharing)를 통하여 각 사용자로 하여금 자신만이 컴퓨터 시스템을 독점하여 사용하고 있는 듯한 착각을 가지게 할 수 있다. 다중 단말기 시분할 시스템(multi-terminal timesharing system)의 예를 그림 1-9에서 보여준다.

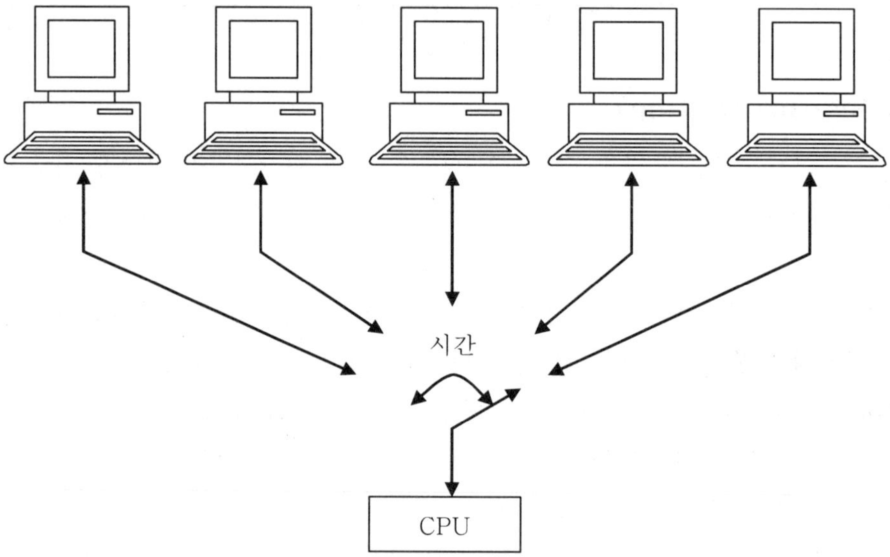

[그림 1-9] 시분할 시스템

(7) 다중 처리(mutiprocessing) 시스템

다중 프로그래밍은 단일 CPU하에서 모든 입출력 장치들을 바쁘게 제어하기 위해서는 많은 인터럽트 처리의 오버헤드(overhead)가 요구되기 때문에 CPU의 속도를 저하시켜 처리 능력을 떨어뜨리는 경향을 갖는다. 이러한 상황은 여러 개의 CPU를 사용하여 처리 능력을 향상시킬 수 있는데 이러한 시스템을 다중 처리 시스템(multiprocessing system)이라 부른다.

다중 처리는 동일한 기억 장소를 둘 이상의 CPU들이 공유하는 시스템이라고 특징지을 수 있다. 동일한 기억 장소를 둘 이상의 작업들이 공유하여 하나의 CPU 상에서 다중 프로그래밍을 지원하는 기술은 다중 처리에서도 동등하게 적용될 수 있다. 그림 1-10은 다중 처리 시스템의 예를 보여준다.

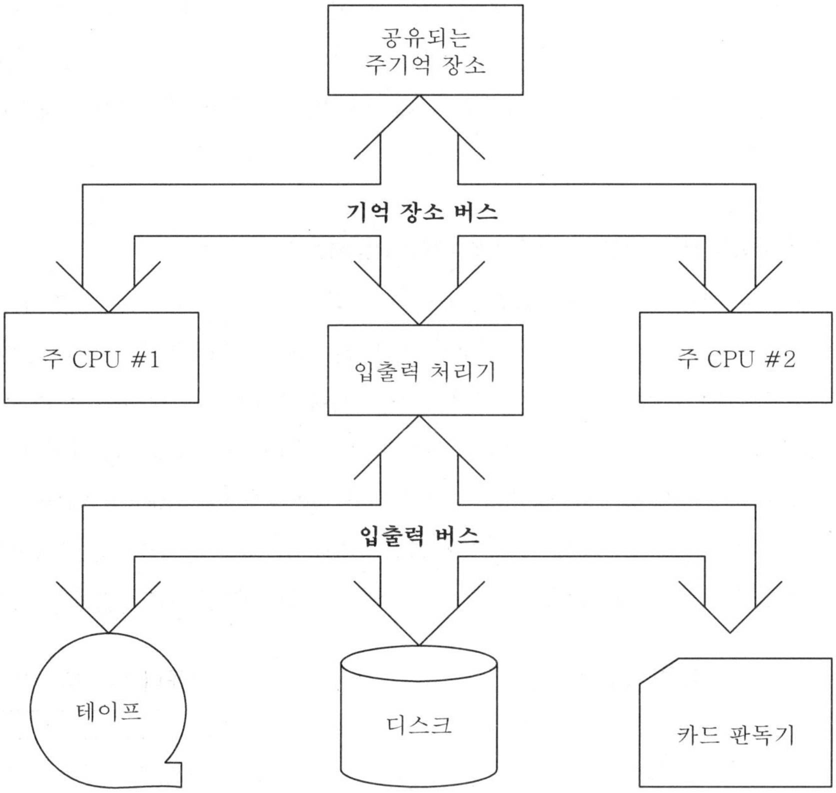

[그림 1-10] 다중 처리 시스템의 예

가장 성공적인 다중 처리 시스템의 구성은 주/종속(master/slave) 배열로서 하나의 주 CPU는 여러 개의 특수화된 입출력 처리기 또는 채널(channel)들을 제어하는 형태이다.

입출력 처리기는 하나 이상의 입출력 장치들을 교대로 제어하고, 직접 기억 장소를 접근함으로써 주 CPU의 도움을 거의 받지 않는다. 이러한 방법으로 주 CPU의 인터럽트 오버헤드를 크게 줄일 수 있다.

작업에 대한 부하 공유(load sharing)를 위하여 여러 개의 주 CPU를 사용하는 다중 처리 시스템의 구성은 각 CPU가 단일 CPU 시스템보다 다중 CPU에서 성능을 발휘하지 못하기 때문에 성공적인 구성이 되지 못해 왔다.

부하 공유(load sharing)를 위한 다중 처리 시스템의 주요 장점은 고유의 중복성

(redundancy) 성질 때문에 고장에 대한 방지율을 높일 수 있고, 시스템을 확장하기 편리하고, 작업의 부하를 감소시킬 수 있다.

다중 처리는 CPU의 가격이 점점 값이 싸지므로 각 CPU를 최대한 이용해야 하는 문제는 다중 처리 시스템에서 크게 중요한 요소가 되지 못하므로 더욱 매력적인 시스템 구성 방법으로 되어 가고 있다. 이러한 경향은 다중 CPU 시스템에서 특히 명백해지고 있다.

(8) 분산 처리(distributed processing)

컴퓨터 네트워킹(computer networking)이라 불리는 분산 처리는 가장 최근에 연구되고 있는 운영 체제 영역이다. 컴퓨터 네트워크는 컴퓨터들이 특별한 CPU와 CPU가 자료 연결에 의해 통신될 수 있는 다중 컴퓨터 배열을 말하는데 다중 처리 시스템들의 공유 기억 장소 통신보다 느슨하게 결합(loosely coupling)되어 있다.

네트워크는 수천 킬로미터(kilometer)에서 작게는 몇 미터(meter) 내에 컴퓨터들을 연결한다. 건물 내와 같이 짧은 거리의 네트워크를 근거리 네트워크(local-area network)라 부른다. 그림 1-11은 단지 두 컴퓨터 간에 분산 처리 관계를 보여 준다.

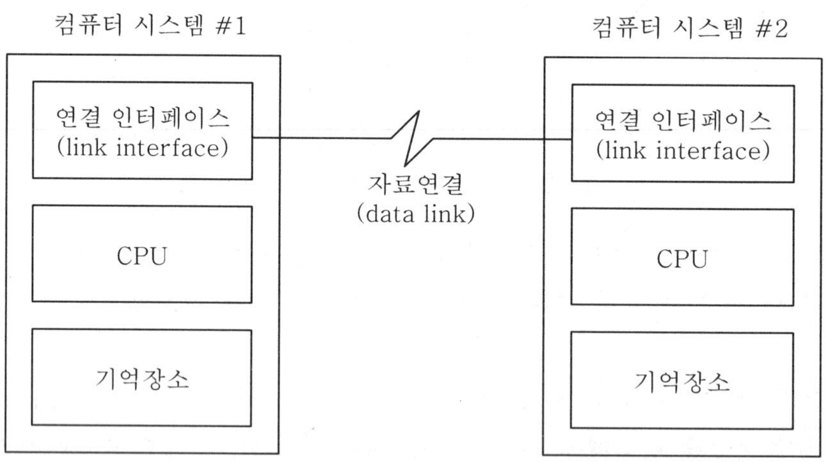

[그림 1-11] 두 컴퓨터 간의 분산 처리 시스템의 예

1.2.2 □□□□□□□□□□□□□

대부분의 범용 운영 체제들은 잘 알려져 있지만 특수 목적용(special-purpose operating system) 운영 체제들은 많이 존재하고 있어도 그들의 특징들에 대하여 소홀히 취급해왔다. 특수 목적용 운영 체제들은 배열 처리기(array processor)와 같이 독특한 컴퓨터 구조에 맞추어지거나 또는 산업 공정 제어(industrial process control)와 같은 응용 분야에 적합하게 주문 제작된다.

대부분의 운영 체제 연구들은 범용 운영 체제의 성능 향상에 맞추어 진행되었지만 이러한 많은 연구 결과는 특수 목적용 운영 체제에게도 적용할 수 있다.

(1) 실시간(real-time) 시스템

특수 목적용 운영 체제의 중요한 예로서 실시간 운영 체제는 시분할 시스템과 유사한 구성 요구 조건을 가지고 있지만 몇 가지 중요한 차이가 있다.

실시간 입력 자료들은 컴퓨터에 입력되어 빠르게 응답되지 않으면 무의미한 쓸모없는 자료가 되어 버린다. 실시간 시스템들은 전형적으로 특수한 목적으로 전용되어야 하고 동일한 프로그램으로 여러 번 반복되어 실행한다. 이러한 많은 실시간용 프로그램들은 입력에 대한 빠른 응답을 보장하기 위하여 주기억 장소에 상주된다. 전화 교환 시스템의 제어나 핵물리 실험을 위해 자료를 모으거나 그리고 항공기상의 레이더 자료를 해석하는 컴퓨터 시스템 등은 실시간 시스템의 예가 된다.

이러한 모든 시스템들은 입력 자료와 함께 외부에서 진행되는 활동들을 감시하거나 제어해야 하는 공통된 특징을 가지고 있으며 때로는 사업 응용 분야에서는 실시간 시스템을 온라인(on-line) 시스템이라 언급하기도 한다.

(2) 고장 방지(fault tolerance) 시스템

고장 방지 컴퓨터 시스템은 지속적인 서비스가 제공되어야 하는 분야에서 사용되거나 자료 훼손을 막기 위하여 고장 방지에 대한 여분의 비용이 추가 되어도 그만한 가치가 있는 응용 분야에서 사용된다. 이러한 컴퓨터 시스템에서의 운영 체제는 오류 탐지의 수단과 발생된 오류를 손쉽게 회복시키는 능력이 제공되어야 한다. 여기서 회복의 의미는 활동 중인 장치가 고장이 발생했을 때 대기 상태의 장치로 교환하여 계속적인 진행을 유도하거나 자료의 손실을 막기 위해 더 이상의 어떤 행동도 진행하지 못하게 하는 수단을 의미한다.

고장 방지 시스템은 수리가 가능한 응용 분야와 환경에서 사용될 수도 있지만 또한, 우주여행(space-borne) 분야에서와 같이 수리가 불가능한 환경에서도 사용될 수 있다. 이는 각 경우에 적합한 서로 다른 전략이 사용되면 된다. 실시간 시스템은 자주 고장 방지 시스템으로 설계된다.

(3) 가상 기계(virtual machine)

가상 기계 운영 체제는 하나의 기계 상에서 여러 개의 다른 운영 체제들이 동시에 실행되어 여러 개의 기계들이 동작되는 착각을 가질 수 있도록 설계된 기술이다. 이렇게 운영하기 위해서는 가상 기계 운영 체제하에서 실행되는 하나의 운영 체제는 마치 특권 상태(privileged state)에 있는 것처럼 보이나 실제적으로는 제한된 상태(restricted state)에서 실행되게 한다.

특권 명령이 실행될 때 인터럽트가 발생한다. 가상 기계 운영 체제는 특권 명령이 실제적으로 실행되는 것과 동등한 방법으로 인터럽트를 다룬다.

이와 같은 방법으로 여러 개의 서로 다른 운영 체제들이나 하나의 운영 체제에 대한 여러 개의 서로 다른 버전(version)들이 하나의 기계 상에서 병행적으로 동작될 수 있다.

이러한 가상 기계 운영 체제 기술은 새로운 운영 체제 릴리즈(releases)를 미리 검토하기 위해 사용될 수도 있고, 사용자가 다른 운영 체제에 대한 전환을 연기하게 하거나 하지 않게 할 수도 있다.

운영 체제에서 사용하는 가상 개념은 가상 기계(virtual machine) 외에도 자원의 종류에 따라 다음과 같다.

① 가상 출력 장치

스풀링 시스템에서 소개했듯이 한 대의 라인 프린터를 중간 과정에 디스크를 사용하여 다수의 사용자에게 공유시킴으로써 각 사용자가 마치 자기 자신이 라인 프린터를 독점하여 사용하는 것처럼 느끼게 하는 기술이다.

② 가상 처리기(virtual processor)

다중 프로그래밍의 기본 원리로 한 개의 CPU를 다수의 프로세스들에게 라운드 로빈(round robin) 방식을 사용하여 차례로 돌아가면서 작은 시간 간격 단위로 실행하게 함으로써 각 사용자가 자기 자신만이 컴퓨터를 사용하고 있다는 인상을 주며 실행시키는 기술이다.

③ 가상 기억 장치(virtual memory)

실제적으로 각 프로세스의 많은 정보는 보조 기억 장치 디스크에 존재하는데 자신의 모든 정보가 주기억 장소에 모두 있는 것처럼 생각하게 하는 기억 장치 관리 기술이다. 예를 들어 실제 주기억 장소가 4MB밖에 안 되는 컴퓨터가 디스크 공간만큼의 큰 프로그램을 수행하게 할 수 있다.

④ 가상 서버(virtual server)

한 대의 서버 컴퓨터를 여러 사용자의 고객(client) 컴퓨터가 마치 자기 자신만이 서버를 사용하는 듯한 인상을 주게 하는 기술이다.

⑤ 가상 네트워크(virtual network)

실제 통신 선로로 컴퓨터와 컴퓨터를 연결하는 것이 아니고 기존의 네트워크상에 연결되어 있는 컴퓨터를 소프트웨어적으로 처리해 마치 또 다른 네트워크가 기존의 네트워크상에 존재하는 것처럼 보이게 하는 기술이다.

1. 다음 용어를 간단히 설명하라.

   1) 병행성(concurrence)
   2) 재진입 가능 프로그램(reentrant programming)
   3) 다중 프로그래밍(multiprogramming)
   4) 채널(channel)
   5) 커널(kernel)
   6) 시스템 호출(system call)
   7) 가상 출력 장치
   8) 시분할(timesharing)
   9) 다중 처리(mutiprocessing)
   10) 실시간(real-time)
   11) 고장 방지(fault tolerance)
   12) 분산 처리(distributed processing)

2. 프로그램과 프로세스의 차이점을 설명하라.

3. 인터럽트 개념과 종류 그리고 처리 방식에 대하여 간단히 설명하라.

4. 스풀링과 버퍼링의 차이점을 간단히 설명하라.

5. 운영 체제가 왜 특권 상태의 커널 모드와 사용자 모드로 구분해야 하는 이유를 간단히 설명하라.

제 2 장

운영 체제의 개요

운영 체제(operating system)를 정확히 정의하기는 어려우나 사용자와 컴퓨터 하드웨어 사이에 위치하여 해당 컴퓨터 시스템이 제공하는 모든 하드웨어와 소프트웨어의 기능을 다 사용할 수 있도록 제어(control)해주는 가장 중요하고 기본적인 소프트웨어라고 말할 수 있다.

이러한 운영 체제는 보는 관점에 따라 다양하게 정의할 수 있다. 크게는 사용자가 원하는 여러 가지의 복잡한 작업들을 약속된 순서대로 진행해주는 조정자(coordinator) 관점으로도 볼 수 있고, 사용자가 원하는 서비스를 신속 정확하게 제공하는 서버(server) 관점으로도 볼 수 있고, 누가 시스템을 현재 사용하는지 또는 특정 파일을 사용하려고 할 때 그 사용자가 해당 파일에 대한 접근 권한 등을 가지고 있는지를 감시하는 감시자(guardian) 관점, 그리고 사용자가 복잡한 하위 수준의 하드웨어 동작을 이해하지 못해도 운영 체제가 확장된 기계처럼 행동하여 처리하는 인터페이스(interface) 관점 등으로 다양하게 정의할 수 있다.

이렇게 다양하게 정의되는 운영 체제는 그림 2-1에서 나타낸 단순한 관계와 같이 확장된 기계(extended machine)처럼 행동하는 물리적인 하드웨어를 둘러싼 소프트웨어 계층이다.

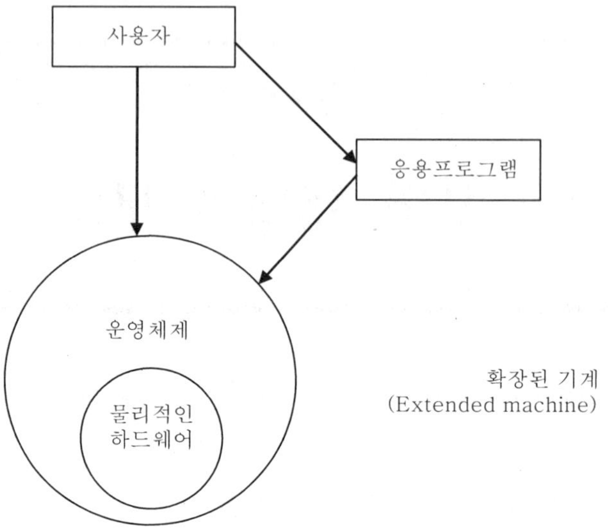

[그림 2-1] 확장된 기계 개념의 운영 체제

즉, 운영 체제는 그림 2-1과 같이 하드웨어를 소프트웨어적으로 확장하여 사용자 프로그램의 실행을 위한 환경을 제공하고 컴퓨터 시스템을 운영하기 위한 제어 요소들로 구성된다.

2.1 운영 체제의 요소

모든 컴퓨터들은 다양한 형태의 운영 체제를 가지고 있지만 어느 소프트웨어 요소들이 정확하게 운영 체제의 부분이 되는지는 견해에 따라 다소 차이가 있다. 그러나 일반적으로 CPU라 불리는 처리기(processor), 기억 장치, 주변 장치 그리고 파일 시스템과 같은 컴퓨터 시스템의 하드웨어 자원(resource)들을 제어하는 요소들을 운영 체제로 간주한다. 운영 체제의 이러한 소프트웨어 요소들은 다수의 사용자가 컴퓨터 시스템의 제한된 자원을 사용할 때 생길 수 있는 분쟁들을 해결하고, 컴퓨터의 성능(performance)을 극대화하여, 컴퓨터 시스템을 효율적으로 사용할 수 있게 한다.

컴파일러(compiler), 어셈블러(assembler), 로더(loader), 디버거(debugger), 에디터(editor) 그리고 응용 중심 소프트웨어 요소들은 보통 운영 체제의 부분에 포함시키지 않는다. 운영 체제와 다른 컴퓨터 시스템의 구성 요소들과 관계를 그림 2-2에서 나타내었다.

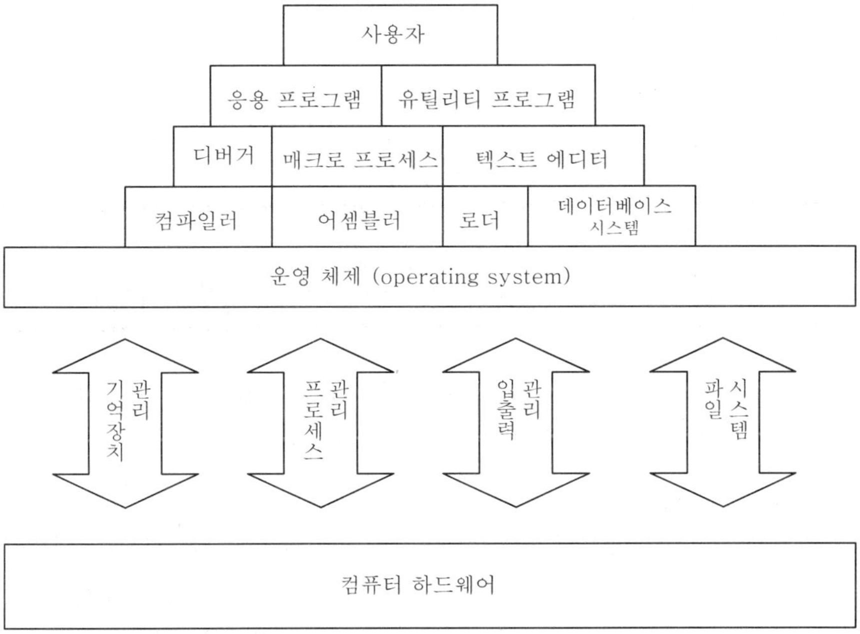

[그림 2-2] 운영 체제와 다른 구성 요소와의 관계

2.2 운영체제의 목적

운영체제는 컴퓨터 시스템의 각종 하드웨어와 소프트웨어 자원들을 효율적으로 관리, 운영함과 동시에 사용자에게 최대한의 편의성을 제공하기 위해 사용자와 컴퓨터 하드웨어 간의 인터페이스(interface) 기능을 수행하는 시스템 소프트웨어라 할 수 있다.

이러한 운영 체제는 다양한 작업들을 잘 혼합하여 짧은 시간 안에 실행할 수 있도록 설계되는 범용(general-purpose) 운영 체제와 배열 처리기(array processor)와 같이 특별한 컴퓨터 구조에 맞추어 지거나 산업 공장 제어와 같은 응용 분야에 적합하게 주문 제작하는 특수용(special-purpose) 운영 체제들로 구분할 수 있다.

우리가 사용할 범용 운영 체제는 사용자의 편리한 환경을 제공함과 동시에 다수의 사용자 또는 응용 프로그램들이 컴퓨터의 제한된 자원들을 효율적으로 신뢰성 있게 사용하게 하여 처리량(throughput), 자원 이용률, 응답 시간(response time) 등을 향상시켜 컴퓨터 시스템의 성능을 최적화 하고자 함이 주된 목적이다.

2.3 운영 체제의 기능

2.3.1 초기 설정 기능(또는 부트스트래핑 기능)

초기의 운영 체제들은 하드웨어 초기 설정(initialization)은 거의 행하지 않고 첫 번째 작업을 실행할 수 있는 상태로만 컴퓨터를 이끌었다. 초기 설정은 모든 운영 체제들의 중요한 기능들을 보조 기억 장치로부터 주기억 장소 내로 옮겨 유지시킨다. 하지만 대부분의 현대 운영 체제들의 이러한 초기 설정 기능은 시스템을 사용 가능하게 하는 전체 초기 설정만이 아니라 일시적인 하드웨어 오류에 의해 모든 활동 중인 작업들이 손실되지 않도록 회복시키거나 비정상적인(insane) 작업을 내쫓는 부분적인 초기 설정(partial initialization) 기능도 포함시키고 있다.

전체 초기 설정을 “부트스트래핑(bootstrapping)” 또는 “초기화 프로그램 적재(initial program loader)”라 부른다.

전형적으로 부트스트랩 메커니즘(mechanism)은 하드웨어나 펌웨어(firmware)로 구성된다. 덧붙여 CPU, 주기억 장치, 주변 장치들은 첫 번째 외부 입력이나 작업들이 받아들여지기 전에 어느 정도 초기화가 필요하다.

부분적인 초기 설정은 전체 초기 설정보다 훨씬 어려운데, 이는 가능한 많은 작업들을 보존하기 위해 초기화를 행하는 선택적인 일이기 때문이다. 또한 부분적인 초기 설정은 회복과 모든 활동적인 작업들을 저장하기 위해 복귀(rollback)시키는 복잡한 계획이 포함되어야 한다.

하드웨어 오류, 정상적인 타이머 타임-아웃 또는 보호 위반 등의 경우에 부분적인 초기 설정들이 자동적으로 동작(triggers)되어야 한다. 특히, 이러한 부분적인 초기 설정 기능에 대한 계획은 고장 방지(fault-tolerant) 시스템, 실시간 시스템, 또는 대규모 다중 사용자 시스템에서 매우 중요하다.

2.3.2 효율적인 자원 관리 기능

운영 체제는 많은 사용자나 응용 프로그램들이 컴퓨터의 제한된 자원들을 공유(sharing)할 수 있도록 자원 관리(resource management) 기능을 제공하는 것이다. 운영 체제의 기능 중에서 다른 어떤 기능보다도 가장 중요하다고 할 수 있는 이 기능은 신뢰성 있게 구현하기가 가장 힘들다.

컴퓨터 시스템의 처리 능력은 CPU, 기억 장치, 주변 장치들과 같은 자원들을 최대한으로 활용했을 때 최대화가 되기 때문에 이 기능은 경제적인 측면에서도 가장 중요한 기능이라 할 수 있다.

자원 관리 기능은 다수의 병행 프로세스(concurrent process)들에게 다양한 자원들을 공평함과 불필요한 간섭을 배제하는 큰 두 원칙을 지키면서 공유시키는 수단이다.

여기서 자원 공유의 목적은 각 자원의 이용률을 최대화시키고자 하는 것이다. 자원의 이용률을 최대화시키기 위해서는 자원별 특성에 따라 효과적인 스케줄링(scheduling) 정책들이 고려되어야 한다.

2.3.3 편리한 인터페이스 기능

운영 체제의 또 다른 중요한 기능으로는 사용자로 하여금 실제 기계의 복잡성을 느끼지 못하도록 "확장된 기계(extended machine)"처럼 행동하는 것이다. 즉, 사용자가 복잡한 하위 수준의 하드웨어 동작에 신경 쓸 필요 없이 편리하게 상위 수준에서 작업을 할 수 있게 편리한 환경을 제공해 주는 것이다. 이를 위해서 운영 체제는 복잡한 하위 수준의 하드웨어 동작을 사용자 모르게 처리하는 내부 인터페이스(interface) 기능과 편리한 사용자(=외부) 인터페이스 기능 둘 다 제공할 수 있도록 설계되어야 한다.

(1) 내부 인터페이스 기능

예를 들어, 물리적인 입출력 장치의 복잡한 동작을 모르는 응용 프로그래머가 자신의 프로그램에서 입출력 명령을 수행시키면 운영 체제는 입출력 명령어와 대응되는 시스템 호출(system call)을 이용하여 사용자 모르게 내부적으로 입출력 장치 구동기(driver)를 구동시켜 처리한다. 이러한 시스템 호출이 운영 체제의 내부적인 인터페이스 기능이다.

또 다른 예로, UNIX에서 사용자가 cat, pwd와 같은 명령어(command)를 입력하면 이들 명령어는 대응되는 일련의 시스템 호출들로 변환되어 cat, pwd와 같은 명령어들이 실행된다.

즉, 시스템 호출은 사용자가 운영 체제의 기능을 서비스 받기 위한 수단으로써 이를 APIs(Application-Programming Interfaces)라고도 부른다.

(2) 사용자 인터페이스 기능

운영 체제의 외부 인터페이스는 사용자가 컴퓨터를 손쉽게 사용할 수 있는 환경을 제공하는 기능으로 사용자 인터페이스 기능을 말한다.

예를 들어, DOS와 같이 문자 방식의 사용자 인터페이스는 사용자가 명령어를 일일이 기억하여 입력하는 번거로움을 주었으나 윈도우(Windows)와 같은 운영 체제는 그림으로 되어 있는 아이콘(icon)이나 메뉴를 마우스로 클릭함으로써 모든 작업을 할 수 있는 그래픽 사용자 인터페이스(GUI : Graphic User Interface)로 구현되어 사용자가 운영 체제를 편리하게 사용할 수 있는 환경을 제공하고 있다.

최근 들어, 좀 더 사용자에게 친근감을 주는 컴퓨터 사용 환경을 제공하기 위해 GUI 방식에 더불어 음성, 사운드, 오디오, 동화상, 애니메이션(animation), 3차원 그래픽 등으로 제공하는 멀티모달(multimodal) 사용자 인터페이스 환경으로 바뀌고 있는 추세이다.

(3) 네트워크 인터페이스 기능

또한, 최근 들어 컴퓨터 시스템 내부에 저장된 자료만을 이용하는 단절된 컴퓨터가 아니라 네트워크(Network)로 연결된 거대한 용량의 문서와 그래픽, 음악, 동화상을 살펴보고 영상 회의까지 가능한 쌍방향 통신 컴퓨터 사용 환경을 제공하는 네트워크 사용자 인터페이스 환경으로 바뀌고 있는 추세이다.

2.3.4 신뢰성(reliability) 기능

운영 체제는 시스템을 사용하는 도중에 발생하는 내부, 외부적인 오류(error)로부터 시스템을 보호(protection)하는 기능이 설계되어 있어야만 신뢰성 있는 시스템이 된다. 이러한 신뢰성을 제공하기 위해 운영 체제용의 특권 상태(privileged state)와 사용자용의 제한된 비특권 상태로 분류해 시스템을 두 가지의 서로 다른 상태로 실행되도록 운영 체제를 설계한다. 보통 특권 상대를 시스템 모드 또는 커널(kernel) 모드라 하고, 비특권 상태를 사용자 모드라 한다.

입출력 장치와 주기억 장치 등 시스템에 직접적인 영향을 미치는 자원들은 특권 상태에서만 조작할 수 있도록 하고, 사용자 프로그램은 이들 자원을 직접 사용할 수 없는 제한된 비특권 상태에서 동작하도록 함으로써 시스템을 보호한다. 즉, 사용자용의 제한된 비특권 상태에서 사용자가 특권 명령을 사용하려 하거나 주기억 장소의 어떤 영역을 접근하려고 하면 운영 체제로 인터럽트를 발생시킨다.

특히, 다중 프로그래밍은 범용 시스템의 성능을 크게 향상시킨 반면에 서로 다른 사용자들 간에 간섭받지 않고 병행적으로 실행을 유지하기 위한 보호 문제는 매우 중요하다. 이러한 사용자들 간의 보호를 위해서 특권 상태의 역할은 중요하다.

또한, 특정 응용 프로그램이 중단되더라도 다른 프로그램에는 아무런 영향을 미치지 않고 시스템을 다시 복귀시켜 주어야 한다. 이를 위해서 운영 체제는 오류나 사용자 등록 사항 및 응용 프로그램 운영상태 등을 분석해 그 원인을 시스템에 보고하고 복귀하는 기능을 갖도록 설계하여야 한다.

2.3.□ □□성(□□rtability) 기능

운영 체제는 광범위한 다양한 기종에서 사용할 수 있도록 폭넓은 이식성을 가질 수 있도록 설계되어야 한다. 손쉬운 유지보수(maintenance)와 이식성을 위하여 대부분의 사용자 프로그램과 오늘날의 운영 체제들은 고급 언어로 작성된다. 일반적으로 아직 까지도 운영 체제의 몇몇 부분은 어셈블리 언어로 작성되어 있는데 전체의 10%정도이다. 과거의 운영 체제들은 보통 오버헤드(overhead)를 최소화하기 위하여 전체가 어셈블리 언어로 작성되었다. 운영 체제를 포함하여 오늘날의 대규모 프로그램들은 주로 계층적인 모듈화 방식에 의해 여러 개의 중첩된 모듈들을 호출하는 구조로 설계된다.

UNIX의 경우 90% 이상이 C언어로 되어 있으며 시스템이 모듈화 되어 있어 하드웨어가 다른 기종으로의 이식이 용이하며 기종 차이에서 오는 소프트웨어의 호환성을 높여준다. 또한, 운영 체제는 다른 운영 체제상에서 실행되는 많은 응용 프로그램들을 손쉽게 이진 코드 수준(exe 파일 수준)에서 호환될 수 있도록 설계해야 한다.

2.4 자원 관리자 관점의 운영 체제

앞에서 운영 체제를 보는 관점에 따라 다양하게 정의 할 수 있음을 살펴보았다. 다시 한번 소개하면, 크게는 운영 체제가 복잡한 여러 가지의 사용자 작업들을 약속된 순서대로 진행해주는 조정자(coordinator) 관점으로도 볼 수 있고, 사용자가 원하는 서비스를 신속 정확하게 제공하는 서버(server) 관점으로도 볼 수 있고, 누가 시스템을 현재 사용하는지 또는 특정 파일을 사용하려고 할 때 그 사용자가 해당 파일에 대한 접근 권한 등을 가지고 있는지 등을 감시하는 감시자(guardian) 관점 그리고 사용자가 복잡한 하위 수준의 하드웨어 동작을 이해하지 못해도 운영 체제가 확장된 기계처럼 행동하여 처리하는 인터페이스(interface) 관점 등으로 다양하게 정의할 수 있다.

이와 같이 다양한 관점으로 운영 체제를 정의할 수 있으나 조정자 관점이든, 서버 관점이든, 인터페이스 관점이든 결국은 사용자가 원하는 작업을 수행하려면 내부적으로 시스템의 자원을 사용해야만 한다. 그러나 컴퓨터의 자원들은 무궁무진하지 않고 제한되어 있어서 자원들을 효율적으로 관리할 수 있어야만 운영 체제는 훌륭한 조정자로서, 감시자로서, 서버로서, 인터페이스로서의 역할을 충실히 할 수 있게 된다.

앞 절에서 살펴보았듯이 운영 체제가 컴퓨터 시스템의 모든 자원들을 최대한 활용했을 때 최대의 성능을 가질 수 있기 때문에 운영 체제의 어떤 기능보다도 효율적인 자원 관리 기능은 중요하다고 할 수 있다. 특히, 이 기능은 경제적인 측면에서도 가장 중요한 기능이라 할 수 있다. 컴퓨터 시스템의 중요한 자원들은 다음과 같다.

- 주기억 장치
- 처리기(processor) – 이하 CPU라 통일함
- 각종 주변 장치(입출력 장치 등)
- 파일 시스템(자료나 정보 등)

실제 대부분의 운영 체제 요소들은 앞에서 언급했듯이 CPU, 주기억 장치, 주변 장치, 파일 시스템들과 같은 중요한 하드웨어 자원들을 제어하는 요소들로 구성되어 있다. 각 요소들은 다양한 요구를 가지는 다수의 사용자들로부터 자원 요청을 받으면 사용자들 간의 자원 경쟁에 따른 충돌이 발생할 수 있는데 이를 자원 공유, 동기화(synchronization) 방법 등을 활용하여 조정함으로써 효율적인 자원 사용을 유도해야 한다.

이와 같이 운영 체제를 자원 관리자(resource manager)라는 관점을 가지고 보았을 때 대략 각 요소들은 다음과 같은 공통적인 과정을 통해 자원들을 관리한다.

① 시스템 내 모든 자원들의 상태를 파악하는 과정
② 어떤 프로세스(process)에게 언제, 어떤 자원을 얼마만큼 차지하게 할 것인가를 결정하는 적절한 자원 분배 정책을 수립하는 과정
③ 결정된 프로세스에게 자원을 배당하고 운영함으로써 수립된 정책을 수행하는 과정
④ 프로세스에 배당된 자원을 회수(reclaim)하는 과정

본 절에서는 운영 체제를 자원 관리자라는 관점을 가지고 운영 체제 요소들을 4가지 중요한 자원 범주로 구분하였다.

다음은 주기억 장치, CPU, 주변 장치, 그리고 파일 시스템 등을 관리하는 각 요소들을 자원의 특성에 따라 위에서 기술한 공통적인 과정을 살펴본다.

(1) CPU 관리

① CPU와 프로세스(process)의 상태를 파악하는 과정 : 이를 수행하는 모듈을 트래픽 제어기(traffic controller)라 한다.

② CPU를 어느 프로세스에게 배당할 것인가를 결정하는 과정 : 작업 스케줄러(Job scheduler)에 의해서 생성된 프로세스들 중에서 어떤 프로세스가 CPU를 사용 할 수 있는가를 프로세스 스케줄러(process scheduler)가 결정하는 과정

③ ② 의 과정에서 결정된 프로세스에게 CPU를 배당하는 과정 : 프로그램 카운터 등 필요한 레지스터의 내용들을 설정하는데, 이를 수행하는 요소를 디스패처(dispatcher)라 한다.

④ 프로세스가 정상적으로 종료하거나, 오류가 발생하거나 또는 시간 할당량을 초과 했을 때 CPU를 회수하는 과정

(2) 주기억 장소 관리

① 어느 기억 장소가 누구에 의해서 현재 사용되고 있으며, 또 어느 기억 장소가 사용 가능한가를 파악하는 과정

② 어느 프로세스가 언제 그리고 얼마만큼 기억 장소를 차지하게 할 것인가 결정하는 과정

③ ②의 과정에 의해 결정된 프로세스가 기억 장소를 요구할 때 실제로 이를 배당하는 과정

④ 프로세스가 정상적으로 종료하거나 오류가 발생하여 기억 장소를 필요로 하지 않을 때 이를 회수하는 과정

(3) 주변 장치 관리

① 주변 장치(입출력 장치, 입출력 제어 장치 등)의 상태를 파악하는 과정 : 이를 수행하는 모듈을 입출력 트래픽 제어기(I/O traffic controller)라 한다.

② 입출력 스케줄러에 의해(I/O scheduler) 분배 정책을 결정하는 과정

③ 해당 주변 장치의 배당과 입출력 동작의 시작 과정

④ 입출력이 종료하면 대부분의 경우는 자동적으로 회수됨

(4)파일 시스템 관리

① 파일의 위치, 사용 여부 등 파일 시스템의 상태를 파악하는 과정

② 파일의 분배 정책과 파일 보호를 위한 접근 제어 등을 결정하는 과정

③ 파일을 배당하는 과정(open file)

④ 파일을 회수하는 과정(close file)

2.5 운영 체제의 계층 구조

손쉬운 유지보수와 이식성을 위하여 대부분의 사용자 프로그램과 오늘날의 운영 체제들은 고급언어로 작성되어 있다. 일반적으로 아직까지도 운영 체제의 몇몇 부분은 어셈블리 언어로 작성되어 있는데 전체의 10% 정도이다. 과거의 운영 체제들은 보통 오버헤드를 최소화하기 위하여 전체가 어셈블리 언어로 작성되었다.

운영 체제를 포함하여 오늘날의 대규모 프로그램들은 주로 그림 2-3에서 보여주는 것과 같이 계층적인 모듈화 방식에 의해 여러 개의 중첩된 모듈들을 호출하는 구조로 설계된다. 이러한 계층적인 모듈 프로그램 구조는 프로그램의 손쉬운 개발과 이해 그리고 오류의 수정 등에 손쉬운 유지보수(maintenance)를 할 수 있을 뿐만 아니라 CPU가 모듈들을 스택 방식으로 사용할 수 있게 하는 큰 장점을 가지고 있다.

이와 같은 계층적인 모듈 프로그램 구조의 장점 때문에 현재 다중 사용자를 지원하는 대부분의 운영 체제들은 그림 2-4와 같은 계층(layered) 구조 방식을 채택하고 있다.

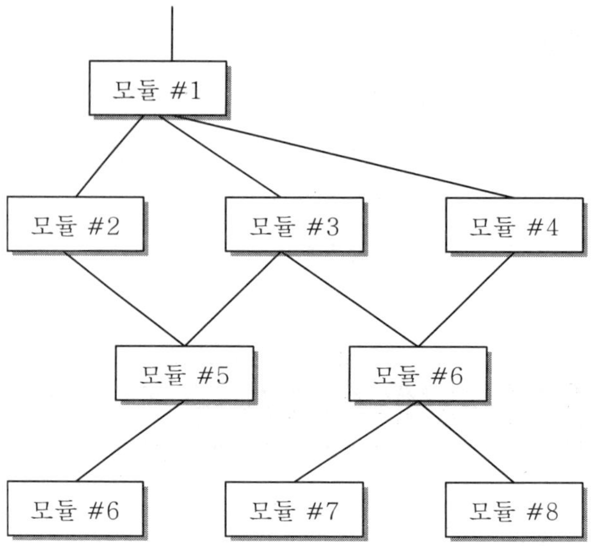

[그림 2-3] 계층적인 모듈 프로그램 구조

계층 구조 방식으로 구성된 최초의 Electrologica X8이라는 컴퓨터 시스템은 1986년 E, Dijkstra 교수에 의해 그림 2-4와 같은 계층으로 제안된 THE 시스템이다.

(1) 계층 0

하드웨어에 의존된 가장 하위 수준으로 프로세스 스케줄링을 통해 실행 가능한 프로세스들을 추적 관리하는 계층이다. 기본적인 다중 프로그래밍이 수행될 수 있도록 인터럽트(interrupt)나 시간 할당량(time quantum)을 초과하면 프로세스 간의 문맥 교환 등을 사용하여 다수의 프로세스들에게 CPU를 공유시킨다. 이를 운영 체제의 커널(kernel) 또는 핵(nucleus)이라 부른다.

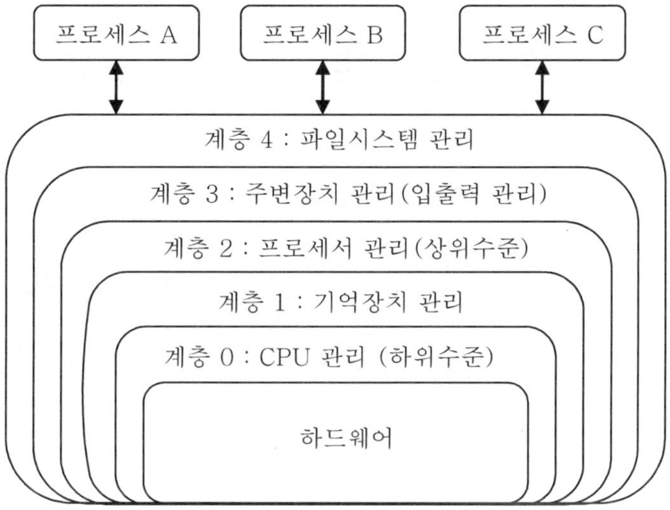

[그림 2-4] 운영 체제 계층 구조의 예

(2) 계층 1

프로세스들에게 주기억 장소를 배당하고 회수하는 관리를 담당하는 계층이다. 주기억 장소가 부족할 때는 디스크와 같은 보조 기억 장치를 사용한다.

(3) 계층 2

프로세스의 생성, 종료, 일시적인 중지 그리고 프로세스 간의 메시지 전달 등 상위 수준의 프로세스 관리를 수행하는 계층이다.

(4) 계층 3

주변 장치들의 상태를 파악하여 입출력 스케줄링을 담당하는 계층이다. 입출력 장치와 주기억 장치 간이 데이터 스트림(stream)에 대해 버퍼링(buffering)등을 수행한다.

(5) 계층 4

파일의 생성과 제거 및 개방(open)과 폐쇄(close)와 같은 조작 기능을 제공하고, 그리고 보조 기억 장치에 대한 공간 할당과 자료 접근 등의 파일의 유지 관리를 담당하는 계층이다.

연습문제

1. 운영 체제의 목적을 설명하라.

2. 운영 체제의 주요 기능들을 다음과 같은 관점으로 간단히 설명하라.

   1) 초기 설정 기능
   2) 자원 관리 기능
   3) 인터페이스 기능
   4) 신뢰성 기능
   5) 이식성 기능

3. 운영 체제를 보는 관점에 따라 다양하게 정의할 수 있다. 다음과 같은 관점으로 간단하게 정의하라.

   1) 자원 관리자 관점
   2) 감시자 관점
   3) 인터페이스 관점
   4) 계층 구조 관점
   5) 프로세스 관점

제 3 장 프로세스 개요

3.1 프로세스 개념

3.1.1 프로세스란?

단순하게 프로세스를 "실행 중인 프로그램 상태"라고 정의할 수 있으나 실제적으로 프로그램이 수행되기 위해서는 실행할 명령어가 주기억 장치의 어디에 위치하는지를 알려주는 프로그램 카운터(program counter)와, 그 외 레지스터들, 그리고 실행에 필요한 자원들은 무엇인지 등의 여러 가지 정보들이 요구된다.

특히, 다중 사용자 시스템에서 여러 개의 프로그램을 효율적으로 관리하기 위해서는 우선순위, 현재 실행된 시간 등 여분의 정보가 더욱 필요하다. 이와 같이 운영 체제가 프로그램 실행 제어를 위하여 필요한 정보를 포함하고 있는 자료 구조를 보통 프로세스 제어 블록(PCB : Process Control block)이라 한다. 그러므로 프로세스는 프로그램 자체인 실행 코드와 자료 그리고 실행 제어 정보가 들어 있는 PCB가 결합된 단위가 된다.

3.1.2 프로그램과 프로세스

프로그램과 프로세스는 유사하나 하나의 프로그램이 여러 개의 프로세스들로 생성될 수 있다는 점에서 다소의 차이점을 찾을 수 있다. 하나의 프로그램이 여러 개의 프로세스로 생성되는 첫 번째 예는 다음과 같다. 프로그램은 일반적으로 계산 과정과 입출력 과정을 포함하고 있고, 대부분의 컴퓨터 시스템은 CPU와 채널과 같은 입출력 처리기(processor)들로 구성되어 있다.

그러므로 프로그램의 초기 작업 프로세스가 입출력 명령을 만나면 운영 체제의 도움을 받아 입출력 프로세스를 생성하고, 이렇게 생성된 입출력 프로세스는 입출력 장치 처리기에서 실행하게 한다. 즉, 하나의 프로그램을 실행하는 과정은 계산 프로세스와 입출력 프로세스들로 나누어 생성하여 CPU와 입출력장치 처리기들의 협력을 통하여 병행 실행된다.

하나의 프로그램이 여러 개의 프로세스로 생성되는 또 다른 예는 하나의 프로그램이 병렬(parallel)로 실행되기 위해서는 여러 개의 부분으로 나누어 질 수 있다. 이렇게 나누어진 여러 개의 부분들은 분리된 각각의 병행(concurrent) 프로세스들로 생성될 수 있다.

예를 들어, 산술식 프로그램의 빠른 처리를 위해 여러 개의 자식 프로세스들을 생성하여 병렬 실행시킬 수 있다.

3.1.3 운영 체제 프로세스와 사용자 프로세스

하나의 컴퓨터 시스템에는 다수의 사용자에 의해 생성된 다수의 프로세스들이 존재하게 되는데 크게 운영 체제 프로세스(또는 커널 프로세스 또는 시스템 프로세스)와 사용자 프로세스들로 구분된다.

사용자 프로세스는 사용자 코드를 수행하는 프로세스들이고, 운영 체제 프로세스는 사용자가 입력한 명령어를 해석하는 쉘 프로세스라든가 입출력 프로세스들 또는 사용자 프로세스를 생성하는 등의 시스템 운영에 필요한 코드를 수행하는 프로세스들이다.

이러한 운영 체제 프로세스들은 프로세스들의 실행 순서를 제어하거나 사용자 프로세스가 다른 사용자의 기억 장소를 침범하지 못하게 하는 등의 중요한 시스템 감시 기능 등을 수행하는 프로세스들이므로 일반 사용자가 사용할 수 없는 특별한 상태를 의미한다. 그러므로 컴퓨터 시스템은 사용자 프로세스를 관리하기 위한 운영 체제 프로세스가 실행되는 상태와 사용자 프로세스가 실행되는 상태로 크게 나누어진다.

일반적으로 이러한 운영 체제 프로세스가 실행되는 상태를 특권 상태(privileged state) 또는 커널 상태라 한다. 이러한 모든 운영 체제 프로세스들과 사용자 프로세스들은 CPU를 분할하여 사용함으로써 병행 수행될 수 있다.

3.1.4 CPU와 프로세스들

다중 사용자 시스템에서는 하나의 CPU가 다수의 프로세스들을 실행하고 있다. 즉, 단일 CPU가 각 사용자의 프로세스를 차례로 돌아가면서 작은 시간 간격 단위로 실행함으로써 각 사용자가 자기 자신만이 컴퓨터를 사용하고 있다는 인상을 주며 실행시킨다.

또한, 다수의 CPU들이 협동하여 하나의 프로세스를 실행할 수도 있다. 일반적인 경우는 다수의 CPU들이 다수의 프로세스들을 실행하는 경우이다. 이때 CPU의 수와 프로세스의 수는 서로 상관이 없다.

본서에서는 CPU가 한 개이고, 입출력 처리기들을 갖고 있는 단일 CPU 하의 다중 사용자 컴퓨터 시스템에서 어떻게 다수의 프로세스들을 효율적으로 관리해 CPU의 활용들을 극대화 해 나가는지에 대한 다중 프로그래밍 기술만을 논의한다.

3.1.5 병행(concurrent) 프로세스

(1) 병행 프로세스

앞에서 하나의 프로그램(=작업)이 여러 개의 프로세스로 생성되어 상호 협력하면서 프로그램이 실행될 수 있음을 알 수 있었다. 그러므로 다중 사용자 컴퓨터 시스템에서는 다수의 사용자에 의해 생성된 다수의 프로세스들이 상황에 따라 협력하기도 하고 경쟁하면서 제한된 컴퓨터의 자원들을 어떤 형태로든지 시간 공유(time-sharing) 방식을 취하면서 병행 실행해 나간다. 이와 같이 시스템 내에 다수의 프로세스들이 동시에 실행되는 것을 병행 처리 프로세스라 한다.

하지만 프로세스들이 시스템 내에 동시에 존재하나 어느 한 순간에는 단지 한 프로세스만이 CPU에서 실행되는데 이를 병행성(concurrency) 또는 동시성이라 한다.

이와 같이 시스템 내에 존재하는 다수의 병행 프로세스들은 상호 간에 영향을 끼치지 않는 독립적인 프로세스들과 상호 간에 협력이 이루어져야 하는 프로세스들로 구분할 수 있다.

(2) 독립적인 프로세스들

다수의 프로세스들은 오류나 설계 목적에 의해 상호 작용하는 경우 이외에는 서로 간에 영향을 끼치지 않고 병행적으로 실행된다. 이렇게 다른 프로세스에 영향을 주지 않고 독립적으로 실행되는 프로세스들을 결정적(determinate)인 프로세스들이라 한다. 즉, 프로세스의 동작은 한 시기에 하나씩 순차적으로 실행되고, 출력 결과와 종료 상태는 언제나 입력과 초기 상태에만 의존해서 결정된다.

(3) 협력(cooperation) 프로세스들

주로 컴퓨터 시스템의 제한된 자원을 상호 공유해야 하는 프로세스들 간에는 계획되고 통제된 상호 작용을 해야 하는 경우가 발생한다. 이를 협력(cooperation) 프로세스들이라 한다. 협력해야 하는 프로세스들은 동기화(synchronization)를 위해 통신하거나 그들 간의 병행성을 제약해야만 한다.

하나의 자원을 가지고 협력하는 프로세스들 간의 관계는 경쟁자들 관계이거나 또는 생산자(producer)들/소비자(consumer)들 관계 중의 하나로 자연스럽게 구분된다.

프로세스 간의 통신은 공유 기억 장소를 통하여 발생되기 때문에 경쟁자들 관계의 프로세스들은 영구히 또는 재사용할 수 있는 자원들을 점유와 해제(release)를 위하여 공유 기억 장소를 접근한다.

생산자(producer)들/소비자(consumer)들 관계의 프로세스들은 메시지나 신호들과 같은 일시적이거나 소비적인 자원들을 전달하여 공유 기억 장소를 접근한다. 그림 3-1은 두 프로세스 간의 경쟁과 비경쟁 관계를 예로서 보여준다.

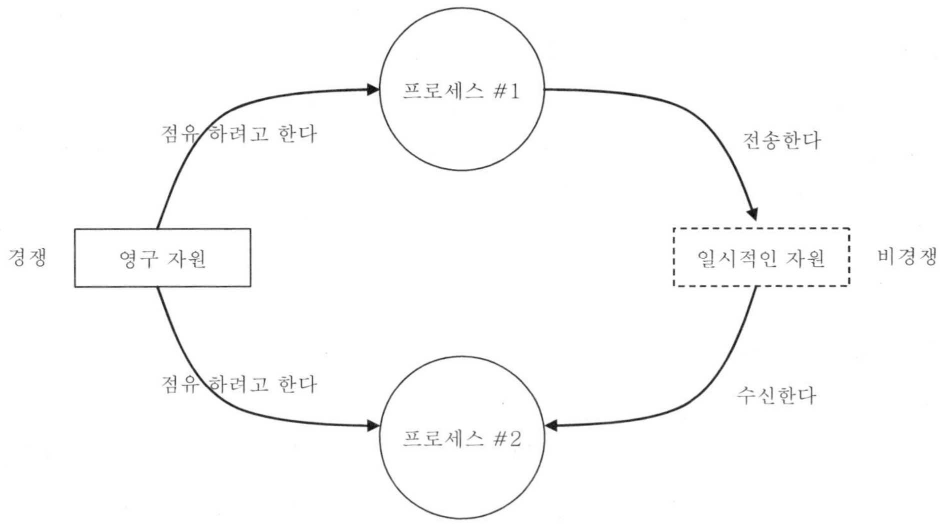

[그림 3-1] 프로세스들 간의 경쟁과 비경쟁

3.2 프로세스의 상태

시스템에서 실제적인 작업의 단위가 되는 프로세스는 시스템 내의 다른 다수의 프로세스들과 함께 CPU를 분할 사용하여 효율적으로 병행 수행되기 위해서는 모든 프로세스들이 제출, 보류, 준비, 실행, 대기, 종료 상태와 같은 기본적인 상태 변환을 거치게 된다.

3.2.1 프로세스의 상태

(1) 제출(submit) 상태

사용자에 의해 작업이 시스템에 제출되면 스풀러(SPOOLer)에 의해 디스크에 존재하는 보류 상태의 리스트에 저장된다.

(2) 보류(hold, pending) 상태

사용자가 실행을 요구하는 작업들이 제출되어 스풀(spool) 공간인 디스크에 수록되어 있는 상태로서 작업 스케쥴러에 의해 실행될 작업으로 선택되면 프로세스로 생성되어 준비 상태로 변환된다. 스풀러(SPOOLer)에 의해 사용자가 제출한 작업들을 스풀 공간인 디스크에 수록하여 보류 상태로 만들어 준다.

(3) 준비(ready) 상태

프로세스는 "실행" 상태로 들어가기 위해 운영 체제가 선택하여 주기를 준비하는 상태를 말한다. 준비 상태는 CPU를 제외하고는 실행에 필요한 모든 자원을 갖고 있는 프로세스들의 PCB가 나열되어 있다. 준비 상태 리스트에 있는 프로세스들은 CPU 스케줄링 정책에 따라 CPU를 배당받게 되는데, CPU를 배당받는 일을 디스패치(dispatch)라 한다. 보통 준비 상태에 있는 프로세스들을 활성 프로세스(active process)라 부르기도 한다.

(4) 실행(running) 상태

프로세스가 실제적으로 CPU를 배당받아 실행하는 상태를 말하는데, 실행 상태의 프로세스는 CPU 스케줄링 정책에 따라 실행되는 도중에 자신의 CPU에 사용시간이 초과되어 선점(preemption)되거나(빼앗길 수 있거나) 아니면 종료 될 때 까지 비선점 될 수 있다. 단일 CPU 시스템에서는 단지 하나의 프로세스만이 "실행" 상태가 된다.

(5) □□(□aiting) 상태

프로세스가 어떤 사건을 기다리는 상태를 말하는데 예를 들어, 입출력 처리가 끝난다든가 어떤 일정 시간이 만기가 되는 일 등이 사건이 된다. 프로세스가 실행 상태에서 입출력 처리와 같은 사건이 발생하게 되면, CPU를 반납하고 입출력 처리가 종료될 때까지 대기(wait) 리스트에서 대기 상태로 어떤 사건을 기다린다.

대기 상태를 중지(suspend), 블록(block), 차단, 수면(sleep) 등의 용어로 다양하게 사용하기도 한다.

(6) 종료(halted, terminated) 상태

프로세스가 완전히 실행이 종료된 상태로서 시스템에서 제거되고 그 프로세스와 관련된 PCB도 제거된다.

그림 3-2는 이러한 프로세스 상태 구분에 따른 단순한 변화 관계를 보여주고 있다.

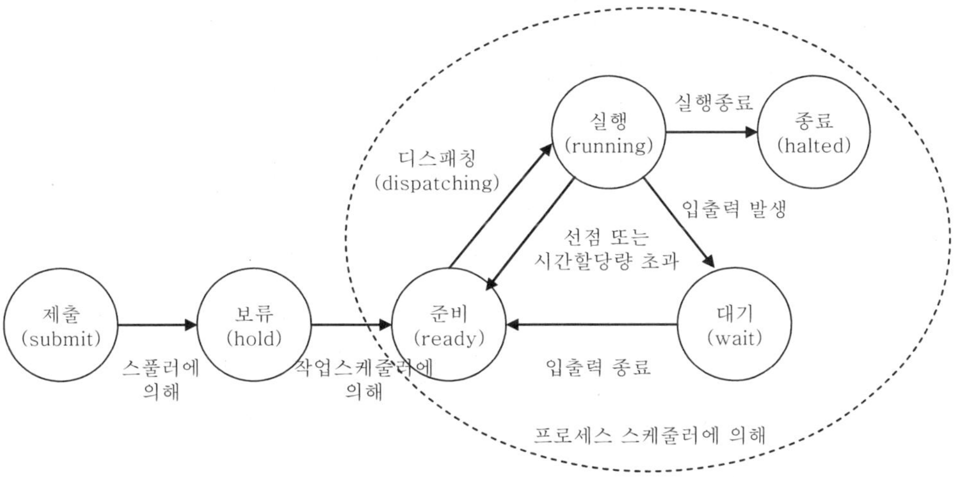

[그림 3-2] 프로세스 상태도

3.2.2 프로세스 관리를 위한 자료 구조(PCB)

앞에서 살펴본 바와 같이 모든 프로세스가 종료될 때까지 준비(ready), 실행(run), 대기(wait)와 같이 여러 상태로 변경되는데 이렇게 프로세스가 변경되는 내용을 운영 체제가 관리하기 위하여 프로세스 제어 블록(PCB : Process Control Block)이라는 자료 구조를 사용한다. PCB는 프로세스 생성할 때 만들어지며 주기억 장소에 유지되어 있다.

운영 체제가 CPU를 다른 프로세스에게 넘겨주고자 할 때, 프로세스의 상태 변화에 관한 모든 정보를 PCB에 저장시키고 나서 다시 실행하고자 할 때에는 PCB에 보관된 정보를 재사용하면서 프로세스들을 관리해 나간다. 그리고 실행이 종료된 프로세스인 경우에는 해당 PCB도 함께 삭제된다.

• **PCB의 내용**

각 프로세스마다 생성되는 PCB는 시스템에 따라 조금씩 다르지만 그림 3-3과 같이 구성된다.

프로세스의 현재 상태	포인터
프로세스 식별자(고유번호)	
우선순위	
하드웨어 상태	
스케줄링 정보들	
기억 장소 관리 정보	
입출력 상태	
파일 관리 정보	
계정 정보	
그 외 기타	

[그림 3-3] 프로세스 제어 블록(PCB)

① 프로세스 식별자(process identifier)
 프로세스의 이름인 고유 정수 번호
② 프로세스의 현재 상태
 보류, 실행, 준비, 대기 등의 상태
③ 우선순위
 프로세스 스케줄링시 사용될 우선순위
④ 하드웨어 상태
 프로그램 카운터, 누산기, 인덱스, 레지스터, 스택 레지스터, 범용 레지스터들과 같은 CPU 레지스터의 상태들과 그 외 플래그들(flags)
⑤ CPU 사용 시간, 대기 시간 등 프로세스 스케줄링에 사용될 정보들
⑥ 기억 장소 관리 정보
 프로세스가 적재된 주기억 장소의 주소에 대한 포인터와 경계 레지스터나 페이지 테이블 등
⑦ 입출력 상태
 배당된 입출력 장치드로가 대기 중인 입출력 조작들의 정보

⑧ 파일 관리 정보
개방된 파일이나 파일 접근 권한 등의 정보

⑨ 계정(accounting) 정보
CPU 사용 시간, 기억 장소, 입출력 조작, 그 외 자원 사용률 등의 정보

그 외 프로세스에 할당된 자원에 대한 포인터와 부모(parent), 자식(child) 프로세스 번호 등이 PCB에 포함되어야 한다.

또한 프로세스가 인터럽트 되거나 운영 체제의 시스템 호출에 의해 인터럽트가 요청될 때 변수들을 손상되지 않게 저장해야만 할 뿐 아니라 프로세스가 실행할 때 작성된 지역 변수(local variable)들도 저장해야 한다.

프로세스와 관계된 프로그램은 단순한 하나의 함수일 수도 있으나 대부분이 중첩된 함수 구조이다. 후자의 경우에 PCB는 복귀 주소들뿐만 아니라 부분적으로 실행된 각 함수들의 지역 변수들도 포함해야만 한다. 이러한 저장 영역들을 위해 사용되는 스택은 PCB 내에 포함되어야 한다.

3.2.3 PCB의 관리

준비, 실행, 대기, 종료 등의 모든 프로세스의 상태를 추적하고 파악하여 모든 프로세스의 상태에 대한 조사와 통제를 담당하는 프로그램을 트래픽 제어기(traffic controller)라 한다.

이러한 프로세스의 상태들은 운영 체제에서 여러 가지 방법으로 구현될 수 있으나 시스템 내의 다수의 프로세스들은 동적으로 상태 변환을 수행하게 되므로 동적인 자료 구조인 연결 리스트가 적합하다. 즉, 그림 3-4와 같이 각 상태마다 연결 리스트를 정의한 후 각 프로세스들을 자신의 상태에 해당되는 PCB들을 연결 리스트로 연결한다. 이러한 연결 리스트들의 조작 방식은 큐(queue), 스택(stack), 우선순위 큐(priority queue), 트리(tree) 등을 사용하여 구현할 수 있다. 그림 3-4는 큐 방식의 연결 리스트 표현을 보여주고 있다.

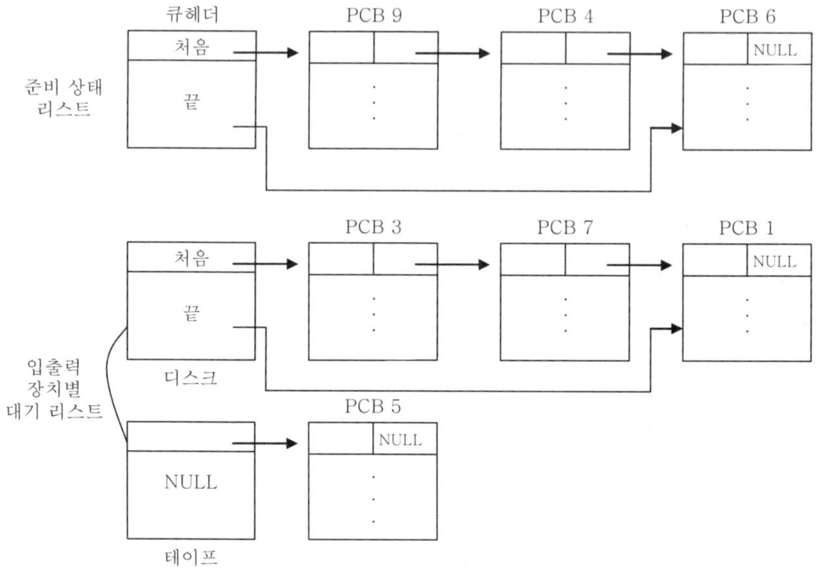

[그림 3-4] 프로세스 상태별 연결 큐에 의한 PCB 관리

실행을 준비하고 있는 프로세스들은 준비 상태의 큐에 리스트화 된다. 이를 준비 큐(ready queue)라 하고 준비 큐의 헤더(header)는 준비 큐 리스트의 첫 번째와 마지막 PCB를 가리키는 포인터를 가지고 있고, 각 PCB는 자신과 같은 상태의 다음 PCB를 가리키는 포인터 필드를 가지고 있다.

대기 상태는 프로세스가 사용할 테이프 또는 디스크 등과 같은 입출력 장치별로 해당 PCB들이 리스트화 되어야 한다. 보통 이를 장치 큐(device queue)라 한다. 입출력 장치가 전용의 테이프 구동기라면 장치 큐는 대기 중인 프로세스가 1개밖에 존재하지 않지만, 공유된 디스크 장치라면 장치 큐에 여러 개의 대기 중인 프로세스들이 존재할 수 있다.

3.3 프로세스의 상태 변환

앞 절에서 살펴보았듯이 하나의 프로세스가 시스템 내에 존재하는 동안 그 프로세스는 계속해서 여러 가지 사건들에 의해 준비(ready), 실행(run), 대기(wait)와 같은 일련의 서로 구분되는 상태 변환을 거치며 실행됨을 알 수 있었다. 즉, 시스템 내의 모든 프로세스들은 수행이 종료되어 시스템을 떠날 때까지 이러한 상태 변환을 계속 반복하게 된다.

이러한 프로세스의 상태 변환을 위해 운영 체제는 크게 작업 스케줄러(job scheduler)와 프로세스 스케줄러(process scheduler)라는 두 종류의 CPU 스케줄러를 사용한다.

3.3.1 작업 스케줄러에 의한 상태 변환

보류 상태 → 준비 상태

작업 스케줄러(job scheduler)가 하는 일로서 스풀러에 의해 디스크에 수록된 보류 상태의 실행될 작업들을 선정하여 대응되는 프로세스로 생성하여 준비 리스트에 삽입한다.

작업 스케줄러는 시스템 내에서 병행적으로 취급할 수 있는 최대의 입력 작업수를 제약하여 다중 프로그래밍의 정도(degree of multiprogramming)를 결정하는 거시적인 기능을 수행하는 스케줄러이다.

3.3.2 프로세스 스케줄러에 의한 상태 변환

프로세스 스케줄러는 작업 스케줄러에 의해 생성된 다수의 사용자 프로세스들 중에서 어떤 프로세스에게 CPU를 사용하게 할 것인가를 선택하는 스케줄러이다.

프로세스 스케줄러는 매 시기마다 실행 중인 프로세스를 입출력이 발생하면 대기시키거나 또는 대기 상태의 프로세스를 활성화시키는 기법을 사용하여 시스템에 대한 단기적인 부하를 조절하는 중간 단계(intermediate level)의 스케줄러와 준비 상태의 리스트에 위치한 어떤 프로세스에게 CPU를 배당하는 가장 낮은 단계의 디스패처(dispatcher) 스케줄러로 세분화 할 수 있다.

그림 3-5에서 큐를 이용하여 중간 단계 스케줄러와 디스패처의 관계를 나타내었고, 프로세스 스케줄러가 수행하는 프로세스 상태 변환은 다음과 같다.

① 준비 상태 → 실행 상태

② 실행 상태 → 준비 상태

③ 실행 상태 → 대기 상태

④ 대기 상태 → 준비 상태

⑤ 실행 상태 → 종료 상태

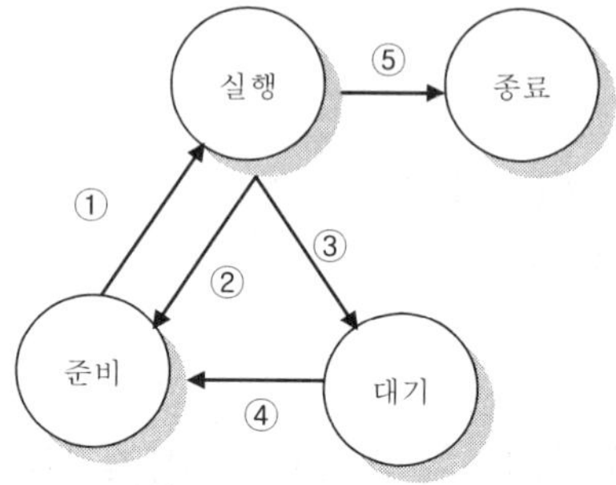

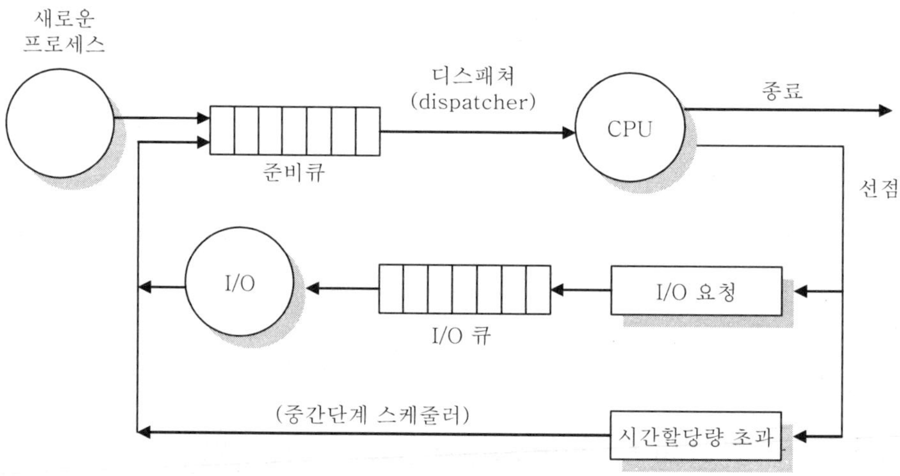

[그림 3-5] 중간 단계 스케줄러와 디스패처의 관계

이러한 프로세스 스케줄러는 커널에 상주하면서 시스템에서 가장 빈번하게 실행되는 프로그램이기 때문에 운영 체제의 오버헤드를 최소화하기 위해 가장 효율적이어야 한다.

(ㅁ) 준비 상태 → 실행 상태

프로세스 스케줄러는 준비 상태의 프로세스들 중에서 우선순위가 가장 높은 프로세스를 선택하여 CPU를 배당함으로써 실행 상태로 변환시킨다. 이와 같이 준비 상태의 프로세스들 중에서 CPU를 배당하는 일을 디스패칭(dispatching)이라 한다.

다중 사용자 운영 체제에서는 실행 상태의 프로세스에게 지정된 시간 동안만 CPU를 사용할 수 있도록 시간을 제한한다. 이를 시간 할당량(time slice, time quantum)이라 한다. 프로세스가 CPU를 사용하는 시간 할당량을 정하는 이유는 특정 프로세스가 CPU를 계속하여 독점하는 것을 방지하고 시분할과 다중 프로그래밍을 원활하게 하기 위한 것이다.

실행 상태에 있는 특정 프로세스가 미리 정해진 시간 할당량만큼 실행하다가 이 시간이 지나도 실행이 끝나지 않으면 준비 상태로 되돌아간다. 이 상태 변환을 CPU를 빼앗기는 선점(preemption)이라 한다.

시간 할당량이 너무 길면 특정 프로세스가 CPU를 계속 독점하게 되어 비선점 효과를 갖게 되고, 너무 짧으면 프로세스들 간의 교환이 자주 발생하여 시스템 오버헤드가 증가한다. 이렇게 한 프로세스에서 다른 프로세스로 CPU가 새롭게 배당되는 교환 과정을 보통 문맥 교환(context switching)이라 한다. 문맥 교환에 대한 내용은 이후에 자세히 소개된다.

(2) 실행 상태 → 준비 상태

CPU를 할당받아 실행 중인 프로세스가 시간 할당량을 초과하게 되면, 시스템 클럭에 의한 외부 인터럽트가 발생하여 CPU를 준비 상태의 다른 프로세스에게 양도하고 프로세스 자신은 준비 상태의 리스트 맨 뒤로 들어감으로써 실행 상태에서 준비 상태로의 상태 변환이 일어난다.

(3) 실행 상태 → 대기 상태

실행 중인 프로세스가 자신의 시간 할당량을 초과하기 전에 입출력을 요청하거나 사용할 수 없는 새로운 자원을 요구하거나 또는 기타 사건이 발생하면 CPU를 스스로 반납하고 채널 등의 입출력 전용 프로세스에 의해 입출력이 종료될 때까지 대기 상태로 변환된다.

물론 이때에도 준비 상태에 있는 다른 프로세스가 CPU를 할당받는 문맥교환이 발생한다. 대기 상태에 있는 프로세스가 기다리는 시간은 입출력에 걸리는 시간, 일정한 시간의 경과, 다른 프로세스에서 오는 메시지 등 프로세스 외적 요인들에 의해 결정된다.

(4) 대기 상태 → 준비 상태

입출력 종료 신호가 들어오면 대기 상태의 프로세스에게 입출력 종료 사실을 알려 깨움(wake up)으로서 대기 중인 프로세스는 준비 상태로 변환된다.

(5) 실행 상태 → 종료 상태

실행 상태의 프로세스가 정상적으로 작업을 종료하거나 비정상적으로 오류가 발생되어도 종료 상태로 변환된다. 종료 상태에서는 프로세스가 가지고 있던 모든 자원의 회수와 PCB를 제거하여 프로세스가 시스템에서 제거된다.

원래 프로그램 파일은 디스크 상 어딘가에 존재하나 프로세스는 주기억 장소에 더 이상 존재하지 않는다.

3.3.3 대기 상태의 세분화

대기 상태(wait)는 자신의 제어 하에 있는 입출력 작업이 끝나기를 기다리는 상태와 현재 사용이 불가능한 자원에 대한 사용을 요청하여 기다려야 하는 상태로 자세히 구분할 수 있다. 전자를 중지(suspend) 상태라 하고 후자를 블록(block : 차단) 상태라 한다.

즉, 실행 상태에서 상황에 따라 중지 또는 블록 상태로 변환할 수 있다. 실행 상태에서 블록 상태로 변환되는 경우는 프로세스가 실행을 시작한 후 사용 할 수 없는 자원을 요청하는 동적인 자원 배당 시스템에서 발생한다.

대부분의 시스템들은 프로세스가 실행되기 전에 보통 모든 자원을 배당받고 실행을 시작하므로 블록 상태가 존재하지 않으나 자원의 이용률과 다중 프로그래밍 정도를 높이려는 좀 더 활동적인 시스템들은 프로세스가 실행을 시작 한 후 동적으로 자원을 배당하기도 한다.

이미 배당된 자원에 대한 작업이 끝나기를 기다리고 있을 때는 중지 상태가 되고, 자원의 할당을 기다리고 있을 때는 블록 상태라 한다.

그림 3-6은 대기 상태를 세분화한 프로세스 상태 변환 관계를 나타내고 있다.

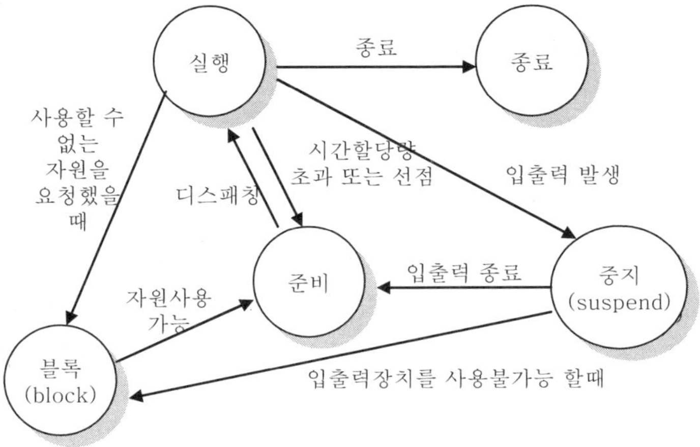

[그림 3-6] 대기 상태를 세분화한 프로세스 상태도

(1) 실행 상태 → 중지 상태

실행 중인 프로세스가 자신의 시간 할당량을 초과하기 전에 입출력을 요청하면 CPU를 스스로 반납하고 입출력이 종료될 때까지 중지 상태로 변환된다.

(2) 실행 상태 → 블록 상태

동적인 자원 배당 시스템에서 블록 상태로 변환하는 경우의 예를 살펴보자. 어떤 프로세스가 실행을 계속하기 위해 좀 더 많은 기억 장치를 요구했는데 사용 가능한 기억 장치가 부족한 경우 블록 상태로 변환된다.

또 다른 예는 이미 다른 프로세스가 프로세스들 간에 상호 배제해야 될 임계 영역에 들어가 있는데 여기를 접근하려는 프로세스가 발생하면 블록 상태로 변환된다. 이에 대한 자세한 내용은 11장의 병행 프로세스에서 설명된다.

대부분의 경우 블록 상태에서 일정 시간이 경과하면 요청한 자원을 사용할 수 있게 되어 해당 프로세스에게 자원을 배당하여 준비 상태로 변환된다. 그러나 하드웨어가 고장 나거나 다른 프로세스가 해당 자원을 무한정 가지고 있는 경우도 발생할 수 있다.

이와 같은 경우에 프로세스는 더 이상 실행할 수 없는 교착(deadlock) 상태에 빠질 수 있다.

(3) 중지 상태 → 블록 상태

실행 중인 프로세스가 자신의 시간 할당량을 초과하기 전에 입출력을 요청하면 입출력이 종료될 때까지 중지 상태로 변환된다. 중지 상태로 변환된 프로세스가 자신이 사용할 입출력 장치에 대한 사용을 요청했는데 이 요청이 받아들여지지 않으면 블록 상태에 놓이게 된다. 일정 시간 경과 후 시스템이 입출력 장치를 프로세스에 배당하면 그 프로세스는 다시 준비 상태로 변환된다. 준비 상태가 된 프로세스는 프로세스 스케줄러에 의해 다시 실행 상태에서 중지 상태로 변환되어 입출력 작업을 종료하게 된다.

3.3.4 준비 상태의 세분화

그림 3-7은 준비 상태가 우선순위에 의해 세분화된 프로세스 상태도의 예로서 시분할 시스템에서 많이 사용하고 있다. 먼저 입출력 중심의 프로세스 인가 또는 주로 CPU를 사용하는 계산 중심의 프로세스인가에 따라서 크게 준비 상태의 리스트를 두 개로 나누어 입출력 중심의 프로세스에게 높은 우선순위를 부여한다.

다시 입출력 중심의 프로세스가 저속의 단말기를 사용하는 경우와 고속의 디스크를 사용하는 경우로 나눈다. 디스크를 사용하는 입출력 프로세스보다는 단말기와 같이 빠른 반응을 요구하는 입출력 프로세스에게 좀 더 높은 우선순위를 부여하여 그림 3-7과 같이 세 개의 준비 상태 리스트로 구성된 예를 보여 준다.

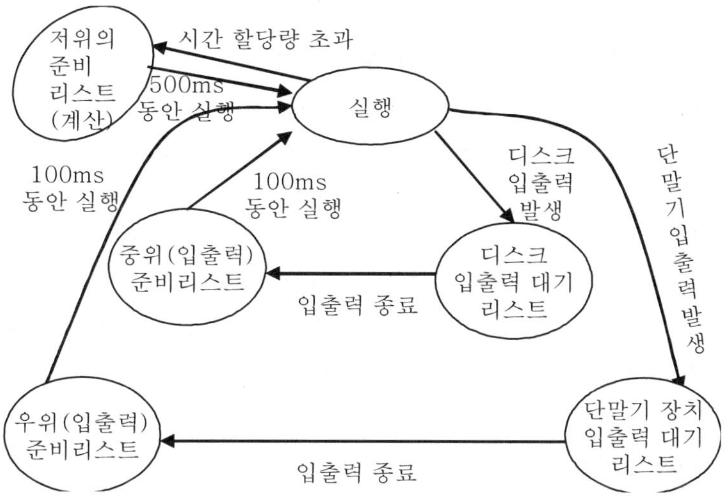

[그림 3-7] 우선순위에 의해 준비 상태가 세분화된 상태도

프로세스 스케줄러가 처리하는 방법은 각 준비 리스트(ready list)들이 우선순위를 가지고 구분되어 있어서 우위의 것을 제일 먼저 처리하고, 다음에 중위 그리고 저위에 있는 프로세스를 차례로 처리한다. 뿐만 아니라 어떠한 준비 리스트에서 왔느냐에 따라서 시간 할당량(time quantum),을 다르게 부여하여 처리한다.

즉, 저위에 있는 프로세스는 CPU 서비스를 받기 힘들기 때문에 시간 할당량을 많이 부여하고(그림에서는 500ms) 중위와 우위에 있는 프로세스는 시간 할당량을 조금(그림에서는 100ms) 부여한다.

따라서, 입출력 중심의 프로세스는 자주 CPU를 차지하게 되나 짧은 시간 동안만 사용하고 계산을 많이 하는 프로세스는 자주 CPU를 차지하지 못하지만 일단 차지하면 오랜 시간 차지하도록 하여 시스템 전체의 균형을 유지시킬 수 있다.

3.4 문맥 교환(context switching)

앞 절의 프로세스 상태 변환에서 살펴보았듯이 다음과 같은 여러 가지 경우 등에서 한 프로세스에서 다른 프로세스로 CPU가 새롭게 배당되는 문맥 교환(context switching) 과정이 요구됨을 알 수 있었다.

- 프로세스가 준비 상태에서 실행 상태로 변환될 때
- 프로세스가 실행 상태에서 준비 상태로 변환될 때
- 프로세스가 실행 상태에서 대기 상태로 변환될 때
- 프로세스가 실행 상태에서 종료 상태로 변환될 때

문맥 교환이 발생하면 전체 프로세스 이미지는 프로세스가 후에 실행을 재시작할 수 있도록 손상되지 않게 저장되어야 하며 또한, CPU가 다른 프로세스로 제어를 옮기기 전에 여러 가지 중요한 CPU 레지스터의 내용물들을 저장해야 한다. 이는 우리가 알고 있는 인터럽트 처리 과정과 대동소이하다.

(1) 문맥 교환 과정

그림 3-8은 문맥 교환 과정의 예를 나타내고 있다. 현재 실행 중인 프로세스 Pi가 인터럽트나 시스템 호출에 의해 문맥 교환이 요구되었다고 가정하자.

인터럽트나 시스템 호출에 의해 Pi의 문맥 교환이 요구되면 사용자 모드에서 운영 체제 모드로 제어가 넘어가서 나중에 재개할 수 있도록 Pi의 현재 하드웨어 상태를 PCBi에 저장하고 난 후 다음에 실행할 프로세스 Pj를 스케줄링한다. 그 다음 Pj를 실행할 수 있도록 PCBj의 하드웨어 상태와 특징들을 CPU에 재저장 하고 난 후 프로세스 Pj를 실행시킨다.

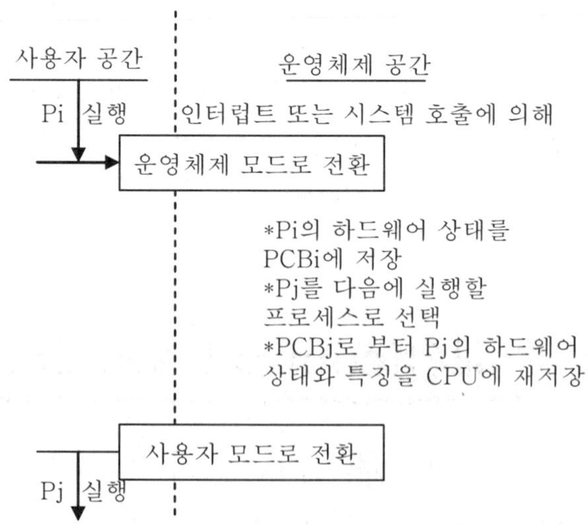

[그림 3-8] 문맥 교환 과정

(2) 문맥 교환 과정의 오버헤드

문맥 교환에 소요되는 시간은 기억 장치의 속도, 레지스터의 수 등 컴퓨터 구조에 따라 다르지만 보통 문맥 교환시에 1~1000마이크로 초(micro second)까지 시간적인 오버헤드가 존재한다.

다음 그림 3-9는 프로세스 간에 문맥 교환에서 야기되는 오버헤드 작업을 그림으로 나타내었다.

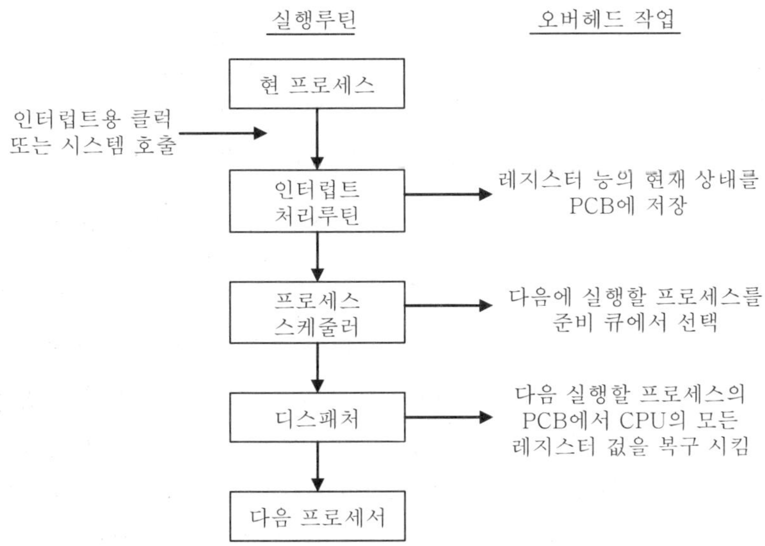

[그림 3-9] 문맥 교환의 오버헤드

일반적으로 문맥 교환은 운영 체제에서 아주 자주 발생하므로 가능한 효율적으로 구현해야만 한다. 이는 가능한 적은 자료들을 주기억 장소로 옮겨야함을 의미하는데 스택 중심(stack-oriented) 기계에서는 스택 포인터 레지스터를 변경함으로써 효율적으로 프로세스 간의 문맥 교환을 수행할 수 있다.

또한 최근의 많은 운영 체제는 효율적인 문맥 교환을 위하여 특별한 프로세스 구성 기법인 스레드(thread)[1]를 이용하며, 문맥 교환은 사용자가 자신만의 CPU를

1) 프로세스는 실행을 위한 제어의 흐름 부분과 정보를 갖고 있는 실행 환경 부분으로 나눌 수 있는데 하나의 스레드는 프로세스에서 제어의 흐름 부분을 의미한다. 스레드는 표 3-1과 같이 실행에 필요한 최소한의 정보만을 가지고 자신이 속해 있는 프로세스의 기억 장치나 파일과 같은 실행 환경을 공유하여 프로세스의 생성과 문맥교환 등의 오버헤드를 줄여서 운영 체제의 성능을 개선하려는 소프트웨어적인 접근 방법이다.

혼자서 계속 독점하여 사용하고 있다는 환상을 가질 수 있도록 사용자가 느낄 수 있도록 수행되어야 한다.

스레드 중심 시스템에서 프로세스는 스레드의 실행을 위한 환경이 되고, 스레드는 독립적인 프로세스 스케줄링의 최소 단위로서 프로세스 역할을 담당하게 한다.

표 3-1. 스레드와 프로세스의 포함 정보 비교

스레드 당 항목	프로세스 당 항목
• 프로그램 카운터 • 스택 • 레지스터 집합 • 자식 스레드 • 스레드 상태	• 주소공간 • 전역 변수 • 개방된 파일들 • 자식 프로세스 • 타이머 • 신호 • 세마포어(semaphor) • 계정 정보

프로세스 중심 시스템에서 프로그램이 단일 프로세스로 생성되어 실행되면 하나의 실행점(execution point)만이 존재하므로 단일 프로세스 내에서는 병행 처리가 불가능하고, 프로그램이 여러 개의 프로세스로 생성되면 각 프로세스마다 동일한 많은 정보들이 중첩 유지되어 관리되므로 비효율적이다. 단일 프로세스를 다수의 스레드로 생성하여 병행성을 증진하고, 실행 환경을 공유시켜 문맥 교환 등의 오버헤드를 줄여 운영 체제의 성능을 개선하고자 함이 최근에 많이 개발되고 있는 스레드 시스템이다.

3.5 프로세스의 생성

작업 스케줄러가 스풀러에 의해 디스크에 저장되어 있는 보류 상태의 작업들을 선택하여 프로세스로 생성하여 준비 상태의 리스트에 삽입한다. 본 절에서는 시스템에서 프로세스를 생성하는 과정을 설명한다.

(1) 프로세스들의 계층 구조

대부분의 시스템들은 새로운 프로세스들을 생성할 때 프로세스들이 생성되는 순서가 기억되고, 하나의 프로세스와 이 프로세스가 생성하는 새로운 프로세스 간에 있어서 부모/자식(parent/child) 관계를 유지시키며 계층적으로 프로세스들을 생성시킨다.

프로세스는 실행 도중에 프로세스 생성 시스템 호출(UNIX에서는 fork() 시스템 호출에 의해 생성된다)을 통해서 여러 개의 새로운 프로세스를 생성할 수 있다. 새로운 프로세스를 생성하는 프로세스를 부모 프로세스라 하고, 생성된 프로세스는 자식 프로세스라고 하며 자식 프로세스는 또 다른 자식 프로세스를 생성할 수 있다.

예를 들어, 산술식을 병렬로 실행하기 위해 자식 프로세스들을 생성해야 하거나 입출력 실행을 위해 입출력용 자식 프로세스들을 생성하기도 해야 한다.

몇몇 시스템에서는 프로세스들을 생성할 때 상호 간에 관계없는 서로 다른 독립적인 프로세스들로서 생성하기도 한다.

(2) 프로세스 생성 과정

부모/자식(parent/child) 관계를 유지시키면서 새로운 자식 프로세스를 생성하는 과정은 대략 다음과 같다.

① 새로운 자식 프로세스에 대한 하나의 PCB를 배당받아 다음과 같은 정보들을 PCB에 저장한다.

- 부모 프로세스 PCB의 내용이 새롭게 생성된 자식 프로세스 PCB로 복사된다.
- PCB에는 부모 프로세스의 PCB를 가리키는 포인터를 기억하는 필드가 필요한데 이는 종료 조건과 같은 상태 정보를 부모 프로세스에게 전달하기 위해 필요하다.
- 그 외 PCB에는 초기 우선순위, 초기 자원 등을 배당받는다.

② 새로운 자식 프로세스가 실행할 프로그램을 디스크에서 찾아 주기억 장소를 배당해 주기 위해 ①의 과정에 의해 새롭게 생성된 PCB를 실행 상태 프로세스로 변환시킨다.

③ 프로세스 상태 변환에서 배운 것과 동일하게 새롭게 생성된 PCB를 가진 실행 상태의 프로세스는 디스크 읽기를 요청하여 실행할 프로그램 디스크에서 읽어 주기억 장소를 배당 받음으로써 새로운 자식 프로세스로 생성된다. 즉, 실행 상태에서 디스크에 존재하는 실행할 프로그램 파일을 읽기 위해 입력을 요청하여 중지 상태로 변환되고 정상적으로 디스크 입력이 수행되어 주기억 장소에 실행할 프로그램 파일이 저장되면 다시 중지 상태에서 준비 상태로 변환된다.

이와 같이 PCB가 새롭게 만들어지고 실행 가능한 프로그램이 기억 장치에 들어와 준비 상태로 변환되어 있으면 다른 준비 상태의 프로세스들과 동일하게 CPU 사용권을 놓고 프로세스 스케줄러에 의해 스케줄링 되기를 기다린다. 즉, 이때가 하나의 프로세스가 생성된 것이다.

일반적으로 프로세스가 실행되려면 CPU, 기억장치, 입출력 장치와 같은 여러 자원들이 필요하다. 부모 프로세스는 자신의 자원을 자식 프로세스와 나누어 가질 수 있고, 여러 자식 프로세스들과 기억 장치나 파일 같은 자원을 공유할 수 있다.

이렇듯 자원의 상속 개념을 사용하여 부모 프로세스 자원의 일부분을 자식 프로세스와 공유하도록 제한함으로써 시스템의 부하를 줄일 수 있다.

그러나 생성된 자식 프로세스는 보통 부모 프로세스에 의해 소유된 자원들만을 사용해야 하는 제약을 가지고 있고, 만일 부모 프로세스가 파괴되면 자식 프로세스도 파괴되어야 한다.

대부분의 범용 시스템에서 하나의 프로세스가 파괴되면, 파괴된 프로세스의 이미지는 사용 가능한 기억 장치 풀(pool)로 반환된다. 하지만, 많은 전용 시스템 또는 실시간 시스템들인 경우는 결코 프로세스들은 파괴되지 않는다. 대신에, 이들 프로세스들은 컴파일 시기 또는 초기화시기에 생성되어 수행해야 할 일이 없을 시기일지라도 파괴되지 않고 영원히 실행된다.

3.6 프로세스 종료

실행 상태의 프로세스가 정상적으로 작업을 종료하거나 비정상적으로 오류가 발생하면 종료 상태로 변환된다. 일반적으로 프로세스는 마지막 문장의 실행을 끝내면서 운영 체제에게 프로세스의 종료를 요청한다.

프로세스가 종료되기 위해서는 가지고 있던 모든 자원의 회수와 PCB를 제거하여 프로세스가 시스템에서 제거되어야 하는데 좀 더 자세히 설명하면 다음과 같다.

① 먼저 프로세스가 사용하던 기억 장치를 기억 장치 관리자에게 알려 회수하게 한다.

② 프로세스가 사용하던 자원들이 있는지 해당 자원 관리자에게 알려 회수하게 한다.

- 자원 회수 과정은 해당 자원에 해당하는 각 장치 구동기(driver)를 호출하여 자원회수에 따르는 세부 사항을 처리하게 하면 된다.

③ PCB에 연결된 파일 제어 블록이 있는지 파악하여 파일을 폐쇄(close)한다.

④ 종료하지 않은 자식 프로세스들이 있는지 파악하여 강제 종료시킨다.

- 자식 프로세스들의 역할은 부모 프로세스를 돕는 일이기 때문에 반드시 강제 종료시켜야 한다. 그러나 대부분 부모 프로세스가 exit()와 같은 적당한 시스템 호출을 통해서 자식 프로세스를 종료시킨다.

⑤ 마지막으로 PCB를 제거한다.

다음은 프로세스가 실행 도중에 오류가 발생하여 운영 체제가 비정상적으로 강제 종료되는 오류의 유형들이다.

- 프로세스가 운영 체제만이 사용할 수 있는 특권 명령어를 사용할 때
- 프로세스가 허가받지 않은 자원을 사용하려고 할 때
- 프로세스가 허가받지 않은 다른 프로세스의 기억 장치를 침범할 때

- 프로세스가 자신의 시간 할당량 이상 어떤 사건이 발생하기를 기다릴 때
- 프로세스가 없는 명령어를 실행할 때
- 프로세스가 시스템이 제공할 수 있는 것보다 더 큰 기억 장치를 요구할 때
- 입출력에서 오류가 발생할 때
- 0으로 나누기 등의 산술 오류가 발생할 때
- 조작자가 교착 상태 등을 발견하여 강제 종료시킬 때

연 습 문 제

1. PCB란?

2. 다음과 같은 프로세스의 각 상태에 대하여 간단히 설명하라.

   1) 제출(submit) 상태
   2) 보류(hold) 상태
   3) 준비(ready) 상태
   4) 실행(running) 상태
   5) 대기(waiting) 상태
   6) 종료(halted) 상태

3. 대기(wait) 상태를 중지(suspend) 상태와 블록(block) 상태로 구분했을 때 다음과 같이 프로세스가 상태 변환하는 원인을 간단히 설명하라.

   1) 실행 상태 → 중지 상태
   2) 실행 상태 → 블록 상태
   3) 중지 상태 → 블록 상태

4. 문맥 교환(context switching)이 필요한 이유와 문맥 교환에서 발생하는 오버헤드와 이러한 오버헤드를 줄이기 위한 방안에 대하여 간단히 설명하라.

제 4 장 프로세스 스케줄링

4.1 스케줄링 목적

CPU 스케줄링 정책들은 작업 스케줄링이나 프로세스 스케줄링에서 다 함께 사용될 수 있다. 왜냐하면, 전자는 다음에 생성할 프로세스를 선택하는 정책을 사용하고, 후자는 다음에 실행할 프로세스를 선택하는 정책을 사용하기 때문이다. 그러나 특별한 운영 체제에서는 이러한 두 정책들이 같지 않을 수도 있다.

스케줄링 정책들은 다양하나 일반적으로 바람직한 스케줄링 정책은 우선순위가 높은 작업들에게는 우선권을 주면서 낮은 우선순위 작업들에게는 기아(starvation) 현상이 발생하지 않도록 공평하게 처리하여 CPU의 처리 능력(throughput)을 최대화하는 것이 가장 큰 목적이다.

"공평함(fairness)"과 "우선순위(priority)"는 서로 상반된 개념을 갖는 스케줄링 정책의 가장 중요한 목표이며 그 외의 중요한 스케줄링 정책의 목표는 다음과 같다.

① 가능한 한 단위 시간당 CPU의 유휴 시간(idle time)을 줄여 프로세스들의 처리량(throughput)을 최대화해야한다.

② 일괄 처리 시스템의 사용자들은 응답 시간(response time)이 좀 길어도 되지만, 시분할 시스템의 대화형 사용자나 실시간 사용자들은 신속한 응답 시간의 보장되도록 해야 한다.

③ 특정 작업이 제출되어 종료할 때까지의 경과 시간(turn-around time)을 단축해야한다. 특히, 시스템의 부하에 상관없이 일정한 작업은 언제나 예측할

수 있는 경과 시간으로 종료될 수 있어야 한다.

④ 시스템 내의 자원들이 유휴 상태로 놓이지 않도록 골고루 균형 있는 자원 사용을 하여야 한다.
이를 위해 유휴 상태의 자원을 사용하는 프로세스에게 우선권을 제공해야 하고 특히, 입출력 중심의 프로세스와 CPU중심의 프로세스들을 적절하게 혼합시켜 시스템의 성능을 높이도록 해야 한다.

⑤ 특정 프로세스의 실행이 무한정 대기하지 않도록 시한성을 보장(guaranteed service)해야 한다. 이를 위해 많은 시스템들이 오랫동안 기다린 프로세스에게 우선순위를 높여 처리하는 에이징(aging) 기법을 사용하고 있다.

4.2 스케줄링의 원리

많은 서로 다른 스케줄링 정책들은 "공평함(fairness)"과 "우선순위(priority)"의 서로 상반된 목표의 최적화를 위해 선점 또는 비선점 원리를 다양하게 적용해 나가면서 CPU의 처리 능력(throughput)을 최대화한다. 우선순위를 기초로 하는 정책들은 초기에 우선순위가 결정되면 변할 수 없는 정적(static) 방식이나, 우선순위를 변경할 수 있도록 하여 동적 방식으로 운영할 수 있다.

스케줄링의 정책의 기본 원리인 비선점/선점 방식에 대한 개념과 이들의 원리를 서로 다른 관점으로 적용하는 스케줄링 정책들의 종류를 간단히 살펴보자.

4.2.1 비선점(non-preemption)

(□) □□

비선점(non-preemption) 방식은 작업이 프로세스로 생성되어 CPU를 할당받으면 프로세스가 종료되거나 입출력 조작을 위해 자발적으로 중지될 때까지 계속 실행되도록 보장하는 스케줄링 정책이다. 이와 같이 한 프로세스가 일단 CPU를 할당받으면 다른 프로세스가 CPU를 강제적으로 뺏을 수 없는 방식을 비선점 스케줄링이라 한다.

장점

비선점 스케줄링 정책들은 대부분 단순하고, 선점 방식들에 비해 프로세스 간의 문맥 교환에 대한 오버헤드가 적어 효율적이며 보통 일괄처리 시스템에 적합하다.

단점

간단한 요청에 빠른 응답을 원하는 대화식 시분할 시스템의 사용자들에게는 적합하지 않고, 긴 작업이 짧은 작업을 오랫동안 기다리게 하는 경우가 발생할 수 있다.

(2) 비선점 스케줄링의 종류

가) FCFS 스케줄링

FCFS(First Come First Service 또는 FIFO : First In First Out) 스케줄링은 먼저 도착한 작업을 먼저 처리하는 큐 방식으로 단지 도착 시간에 의해 처리되는 가장 간단한 비선점 방식으로 일괄처리 시스템에 적합하다. 도착 시간에만 의해 처리하므로 짧은 작업이든 긴 작업이든 간에 모든 프로세스에 대한 요구를 공평히 처리하나 실제 짧은 작업을 오래 대기시키는 큰 단점이 존재한다.

다른 대부분의 스케줄링 정책들이 나름대로 다양한 우선순위를 적용하나 결정된 우선순위 내에서는 보통 FCFS 방식으로 운영된다.

나) SJF 스케줄링

SJF(Shortest Job First) 스케줄링은 대기 중의 작업 중에서 수행 시간이 가장 짧다고 판단되는 것을 먼저 수행하는 비선점 방식으로 긴 작업보다 짧은 작업에게 유리하다.

다) HRN 스케줄링

Brinch Hansen이 제안한 HRN(Highest Response ratio Next) 스케줄링은 긴 작업 처리시에 불리한 SJF 방식과 선점 방식의 하나인 SRT(Short Remaining Time) 방식

의 단점을 보완하기 위해 다음과 같이 대기 시간을 고려한 프로세스의 응답률(response ratio)을 가지고 최고의 응답률을 가진 프로세스를 먼저 처리하는 비선점 방식이다.

$$\text{응답률} = \frac{(\text{대기시간} + \text{서비스를 받을 시간})}{\text{서비스를 받은 시간}}$$

따라서 짧은 작업뿐만 아니라 대기 시간이 큰 긴 작업의 응답률이 높아져 SJF나 SRT 방식에 비해 긴 작업의 처리가 좀 더 빠르게 실행될 수 있다.

라) 우선순위 스케줄링

각 프로세스에게 우선순위(priority)를 부여하여 우선순위가 높은 순서대로 처리하는 비선점 방식으로 우선순위는 보통 프로세스의 특성 및 종류에 따라 다르게 부여될 수 있다.

• 우선순위를 부여하는 예

① 사용자 등급에 따른 우선순위 : 시스템 운영자, 비용을 많이 지불한 자, 교수, 학생 등 작업 등급에 따른 우선순위 : 시스템 작업, 대화형 작업, 일괄처리 작업 등
② 짧은 작업 : CPU의 사용 시간이 작으므로 우선순위가 높음
③ 입출력을 많이 하는 작업 : CPU 사용 시간이 작으므로 우선순위가 높음

마) 기한부(deadline) 스케줄링

기한부(deadline) 스케줄링은 작업들이 정해진 시간 내에 종료되도록 처리하는 비선점 방식으로, 이들 작업들의 결과가 정해진 시간 이후에 구해지면 의미가 별로 없거나 쓸모가 없게 된다. 기한부 스케줄링이 요구되는 프로세스에게 집중적인 자원 배당을 해야 하기 때문에 많은 오버헤드가 뒤따른다. 실시간(real time) 시스템에서 많이 사용한다.

4.2.2 선점(preemption) 방식

(1) 개요

어떤 프로세스가 CPU를 할당받아 실행 중에 있어도 다른 프로세스가 현재 프로세스를 중지시키고 CPU를 강제적으로 뺏을 수 있는 방식을 선점(preemption) 스케줄링이라 한다. 보통 선점 방식에서는 하나의 프로세스를 주어진 시간 할당량(time slice 또는 time quantum) 동안만 실행을 허락하고, 시간 할당량을 초과하거나 입출력이 발생하면 프로세스 스케줄러는 다른 준비 상태의 프로세스를 선택하여 실행시킨다.

이는 입출력이 거의 없이 길게 CPU를 사용하는 프로세스와 그렇지 않은 다른 프로세스들과 병행 실행시킬 수 있어서 다중 프로그래밍의 기본이 된다. 그러므로 선점 방식은 빠른 응답을 요구하는 시분할 시스템에서 주로 채택하는 정책이 된다.

장점

① 선점 방식은 긴급하게 처리해야 할 높은 우선순위를 가진 프로세스들이 빠르게 처리될 수 있다.

② 선점은 문맥 교환에 따른 운영 체제의 오버헤드를 증가시킬 수 있으나 모든 프로세스들은 CPU의 공평한 사용을 유지시킨다. 특히, 짧은 작업들은 큰 작업들에 의해 CPU가 독점되는 불리함에서 배제될 수 있다.
결과적으로 프로세스들은 비순차적으로 병행 실행될 수 있고, 짧은 작업이 긴 작업 뒤에 실행될지라도 좋은 경과(응답) 시간을 얻게 된다.

단점

① 선점은 비선점 방식보다 프로세스 간의 문맥 교환이 자주 발생하게 되어 운영 체제의 오버헤드를 증가시킬 수 있다.

② 시간 할당량을 초과하는지를 검사할 수 있는 시간 배당에 대한 인터럽트용 클럭(clock) 하드웨어/ 소프트웨어가 요구된다.
그러므로 선점 방식의 스케줄링에서는 각 시간 할당량에 대한 인터럽트 레벨의 오버헤드를 최소화하기 위해 노력해야 한다.

(2) 인터럽트용 클럭

인터럽트용 클럭(clock)은 대화식 시분할 시스템 사용자들에게 알맞은 응답 시간을 보장해 주기 위해 또는 프로세스들이 시간 의존적인 사건을 처리할 수 있도록 하는 여러 가지 이유로 사용된다.

특히, 선점 시스템에서 특정 프로세스가 CPU를 독점하는 것을 방지하기 위하여 지정된 시간 할당량이 지나면 인터럽트를 걸어서 다른 프로세스가 CPU를 사용할 수 있도록 하기 위하여 인터벌 타이머(interval timer) 장치의 클럭을 사용한다.

가) 클럭 발생 하드웨어

클럭은 컴퓨터 시스템 내에서 동작하는 다른 회로나 장치들을 감시, 측정, 혹은 동기를 취할 수 있도록 주기적인 신호를 발생하는 장치를 말한다. 컴퓨터 시스템에는 일반적으로 두 가지의 유형의 클럭이 있다.

① 단순한 클럭으로 110V나 220V 전압과 연결되어 있고 50Hz부터 60Hz에서 매전압 사이클에서 인터럽트를 발생시킨다.

② 수정 발진기(crystal oscillator), 카운터, 홀딩 레지스터(holding register) 등 3개의 요소로 구성된 클럭이다.
수정 발진기가 1에서 20MHz 사이의 단계적인 신호를 생성하여 이 신호를 카운터로 입력시킨다. 카운터는 각 신호마다 감소하고 홀딩 레지스터는 카운터를 적하는데 사용된다. 카운터가 0까지 감소되면 이 때 CPU는 인터럽트를 발생 시킨다.

나) 클럭 소프트웨어

클럭 소프트웨어는 일반적으로 디스크 같은 블록 장치나 터미널 같은 문자 장치도 아니지만 장치 구동기의 형태로 얻을 수 있다. 클럭 발생 하드웨어는 단지 정해진 시간 간격마다 인터럽트를 발생시키는 일만하고 시간을 포함하여 모든 일들은 클럭 소프트웨어에 의해서 이루어진다. 클럭 구동기의 정확한 기능은 운영 체제마다 다양하나, 보통 다음과 같은 기능을 담당하고 있다.

- 프로세스가 자신의 시간 할당량보다 초과 수행되는 것을 방지
- 하루의 시간 관리

- CPU 사용 시간 기록
- 사용자 프로세스에 의해 경보(ALARM) 시스템 호출 취급
- 시스템 자신에 대한 감시 기능 제공

(3) 선점 스케줄링의 종류

가) 라운드 로빈 스케줄링

라운드 로빈(Round Robin) 방식은 프로세스 스케줄링 정책에서 사용되는 가장 대표적인 선점 방식으로 대부분의 시분할 시스템에서 사용하고 있다.

FCFS(First Come First Service) 스케줄링에 의해 생성된 준비 상태의 프로세스(ready process)들을 번갈아 가며 실행하기 위해 정해진 시간 할당량(time slice 또는 time quantum)이 주어진다. 실행하는 동안에 정해진 시간 할당량이 만기가 되면, 선점되어 준비 상태의 다음 프로세스가 실행되고 실행중인 프로세스는 인터럽트되어 준비 상태 큐의 뒤에 배치된다. 이 사이클은 끝없이 반복된다.

나) SRT 스케줄링

SRT(Short Remaining Time) 스케줄링은 비선점 방식의 SJF에 선점 방식을 도입하여 현재 실행 중인 프로세스보다 잔여 처리 시간이 더 짧은 프로세스가 준비 큐에 생기면 실행중인 프로세스를 선점하는 방식으로 시분할 시스템에 유용하다. 이를 위해 각 프로세스의 최대 처리 시간과 이미 사용한 시간을 항상 검사하여 잔여 시간을 알고 있어야 하는 오버헤드가 있다.

다) 다단계 큐 스케줄링

다단계 큐(multi-level queue) 스케줄링[2)]은 그림 4-1과 같이 프로세스들을 우선순위에 따라 시스템 프로세스, 대화형 프로세스, 일괄 처리 프로세스 등으로 상위, 중위, 하위 단계의 단계별 준비 큐를 배치한다.

각 단계별 준비 큐는 독자적인 스케줄링 기법을 적용한다. 예를 들어 그림 4-1에서와 같이 상위 준비 뮤는 우선순위 스케줄링을 적용하고, 중위 준비 큐는 라운드 로빈 스케줄링을 적용하고 하위 준비 큐는 FCFS 스케줄링 등을 적용할 수 있다.

---

2) 다단계 큐 스케줄링이 두 단계로 운영되면 우리가 흔희 말하는 foreground/background 시스템이 된다.

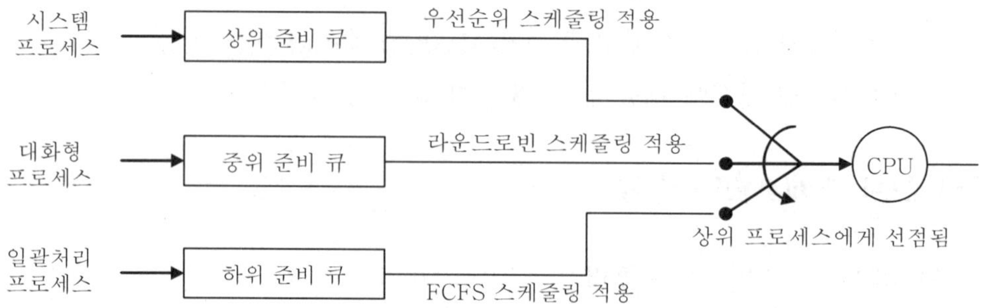

[그림 4-1] 다단계 큐 스케줄링

라) 다단계 피드백 큐 스케줄링

다단계 피드백 큐(Multi-level Feedback queue) 스케줄링은 짧은 작업이나 입출력 중심 작업들이 좀 더 빠르게 처리될 수 있도록 그림 4-2와 같이 다단계 큐 스케줄링 구조를 변형하여 단계별 준비 큐들을 서로 연결시켰다.

새로운 프로세스가 들어오면 가장 상위 준비 큐에서 먼저 실행된다. 만일 시간 할당량 동안 실행을 종료하지 못하면 선점 당하여 그 프로세스는 한 단계 낮은 우선순위의 준비 큐로 이동한다.

각 단계의 큐에서 주어진 시간 할당량을 다 쓰고도 계속 CPU를 써야 한다면 그 프로세스는 매번 그 다음 단계의 낮은 우선순위 준비 큐로 이동하여 실행하게 된다. 보통 마지막 단계의 하위의 준비 큐에서는 프로세스가 끝날 때까지 라운드 로빈 방식으로 스케줄링 된다.

그러나 프로세스가 낮은 단계로 내려가게 되면 우선순위는 낮아지나 상대적으로 시간 할당량은 커진다.

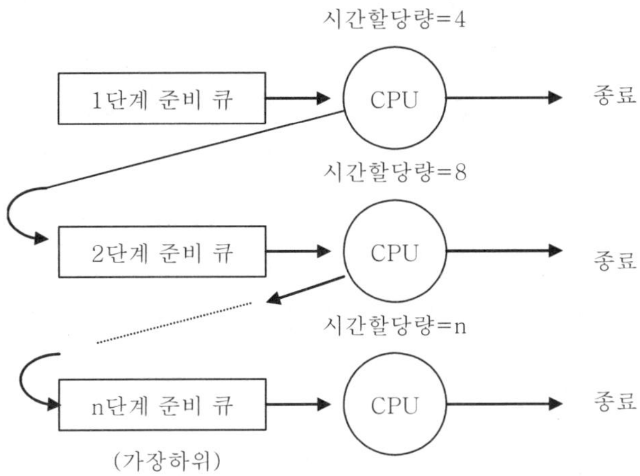

[그림 4-2] 다단계 피드백 큐

4.3 작업 스케줄링(Job scheduling)

4.3.1 개요

앞 장에서 디스크에 저장되어 있는 보류 상태의 많은 작업들이 작업 스케줄러 선택에 의해 주기억 장소에 준비 상태 프로세스로 생성되어 적재됨을 살펴보았다.

이러한 작업 스케줄러를 시분할 시스템에서는 명령어 해석기(command interpreter) 또는 쉘(shell)이라 부르고, 전화 교환 시스템에서는 전화 라인 스캐너(scanner)라 부르기도 한다. 보통 일괄 처리 시스템에서 작업 스케줄러(job scheduler)라 한다. 이름이 무엇이든 간에 작업 스케줄러는 시스템에 들어올 새로운 입력 작업들에 대한 적절한 선택을 통하여 사용자 프로세스들이 언젠가는 활성화 될 수 있도록 책임을 진다.

(1) 작업 스케줄러의 필요성

일상생활에서 우리는 다양한 작업 스케줄러가 필요함을 자연스럽게 알 수 있다. 예를 들어, 은행에 갔을 때 은행에 고객이 많으면 대기 번호표를 받아 대기 번호

순서에 따라 서비스를 받는다. 또는 영화 또는 연극 구경 등을 갔을 때 영화나 연극표를 구매하여 정해진 시간에 관람을 하고 있다.

대기 번호표나 연극표가 바로 작업 스케줄러의 역할임을 알 수 있는데 만일 고객이나 관람객이 적다면 바로 은행 서비스를 받을 수 있고, 영화나 연극을 관람할 수 있을 것이다. 그러나 고객이나 관람객이 많은 경우 이를 공평하게 해결하기 위해 대기 번호표나 극장표가 사용되는 것이다.

마찬가지로, CPU, 기억 장치 등의 컴퓨터 자원이 무제한적으로 풍부하면 모든 작업이 언제든지 프로세스로 생성되어 실행될 수 있다. 그러나 현실이 그렇지 못하므로 작업 스케줄러가 필요하게 된다.

그러나 은행에 고객이 적거나 영화관에 관람객이 적으면 바로 은행 서비스나 영화를 관람할 수 있는 것과 마찬가지로 작은 소규모의 시스템에서 작업 스케줄러의 역할은 사용자 또는 조작자(operator)가 된다. 예를 들어, 멀티태스킹이 가능한 단일 사용자 시스템에서는 작업 스케줄러가 바로 사용자가 된다.

하지만, 대규모 시스템에서 처리할 수 있는 능력보다 더욱 많은 입력 작업들이 발생하면 작업 스케줄러는 시스템에서 병행적으로 취급할 수 있는 최대의 입력 작업 수(=PCB의 수)를 제약하여 시스템의 부하를 조정하는 중요한 기능을 수행해야만 한다.

이와 같은 이유로 작업 스케줄러를 장기 외부 부하 스케줄러(long-term external load scheduler)라 많이 부른다. 이러한 과부하에 대한 제어는 한꺼번에 너무 많은 입력 작업이 들어와 시스템의 처리 능력을 감소시킬 수 있기 때문에 매우 중요하다. 그럼에도 불구하고 오늘날 폭넓게 사용되는 많은 운영체제들은 너무 많은 작업들이 주어졌을 때 적절한 과부하 제어 능력이 부족하여 빈약한 행동을 취하고 있다.

(2) 인터럽트와 폴링(p□□□□□) □□

작업 스케줄러가 새로운 입력 작업들을 받아들이는 기본적인 2가지 방식으로 보통 인터럽트와 폴링(polling) 방식을 사용한다.

인터럽트에 의해 새로운 입력 작업을 받아들이는 시스템을 인터럽트 구동(interrupt-driven) 방식이라 말한다. 인터럽트 구동 방식은 중요한 입력 작업을 즉시 받아들일 수 있으나 현재 수행 중인 작업을 지연시키는 희생이 야기 될 수 있다.

하지만, 새로운 입력 작업을 받아들이기 위해 폴링하는 대부분 시스템들은 현재 수행 중인 작업을 희생시키지 않고 과도한 입력들에 대한 제어를 대체적으로 잘 소화시킨다.

4.3.2 작업 스케줄링

입력 작업들이 작업 스케줄러에 의해 제한되었을 때 입력 작업들을 받아들이는 결정에 대해 쉽게 이해할 수 있는 단순한 정책들을 먼저 살펴보자.

먼저 도착한 작업을 먼저 처리하는 큐방식의 선도착 선처리(FCFS : First-Come First-Served)는 작업 스케줄링 정책에서 많이 사용하는 가장 단순한 정책이다.

또 다른 정책들은 짧은 작업에 우선권을 주어 먼저 처리(shortest-job-first)하거나 외부적으로 할당된 우선순위를 기초로 처리하거나 또는 주변 장치들을 바쁘게 활용시키기 위하여 입출력 중심적인 작업들에게 우선권을 주기도 한다.

실시간 시스템에서는 나중에 도착한 작업을 먼저 처리하는 스택 방식의 후도착 선처리(LCFS : Last-Come First-Served) 정책이 때때로 가장 최근의 유용한 입력 작업을 얻는데 효과적이고, 정확하게 처리될 수 있는 작업들을 선택할 수 있는 가능성을 최대화 할 수 도 있다.

(1) 고려 사항

작업 스케줄링 정책에서 고려할 사항으로는 다음과 같다.

① 입출력 중심의 프로세스와 CPU 중심의 프로세스들을 적절하게 혼합시켜 전체 시스템의 균형을 유지해야 한다. 만일 모든 프로세스들이 모든 입출력 중심의 프로세스라면 준비 상태

리스트는 항상 비어 있어 CPU는 할 일이 없게 될 것이며, 반대로 모든 프로세스들이 CPU 중심의 프로세스라면 입출력 대기 리스트는 항상 비어 있게 되어 입출력 장치들은 할 일이 없게 된다. 그러므로 전체 시스템의 성능을 좋게 하기 위해서는 입출력 중심의 프로세스와 CPU 중심의 프로세스를 적절하게 혼합하여 하나의 프로세스가 실제 CPU에서 실행되고, 다른 나머지 입출력 프로세스들은 입출력 조작을 수행하게 해야 한다. 이와 같이 여

러 개의 프로세스들에 대하여 계산(computation)과 입출력을 잘 혼합하기만 하면 시스템을 효율적으로 이용할 수 있게 된다.

② 비용을 많이 지불하는 작업들은 빠르게 처리해 주어야 한다.

③ 잘 사용하지 않는 자원을 요구하는 작업들은 빠르게 처리해 주어야 한다.

④ 많은 자원을 요구하는 작업은 많이 기다리게 해야 한다.

⑤ 제출된 작업이 무한정 대기하지 않도록 일정 시간이 경과하면 서비스를 보장해야 한다.

(2) 작업 제어 블록(JCB : Job Control Block)

어떤 방식의 작업 스케줄링 정책들을 사용하든 먼저 프로세스로 생성해야 할 작업들이 어떤 상태를 가지고 보류 리스트에 존재하는지 알아야만 한다. 작업 스케줄러가 이를 조사하기 위해 그림 4-3과 같은 정보 등을 갖고 있는 작업 제어 블록(JCB : Job Control Block)이라는 자료 구조를 사용한다.

작업 이름
현재 상태 (보류, 입력 중, 실행 중 등)
도착 시간
미리 정해진 우선순위 (작업 등급, 비용 등)
예상 CPU 시간
예상 기억 장치 사용량 등

[그림 4-3] 작업 제어 블록

작업 스케줄링을 위해 도착 시간, 미리 정의된 우선순위 등은 미리 알 수 있는 정보이므로 모든 작업에 적용될 수 있다. 그러나 CPU 시간, 기억 장치 사용량, 필요한 다른 자원 등에 대한 예상 정보는 일반적으로 얻기 힘들고 추정하는 과정이 요구된다.

일괄 처리 시스템에서는 사용자가 작업시에 제공하는 예상 정보 값을 가지고 스케줄링 정책에 적용 가능하나 시분할 시스템의 사용자 작업에서는 예상 정보를 얻기 위해 추정하는 과정이 요구된다. 그러나 추정하는 과정의 오버헤드가 커서 시분할 시스템의 작업 스케줄러는 보통 작업 요청이 들어오면 쉽게 프로세스로 생성해 버리는 단순한 기능만을 수행하기도 한다. 이러한 경우 프로세스의 부하 조정을 위해 새로운 스케줄러가 요구된다. 이는 다음 절의 중간 단계 스케줄러에서 논의할 예정이다.

(3) 작업 스케줄러의 기능

작업 스케줄러의 주된 기능은 새로운 작업에 대한 요청을 순서대로 받아서 보류 상태 리스트에 나열한 후 도착 시간, 사용 가능한 자원 등을 고려한 작업 스케줄링 정책에 따라 프로세스를 생성하는 것이다.

프로세스 생성시 처리 과정은 3장에서 자세히 기술했으므로 요약하면 다음과 같다.

① PCB 생성
② 지정한 프로그램 파일을 디스크에서 찾기
③ PCB에 필요한 정보 추가
④ 프로그램 파일을 주기억 장치에 저장
⑤ 생성된 프로세스를 준비 상태 리스트에 추가

그 외에 프로세스 종료에 따르는 자원 회수 기능을 가지고 있어야 한다.

4.3.3 FCFS 스케줄링의 예

먼저 도착한 작업을 먼저 처리하는 큐 방식의 FCFS 스케줄링의 기준은 단지 도착 시간만을 가지고 해결하는 가장 간단한 방법이다. FCFS 방식은 그림 4-4와 같이 작업들이 보류 상태 큐에 도착한 순서에 따라 CPU를 배당받아 차례로 종료한다.

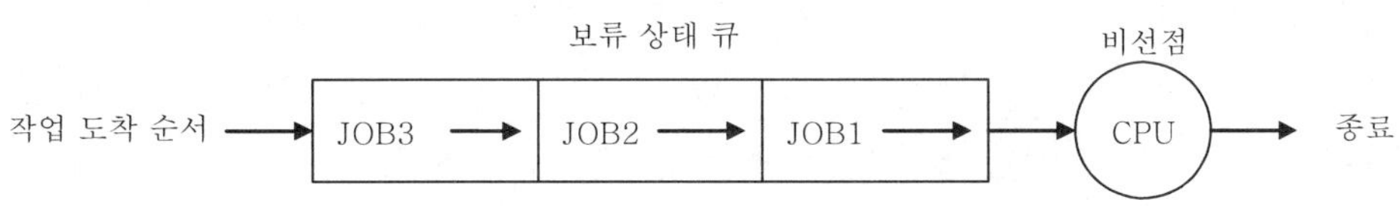

[그림 4-4] FCFS 스케줄링 과정

예를 들어, 도착 시간과 CPU 사용 시간만을 기준으로 다음과 같은 작업들에 대하여 FCFS 스케줄링을 적용한 결과는 표 4-1과 같다.

경과 시간(turn-around time)은 작업이 도착해서 종료될 때까지의 시간을 의미한다.

표 4-1. FCFS 스케줄링에 대한 결과

작업	도착 시간	CPU 사용시간	시작시간	대기시간	종료 시간	경과시간
JOB1	0	15	0	0	15	15
JOB2	5	40	15	10	55	50
JOB3	10	4	55	45	59	49

JOB의 대기 시간은 0, JOB2는 10, JOB3은 49이다. 그러므로 모든 작업들의 평균 대기 시간은 (0+10+49)/3=19.7이다. 또한 모든 작업의 평균 경과 시간은 (15+50+49)/3=38이다. 그러나 실제 작업 당 처리 시간을 경과 시간 대 CPU 사용 시간 비율로 계산해 보면 JOB1=15/15, JOB2=50/40, JOB3=49/4가 된다. 이를 가중치 경과 시간(weighted turn-around time)이라 한다.

CPU를 오래 사용하는 긴 작업은 가중치 경과 시간의 비율이 1에 가까우나 짧은 작업은 약 12나 되므로 FCFS는 긴 작업을 스케줄링 할 때 유리함을 알 수 있다.

이와같이 FCFS의 문제점은 일단 작업이 프로세스로 생성되어 CPU를 할당받으면 종료될 때까지 수행되는 비선점 알고리즘이므로 대화식 사용자들에게는 적합하지 않다. 또한, 외관상 공평한 것처럼 보이나 긴 작업이 짧은 작업을 오랫동안 기다리게 할 수 있는 단점이 있다.

4.3.4 SJF 스케줄링의 예

짧은 작업에 우선권을 주어 먼저 처리하는 SJF(Shortest Job First) 스케줄링에 대하여 살펴보자. SJF 스케줄링은 FCFS와 다르게 도착된 작업들이 여러 개 있을 때 CPU를 사용하는 시간이 짧은 작업에 우선권을 주어 먼저 처리하는 방식이다.

FCFS에서 사용했던 예를 가지고 SJF 스케줄링을 적용한 결과는 표 4-2와 같다.

JOB1이 도착했을 때 다른 도착된 작업이 없기 때문에 FCFS와 같이 JOB1을 먼저 실행시켜 주면 되나 JOB1이 실행되는 도중에 JOB2와 JOB3 순으로 도착되었으나 JOB1이 종료되면 CPU 사용 시간이 짧은 JOB3가 JOB2보다 먼저 실행한다.

표 4-2. SJF 스케줄링에 대한 결과

작업	도착 시간	CPU 사용시간	시작시간	대기시간	종료 시간	경과시간
JOB1	0	15	0	0	15	15
JOB2	5	40	19	14	59	54
JOB3	10	4	15	5	19	9

JOB1의 대기 시간은 0분, JOB2는 14분, JOB3은 5분이다. 그러므로 모든 작업들의 평균대기 시간은 (0+14+5)/3=6.3분이고, 모든 작업의 평균 경과 시간은 (15+54+9)/3=26분이다. 또한 실제 작업 당 처리 시간을 경과 시간 대 CPU 사용 시간 비율로 계산한 가중치 경과 시간은 JOB1=15/15, JOB2=54/40, JOB3=9/4가 된다.

이와 같이 CPU를 짧게 사용하는 작업에 우선권을 주어 먼저 처리한 결과 FCFS 스케줄링 결과보다 JOB2만 약간의 불이익을 받았을 뿐 모든 작업들의 평균 대기 시간, 평균 경과 시간 그리고 가중치 경과 시간들이 모든 개선되었음을 알 수 있다.

이와같이 SJF의 문제점은 일괄 처리 시스템 작업에서는 도착된 작업의 CPU 사용 시간을 사용자에 의존하여 예상할 수 있으나 이 역시 근사치이고 특히 시분할 시스템의 사용자 작업에서는 CPU 사용 시간에 대한 추정 과정이 요구된다. 또한, 작업들의 도착 시간, CPU 사용 시간 등은 외부적인 상황에 따라 손쉽게 달라지는 변화가 심한 요인들이다.

4.4 프로세스 스케줄링

프로세스 스케줄러(process scheduler)는 작업 스케줄러에 의해 생성된 시스템 내의 모든 프로세스들이 종료될 때까지 준비(ready), 실행(run), 대기(wait)와 같은 다양한 상태 변환을 관리하는 스케줄러임을 앞 장에서 배웠다.

이러한 프로세스 스케줄러는 매시기마다 실행 중인 프로세스를 대기시키거나 또는 다시 활성화시키는 기법을 사용하여 시스템에 대한 단기적인 부하를 조절하는 중간 단계(intermediate level) 스케줄러와 준비 상태의 리스트에 구성되어 있는 프로세스들 중에서 누군가에게 CPU를 배당하는 가장 낮은 단계의 디스패쳐(dispatcher) 스케줄러로 세분화 할 수 있다.

프로세스 스케줄러는 커널에 상주하고, 준비 리스트에 대한 모니터로서 고려될 수 있다. 프로세스 스케줄러는 시스템에서 가장 빈번하게 실행되는 프로그램이기 때문에 운영 체제의 오버헤드를 최소화하기 위해 가장 효율적으로 스케줄링 되어야 한다.

4.4.1 중간 단계 스케줄러

어떤 경우 주 기억 장소에 CPU를 사용하려는 프로세스들의 수가 너무 많아 경쟁이 치열하여 지면 실제 프로세스를 실행하기보다는 프로세스들 간의 문맥 교환만이 극심하게 발생하여 시스템의 성능을 아주 저하시킬 수 있다. 이를 스래싱(thrashing) 현상이라 한다.

이러한 경우 프로세스의 수를 조절하는 부하 조정 기능의 부수적인 새로운 스케줄러가 요구된다. 즉, 다중 프로그래밍의 정도를 완화시키는 기능의 스케줄러를 중간 단계(intermediate level, mid level) 스케줄러라 한다. 때문에 어떤 시스템에서의 중간 단계 스케줄러의 기능은 아예 없거나 단순하게 구성될 수 도 있다.

보통 시분할 시스템의 작업 스케줄러는 보통 작업 요청이 들어오면 CPU시간, 기억장치 사용량, 필요한 다른 자원 등에 대한 예상 정보를 추정해야 하는 오버헤드 때문에 손쉽게 프로세스로 생성해 버리는 단순한 기능 만 을 수행하여 시스템 내에 과도한 프로세스들을 생성할 수 있다.

또한, 실행 중인 프로세스가 자신과 동일한 자원을 공유하는 자식 프로세스들을 생성하는 시스템에서는 작업 스케줄러를 거치지 않고 프로세스들이 생성되기 때문에 시스템 내에 과도한 프로세스들이 생성될 수 있으며 요구 반입 기법을 사용하는 가상기억 장치를 사용하는 시스템에서도 발생할 수 있다. 이러한 시스템에서는 중간 단계 스케줄러의 기능이 더욱 필요하게 된다.

그림 4-5는 중간 단계 스케줄러를 추가한 도표를 보이고 있다. 새로운 프로세스를 계속해서 준비 큐에 생성하는 것보다는, 시스템의 부하에 따라서 중간 단계 스

케줄러에 의해 디스크로 교체시켜 내보내거나(swap out) 또는 교체시켜 들어오게 (swap in)함으로써 프로세스 부하를 조절하게 한다.

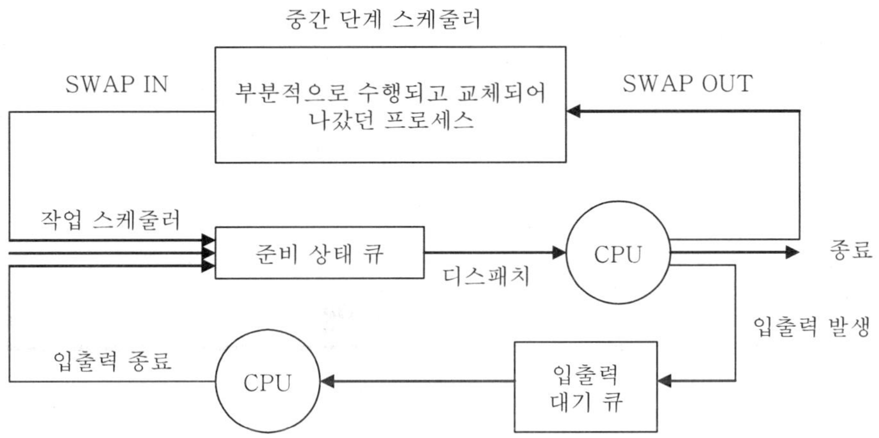

[그림 4-5] 중간 단계 스케줄러

예를 들면, 유닉스 시스템에서는 주기억 장소가 부족한 경우를 대비해서 디스크에 교체 영역(swapping area)을 설정하여 프로세스를 디스크의 교체 영역에 내보냈다가 차후에 주기억 장소에 불러와서 실행을 재개한다.

4.4.2 프로세스 스케줄링

라운드 로빈(Round Robin) 방식은 프로세스 스케줄링 정책에서 사용되는 가장 대표적인 선점 방식으로 대부분의 시분할 시스템에서 사용하고 있다.

다단계(multilevel) 라운드 로빈 방식은 낮은 우선순위 프로세스들이 기근에 빠지지 않도록 하면서 높은 우선순위 프로세스들이 더욱 자주 제어가 될 수 있도록 사용된다.

우선순위를 기초로 하는 정책들은 초기에 우선순위가 결정되면 변할 수 없는 정적(static)방식이나, 우선순위를 변경할 수 있도록 하여 동적 방식으로 운영할 수 있다. 짧은 작업 우선 처리(shortest-job-first) 방식이나 시간 할당량이 가장 적게 남은 작업(smallest-remaining-time)을 우선하는 짧은 작업 선호 정책들은 작업들의 실행 시간(run time)을 추정하는 과정이 요구된다.

이러한 선점 프로세스 스케줄링 정책들에 있어서 가장 중요하게 고려할 요인은 문맥 교환의 오버헤드를 최소화하기 위해 시간 할당량의 크기를 결정하는 일이다. 이런 이유 때문에 모든 프로세스들에게 균등한 시간 할당량을 사용하게 하는 라운드 로빈 방식은 선점 시스템에서 가장 많이 사용된다.

보통 긴 시간 할당량은 문맥 교환의 오버헤드를 감소하나 너무 시간 할당량의 간격이 커지면 비선점 스케줄링 정책의 선도착 선처리 방식(First Come First Service)처럼 처리되는 경향이 생긴다.

4.4.3 □□□ 로□ 스케줄링의 예

라운드 로빈(Round Robin) 스케줄링은 그림 4-6과 같이 FCFS 스케줄링에 의해 생성된 준비 상태 큐의 프로세스(ready process)들을 번갈아 가며 실행하기 위해 정해진 시간 할당량(time slice 또는 time quantum)이 주어진다.

실행하는 동안에 시간 할당량이 다하면, 선점되어 준비 상태의 다음 프로세스가 실행되고 실행 중인 프로세스는 인터럽트 되어 준비 상태 큐의 뒤에 배치된다. 이 사이클은 끝없이 반복된다.

이와 같이 라운드 로빈 방식은 하나의 CPU를 여러 개의 프로세스들이 정해진 시간 할당량에 따라 번갈이 CPU를 선점하면서 마치 CPU가 여러 개 존재 하는 것처럼 공유해 나간다. 이를 가상(virtual) CPU방식이라 말할 수 있다.

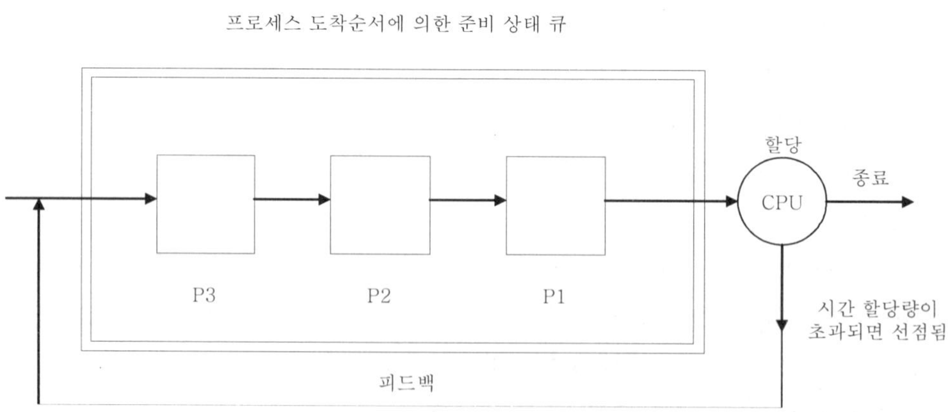

[그림 4-6] 라운드 로빈 스케줄링

예를 들어, 도착 시간과 CPU 사용 시간만을 기준으로 다음과 같은 프로세스들에 대하여 시간 할당량이 10과 20인 경우의 라운드 로빈 스케줄링을 적용한 결과는 다음과 같다.

(1) 시간 할당량이 10인 라운드 로빈 스케줄링에 대한 결과

- 시간 할당량을 10이라고 가정함(실제 시스템의 시간 할당량은 보통 10~100 ms임).

프로세스	도착 시간	CPU 사용시간	처음 시작시간	대기시간	종료 시간	경과 (응답)시간
P1	0	15	0	4+10=14	29	29
P2	5	40	10	5+4+5=14	59	54
P3	8	4	20	2+10=12	24	16
평균				13.3		33

- 문맥 교환 횟수는 다음과 같이 4번 발생한다.

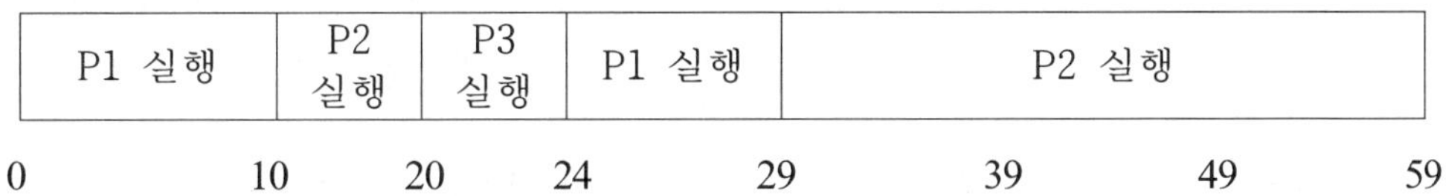

(2) 시간 할당량이 20인 라운드 로빈 스케줄링에 대한 결과

- 시간 할당량을 20이라고 가정함

프로세스	도착 시간	CPU 사용시간	처음 시작시간	대기시간	종료 시간	경과 (응답)시간
P1	0	15	0	0	15	15
P2	5	40	15	10+4=14	59	54
P3	8	4	35	7+20=27	39	31
평균				13.7		33.3

• 문맥 교환 횟수는 다음과 같이 3번 발생한다.

P1 실행	P2 실행	P3 실행	P2 실행

0 15 35 39 59

(3) 시간 할당량이 10과 20인 라운드 로빈 스케줄링에 대한 결과 분석

위에서 살펴본 예를 통하여 라운드 로빈 스케줄링 방식의 특성을 다음과 같이 정리할 수 있다.

① 시간 할당량의 크기가 작으면 잦은 문맥 교환의 오버헤드로 인하여 시스템의 효율이 떨어지고 시간 할당량이 크면 문맥 교환의 오버헤드는 감소한다. 그러나 시간 할당량의 크기가 너무 커지면 비선점 스케줄링 정책의 FCFS 방식처럼 처리되는 경향이 생긴다.(위의 예에서 시간 할당량이 10인 경우 4번, 20인 경우 3번 문맥 교환이 발생하였다) 라운드 로빈 방식의 예와 동일한 비선점 방식의 FCFS 스케줄링에 대한 결과는 표 4-3과 같다. FCFS 스케줄링의 자세한 내용은 작업 스케줄링 정책의 예에서 기술하였다.(표 4-3에서와 같이 FCFS 경우는 2번 문맥 교환이 발생한다)

표 4-3. 라운드 로빈 방식의 예를 FCFS 스케줄링을 적용한 결과

프로세스	도착 시간	CPU 사용시간	처음 시작시간	대기시간	종료 시간	경과 (응답)시간
P1	0	15	0	0	15	15
P2	5	40	15	10	55	50
P3	8	4	55	47	59	51
평균				19		38.7

• 문맥 교환 횟수는 2번 발생한다.

P1 실행	P2 실행	P3 실행

0 15 55 59

② 시간 할당량의 크기는 CPU를 작게 사용하는 프로세스들의 대기 시간과 경과 시간에 크게 영향을 준다. 시간 할당량의 크기가 작아지면 CPU를 작게 사용하는 프로세스의 대기 시간이 많이 감소하여 경과 시간 즉, 응답 시간이 빨라진다. (위의 예에서 CPU 사용 시간이 4로 작은 프로세스 P3의 경우는 시간 할당량이 20일 때는 대기 시간이 27이었으나 시간 할당량이 10일 때는 12로 크게 줄어들었으며, 응답 시간도 31에서 16으로 빨라졌다. 그리고 FCFS의 경우는 프로세스 P3의 경우 대기 시간이 47이나 되고 응답 시간은 51이나 된다.) 반면에, CPU를 많이 사용하는 프로세스들은 시간 할당량의 크기에 큰 영향을 받지 않으므로 응답 시간에도 큰 변화는 없다. (위의 예에서 CPU 사용 시간이 40으로 많은 프로세스 P2의 경우는 시간 할당량이 20일 때나 10일 때에도 대기 시간이 14로 동일하다. 그리고 CPU를 많이 사용하는 프로세스에 유리한 비선점 방식의 FCFS 경우 프로세스 P2는 대기 시간이 10 이다)

다음 그림 4-7은 시간 할당량에 따른 평균 경과(응답) 시간의 일반적인 변화를 보여주고 있다.

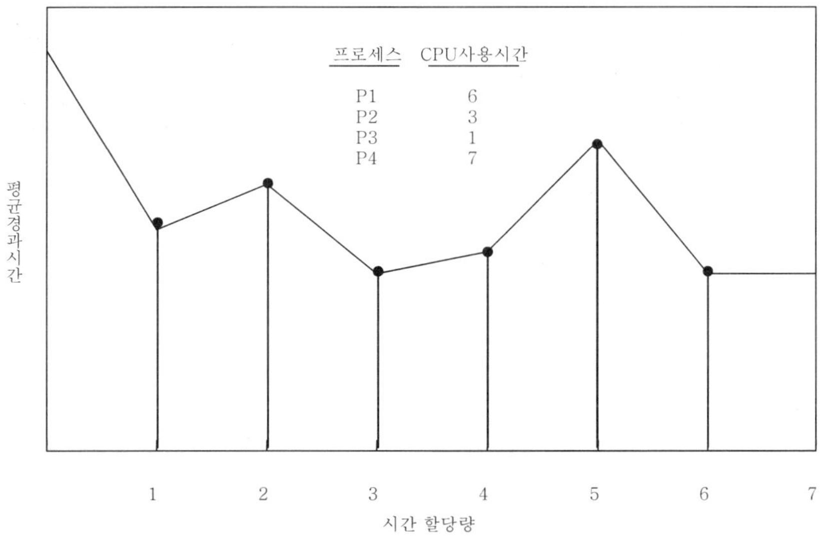

[그림 4-7] 시간 할당량에 따른 평균 경과(응답) 시간의 변화

③ 가장 적당한 시간 할당량의 크기는 시스템의 성능과 환경 등에 따라 다양하게 정해질 수 있으나 보통 전체 프로세스들 중에서 80%정도가 문맥 교환 없이 자신의 처음 시간 할당량 내에 종료될 수 있도록 결정되면 가장 적당하다고 한다.

④ 라운드 로빈 방식에서는 사용자에게 제공되는 결과가 프로세스가 완전히 종료하지 않더라도 프로세스가 준비 상태에서 실행 상태에 있을 때마다 부분적인 결과가 사용자에게 제공되므로 사용자 입장에서는 자신의 프로그램이 계속 실행되고 있는 듯한 느낌을 줄 수 있다.

이와 같이 라운드 로빈(Round Robin) 방식은 자신의 프로그램이 실행되는 듯한 느낌과 다른 스케줄링 방식에 비해 전체 프로세스들의 응답 시간을 단축할 수 있기 때문에 대부분의 시분할 시스템에서 가장 일반적으로 사용한다.

다음 표는 시간 할당량이 10과 20인 RR과 FCFS 스케줄링에 대한 평균대기 시간과 평균 경과 시간의 결과 분석이다.

	평균 대기 시간	평균 경과(응답) 시간
시간 할당량이 10인 RR	13.3	33
시간 할당량이 20인 RR	13.7	33.3
FCFS	19	38.7

연 습 문 제

1. CPU 스케줄링이 필요한 이유를 간단히 설명하라.

2. 다음과 같은 스케줄링 정책들에 대한 개요를 설명하라.

   1) FCFS 스케줄링
   2) 라운드 로빈 스케줄링
   3) SJF 스케줄링
   4) HRN 스케줄링
   5) 우선순위 스케줄링
   6) 기한부(deadline) 스케줄링
   7) SRT 스케줄링
   8) 다단계 큐 스케줄링
   9) 다단계 피드백 큐 스케줄링

3. 프로세스들의 도착 시간과 CPU 사용 시간이 다음 표와 같을 때 물음에 답하여라.

프로세스	도착시간	CPU 사용시간
P1	2	8
P2	4	4
P3	5	2

   1) FCFS 방식과 SJF 방식에 의해 경과 시간을 구한 후 두 방식의 결과를 비교 설명하라.
   2) 라운드 로빈 방식에 의해 시간 할당량이 2일 때와 4일 때의 대기 시간과 경과 시간을 구한 후 결과를 비교 설명하라.

제 □□

□□ □□□□□□□□□□□□□□

"deadly embrace"라는 용어로도 알려진 교착 상태(deadlock)는 다중 프로그래밍 시스템에서 둘 이상의 서로 다른 프로세스들이 상호 간에 소유하고 있는 자원들을 막연하게 기다리고 있으나 결코 원하는 자원을 끝까지 사용할 수 없는 상황을 말한다. 이러한 교착 상태의 상황을 그림 5-1에 나타내었다.

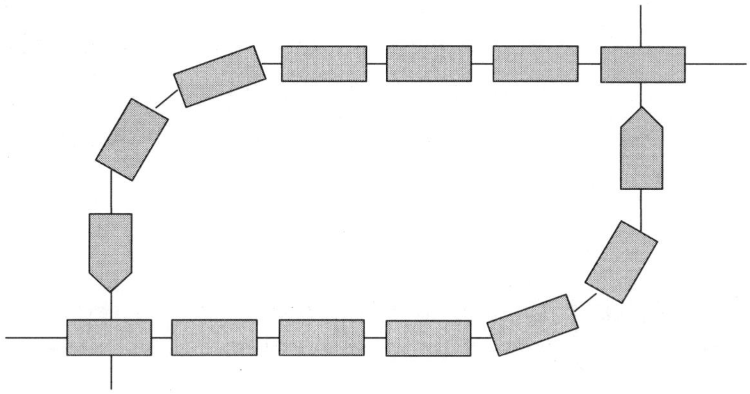

[그림 5-1] 교착상태

교착 상태는 자원을 기다리는 프로세스들이 존재하는 어떤 시스템에서도 발생할 가능성이 있다 그래서 신뢰성 있는 시스템에서 프로세스들이 막연하게 자원을 기다리는 교착 상태를 해결할 수 있는 방안을 마련하여야 한다.

5.1 교착 상태 개념

교착 상태는 프로세스가 더 이상 실행할 수 없는 상황을 의미하는데 다음과 같이 두 가지 경우로 크게 정의할 수 있다.

① 하나 또는 둘 이상의 프로세스가 더 이상 실행을 계속할 수 없는 어떤 사건을 기다리고 있는 상태를 말한다. 여기서 어떤 사건이란 주로 자원의 할당과 해제를 의미한다.

② 둘 이상의 서로 다른 프로세스가 요구한 자원을 할당받아 점유하고 있으면서 상호간에 상대방 프로세스가 가지고 있는 자원을 요구하는 경우를 말한다.

교착 상태의 정의에서 살펴보았듯이 교착 상태는 자원을 기다리는 프로세스 들이 존재하는 어떤 시스템에서도 발생할 가능성이 있다. 이러한 교착 상태가 발생할 수 있는 근본 이유는 다중 프로그래밍의 성능을 개선할 목적으로 컴퓨터 시스템의 제한된 자원들의 이용률을 최대한 높이기 위해 사용되는 병행처리 기술과 자원 공유 기술 그리고 가상 기술 등을 사용함으로써 필연적으로 발생되는 부작용 현상이라 할 수 있다.

5.1.1 자원의 요구와 할당에 따른 교착 상태

자원의 요구와 할당이 잘못되어 교착 상태가 발생하는 예는 "식사하는 철학자 문제"에서 쉽게 찾을 수 있다.

젓가락이 5개 밖에 없는데 공교롭게 다섯 명이 철학자 모두가 동시에 배가 고파서 다섯명 모두가 자신의 왼쪽 젓가락을 들고 오른쪽 젓가락을 들려고 하면 자신의 각 오른쪽 철학자가 이미 왼쪽 젓가락을 집고 있으므로 영원히 사용할 수 없는 젓가락이 되어 모든 철학자는 교착상태에 빠지게 된다.

이와 같이 교착 상태에 빠지는 근본 원인은 시스템 내에 존재하는 프로세스(철학자)의 수에 비해 자원(젓가락)의 수가 부족하여 발생하게 되지만 철학자들의 젓가락 요구를 적절하게 통제하여 할당하면 이를 해결할 수 있다. 예를 들어 한 철학자가 젓가락을 요구할 때 두 개의 젓가락을 사용 가능할 때만 할당하면 대기 현상은 발생하지만 교착 상태는 피할 수 없다.

따라서 운영 체제의 자원 관리는 효율적인 자원 할당과 회수 정책을 사용하여 자원의 유형에 따른 통제를 수행하여 가능한 교착 상태가 발생하지 않게 해야 한다.

일반적으로 프로세스는 작업을 처리하는데 필요한 만큼의 자원을 요청할 수 있으나, 시스템이 보유하는 자원보다 많은 양을 요구할 수는 없다. 일반적으로 정상 상태에서 프로세스가 자원을 사용할 때는 다음 순서에 따른다.

(1) 자원 요구(resource request)

한 프로세스가 자원을 요구하여 다른 프로세스가 이미 그 자원을 사용 중이면 할당받을 수 없으므로, 자원을 요구한 프로세스는 그 자원을 사용할 수 있을 때까지 기다린다.

(2) 자원 할당(resource allocation)

프로세스는 자원 관리자로부터 자원을 할당받아 그 자원을 사용하여 수행을 계속한다.

(3) 자원 해제(resource release)

프로세스는 이전의 자원 요구에 의해 할당받았던 자원을 사용 후에는 자원 관리자에게 반납한다.

- **자원의 요구와 할당이 잘못된 교착 상태의 예**

그림 5-2는 자원의 요구와 할당이 잘못된 교착 상태에 대한 예를 보이고 있다. 그림 5-2에서 자원으로부터 프로세스로 향하는 화살표는 자원이 이미 할당되었음을 의미하고 프로세스로부터 자원을 향하는 화살표는 그 자원을 요구하고 있으며 아직 할당되지 않았음을 의미한다.

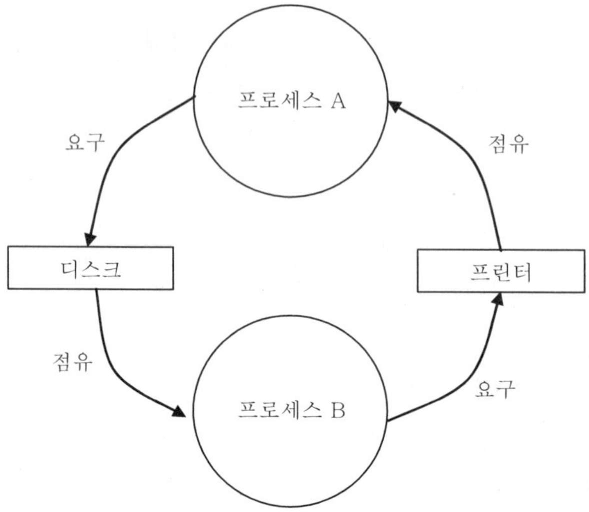

[그림 5-2] 자원의 요구와 할당이 잘못된 교착 상태

프로세스 A는 프린터를 점유하고 있으면서 디스크를 요구하고 있고, 반면에 프로세스 B는 디스크를 점유하고 있으면서 프린터를 요구하고 있다. 따라서 각 프로세스는 자신에게 할당된 자원을 점유하고 있으면서 상대방 프로세스의 자원을 요구하는 상태로, 상호 간에 할당해 줄 수 없는 상태가 된다. 이러한 현상을 환형 대기(circular wait)에 의한 교착 상태라 한다.

5.1.2 자원 유형에 따른 교착 상태

컴퓨터 시스템에 존재하는 자원들의 유형을 여러 관점으로 구분할 수 있는데, 교착 상태 관점으로 시스템의 자원은 크게 순차적으로 재사용 가능한(serially reusable) 자원과 소비 가능한 자원(consumable resources)으로 나눌 수 있는데 이들의 종류와 특성을 간단히 살펴보자.

(1) 재사용 가능 자원

프린터, 디스크, 시스템 버퍼, 데이터베이스, 정적 변수, 전역 변수, 상호 배제되어야 할 임계 영역 등 어느 한 순간 한 프로세스만이 유일하게 독점하여 사용해야 하는 자원으로서 순차적으로 재사용 가능한 자원을 말한다. 이러한 재사용 가능 자원은 일시적으로 한 프로세스에게 할당되어 있는 상태가 아니면 언제든지 사용가능 하다. 그러나 일시적으로 사용 중에 있는 어떤 프로세스가 교착 상태에 빠지면 이를 사용하려는 모든 프로세스들도 교착 상태에 빠지게 된다.

(2) 소비 가능한 자원(consumable resources)

메시지, 입출력 버퍼, 신호 등과 같이 보통 생산자 프로세스에 의해 생성되어 소비자 프로세스에 의해 소비된다. 소비자 프로세스가 도착하지 않을 메시지나 신호를 기다리게 되면 교착 상태에 빠질 수 있다.

그 외에 자원 유형은 다수의 프로세스들 사이에서 공유될 수 있는 CPU와 주기억 장치 그리고 편집기, 컴파일러와 같은 재진입 가능 프로그램들과 같은 공유 자원과 디스크, 프린터와 같이 특정한 프로세스가 독점으로 사용하는 전용 자원 유형으로도 시스템의 자원을 구분할 수 있다.

또한, CPU와 주기억 장치처럼 어떤 프로세스에게 할당되면 도중에 빼앗길 수 있는 선점형 자원과 프린터, 디스크와 같이 일단 그 자원이 어떤 프로세스에게 할당되면 절대 빼앗길 수 없는 비선점형 자원으로 구분할 수 있다.

지금까지 살펴본 자원의 유형에 따라 교착 상태를 다루는 방법은 조금씩 다르다. 일반적으로 교착 상태는 재사용 가능한 자원과 소비 자원 등을 사용할 때 주로 발생 가능하다.

• 소비 가능한 자원에서의 교착 상태의 예

한 프로세스에 의해 생성되고 다른 프로세스가 소비하는 메시지와 같은 일시적인 자원을 고려하여 보자.

많은 생산자와 소비자 프로세스들이 메시지 버퍼(buffer)를 하나로 제한하여 공유하는 시스템에서 소비자 프로세스가 자발적으로 메시지 버퍼의 내용을 항상 제거한다고 교착 상태는 발생하지 않는다. 하지만 둘 이상의 프로세스들이 두 개 이상의 버퍼에 의해 환형으로 연결되어 있고, 각 프로세스가 메시지나 응답(acknowledgment) 신호를 자발적으로 기다리고 있다면 교착 상태는 발생할 수 있다. 실제적으로 하나의 생산자 프로세스와 하나의 소비자 프로세스 간에도 교착 상태가 발생할 수 있다.

예를 들어, 생산자 프로세스가 결코 수신되지 않을 응답 신호를 기다린다든가 소비자 프로세스가 상실된 메시지를 기다리는 경우 등이 이에 해당된다. 일시적인 소비 자원들을 사용하는 경우에 교착 상태를 해결하는 가장 단순한 해결책은 무한정 기다리지 않게 하는 것이다.

- **스풀링 시스템에서의 교착 상태의 예**

스풀링은 사용자 프로세스의 실행 속도를 높이기 위해 직접 프린터로 출력하는 것이 아니라 디스크에 고속으로 보내어서 일단 저장하였다가 나중에 프린터로 출력시킨다. 이를 위하여 디스크에는 스풀(spool) 공간이 정하여져 있는데, 현재 수행 중인 여러 작업이 출력할 파일을 스풀링 공간으로 보내는 중에 이미 스풀링 공간이 차버린 경우에는 교착 상태에 빠지게 된다.

스풀링 시스템에서의 교착 상태의 발생률을 줄이는 단순한 방법은 예상 필요 공간보다 많은 스풀링 공간을 할당하는 방법이 있으나, 이 방법은 기억 장치 용량이 충분한 경우에나 가능하며 비용이 많이 든다.

따라서 이보다 좀더 보편적인 방법은 스풀링 파일이 일정한 포화 임계치를 넘지 못하도록 억제하는 방법이다. 예를 들어, 스풀링 파일 공간이 80% 정도 차면, 더 이상 스풀링 공간에 새로운 스풀링 작업을 넣지 못하도록 예방하는 것이다. 이 방법은 시스템의 작업 효율을 좀 저하되지만 교착 상태의 발생률을 낮추는 방법으로 많이 사용되고 있다.

5.1.3 자원 할당 그래프

자원의 점유와 요구를 나타낼 수 있는 자원 할당 방향성 그래프(resource allocation directed graph)를 사용하여 교착 상태의 상황을 정확히 나타낼 수 있다. 이는 교착 상태를 해결하는 회피 알고리즘과 탐지 알고리즘에서 자원 할당에 대한 방향성 그래프를 사용한다. 이를 살펴보자.

그래프는 G=(V, E)로 나타내며, 여기서 V는 정점의 집합을 나타내며, E는 연결선(edge)의 집합을 나타낸다. V는 프로세스의 집합 P={P1, P2, … ,Pn}과 자원들의 종류를 나타내는 집합 R={r1, r2, … , rm}으로 나누어진다.

집합 E의 각 요소는 (Pi, rj) 또는 (rj, Pi)와 같은 순서쌍으로 나타내며, 여기서 Pi

는 프로세스, rj는 자원을 표시한다. 만일 (Pi, rj)가 E에 속한다면 프로세스 Pi로부터 자원 rj 연결선이 있는 것을 말하며, 이는 프로세스 Pi가 rj와 같은 유형의 자원 중 하나를 요청하여 현재 기다리고 있는 것을 의미한다.

만일 (rj, Pi)가 E에 속한다면 rj로부터 Pi로의 연결선이 있는데, 이는 자원 rj가 프로세스 Pi에 할당되었음을 의미한다. 여기서 (Pi, rj)를 "요청 연결선(request edge)"이라 하고, (rj, Pi)를 할당 연결선이라 부른다.

그림으로 나타낼 때 프로세스 Pi는 원으로 표시하고, 자원 rj는 네모로 표시한다. 또한 자원 rj는 여러 개가 있을 수 있는데 이런 경우는 네모 안에 점으로 표시한다.

프로세스 Pi가 자원 rj 중 하나를 요청하면 "요청 연결선"을 자원 할당 그래프에 첨가한다. 이 요청이 충족되었을 때 요청 연결선은 할당 연결선으로 바뀐다. 나중에 프로세스가 자원을 해제하면 할당 연결선은 제거된다.

(1) 자원 할당 그래프의 예

그림 5-3의 자원 할당 그래프(resource allocation graph)는 다음 상황을 나타낸 것이다.

① 프로세스 P1은 자원 r2의 하나를 할당받아 있고, 자원 r1의 요청하고 있다.
② 프로세스 P2는 자원 r1과 r2를 하나씩 할당받아 있고, 자원 r3을 요청하고 있다.
③ 프로세스 P3은 자원 r3 하나를 할당받아 있다.

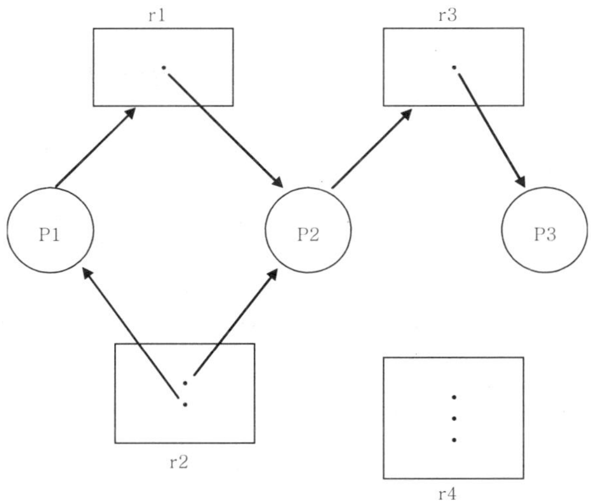

[그림 5-3] 자원 할당 그래프

(2) 교착상태가 있는 자원 할당 그래프의 예

주어진 자원 할당 그래프가 사이클을 갖고 있지 않다면, 교착 상태(deadlock)는 발생하지 않는다. 반면에 만약 사이클이 있다면 교착 상태가 발생할 가능성이 존재한다. 만일 각 자원의 종류가 하나씩만 있다면, 사이클은 교착 상태(deadlock)의 발생을 나타낸다.

만일 각 자원이 여러 개 있다면, 사이클이 있다고, 해도 교착 상태(deadlock)가 발생했다고 볼 수는 없다. 이 경우 그래프 내의 사이클은 교착 상태의 필요조건이지 충분조건은 아니다.

이런 개념을 아랑보기 위하여 그림 5-4의 자원 할당 그래프를 살펴보자, 프로세스 P3가 자원 r2를 요청하게 되면 현재 사용 할 수 있는 r2가 없으므로 그림 5-4와 같이 연결선(P3, r2)이 그래프에 추가된다. 여기에는 다음과 같은 3개의 사이클이 존재한다.

$P_1 \rightarrow r_1 \rightarrow P_2 \rightarrow r_3 \rightarrow P_3 \rightarrow r_2 \rightarrow P_1$
$P_2 \rightarrow r_3 \rightarrow P_3 \rightarrow r_2 \rightarrow P_2$
$P_1 \rightarrow r_1 \rightarrow P_2 \rightarrow r_2 \rightarrow P_1$

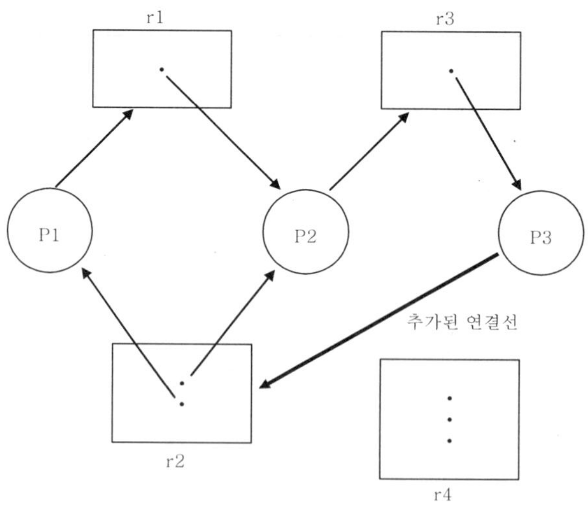

그림 5-4 교착상태가 존재하는 자원 할당 그래프

프로세스 P1, P2, P3 가 교착 상태(deadlock)에 있다. 즉 프로세스 P2는 자원 r3를 기다리고, 이 r3는 P3가 점유하고 있다. 반면에 P3는 P1또는 P2가 점유하고 있는 자원 r2가 해제되기를 기다린다. 더군다나 프로세스 P1은P2 가 점유하고 있는 r1을 해제하기를 기다린다.

(3) 사이클은 있으나 교착 상태가 발생하지 않는 예

다음으로 그림 5-5의 사이클을 가지고 있는 그래프를 살펴보자.

$P_1 \rightarrow r_1 \rightarrow P_3 \rightarrow r_2 \rightarrow P_1$

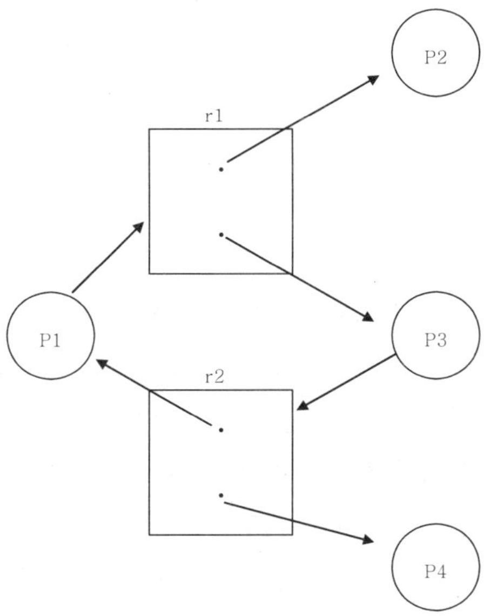

[그림 5-5] 사이클은 존재하나 교착 상태가 존재하지 않는 자원 할당 그래프

그러나, 이 그래프는 사이클은 존재하나 교착 상태(deadlock)에 있지 않다. 왜냐하면, P4가 사용하고 있는 자원 r2는 P4가 작업을 종료하면 r2가 해제되어, 해제된 r2 자원을 요구하고 있는 P3가 사용하면서 자연스럽게 사이클이 제거된다.

요약해 보면, 만일 자원 할당 그래프가 사이클을 가지고 있지 않다면 그 시스템은 교착 상태가 아니다. 반면에 사이클을 가지고 있다면 그 시스템은 교착 상태일 수도 있고, 아닐 수도 있다. 이러한 자원 할당 그래프는 교착 상태 회피와 탐지에서 적극 활용된다.

5.1.4 교착상태 해결 방안

보통 교착 상태를 해결하는 방안은 교착 상태 예방(deadlock prevention)과 교착상태 회피(deadlock avoidance) 그리고 교착 상태의 탐지 및 회복(deadlock detection and recovery)이라 불리는 3가지 범주로 나눌 수 있다.

(1) 교착 상태 예방(deadlock prevention)

교착 상태의 예방(deadlock prevention)은 말 그대로 교착 상태의 발생 가능성을 미리 모두 제거하여 예방하는 방안이다. 이는 교착 상태 발생의 4가지 필요조건 중 어느 하나라도 발생하지 않게 함으로써 예방이 가능하다. 교착 상태의 예방은 가장 명료한 해결책이나 프로세스가 실행하기 전에 모든 자원을 할당시키는 등 엄격한 자원 할당과 해제 정책을 사용해야 한다. 그래서 보통 자원의 이용률이 낮아지지만 널리 사용되는 방법이다.

(2) 교착 상태 □□(deadlock avoidance)

교착 상태의 회피(deadlock avoidance)는 Dijkstra와 Haberman이 고안한 방식으로 교착 상태의 예방과 달리 발생 가능성을 미리서 제거하는 것이 아니라, 발생 가능성을 인정하고 교착 상태가 발생하려고 할 때, 이를 회피해 가는 방법이다. 즉, 시스템의 운영 중 상황을 보아가면서 교착 상태 가능성을 피해 가는 것이다. 즉, 프로세스들이 할당 가능한 자원을 운영하면 운영체제는 즉시 할당할 것인가 또는 대기시킬 것인가를 결정한다.

가장 유명한 방법으로는 은행원 알고리즘(banker's algorithm)이 있다. 이는 은행에서 대출을 바로 해줄 것인가 나중에 해줄 것인가를 은행의 잔고 상태에 따라 결정한다. 만일 잔고가 안정적으로 남아 있으면 바로 대출을 해주고, 잔고가 얼마 안되어 불안정하면 대출을 연기시킨다. 즉 회피한다.

(□) 교착 상태의 □□ □ □□(deadlock detection and recover□)

교착 상태의 탐지(deadlock detection)는 여러 시스템에서 사용되는 방법으로서, 일단 교착 상태가 발생하도록 허용하고 나서, 교착 상태가 발생하면 교착 상태에 관련된 프로세스와 자원을 탐지한다. 교착 상태 탐지는 5.1.4절의 자원 할당 그래프에서 살펴보았듯이 보통 프로세스들과 자원할당 관계의 그래프에서 사이클이 존재하는지 여부를 탐지한다. 만일 사이클이 탐지되면 교착 상태를 회복시키기 위하여 사이클에 포함된 프로세스들 중의 일부를 보통 제거시켜 처음부터 다시 회복시킨다.

교착 상태의 회복은 가장 힘든 문제이다. 그 이유는 대부분의 시스템에서는 하나 또는 그 이상의 교착 상태에 빠진 프로세스를 완전히 제거시키고 나서 회복해야 하기 때문에 제거된 프로세스는 이제가지 행해졌던 작업의 일부나 혹은 전부를 잃어버리고 다시 재시작 해야 하기 때문이다.

이 방법은 교착 상태 발생 확률이 작거나 회복의 비용이 적게 소요되는 컴퓨터 시스템에서는 사용할 만하다. 교착 상태를 회복하는데 있어서 회복으로 얻는 이익보다는 회복하는데 소요되는 간접비용이 많이 들더라도, 최악의 경우에는 교착 상태가 치명적인 문제로 발전할 수 있기 때문에 회복을 위해 많은 비용을 들어야 하는 경우도 있다.

5.2 교착 상태 예방(deadlock prevention)

교착 상태 예방(deadlock prevention)은 말 그대로 교착 상태의 발생 가능성을 미리 모두 제거하여 예방하는 방안이다. 이는 교착 상태의 특성에서 발생하는 교착 상태의 5가지 필요조건을 동시에 발생하지 않게 함으로써 예방이 가능하다. 먼저 교착 상태의 4가지 필요조건을 간단히 이해하고 이들의 해결책을 살펴보자.

5.2.1 교착 상태의 발생 4가지 필요조건

교착 상태가 발생하기 위해서는 다음의 4가지 필요조건이 동시에 만족되어야 한다. 이 조건들은 완전히 독립적이지 못하다. 교착 상태가 발생하였다는 것은 다음에 기술한 필요조건들이 동시에 작용하고 있음을 의미한다.

(1) 상호 배제(mutual exclusion) 조건

프린터, 임계 영역과 같은 자원은 상호 배제 방식으로 한 프로세스가 사용중이면 다른 프로세스는 배제되어 반드시 기다려야 하는 조건이다.

(2) 점유 및 대기(hold and wait) 조건

이 조건은 각 프로세스가 이미 몇몇 자원을 할당받아 점유한 상태에서 다른 프로세스가 점유하고 있는 자원을 할당받기 위해 대기하고 있는 경우이다.

(3) 비선점(non-preemption) 조건

비중단 조건이라고도 하는 비선점 조건은 어떤 프로세스에게 할당된 자원은 그 프로세스가 작업을 종료하고 자발적으로 해제(release)하기 전에는 강제로 빼앗을 수 없는(중단시킬 수 없는) 조건이다.

(4) 환형 대기(circular wait) 조건

그림 5-2에서 보았듯이 각 프로세스들은 환형 연결 형태로 유지되어 있다. 환영 연결 형태에 구성되어 있는 각 프로세스는 연결 형태에서 이전에 프로세스가 요구하는 자원은 자신이 점유하고 있고 다음 프로세스가 점유하는 자원을 요구하면서 대기하고 있다. 보통 교착 상태에 있는 프로세스들은 환형 연결 형태를 이루고 있다.

5.2.2 교착 상태 예방책

앞 절에서 설명했듯이 교착 상태는 반드시 4가지의 필수 조건을 수반한다. 따라서 이들 중에서 어느 하나라도 발생할 수 없게 한다면 교착 상태의 발생을 예방할 수 있다. 이에 따라서 각 조건에 대해 어떻게 발생을 예방하는지 알아보자.

(1) 상호 배제 조건의 예방

프린터와 공유 파일에 대한 읽기/쓰기 문제 그리고 생산자/소비자 문제 등에서의 공유 버퍼와 같이 재사용 가능한 자원에서 발생하는 상호 배제 해결책을 소프트웨어적으로, Test-and-Set 명령과 같은 하드웨어를 사용해서, 그리고 P, V 세마포어(semaphore) 방식 등과 같은 상호 배제 알고리즘을 사용하면 교착 상태를 예방할 수 있다.

(2) 점유 및 대기(hold and wait) 조건의 예방

가) 최대 자원 할당방식에 의한 예방

어떤 프로세스가 이미 몇몇 자원을 점유한 상태에서 다른 프로세스가 점유 하고 있는 자원을 할당받기 위해 대기하는 경우는 그 프로세스가 실행을 시작하기 전에 필요한 모든 자원을 한꺼번에 할당시켜 주면 손쉽게 해결이 가능하다. 이를 보통 최대 자원 할당(maximum resource allocation) 방식이라 한다.

그러나 이 방법은 프로세스가 실행을 시작할 때 한꺼번에 많은 자원들을 미리 할당받게 됨으로써 자원의 이용률(resource utilization)이 매우 낮아지는 문제가 발생한다. 즉, 프로세스가 할당된 자원을 실행이 종료될 때까지 계속 사용하지 않고 필요할 때만 사용하게 되므로 오랫동안 사용되지 않는 자원이 생기게 된다.

또 다른 문제점으로는 프로세스가 요구하는 여러 개의 자원 중에서 하나만이 라도 다른 프로세스가 그 자원을 이미 사용하고 있다면, 한꺼번에 모든 자원을 할당 받을 수 있을 때까지 대기해야 한다. 만일 매우 자주 사용되는 자원을 요청하는 경우에는 언제나 다른 프로세스에 의해 그 자원이 사용 중이기 때문에 기아(starvation) 현상이 발생할 수 있다.

나) 통제된 자원 할당 방식에 의한 예방

최대 자원 할당방식의 문제점을 해결하기 우해 프로세스가 요구하는 자원을 부분적으로 요청하여 할당받고, 실행하다가 차구로 자원을 요청할 때에는 이전에 갖고 있던 자원을 해제하고 나머지를 할당 받는 방식이 있다. 이를 보통 통제된 자원 할당(controlled resource allocation) 방식이라 한다.

첫 번째 최대 자원 할당 방식에 비해 자원의 이용률을 높일 수 있고, 기아 현상을 줄일 수 있으나 다음과 같은 분제가 발생할 수 있다.

앞에서 해제했던 자원을 다시 재 요구해야 하는 경우가 생긴다. 예를 들어, 앞에서 사용했던 디스크에 있는 파일을 해제시킨 후 출력을 위해 프린터 등을 새롭게 요청하여 사용하다가 처리할 자료가 디스크 파일에 남아 있는 경우에는 다시 디스크에 있는 파일을 재요구하게 된다.

따라서 자원 사용에 대한 확실한 예측이 불가능하면 모든 자원을 초기에 한꺼번에 요구해서 할당 받아야 한다.

(3) 비선점(non-preemption) 조건의 예방

어떤 프로세스에게 이미 할당된 자원에 대해서는 선점 할(빼앗을) 수 없다는 조건이다. 이 조건을 예방하기 위해서는 만일 어떤 프로세스가 요구하는 자원을 다른 프로세스가 이미 사용하고 있기 때문에 할당받을 수 없으면 현재 자신이 할당받았던 모든 자원을 스스로 반납(선점)시키게 한다. 반납된 자원은 그 프로세스가 기다리고 있는 자원들의 리스트에 추가시키고, 리스트 내의 모든 자원을 할당받을 수 있을 때에 다시 실행을 재개시킨다.

(4) 환형 대기(circular wait) 조건의 예방

보통 교착 상태에 있는 프로세스들은 환형 연결 형태를 이루고 있다. 환형대기 조건을 예방하기 위해서는 시스템에 잇는 모든 자원의 유형에 일련번호를 지정하여 자원 번호를 비교시킴으로써 환형 연결 상태의 자원 중에서 먼저 처리할 자원을 결정하여 환형 대가 조건을 예방하자는 것이다.

이를 수학적으로 좀더 자세히 기술하면, 자원 유형마다 유일한 자연수를 대응시키는 것이다. R={r1, r2, …, rm}을 자원의 집합이라 할 때, 자원에 일련번호를 지정한다는 것은 자연수의 집합 N에 대하여 일 대 일 함수 F : R → N을 정의할 수 있다.

예를 들어, 디스크 구동기, 프린터 등이 자원의 집합 R에 포함되면 함수 F에 의해 다음과 같이 자원 번호가 결정될 수 있다.

```
F(디스크 구동기) = 4
F(프린터) = 10
```

이제 교착 상태를 예방하기 위해서 다음과 같은 프로토콜(protocol)을 고려하여 보자. 각 프로세스는 자원을 항상 오름차순으로 요청하도록 제한하고, 어떤 프로세스가 처음에 자원 ri를 요구한 다음에 요구하는 자원 rj는 반드시 F(rj) > F(ri)가 되어야 한다.

예를 들어 디스크 구동기와 프린터를 동시에 요구하는 프로세스는 먼저 디스크 구동기를 요구하고, 다음 프린터를 요구하도록 해야 한다. 만약 같은 종류의 여러 개의 자원들을 요구하게 되면, 단 하나의 요구만이 수행되어야 한다. 또 다른 방법으로, 프로세스가 자원 rj 형태를 요구할 때마다 F(rj) ≥ F(ri)가 되도록 ri의 모든 자원을 해제하는 방법이 있다.

이러한 프로토콜이 적용되면 환형 대기 조건은 예방할 수 있다. 환형 대기가 존재한다는 가정하에 환형 대기가 발생할 수 없다는 것을 증명하여 보자.

환형 대기의 프로세스의 집합을 {P0, P1, ···, Pn}이라 하자. 이때 프로세스 Pi는 Pi+1이 점유하는 ri를 요구하고 있으며, Pn은 P0가 점유하는 r0를 요구사고 있다. 프로세스 Pi+1은 자원 ri를 점유하고 있으면서 자원 ri+1을 요구하고 있기 때문에 프로토콜에 따라 모든 i에 대하여 F(rj) < F(ri)이 성립되도록 해야 한다. 따라서 이는 $F(r0) < F(r1) < \cdots < F(rn) < F(r0)$을 의미하게 되고, 전이성(transitivity)에 의하여 $F(r0) < F(r0)$가 성립할 수없게 된다. 따라서 홣ㅇ 대기는 발생할 수가 없다.

환형대기 조건의 예방책에서 F 함수의 정의는 전체 시스템에의 성능에 큰 영향을 미치므로 실제 자원의 이용 순서를 잘 고려하여 정의하여야 한다.

예를 들어, 일반적으로 디스크 구도이가 프린터보다 자주 먼저 사용된다면 F(디스크 구동기) < F(프린터)로 정의해야 된다.

5.3 교착 상태의 회피

교착 상태의 회피(deadlock avoidance)는 Dijkstra와 Haberman이 제안한 방식으로 교착 상태의 예방과 달리 교착 상태의 발생 가능성을 미리서 제거하는 것이 아니라, 발생 가능성을 인정하고 교착 상태가 발생하려고 할 때, 이를 회피해가는 방법이다. 즉, 시스템의 운영상황을 보아가면서 교착 상태 가능성을 피해 가는 것이다.

5.3.1 안전 상태와 불안전 상태

교착 상태를 회피하는 가장 유명한 방법으로 은행원 알고리즘(banker's algorithm)이 있다. 이는 은행에서 대출을 바로 해줄 것인가 나중에 해줄 것인가를 은행의 잔고 상태에 따라 결정한다. 만일 잔고가 안전하게 남아 있으면 바로 대출을 해주고,

잔고가 얼마 안되어 불안전하면 대출을 연기시킨다. 즉 회피한다.

이와 유사하게, 프로세스들이 할당 가능한 자원을 요청하면 교착 상태 회피 알고리즘은 먼저 자원 요청에 대한 할당을 실제 한 것처럼 가정을 하고 나서, 안전(safe) 상태가 유지되면 즉시 할당을 수행하고, 불안전(unsafe) 상태가 유지되면 대기시킨다. 이러한 안전 상태의 개념을 이용하여 불안전 상태를 회피 할 수 있게 된다.

불안전 상태란 결국에 교착 상태가 발생할 수 있는 상태이다. 그러나 불안전 상태라고 해서 모두가 교착 상태는 아니며, 불안전 상태는 교착 상태로 변할 수 있다는 것이다.

따라서 불안전 상태를 회피하는 것은 교착 상태의 회피를 의미한다. 그림 5-6은 시스템의 3가지 상태 공간을 보여주고 있다.

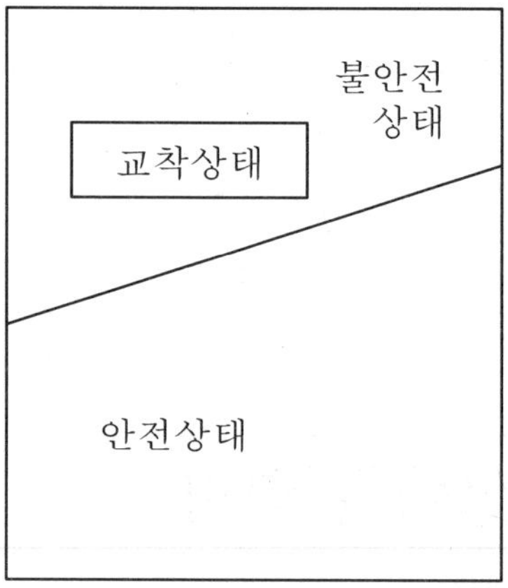

[그림 5-6] 안전, 불안전, 교착상태의 공간

교착 상태 회피에서는 모든 프로세스에게 실행 전에 최대 자원 요구량을 미리 명시하게 한다. 각 프로세스가 실행할 때마다 자신의 최대 요구량 내에서 필요한 자원을 요청하게 하여 시스템이 요청한 자원을 그 프로세스에게 할당 시켜도 시스템 내의 다른 모든 프로세스들이 어떤 순서로든 실행 가능하면, 교착 상태를 예방할 수 있는 안전(safe)상태이므로 자원을 요청한 프로세스에게 할당한다. 이때 이러한 프로세스들의 순서를 안전순서(safe sequence)라 한다.

이러한 안전 순서가 없으면 시스템은 불안전 상태가 되어 교착 상태로 빠질 위험이 있으므로 요청한 자원이 안전하게 할당될 수 있는 안전 순서가 나타날 때가지 대기시킨다.

이러한 상황을 관리하기 위하여 교착 상태 회피 알고리즘은 각 프로세스마다 아직 요청하지 않은 자원이 몇 개 남았는지 그리고 각 자원 종류마다 이미 할당된 개수와 사용 가능한 개수를 유지 관리할 수 있는 자료 구조가 필요하다.

(1) 안전 상태의 예

예를 들어, 3개의 프로세스가 사용할 수 있는 전체 테이프 구동기 자원이 12개라고 가정하자. 그림 5-7과 같이 각 프로세스에게 현재 총 할당된 테이프 구동기의 개수는 10개이고 사용 가능한 개수는 2이다.

	현재 배당된 개수	최대 요구 개수	추가 요구 개수
프로세스 1	2	5	3
프로세스 2	4	6	2
프로세스 3	4	8	4

[그림 5-7] 시스템의 안전 상태 예

이 경우에는 프로세스 2의 추가 요구 개수가 2개이므로, 사용 가능한 개수 2개를 프로세스 2에게 할당하여 먼저 실행시키고, 프로세스 2가 종료하면 회수된 자원 6개 중에서 프로세스 1에 3개 할당시켜 실행시킨다. 프로세스 1이 종료하면, 사용 가능한 자원 8개 중에서 프로세스 3에 4개를 할당하여 3개의 프로세스를 실행할 수 있게 된다.

즉, 안전 순서(safety sequence)는 <프로세스2, 프로세스1, 프로세스3> 순으로 존재하므로 시스템은 안전 상태라 할 수 있다.

(2) 불안전 상태의 예

안전 상태의 예에서와 같이 3개의 프로세스가 사용할 수 있는 전체 테이프 구동기 자원이 12개라고 가정하자, 그림 5-8과 같이 각 프로세스에게 현재 총 할당된 테이프 구동기의 개수는 11개이고 사용 가능한 개수는 1개이다.

	현재 배당된 개수	최대 요구 개수	추가 요구 개수
프로세스 1	6	8	2
프로세스 2	3	5	2
프로세스 3	2	4	2

[그림 5-8] 시스템의 불안전 상태 예

이 경우에는 현재 사용 가능한 개수는 1개뿐이므로 어느 프로세스에게도 추가 요구하는 개수만큼 자원을 할당할 수 없다. 따라서 이 시스템의 상태는 불안전 상태이며 교착 상태가 발생할 가능성이 있다.

5.3.2 은행원 알고리즘(banker's algorithm)

교착 상태 회피에 사용되는 은행원 알고리즘을 구현하기위해서는 각 프로세스마다 아직 요청하지 않은 자원이 몇 개 남았는지 그리고 각 자원 종류마다 이미 할당된 개수와 사용 가능한 개수를 유지 관리할 수 있는 여러 가지의 자료 구조가 필요하다. 이러한 자료 구조들은 자원 할당 시스템의 상태를 나타낸다. n을 프로세스 수라 하고, m을 자원 종류의수라 가정하자.

① Available : 각 자원의 종류별로 사용 가능한 자원의 수를 표시하는 길이가 m인 벡터이다. Available[j]=k라면 프로세스 Pi는 현재 Rj의 자원 k개가 남아 있다는 의미가 된다.

② Max : 각 프로세스의 최대 자원의요구량을 표시하는 n × m 행렬이다. Max[i, j]=k는 프로세스 Pi가 자원 종류 Rj인 자원을 최대 k개까지 요구할 수 있다는 의미가 된다.

③ Allocation : 현재 각 프로세스에게 할당되어 있는 자원의 수를 정의하는 n × m 행렬이다. Allocation[i, j]=k라면 프로세스 Pi는 Rj현재 라는 자원 종류를 k개 할당받고 있다는 의미이다.

④ Need : 각 프로세스의 남아있는 자원의 요구를 표시하는 n × m행렬이다. Need[i, j]=k라면, 프로세스 Pi는 자신의 작업을 종료하기 위해 자원 종류 Rj를 k개 추가로 더 필요하다는 의미이다.

이들 자료 구조들은 시간이 흐르면서 자원할당과 회수가 진행되면서 그 크기와 값들이 변한다.

행렬 Allocation, Need의 각 열을 벡터로 취급하면 그들을 각각 Allocationi, Needi로 표현할 수 있다. 즉 Allocationi는 현재 프로세스 Pi에 할당된 자원을 나타내고,

Needi는 프로세스 Pi가 작업을 종료하기 위해 요구하는 추가의 자원을 나타낸다.

(1) 은행원 알고리즘

Request를 프로세스 Pi가 자원을 요청하는 벡터라고 하자. 만약 Requesti[j]=k라면 프로세스 Pi는 Rj형 자원을 k개 요구하는 의미이다. 프로세스 Pi가 자원을 요청하면 다음과 같은 단계를 수행한다.

① Requesti ≤ Needi라면 ②단계로 간다. 그렇지 않으면 최대 요구 개수를 초과하기 때문에 요청한 자원을 할당할 수 없는 오류 상태가 발생한다.

② Requesti ≤ Available 라면 ③단계로 간다. 그렇지 않으면 자원이 부족하기 때문에 대기해야한다.

③ 시스템은 각 자료 구조의 상태를 아래와 같이 갱신함으로써 Pi가 요구한 자원들을 할당한 것처럼 한다.

$Available := Available - Request_i$
$Allocation_i := Allocation_i + Request_i$
$Need_i := Need_i - request_i$

(2) 안전 알고리즘

은행원 알고리즘에 의해 새롭게 갱신된 자원 할당 상태에 대해 안전 상태가 유지되는지를 조사하는 안전 알고리즘은 다음과 같이 기술할 수 있다.

① Work, Finish를 각각 일이가 m, n인 벡터라고 하면, 초기값 Work=Available, Finish[i]=false, I=1, 2, ... , n이다. Work 는 사용 가능한 자원수를 나타내는 Available의 임시 자료구조이다.

② 다음과 같이 사용가능한 자원 Work의 상태가 Pi가 요청한 자원 Needi를 충족하는지를 조사한다.

Finish[i] = false
$Need_i \leq Work$

이러한 조건이 만족하면 ③단계로 가고, 없으면 ④단계로 간다.

③ Pi가 할당 받었던 자원들을 Work에 할당한 후 회수한다.

```
Work = Work + Allocationi
Finish[i] = true
```

②단계로 간다.

④ Finish[i] = false라면, Pi가 요청한 자원을 할당할 수 없다. 즉, 1 ≤ i ≤ n 인 범위에서 시스템은 불안전 상태가 된다.

프로세스 Pi가 Rj형 자원을 k개 요구했을 때 위에서 기술한 은행원 알고리즘에 의해 Pi가 요구한 자원들을 할당한 것처럼 관련된 자료 구조를 갱신한 후 안전 상태 유무를 조사하는 안전 알고리즘을 수행시킨다. 안전 알고리즘의 수행결과에 의해, 만일 자원 할당 상태의 결과가 안전 상태가 유지되면 프로세스 Pi는 요구한 자원을 실제 할당받아 실행을 한다. 그러나 만일 불안전 상태이면 프로세스 Pi는 자원 요구전의 자원 할당 상태로 대기하게 된다.

(3) 안전 상태의 예

5개의 프로세스 {P0, P1, … , P4}와 3개의 자원 종류{A, B, C}를 가진 시스템을 가정하자. 자원 종류는 A가 10개 있고, B가 5개 C가 7개 있다. 현재 시스템의 자원 할당 상태가 그림 5-9와 같을 때 시스템의 안전 상태 유무를 조사하여 보자.

상태 / 프로세스	Allocation	Max	available
	A B C	A B C	A B C
P0	1 1 0	7 5 3	2 2 1
P1	2 0 1	4 2 2	
P2	2 0 2	9 0 2	
P3	0 2 1	2 2 2	
P4	3 0 2	4 2 3	

[그림 5-9] 현재 시스템의 자원 할당 상태

각 프로세스의 남은 요구를 나타내는 행렬 Need의 내용은 Max 행렬에서 Allocation 행렬을 뺀 Max-Allocation으로 그림 5-10과 같다.

프로세스 \ 상태	Allocation	Max	available
	A	B	C
P0	6	4	3
P1	2	2	1
P2	7	0	0
P3	2	0	1
P4	1	2	1

[그림 5-10] 각 프로세스의 남은 요구를 나타내는 Need 행렬

앞에서 기술한 안전 알고리즘에 따라 다음과 같이 안전 상태를 조사해 나간다. 현재 Avaliable 자원은 (2, 2, 1)이기 때문에 프로세스 번호순에 의해 남은 자원 요구에 대한 할당이 가능한 첫 번째 프로세스 P0는 할당이 불가능하고, P1은 할당 가능하다.

즉, Need1 ≤ Available ((2, 2, 1) ≤ (2, 2, 1))이다.

P1에게 현재 Avaliable 자원 중에서 P1의 Need1≤(2, 2, 1)를 할당하고 작업이 완료했다는 가정을 하면 Available한 자원의 수 (2, 2, 1)는 P1에게 이미 할당되어 있던 Allocation1의 자원의 수 (2, 2, 1)는 P1에게 이미 할당되어 있던 Allocation1의 자원의 수 (2, 0, 1)아 더하여져서 Available한 자원의 수는 (2, 2, 1) + (2, 0, 1) = (4, 2, 2)로 늘어난다. 즉, 갱신된다.

그다음 갱신된 Available=(4, 2, 2)이므로 P2의 Need2는 (7, 0, 0)이므로 할당 불가능하다. 그러나 다음번 프로세스 P3의 Need3=(2, 0, 1)는 할당 가능하다. Need3의 (2, 0, 1)을 할당하고 작업이 완료했다는 가정을 하면 Available 자원의 수 (4, 2, 2)는 P3에게 이미 할당되어 있던 Allocation3의 자원의수 (0, 2, 1)와 더하여져 (4, 2, 2) + (0, 2, 1) = (4, 4, 3)으로 갱신된다.

이와 같은 방법을 계속 반복 적용하면 안전 순서가 <P1, P3, P4, P0, P2> 순으로 나타난다. 따라서 현재 시스템은 안전 상태에 있다고 한다.

(4) 자원 요청에 대한 안전 상태의 예

앞의 예에서 프로세스 P1이 자원 종류 중 A의 자원을 1개, B의 자원을 2개 더 요청하였다고 가정하자. 즉, Request1=(1, 2, 0)을 하였다.

이 요청이 즉시 허용될 수 있는지 여부를 결정하기 위하여, 먼저 Request1≤Available 즉, (1, 2, 0)≤(2, 2, 1)인지를 검사한다. 결과는 참(True)이므로 요청이 만족되어 그림 5-11과 같은 새로운 자원 할당 상태에 도달했다고 가정한다. 이때 시스템의 안전 상태 유무를 조사하여 보자.

상태 / 프로세스	Allocation	Max	Available
	A B C	A B C	A B C
P0	1 1 0	7 5 3	1 0 1
P1	3 2 1	4 2 2	
P2	2 0 2	9 0 2	
P3	0 2 1	2 2 2	
P4	3 0 2	4 2 3	

[그림 5-11] 자원 요청에 대한 새로운 자원 할당 상태

각 프로세스의 남은 요구를 나타내는 행렬 Need(Max-Allocation)의 내용은 그림 5-12와 같다.

자원 요청에 대한 자원 할당 상태가 안전한지를 결정하기 위해 앞에서 자세히 설명한 안전 알고리즘을 실행하여 보면, 안전 순서가 <P1, P3, P4, P0, P2>순으로 나타난다. 그러므로 새로운 자원 요청에 대해 시스템은 안전 상태에 있다고 한다. 따라서 프로세스 P1이 자원 요천(requesti=(1, 2, 0))에 대한 요구를 허락하여 실행을 진행한다.

상태 / 프로세스	Need		
	A	B	C
P0	6	4	3
P1	1	0	1
P2	7	0	0
P3	2	0	1
P4	1	2	1

[그림 5-12] 각 프로세스에 남은 요구를 나타내는 Need 행렬

(5) 불안전 상태의 예

만일 그림 5-9와 같은 자원 할당 상태에서 프로세스 P0가 자원 종류 중 A의 자원을 3개만 요청(request0=(3, 0, 0))하면, request0≤Available((3, 0, 0)≤(2, 2, 1))을 만족하지 못하게 된다. 따라서, 할당할 자원이 부족하기 때문에 시스템은 불아전 상태가 되어 프로세스 P0의 요청을 거절하고 대기시킨다. 즉, 교착 상태의 가능성을 회피한다.

5.3.3 교착 상태 회피의 장단점

교착 상태 회피는 프로세스들이 사용할 자원들의 최대량을 미리 명시만 하고 나서 모든 자원을 한꺼번에 할당 받지 않고 자원들이 필요할 때 필요한 만큼만 자원을 요청하여 사용한다. 그러므로 교체 상태 예방 방법에서 자주 나타나는 필요한 시점 이전에 미리 한꺼번에 자원을 미리 할당받는 문제가 해결되어 자원의 이용률을 높일 수 있다.

반면 사용할 자원들의 최대량을 미리 명시하는 과정은 시스템의 안전 상태 유무를 결정하는데 중요 요인이 되므로 이에 대한 정확성 여부가 큰 문제가 될 수 있다. 또한, 필요한 자원을 요청할 때마다 시스템의 안전 여부를 판단하는 알고리즘을 늘 수행하여야 하는 오버헤드가 발생한다. 그리고 불안전 상태의 상황이 반드시 교착 상태를 이끌지 않는데도 불구하고 항상 실행할 프로세스를 대기 상태로 유지해야 하기 때문에 시스템의 병행성을 저하시킬 수 있다.

5.4 교착 상태의 탐지와 회복

교착 상태의 탐지 및 회복 방법은 많은 시스템에서 사용되는 방법으로서, 일단 교착 상태가 발생하도록 허용하고 나서, 교착 상태가 발생하면 탐지 알고리즘을 사용하여 교착 상태에 관련된 프로세스와 자원을 탐지한 후 교착 상태에 바진 프로세스들을 제거시키거나 이들이 사용한 자원을 선점하여 회복해 나간다.

5.4.1 교착 상태 탐지(deadlock detection)

먼저 시스템이 교착 상태가 발생하였는지를 파악하기 위하여 교착 상태 탐지 알고리즘을 수행해야 한다. 그러나 시스템의 교착 상태 여부를 파악하기 위해 언제 교착 상태 탐지 알고리즘을 수행할 것인가가 중요한 문제가 된다. 보통 얼마나 자주 교착 상태가 발생하는가 또는 교착 상태에 의해 얼마나 많은 프로세스가 영향을 받는가에 따라 탐지 알고리즘을 수행시킨다.

일반적으로 교착상태 탐지 알고리즘은 자주 수행되어야 만 교착 상태에 빠진 프로세스들을 조기에 발견하여 이들이 사용했던 자원들을 빠르게 다시 사용할 수 있어서 자원의 활용률을 높이 수 있다. 그러나 교착 상태 회피 알고리즘을 너무 자주 수행시키면 시스템의 성능은 매우 떨어지게 된다. 예를 들어, 극단적으로 어떤 프로세스의 자원 할당 요청을 즉시 허용할 수 없을 때마다 교착 상태 탐지 알고리즘을 수행하게 되면 수행 시간의 부담이 너무 크게 된다.

반면에 교착 상태 탐지 알고리즘을 뜸하게 수행시키면 탐지 알고리즘의 수행 시간 부담을 주일 수 있다. 그러나 교착 상태를 오랫동안 발견할 수 없어 교착 상태에 빠진 프로세스들이 할당받았던 자원들을 사용할 수 없기 때문에 자원의 활용률이 낮아지게 된다.

따라서, 이러한 장단점을 고려하여 탐지 알고리즘의 수행 빈도를 보통 주기적으로 정해진 시간마다 수행시키거나, 하나 이상의 프로세스들이 오랜 시간동안 블록 상태에 있을 때 수행시키거나, 또는 CPU 효율이 임의의 정해진 수준보다(예를 들어 50%이하) 저하될 때 마다 수행하여 조절할 수 있다.

교착 상태 탐지 알고리즘은 보통 프로세스들과 자원 할당과의 관계에서 사이클이 존재하는지 여부를 탐지한다. 사이클이 탐지되면 교착 상태를 회복시키기 위하여 사이클에 포함된 프로세스들 중의 일부를 보통 제거시켜 저음부터 다시 회복시킨다.

(1) 교착 상태 탐지 알고리즘

교착 상태 탐지 알고리즘은 프로세스에 할당된 정보와 자원 할당 요청에 대한 정보도 유지해야 하는데 다음과 같은 은행원 알고리즘에 사용한 유사한 자료 구조를 사용한다.

이러한 자료 구조들은 자원 할당 시스템의 상태와 주원 요청 상태를 나타낸다. n을 프로세스 수라 하고, m을 자원 종류의 수라 가정하자.

① Available : 각 자원의 종류별로 사용 가능한 자원의 수를 표시하는 길이가 m인 벡터이다. Available[j]=k는 자원 종류 Rj의 자원 k개가 남아 있다는 의미가 된다.

② Allocation : 현재 각 프로세스에게 할당되어 있는 자원의 수를 정의하는 n × m 벡터이다. Allocation[i, j]=k라면 프로세스 Pi는 현재 Rj라는 자원 종류를 k

개 할당받고 있다는 의미이다.

③ Request : 각 프로세스의 현재 요구를 표시하는 n × m 행렬이다. Request[i, j]=k라면 프로세스 Pi는 자원 종류 Rj의 자원을 k개 더 요구한다는 의미이다.

다음의 탐지 알고리즘은 Shoshani와 Coffman에 의해 개발되었고 자원 할당 요청에 대해 단순히 남아있는 프로세스들에게 자원 할당이 가능한 수서를 찾는다.

■ 탐지 알고리즘

1) Work, Finish를 각각 길이가 m, n인 벡터라고 하면, Work = Available로 초기화 한다.

```
if Allocationi ≠ 0
        then Finish[i] = false
        esle Finish[i] = true         (단, I = 1, 2, 3, …, n)
```

2) 다음과 같은 인덱스 i 값을 찾는다.

```
① Finish[i] = false
② Requesti ≤ Work
```

만약 조건에 맞는 I가 있으면 요구 자원을 할당받을 수 있기 때문에 3) 단계로 가고 없으면 4) 단계로 간다.

3) Work = Work + allocationi

```
Finish[i] = true
2) 단계로 간다.
```

4) Finish[i] = false 라면, 1 ≤ i ≤ n인 범위에서 시스템은 교착 상태에 있으며, 또한 Pi는 교착상태가 되어 있다.

2) 단계에서 Requesti≤Work를 만족하면 3) 단계에서 프로세스 Pi의 자원을 반납하는 이유는 Requesti≤Work이기 때문에 Pi가 현재 교착 상태에 있지 않기

때문이다. 즉, Pi가 자신의 작업을 종료하기 위하여 더 이상의 자원을 요구하지 않는다. 만약 Requesti>Work이면, 교착 상태가 나중에 발생하여 다음번에 수행되는 교착상태 탐지 알고리즘에서 탐지하게 된다.

(2) 교착 상태 탐지의 예

5개의 프로세스{P0, P1, … , P4}와 3개의 자원종류{A, B, C}를 가진 시스템을 가정하자. 자원 종류는 A가 10개 있고, B가 3개, C가 6개있다. 현재 시스템의 자원 할당과 요청 상태가 그림 5-13과 같을 때 시스템의 교착 상태 유무를 조사하여 보자.

상태 / 프로세스	Allocation	Request	Available
	A B C	A B C	A B C
P0	0 1 0	0 0 0	0 0 0
P1	3 0 0	2 0 2	
P2	3 0 3	0 0 0	
P3	4 1 1	1 0 0	
P4	0 0 2	0 0 2	

[그림 5-13] 현재 시스템의 자원 할당 상태와 요청 상태

탐지 알고리즘을 실행하면, <P0, P2, P3, P4, P1>는 모든 프로세스 i에 대하여 Finish[i]=true로 됨을 탐지할 것이다. 따라서 현재 시스템은 교착 상태에 있지 않다.

여기에서, 프로세스 P2가 자원 종류 중 C의 자원을 1개 더 요구한다고 가정하자. Request 행렬은 그림 5-14와 같이 갱신 된다.

상태 / 프로세스	Request		
	A	B	C
P0	0	0	0
P1	2	0	2
P2	0	0	1
P3	1	0	0
P4	0	0	2

[그림 5-14] 갱신된 Request의 행렬

이때, 이 시스템은 교착 상태에 있다. 프로세스 P0가 점유하고 있는 자원을 반납하더라도, 사용 가능한 자원의 수 (0, 1, 0)는 다른 프로세스의 자원 요구를 충족시킬 수 없기 때문에 프로세스 P1, P2, P3, P4로 구성된 교착 상태가 존재 한다.

5.4.2 교착 상태의 회복(deadlock recovery)

교착 상태의 회복은 가장 힘든 문제이다. 그 이유는 대부분의 시스템에서는 하나 또는 그 이상의 교착상태에 빠진 프로세스를 완전히 제거시키고 나서 회복해야 하기 때문에 제거된 프로세스는 이제까지 행해졌던 작업의 일부나 혹은 전부를 잃어버리고 다시 재시작해야 하기 때문에 시간적 경제적인 부담감이 커진다.

교착 상태의 회복을 위하여 가장 극단적인 경우는 PC 수준에서 우리가 자주 사용하는 방법으로 교착 상태가 발생한 사실을 알게 되면 사용자가 강제적으로 시스템을 다시 부팅시키는 것이다. 이는 이제까지 행해졌던 모든 작업의 진행 결과를 전부를 잃어버리고 다시 재시작해야 하기 때문에 너무나 시간적 경제적인 부담감을 주는 원시적인 방법이 된다.

따라서 운영 체제는 교착 상태가 발생하면 최소의 피해를 보장하면서 교착 상태를 회복해야 한다. 이를 자세히 알아보자.

교착 상태 회복의 첫 단계는 교착 상태 탐지 알고리즘을 수행하여 교착 상태에 빠진 프로세스들을 식별하는 것이다. 다음 단계로 교착 상태에 빠진 프로세스들을 종료시키거나 이들이 할당 받았던 자원들을 선점하여 다른 프로세스가 사용할 수 있도록 하게 함으로써 교착 상태를 회복해 나간다.

(1) 교착 상태에 빠진 프로세스들을 종료하는 방법

교착 상태에 바진 프로세스들을 종료시키는 방법은 종료된 프로세스가 교착 상태가 되기 전에 수행했던 작업을 잃어버리고 다시 처음부터 재시작 해야 하기 때문에 최소의 피해가 발생하는 프로세스를 선택하는 방안이 요구된다.

1) 교착 상태에 빠진 모든 프로세스를 한꺼번에 종료시킨다.

이 방식은 가장 단순한 방법으로 교착 상태에 빠진 모든 프로세스를 한꺼번에 종료하기 때문에, 확실하게 교착 상태가 해결되지만 교착 상태에 빠진 모든 프로세스들이 현재 까지 수행한 부분 결과들을 모두 잃어버리게 되어 나중에 처음부터 다시 실행되어야 하는 큰 단점이 있다.

2) 교착 상태의 사이클이 제거될 때까지 한 프로세스씩 종료시킨다.

앞의 방식의 단점을 보완하기 위해 교착 상태에 빠진 프로세스들 중에서 한 프로세스씩 차례로 종료시켜 가면서 교착 상태를 해결하는 방식으로 일부 프로세스의 수행 결과만 잃어버리게 된다. 그러나 매번 각 프로세스가 종료될 때마다 교착 상태 탐지 알고리즘을 수행하여 여전히 교착 상태에 빠져 있는지를 확인해야 하는 단점이 있다.

3) 최소의 피해가 발생하는 희생자(victim) 프로세스를 선택하여 종료시킨다.

기왕이면 프로세스를 종료시키는데 있어서 최소의 피해가 발생하도록 희생자 프로세스를 선택하여 종료시키는 방법이다. 예를 들어, 프로세스가 파일을 갱신하는 중간에 종료되었다면 그 파일은 부정확한 결과를 초래할 수 있으므로 가능한 종료시키는 대상에서 제외시킨다.

이와 같이 프로세스를 종료시키는데 있어서 최소의 피해가 발생하는 프로세스를 선택하는 것은 중요하다. 그러나 정확한 수치가 아니기 때문에 선택하는데 어려움이 있다. 보통 희생자 프로세스를 선택하는데는 다음과 같은 요인들을 고려해야 한다.

- 프로세스들의 우선순위를 고려한다.
- 지금까지 프로세스가 얼마나 오랫동안 프로세스를 수행했고, 그리고 작업이 끝나기 전까지 얼마나 도 오래프로세스를 수행할 것인가를 고려한다.
- 프로세스가 그동안 사용한 자원 종류와 자원의 수를 고려한다.
- 앞으로 프로세스 종료를 위하여 얼마나 더 많은 자원을 필요로 하는가를 고려한다.
- 복귀하는데 얼마나 많은 프로세스가 관련되어 있는지를 고려한다.

(2) 교착 상태에 빠진 프로세스들의 자원을 선점하는 방법

교착 상태에 빠진 프로세스들의 자원들을 선점하여 이들 자원을 교착 상태가 해결될 때까지 다른 프로세스들에게 할당하는 방식이다. 자원을 선점하는 방식 역시 최소의 피해를 주면서 어느 프로세스의 자원을 선점할 것인지를 고려해야 하고, 자원을 선점당한 프로세스를 다시 실행시키기 위한 복귀(rolling back) 분제를 고려해야 하며, 또한 자원을 선점 당한 프로세스가 너무 오래동안 기다리게 되는 기아(starvation) 현상을 해결해야 한다.

1) 자원을 선점할 희생자 프로세스를 선택하는 문제

교착 상태에 빠진 프로세스들 중에서 최소의 피해를 주면서 어느 프로세스의 자원을 선점할 것인지를 고려해야 한다. 이는 프로세스 종료 방식에서 설명한 희생자 프로세스를 선택하는 요인과 유사하다. 특히, 프로세스가 교착 상태 발생 이전에 사용했던 자원의 수와 교착 상태 회복 후 복귀하는데 사용할 자원의 수들을 중심으로 고려해야 한다.

2) 복귀(rolling back)문제

자원을 선점 당한 프로세스는 필요한 자원이 부족하기 때문에 이 프로세스를 정상 실행할 수 없게 된다. 그러므로 자원을 선점 당한 프로세스를 안전 상태로 유지시키고 교착 상태가 해결된 후 처음부터 다시 재시작하는 복귀 문제는 중요하다.

가장 단순한 방법은 완전 복귀(total rolling back)시키는 것이다. 즉, 그 프로세스를 완전히 종료시킨 후 처음부터 다시 재시작하는 방법이다. 그러나 처음부터 다시 복귀 시키는 것은 대가가 크므로 보다 효과적인 방법은 프로세스의 실행 시간 상태를 기록해두어 교착 상태가 해결되기에 충분한 과거 시점으로부터 복귀시키는 것이다.

이를 위해 신뢰성 있는 시스템이나 실시간 시스템등은 프로세스의 상태를 기록하는 정검점 지정(checking point)과 트랜잭션(transaction) 처리 시스템의 레코드 변경 기록 등을 사용한다.

3) 기아 현상 문제

교착 상태 회복을 위하여 자원을 선점할 희생자 프로세스를 선택할 때 너무 최소의 피해만을 고려하여 어느 한 프로세스의 지원만을 매번 반복적으로 선점하게 되면 그 프로세스는 기아(starvation) 현상이 발생하게 된다. 이러한 기아 현상을 해결하기 위해서 희생자 반복 선택 횟수의 상한선을 정하여 상한선 이상은 반복적으로 계속 희생자가 되지 못하도록 한다.

5.4.3 교착 상태 탐지 및 회복의 장단점

교착 상태 탐지 및 회복의 방법은 교착 상태의 예방이나 회피 방법보다 보통 프로세스들 간의 높은 병행성을 유지시킨다. 또한 교착상태 탐지 알고리즘을 수행해야 하는 부담은 시스템 매개 변수로 만들어 조정 가능하게 할 수 있다. 그러나 프로세스 종료 후 재시작과 중지 후 복귀 등은 시스템의 상당한 자원과 시간적인 낭비가 발생한다. 또한 최적의 희생자 프로세스를 선택하는 일은 현실적으로 많은 요인들을 고려해야 하기 때문에 결정하기 애매하다. 따라서 교착 상태 탐지 및 회복 방법은 교착 상태 발생 확률이 작거나 회복의 비용이 적게 소요되는 컴퓨터 시스템에서는 사용할 만하다

지금까지 교착 상태를 해결하는 교착 상태 예방, 회피, 탐지 및 회복 방법을 살펴보았다. 그러나 세 가지 방법의 각 장단점에서 살펴보았듯이 어느 한 방법만이 유일하게 좋은 해결책이 될 수 없다. 따라서 대부분의 운영 체제는 세 가지 기본적인 방법들을 결합하여 시스템의 자원 종류에 따른 최적의 교착 상태 접근 방법을 채택하고 있다.

연 습 문 제

1. 5장에서 제시한 "식사하는 철학자 문제"에서 발생할 수 있는 다음과 같은 교착 상태의 4가지 필요 조건과 이에 따른 예방책을 예를 들어 설명하라.

   1) 상호 배제(mutual exclusion) 조건과 예방책
   2) 점유 및 대기(hold and wait) 조건과 예방책
   3) 비선점(non-preemption) 조건과 예방책
   4) 환형 대기(circular wait) 조건과 예방책

2. 교착 상태 회피에서 안전 상태와 불안전 상태에 대해 간략히 설명하라.

3. 교착 상태를 회복하기 위해서 일반적으로 교착 상태에 있는 프로세스들을 종료하거나 자원들을 선점해 나간다. 이러한 회복 과정으로부터 발생하는 피해를 최소화하기 위해 종료할 희생자 프로세스를 선택하는데 있어서나 선점할 자원을 선택하는데 있어서 고려할 요인들에 대하여 설명하라.

제 6 장 기억 장치 관리

CPU 관리를 통해서 실행을 요구하는 많은 작업들이 기억 장소를 배당 받아 프로세스로 생성되고, 주기억 장소가 부족한 경우에는 일시적으로 실행 중지된 프로세스들이 디스크로 교체되었다가 차후에 주기억 장소를 다시 배당 받아 실행을 재개함을 알 수 있었다. 이와 같이 프로세스 스케줄링 과정에서 반드시 개입되어야 하는 것이 기억 장치 관리이다.

6.1 기억 장치 개요

먼저 프로세스들이 실행을 위해 요청한 주기억 장치를 어떻게 배당해 나가는지에 앞서 기억 장치가 운영 체제의 도움을 받아야만 하는 근본적인 이유에 대하여 알아보자. 크게 다음과 두 가지 경우로 구분할 수 있다.

① 주기억 장치의 크기가 커서 CPU의 주소화 범위(addressing range)를 초과하는 경우가 있다.

② 모든 프로그램과 자료를 저장하기에 주기억 장치의 크기가 부족한 경우가 많이 발생한다.

이 두 경우에 대하여 CPU는 운영 체제의 도움 없이는 주기억 장치에 저장된 모든 프로그램과 자료들을 직접 주소화 할 수 없다.

따라서, 첫 번째 경우에는 뱅크 스위칭(bank switching)과 같은 기술을 사용하여 주기억 장치의 크기가 CPU의 번지 지정 범위를 초과하면 주기억 장치를 뱅크 단위로 나누어, 뱅크 선택 레지스터를 이용하여 실제의 번지를 접근할 수 있도록 한다.

두 번째 경우는 보조 기억 장치가 정보를 저장하기 위해 사용되는데, CPU가 요구하는 프로그램이나 데이터의 부분들을 보조 기억 장치에서 주기억 장치로 전송하거나, 반대로 더 이상 필요가 없는 프로그램이나 데이터의 부분들은 주기억 장치에서 보조 기억 장치로 전송한다. 주기억 장치와 보조 기억 장치 간에 이러한 정보 전송을 제어하는 여러 가지 방법들이 존재한다.

이에 대한 대표적인 예가 가상기억 장치(Virtual Memory) 관리이다. 가상기억 장치 관리는 각 프로세스의 많은 정보는 실제적으로 보조 기억 장치에 존재하는데 자신의 모든 정보가 주기억 장소에 모두 있는 것처럼 생각하게 하는 기억 장치 관리 방법이다.

이 두 방법의 전략은 대부분 비슷하다. 뱅크 스위칭은 속도 느린 보조 기억장치와 물리적인 정보 전송을 하지 않기 때문에 속도가 빠르다는 점을 제외하고는 보조 기억 장치를 사용하는 가상기억 장치 방법과 매우 유사하다. 두 경우에서 사용자가 기계의 상세한 사항에 관하여 알 필요가 없도록 기억 장치 관리 메커니즘(mechanism)에서 처리하도록 해야 한다.

예를 들어, 사용자에 의해 접근할 수 없는 블록이 주소화 되는 매 시기마다 제어를 운영 체제로 옮겨 해결하게 한다. 이는 때때로 페이지 부재(page fault)라는 현상이 발생한다. 운영 체제는 사용자에게 제어가 복귀되기 전에 기억 장치를 재편성해야 하는데 7장을 통해서 자세히 살펴볼 수 있다.

주기억 장치를 운영 체제의 목적에 맞게 효율적으로 관리하기 위해서는 앞에서 기술한 두 번째 이유와 같이 프로그램과 자료를 저장하기에 주기억 장치의 크기가 부족한 경우를 해결하기 위해서, 그리고 비트 당 가격이 저렴한 보조 기억 장치를 사용하는 것이다. 그래서 대부분의 운영 체제는 보조 기억 장치를 사용한다.

6.2 기억 장소 배당 방법

기억 장소 배당이란 실행할 프로세스들에게 주기억 장소를 배당하는 것을 의미한다. 실행될 프로세스가 주기억 장소의 연속된 기억 장소를 배당 받아 실행하는 연속 배당(contiguous allocation) 방식과 실행될 프로세스가 페이지(page) 또는 세그먼테이션(segmentation)과 같은 크기로 나뉘어져서 주기억 장소의 여러 곳에 분산되어 배당되는 산재 배당(scatter allocation) 방식 두 가지로 구분된다.

6.2.1 산재 배당 방식(scatter allocation)

산재 배당 방식은 사용자의 프로세스가 페이지와 세그먼테이션 등의 단위로 구성되어 보조 기억 장치에 존재하다가 CPU가 요구하는 필요한 부분만이 페이지 또는 세그먼테이션 단위로 주기억 장치의 여러 곳에 산재 배당되어 실행됨을 의미한다.

산재 배당 방식의 예가 이후에 기술할 가상기억 장치 관리이다. 본장에서는 초기 컴퓨터 시스템 등에서 사용해 온 연속 배당 방식을 살펴봄으로써 주기억 장소 관리 기법의 기본 개념을 이해하고, 결과적으로 산재 배당 방식인 가상기억 장치 방식으로 기억 장소가 관리되어야만 효율적임을 살펴보자.

6.2.2 연속 배당 방식(contiguous allocation)

초창기의 컴퓨터 시스템은 단지 단일 사용자가 실행할 하나의 프로세스만을 선택하여 기억 장소를 연속적으로 배당하였고, 다음 단계의 시스템은 기억 장소를 여러 개의 고정된 분할(fixed partition)로 나눈 후 각 분할에 실행할 프로세스들을 연속적으로 배당하여 다중 프로그래밍을 지원하였다. 이로 인하여 여러 프로세스들이 병행으로 실행되었으나 프로세스의 크기가 분할의 크기와 일치하지 않아 많은 기억 장소를 낭비하게 되었다.

이를 해결하기 위해, 프로세스의 크기에 맞는 다양한 크기의 분할들을 생성하여 배당하는 동적 분할 기억 장소 배당(dynamic partition allocation) 방식을 개발하였다. 하지만, 동적 분할 기억 장소 배당 방식 역시 서로 다른 시기에 서로 다른 크기의 프로세스들이 배당되어 실행되기 때문에 배당할 수 없는 기억 장소가 발생하는 즉, 단편화(fragmentation) 현상을 초래한다. 이에 대한 해결책은 프로그램이 실행하는 동안에 재배치(relocation)를 행하는 것이다. 배당될 수 없는 기억 장소 단편들은 재배치 실행 프로그램에 의해 사용할 수 있는 큰 영역으로 결합된다.

6.3 단일 사용자 기억 장소 배당 방식

가장 단순한 주기억 장소 관리 방식으로 초기 단계의 컴퓨터 시스템에서는 단지 한 사용자의 프로세스만을 위해 기억 장소가 배당되며 단일 사용자가 모든 시스템의 자원을 마음대로 사용할 수 있다.

MS-DOS와 같이 단일 프로세스(single process) 마이크로 컴퓨터 운영 체제들에서 사용되는 주기억 장소 관리 방법이다.

(1) 기억 장소 보호 문제

그림 6-1과 같이 주기억 장소는 운영 체제와 사용자 프로세스가 상주하는 두 개의 연속직인 영역으로 구분되어 있다. 만일 사용자 프로세스가 주소를 잘못 지정하여 운영 체제 영역을 침범하여 내용을 파괴하면 시스템은 치명적인 오류를 발생할 수 있다.

그러므로 시스템 보호를 위해 사용자 프로세스에서 지정한 모든 주소는 그림 6-1의 예처럼 두 영역을 구분하는 경계 레지스터(bound register) 또는 한계(limit)레지스터 등을 사용하여 반드시 1000번지 보다 큰가를 확인하는 검사가 선행되어야 한다. 만일 사용자가 운영 체제 영역을 침범하려고 하면 명령어의 실행을 중단하고 적당한 오류 메시지를 출력하고 프로세스를 끝내야 한다.

그러나 사용자 프로세스가 입출력과 같은 특별한 서비스를 받기위해서는 시스템 호출을 통하여 운영 체제의 서비스를 받을 수 있게 해야 한다.

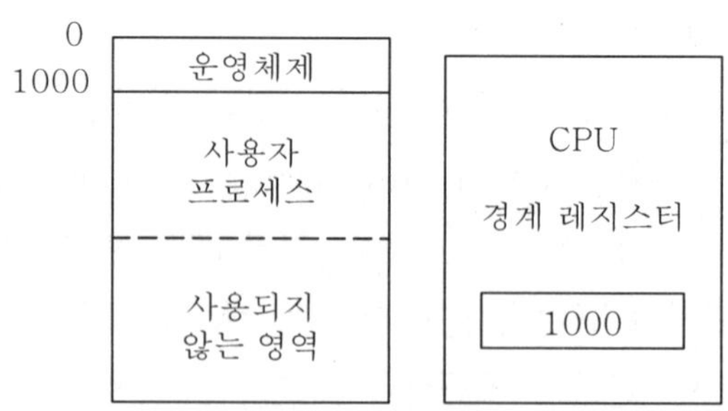

[그림 6-1] 단일 사용자 기억 장소 배당과 기억 장치 보호

(2) 장단점

장점

분배 방식이 단순하여 구현하기 쉽다.

단점

① 한 사용자가 전체 시스템을 사용하기 때문에 기억장소, CPU, 주변 장치 등의 낭비가 심하다.
② 오류 루틴(error routine)처럼 거의 사용되지 않는 프로세스 루틴들이 기억 장소를 차지하여 기억 장소 낭비를 초래한다.(이는 연속 배당 방식의 근본적인 단점으로 가상기억 장치 관리 기법으로 해결된다.)
③ 사용자 프로세스의 크기가 커서 사용자 기억 공간에 수용될 수 없을 때 사용자가 프로그램의 오버레이(overlay) 구조를 운영 체제에게 알려주어야만 사용자 프로세스가 실행 가능하다(이 단점 역시 연속 배당 방식의 근본적인 단점으로 가상기억 장치 관리 기법으로 해결된다).

6.4 다중 사용자 기억 장소 배당 방식

단일 사용자 기억 장소 배당 방식은 한 사용자가 전체 시스템을 사용하므로 기억 장소 및 CPU 그리고 주변 장치 등의 낭비가 심하다는 것을 알 수 있었다. 이러한 자원들을 다수의 프로세스들에게 공유시켜 효율적으로 사용하는 기술이 다중 프로그래밍이다.

본 절에서는 다중 프로그래밍 기술을 지원하기 위한 다중 사용자 기억 장소 배당 방식인 고정 분할(fixed partition)과 동적 분할(dynamic partition) 방식을 살펴보기 전에 효율적인 다중 프로그래밍을 위해 필요한 교체와 오버레이의 개념을 살펴보자.

(1) 교체(swapping)

프로세스들이 주기억 장소에 배당된 후 프로세스가 끝날 때까지 주기억 장소에 계속 늘 머물러 있지 않음을 프로세스 관리를 통해서 알 수 있었다.

주기억 장소에 배당되어 있는 낮은 우선순위의 프로세스들은 높은 우선순위의 프로세스들에 밀려 보조 기억 장치로 교체되어 나갔다가(swap-out, roll-out), 나중에 주기억 장소에 교체되어 들어와서(swap-in, roll-in) 작업이 종료된다. 특히, 많은 시분할 시스템들은 이러한 교체(swapping) 기술을 사용한다. 교체 기술은 재배치(relocation) 기술의 발전으로 인해 교체된 프로세스가 나중에 정확하게 동일한 주기억 장소로 교체되어 들어올 필요가 없게 되었다.

(2) 오버레이(overlay)

실행되어야 할 프로세스의 크기가 커서 사용자 기억 공간에 수용될 수 없을 때 오버레이(overlay) 방법을 사용하여 해결할 수 있다. 한 프로세스가 실행되기 위해서 프로세스의 모든 부분들이 주기억 장소에 동시에 상주해 있을 필요는 없다. 큰 프로세스의 모든 부분을 동일한 시간에 주기억 장소에 상주시키지 않고 프로세스 부분들을 다른 부분들과 오버레이 시켜 조정할 수 있다. 즉, 교체에서는 프로세스의 전부를 교체하는데 비해서 필요한 부분만 교체하는 것이 오버레이 기법이다.

예를 들어 프로세스 크기가 190K이고, 주기억 장소 크기가 100K 이면, 그림 6-2와 같이 프로세스 크기를 프로그래머가 기능별로 분할하여 오버레이시켜 실행시킬 수 있다. 그러나 오버레이의 단점은 사용자가 일반적으로 오버레이 구조를 운영 체제에게 알려주어야 하는 불편이 따른다. 하지만 가상기억 장치 관리에서는 세그먼테이션(segmentation)과 페이징(paging)의 크기로 자동적인 오버레이와 결합된 교체 기술의 개발을 이끌었다.

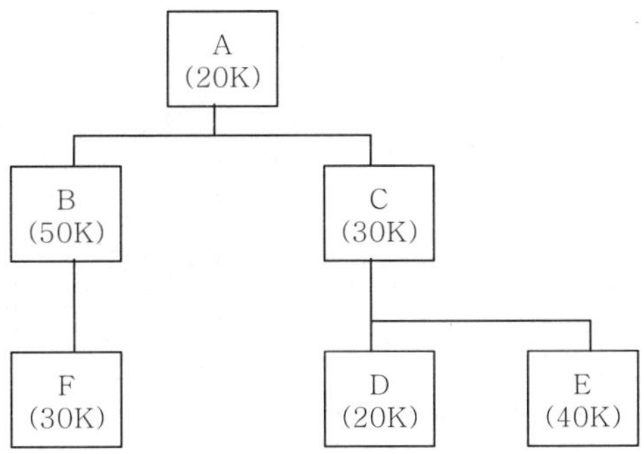

(프로세스 크기 =190K, 주기억 장소 크기 = 100K)

[그림 6-2] 오버레이 구조

6.5 고정 분할 기억 장소 배당 방식

다중 프로그래밍 기술을 지원하기 위한 초기 단계의 주기억 장소 관리 방식이 고정 분할(fixed partition) 기억 장소 배당 방식이다. 고정 분할 방식은 기억 장소를 그림 6-3과 같이 여러 개의 고정된 분할로 나눈 후 각 분할에 여러 개의 프로세스들을 배당하여 여러 프로세스들을 병행적으로 실행하게 함으로써 다중 프로그래밍 기술을 지원한다. 이러한 고정 분할 방식은 표 6-1과 같이 각 분할들이 사용 중인지 사용 가능한지를 파악할 수 있는 자료 구조가 운영되어야 한다.

(1) 기억 장소 보호 문제

그림 6-3과 같이 주기억 장소를 운영 체제와 여러 개의 사용자 프로세스들이 같이 공유하고 있으므로 사용자 프로세스들이 주소를 잘못 지정하여 운영 체제 영역을 침범하거나 다른 사용자 영역을 침범하게 되면 시스템은 오류가 발생한다.

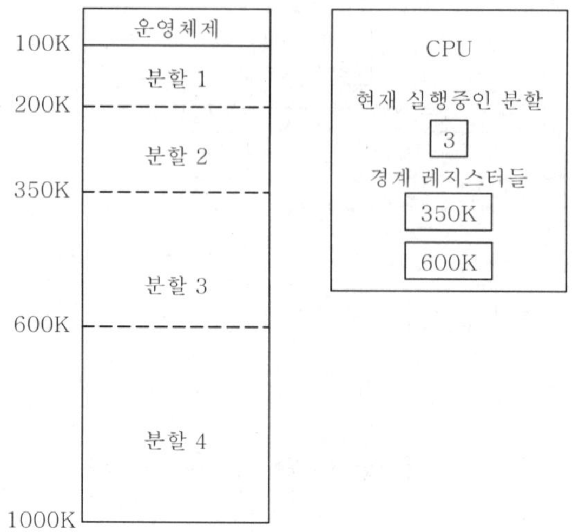

[그림 6-3] 고정 분할 배당 방식과 기억 장치 보호

표 6-1. 각 분할의 사용유무를 알려주는 테이블

분할 번호	크기	시작 주소	상태
1	100K	100K	사용중
2	150K	200K	사용 가능
3	250K	350K	사용중
4	400K	600K	사용 가능

그러므로 그림 6-3에서와 같이 만일 분할-3의 사용자 프로세스가 실행되고 있는 중이라면 시스템 보호를 위해 분할-3의 사용자 프로세스에서 지정한 모든 주소는 경계 레지스터(bound register)들을 사용하여 반드시 350K 번지 보다 크고 600K 번지 보다 작은가를 확인하는 검사가 선행되어야 한다.

(2) 장단점

장점

실행될 프로세스의 크기가 잘 파악되어 있으면 분할의 크기를 잘 조절하여 효율적으로 기억 장소 경영이 가능하다.

단점

① 프로세스의 크기가 분할의 크기와 일치하지 않는 경우 표 6-2와 같이 많은 기억 장소를 낭비하게 될 가능성이 크다. 표 6-2의 경우는 전체 사용할 수 있는 기억 장소는 900K 인데 실제 510K만이 사용되고 390K의 기억 장소가 낭비되고 있다.

■ 내부 단편화
표 6-2에서 첫 번째 분할의 크기는 100K 인데 실제 배당된 프로세스의 크기가 10K 이면 90K의 기억 장소 낭비가 발생한다. 이와 같이 배당된 분할의 일부가 내부적으로 낭비되어 사용될 수 없을 때를 내부 단편화(internal fragmentation) 현상이라 말한다.

② 오류 루틴(error routine)처럼 거의 사용되지 않는 프로세스 루틴들이 기억 장소를 차지한다.(연속 배당 방식의 근본적인 단점)

③ 사용자 프로세스의 크기가 커서 사용자 기억 공간에 수용될 수 없을 때 오버레이(overlay) 기능을 지원할 수 있어야 한다.(연속 배당 방식의 근본적인 단점)

표 6-2. 390K의 기억 장소를 낭비하는 고정 분할 방식의 예

분할 번호	크기	시작 주소	상태
1	100K	10K	90K
2	150K	100K	50K
3	250K	150K	100K
4	400K	250K	150K
계	900K	510K	390K

6.5.1 고정 분할 기억 장소의 운영 방식

(1) 절대 번역 및 적재 방식

실행될 모든 프로세스들은 절대 컴파일러(absolute compiler)에 의해 번역되는 과정에서 그 프로세스의 실행될 분할을 미리 지정받아 그림 6-4와 같이 해당 분할 큐에 의해 제어되어 적재(load) 실행된다.

이 방식은 간단하여 구현하기 쉬우나 어떤 프로세스가 실행할 준비가 되어 있어도 자신의 이미 배당받은 분할이 사용 중에 있다면, 다른 분할이 사용 가능하더라도 자신에게 배당된 분할이 사용 가능할 때까지 기다려야만 하는 기억 장소 외부 단편화 현상이 발생한다.

■ **외부 단편화(external fragmentation)**

이는 실제 사용 가능한 분할이 기억 장소에 있음에도 불구하고 자신이 사용할 미리 지정된 분할이 아니라서 사용할 수 없는 기억 장소의 낭비가 발생한다. 즉, 기억 장소의 단편화 현상을 초래하는데 특히, 이를 외부 단편화라 한다.

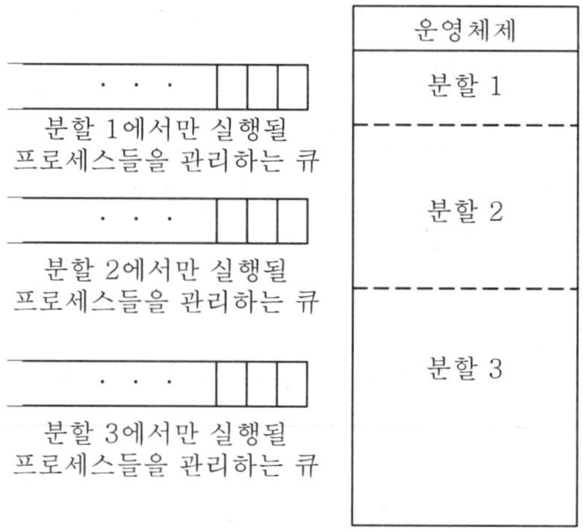

[그림 6-4] 고정 분할 절대 번역 및 적재 방식

(2) 재배치 가능 번역 및 적재 방식

재배치 가능 번역(relocatable translation) 및 적재 방식은 다른 분할이 사용 가능함에도 불구하고 자신에게 이미 배당된 분할이 사용 가능할 때까지 기다려야만 하는 절대 번역 및 적재 방식의 단점을 해결하기 위한 방식이다.

그림 6-5와 같이 실행할 모든 프로세스들을 하나의 프로세스 큐에서 관리하게 하여 프로세스가 실행할 수 있는 사용 가능한 분할이 존재하기만 하면 적재시켜 실행시킬 수 있다.

이는 분할에 배당될 프로세스를 재배치 컴파일러(relocation compiler)를 사용하여 상대 번지 형식으로 번역하여 놓고 사용 가능한 분할이 결정되면 재배치 적재기(relocatable loader)를 사용하여 적재시켜 실행시킨다. 절대 번역 및 적재 방식에 비해 관리가 복잡하다.

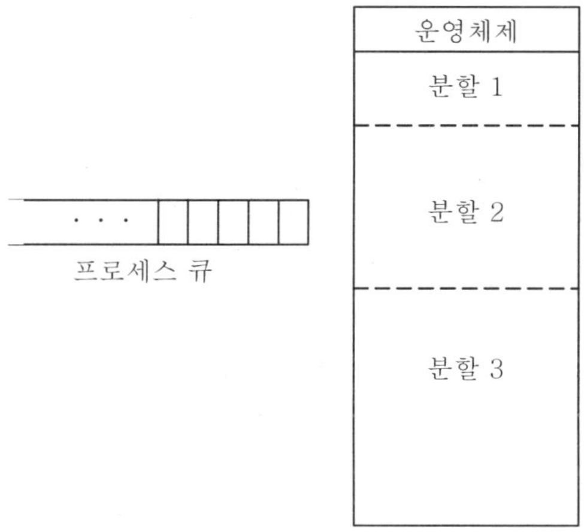

[그림 6-5] 고정 분할 재배치 가능 번역 및 적재 방식

고정 분할 기억 장소 배당 방식은 분할의 개수 및 크기를 잘 결정하여야만 효율적으로 운영이 가능하다. 그러나 고정 분할 기억 장소 배당 방식은 아무리 분할의 크기를 잘 결정하여도 사용자 프로세스의 크기가 사용 가능한 분할의 크기보다 커서 배당될 수 없는 기억 장소 단편화(memory fragmentation) 현상이 발생함을 알 수 있다.

이러한 기억 장소의 낭비를 초래하는 단편화 문제를 줄이기 위해, 미리 고정된 크기의 분할을 결정하는 개념을 없애고 그림 6-6과 같이 실행할 프로세스의 크기에 맞게 분할들의 크기를 동적으로 결정하여 효율적으로 기억 장소를 사용하는 다중 사용자 동적 분할 기억 장소 배당(dynamic partition memory allocation) 방식이 개발되었다. 동적 분할 기억 장소 배당 방식을 가변 분할 기억 장소 배당이라고도 한다.

동적 분할 기억 장소 배당 방식은 프로세스의 크기에 대한 제약이 없기 때문에 작업 스케줄러에 의해 실행될 프로세스가 결정되면 그림 6-6과 같이 그 프로세스가 필요로 하는 양의 기억 장소를 동적으로 배당하며 실행시켜 나간다.

새롭게 실행할 프로세스가 필요로 하는 양의 기억 장소를 동적으로 배당시키기 위해서는 고정 분할의 재배치 가능 번역 및 적재 방식에서 살펴보았듯이 재배치 컴파일러와 재배치 적재기가 당연히 사용되어야 한다.

이러한 재배치 개념은 기억 장치를 효율적으로 사용하게 하는 중요 개념이고 특히, 가상 기억 장치 관리를 가능하게 하는 근본 원리가 되므로 7장에서 자세히 소개된다.

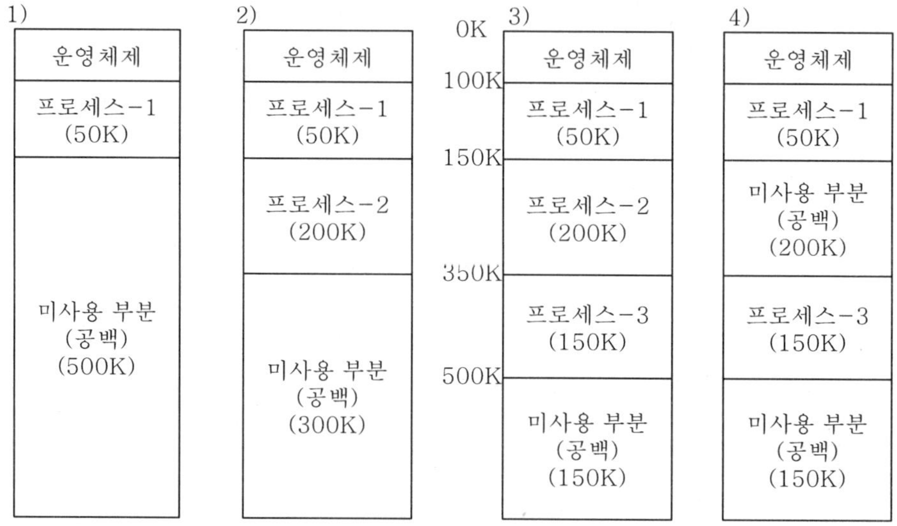

[그림 6-6] 동적 분할 기억 장소 배당의 예

1) 50K 크기의 프로세스-1을 배당한다.
2) 200K 크기의 프로세스-2를 프로세스-1 다음에 연속적으로 배당한다.
3) 150K 크기의 프로세스-3을 프로세스-2 다음에 연속적으로 배당한다.
4) 프로세스-2가 실행을 종료하여 기억 장소 중간에 미사용 부분이 발생한다.

■ 동적 분할 방식의 장단점

장점

① 고정 분할 방식에 비해 더욱 많은 분할이 배당될 수 있고, 단편화 현상이 줄어들게 되어 기억 장소 활용률이 높아진다. 특히, 한 프로세스가 차지하는 분할의 크기가 정확히 프로세스의 크기가 되므로 그림 6-6의 1), 2), 3)과 같이 초기의 프로세스들에 대해서는 기억 장소의 낭비가 발생하지 않는다.

② 고정 분할 방식에 비해 실행될 프로세스 크기에 대한 제약이 완화된다.

단점

① 그림 6-6의 4)에서와 같이 초기의 프로세스들이 프로세스를 종료하고 기억 장소의 중간 중간에 공백이 발생한 후 새로운 프로세스들이 그 공백에 크기에 맞게 정확히 배당되지 않을 때는 고정 분할 방식처럼 기억 장소 단편화(fragmentation) 현상이 발생 될 수 있다.
예를 들어, 그림 6-6의 4) 상태에서 300K의 크기를 갖는 새로운 프로세스-4가 실행을 위하여 기억 장소를 배당 받으려 하면 두 개의 미사용 영역을 합치면 350K가 되어 충분히 배당 가능 하나 연속적인 공백이 아니므로 새로운 프로세스-4는 배당될 수 없다. 이는 공백들을 재배치에 의해 하나로 압축(compaction)하여 해결할 수 있다.

② 오류 루틴(error routine)처럼 거의 사용되지 않는 프로세스 루틴들이 기억 장소를 차지한다.(연속 배당 방식의 근본적인 단점)

③ 사용자 프로세스의 크기가 커서 사용자 기억 공간에 수용될 수 없을 때 오버레이(overlay) 기능을 지원할 수 있어야 한다.(연속 배당 방식의 근본적인 단점)

6.6 동적 분할 기억 장소 배당 방식

6.6.1 동적 분할의 자료구조

고정 분할 방식과는 달리 새롭게 실행될 프로세스들이 배당될 공간이 그림 6-6과 같이 시스템 상황에 따라 다양하게 변화하므로 표6-3과 같이 사용가능 한 기억 장소(free partition)의 상태와 배당된 기억 장소(allocated partition)의 상태를 추적 유지하는 자료 구조가 운영되어야만 효율적인 기억 장소 배당과 회수가 가능하다.

손쉬운 이해를 위해서 표 6-3에서는 사용 가능한 기억 장소의 상태와 배당된 기억 장소의 상태를 2차원 배열 형태의 자료 구조로 나타내었으나 실행될 프로세스의 크기에 따른 다양한 분할이 유지되기 위해서는 연결 리스트 표현을 사용한 자료 구조가 운영되어야 효율적이 된다. 그림 6-7에서 표 6-3의 상태를 연결 리스트 표현으로 나타내었다.

표 6-3. 그림 6-6의 3)에 대한 기억 장소 상태표

분할 번호	크기	시작 주소	상태
1	100K	10K	사용중
2	200K	100K	사용중
3	150K	350K	사용중
4			사용 가능
5			사용 가능

(a) 그림 6-6의 3)에 대한 배당된 기억 장소의 상태표

분할 번호	크기	시작 주소	상태
1	150K	500K	사용 가능
2			사용 불가능
3			사용 불가능
4			사용 불가능
5			사용 불가능

(b) 그림 6-6의 3)에 대한 사용 가능한 기억 장소의 상태표

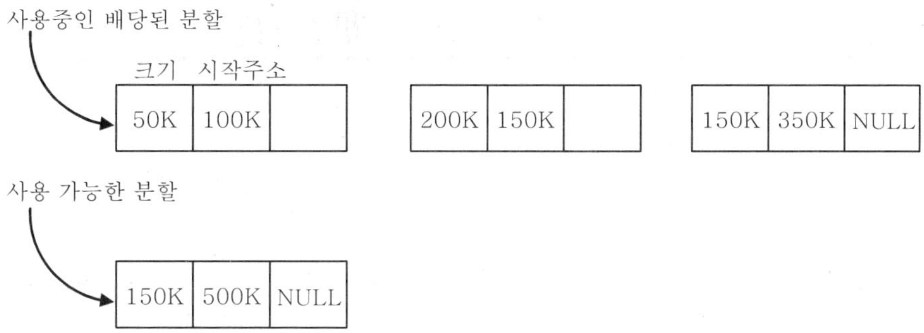

[그림 6-7] 표 6-3을 연결 리스트로 표현한 경우

위의 표 6-3에서 분할 2의 프로세스가 종료된 후 기억 장소의 변화 상태는 다음 표 6-4와 같다.

표 6-4. 그림 6-6의 4)에 대한 기억 장소 상태표의 예

분할 번호	크기	시작 주소	상태
1	50K	100K	사용중
2			사용 가능
3	150K	350K	사용중
4			사용 가능
5			사용 가능

(a) 배당된 기억 장소의 상태표

분할 번호	크기	시작 주소	상태
1	150K	500K	사용 가능
2	200K	150K	사용 가능
3			사용 불가능
4			사용 불가능
5			사용 불가능

(b) 사용 가능한 기억 장소의 상태표

6.6.2 동적 분할의 기억 장소 배당 기법

새롭게 실행할 프로세스를 주기억 장치의 어느 공백 분할에 배당할 것인가를 결정하는 것이 기억 장소 배당 기법이다. 동적 분할 방식에서 전형적으로 사용하는 세 가지 기법들은 다음과 같다.

첫째, 최초 적합(first-fit)으로서 프로세스를 수용할 수 있는 공백 분할 중에서 첫 번째 분할에 배당하는 기법이다.

둘째, 최적 적합(best-fit)으로서 공백 분할 중에서 프로세스를 배당하고 남는 부분이 가장 작은 분할에 배당하는 기법이다.

셋째, 최악 적합(worst-fit)으로서 공백 분할 중에서 프로세스를 배당하고 남는 부분이 가장 큰 분할에 배당하는 기법이다. 이는 최적 적합과 상대적인 개념으로 볼 수 있다. 즉, 가장 큰 공백에 배당하기 때문에 프로세스를 배당한 후에도, 그 공백의 남은 부분은 상당히 클 것이고, 따라서 또 다른 프로세스를 수용할 수 있다는 점이다.

(1) 세 가지 기억 장소 배당 기법의 예

기억 장소의 초기 상태가 그림 6-8과 같을 때 12K를 필요로 하는 프로세스와 18K를 필요로 하는 프로세스가 순서대로 도착하여 기억 장소의 배당을 요구 했을 때 최초 적합, 최적 적합, 최악 적합 배당 방식을 적용한 결과는 그림 6-8과 같다.

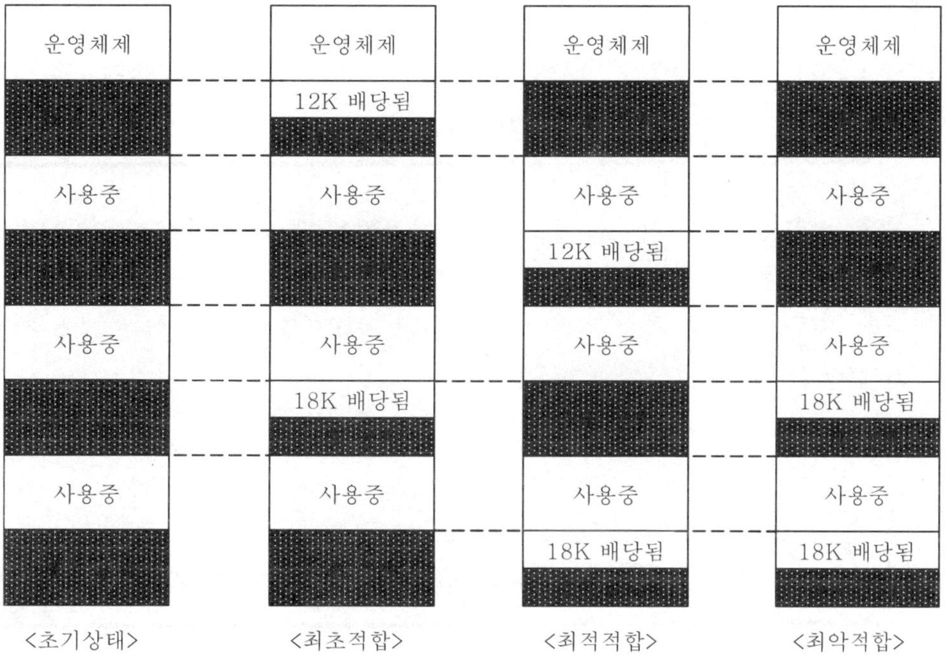

[그림 6-7] 최초 적합, 최적 적합, 최악 적합 배당 방식을 적용한 예

(2) 세 가지 배당 기법 비교

최적 적합은 매 배당 후에 남은 공백들이 유지되므로 오랜 실행 후에는 사용하기 부적합한 작은 공백들이 생겨 기억 장소 단편화 현상을 이끌 수 있다.

최악 적합은 큰 공백이 남도록 배당되므로 공백들이 흩어지는 경향이 생겨 큰 프로세스를 배당하는 시간이 오래 걸리게 된다. 또한 최적과 최악 적합은 최초 적합과 다르게 공백을 크기순으로 정렬해 두어야 한다.

최초 적합은 공백이 하위 기억 장소로 옮겨가는 특성을 갖게 되는데 이를 해결하기 위해 최초 적합의 변형으로 다음 적합(next fit) 기법이라는 것이 있는데, 이 기법은 이전에 배당이 끝난 다음 사용 가능한 공백을 찾아 배당한다.

아무튼 3가지 기법 모두다 시간이 흐르면 작은 공백들이 많이 생겨 기억 장소 단편화(fragmentation) 현상이 생기게 된다. 예를 들어 그림 6-8과 같이 두 프로세스가 3가지 기법에 의해 기억 장소를 배당시킨 후 40K의 기억 장소를 요구하는 새로운 프로세스가 기억 장소를 배당 받으려 하면 40K 이상의 큰 공백이 없기 때문에 배당이 불가능하다. 그러나 실제 공백들을 압축한 기억 장소의 크기는 56K나 된다.

6.6.3 동적 분할의 기억 장소 회수

동적 분할 방식에서 하나의 프로세스가 종료했을 때, 그 프로세스가 차지하고 있는 기억 장소를 회수할 때 다른 공백과 인접해 있는지 조사하여 만약에 인접되어 있다면 기존의 공백과 합쳐 하나의 연속된 큰 공백으로 만든다. 이는 기억 장소 단편화 현상을 줄이게 할 수 있다.

6.7 기억 장소 단편화의 해결 방안

6.7.1 기억 장소의 압축(compaction)

그림 6-9 (a)와 같이 공백들이 여기저기에 분산되어 있으면 새롭게 실행할 프로세스가 큰 기억 장소를 요구할 때, 분산되어 있는 공백들의 합이 그 필요한 기억 장소보다 커도 제일 큰 공백 하나로는 그 프로세스를 수행할 수 없게 되는 기억 장소 단편화 현상이 발생한다.

이러한 단편화 현상을 방지하기 위해 기억 장소 압축(memory compaction)을 사용한다. 기억 장소 압축이란 주기억 장소 내의 모든 공백들을 재배치하여 그림 6-9 (b)와 같이 하나의 연속된 공백으로 모으는 작업이다.

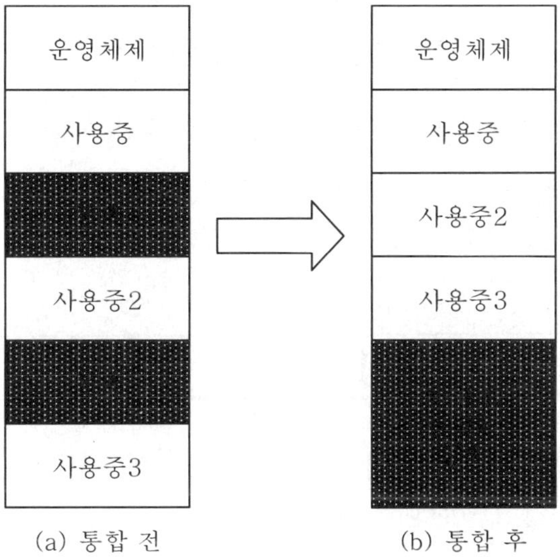

[그림 6-9] 기억 장소 압축(compaction)의 예

즉, 동적 분할 방식에서 통상적으로 발생하는 많은 작은 공백들을 하나의 큰 연속적인 공백으로 압축하는 것이다. 이렇게 되면 대기 중인 프로세스의 기억 장소 필요량이 압축으로 생긴 하나의 큰 공백보다 작으면 그 프로세스는 실행 할 수 있게 된다.

때때로 기억 장소 압축을 쓰레기 수집(garbage collection) 또는 기억 장소 트림(burping the storage)이라고 부른다.

이러한 기억 장소 압축의 시기는 한 프로세스가 종료하거나 기존의 사용 가능한 공백이 새로운 프로세스가 실행할 기억 장소로 그 크기가 충분하지 못할 때 실행한다.

■ 기억 장소 압축의 단점

① 기억 장소를 압축하는 동안 시스템은 모든 일을 중단해야 되고 많은 자원을 낭비한다. 특히, 대화형 시스템인 경우 사용자 응답 시간이 일정치 않게 되고, 실시간 시스템의 경우에는 시스템을 손상시킬 수 있다.

② 기억 장소 압축은 기억 장치 상의 실행 중인 프로세스들을 재배치해야 하는 오버헤드와 재배치 하드웨어가 필요하게 된다. 또한 모든 프로세스의 재배치 관련 정보를 유지시켜야 한다.

③ 기억 장소 압축 후 생성된 공백이 새롭게 실행될 프로세스의 기억 장소 요구를 충족시키지 못할 수 있는 경우가 발생할 수 있다.

이와 같은 기억 장소 압축의 단점은 압축을 통해 얻는 이익보다 시스템의 성능을 더욱 나빠지게 할 가능성이 크다. 그래서 이러한 단점을 근본적으로 해결하기 위해 가상기억 장치 기법을 사용한다.

6.7.2 가상기억 장치

기억 장소 단편화를 해결하기 위해 사용한 기억장소 압축 방법은 많은 단점을 내포하고 있음을 살펴보았다. 기억 장소 단편화 문제를 적극적으로 해결하는 방안은 가상기억 장치 관리 기법이다. 이는 다음 장에서 자연스럽게 알 수 있다.

6.8 연속 배당 방식의 문제점

지금까지 살펴 본 고정 분할, 동적 분할과 같은 연속 배당 방식은 다음과 같은 문제점을 내포하고 있다.

① 기억 장소 단편화 현상이 발생하나 효율적인 해결이 불가능 하다.

② 오류 루틴(error routine)처럼 거의 사용되지 않는 프로세스 루틴들이 기억 장소를 차지하여 기억 장소 낭비를 초래한다.

③ 사용자 프로세스의 크기가 너무 커서 사용자 기억 공간에 수용될 수 없을 때 사용자가 프로그램의 오버레이(overlay) 구조를 운영 체제에게 알려주어야만 사용자 프로세스를 실행시킬 수 있다.

이와 같은 연속 배당 방식의 문제점은 사용자 프로그램의 전체를 연속적인 주기억 장소에 배당해야만 하는데서 주로 기인한다.

이러한 문제점을 근본적으로 해결하는 산재 배당 방식은 사용자의 프로세스가 페이지와 세그먼테이션 등의 단위로 구성되어 보조 기억 장치에 존재하다가 CPU가 요구하는 필요한 부분만이 페이지 또는 세그먼테이션 단위로 주기억 장치의 여러 곳에 산재 배당시켜 실행함으로써 해결된다. 산재 배당 방식의 대표적인 예가 다음 장에서 기술되는 가상기억 장치 관리이다.

연습문제

1. 기억 장치 관리가 필요한 이유를 설명하라.

2. 고정 분할 방식에 비해 동적 분할 방식의 장단점을 비교 설명하라.

3. 교체(swapping)와 오버레이(overlay)가 필요한 이유와 차이점을 설명하라.

4. 기억 장소 단편화(memory fragmentation) 현상은 무엇이며, 내부와 외부 단편화 현상을 구분하고, 단편화를 해결할 수 있는 방안에 대하여 설명하라.

5. 기억 장소 압축(compaction)의 시기와 기억 장소 압축시 발생하는 문제점을 설명하라.

6. 연속 배당(contiguous allocation) 방식의 근본적인 문제점은 무엇인지 설명하라.

제 7 장 가상 기억 장치(Virtual Memory)

7.1 가상 기억 장치 개요

7.1.1 가상 개념

운영 체제에서 컴퓨터 시스템의 성능을 개선하기 위하여 가상 개념을 많이 활용하고 있다. "가상(virtual)" 개념은 실제는 한 개 밖에 없는 컴퓨터 시스템 내의 자원들을 마치 여러 개의 자원을 갖고 있는 것처럼 또는 그 이상의 능력을 갖고 있는 것처럼 착각을 가질 수 있게 트릭(trick)을 사용하는 기술이다.

가상 기억 장치 개념의 빠른 이해를 위하여 현재 운영 체제에서 사용하는 다양한 가상 개념들을 소개하면 자원의 종류에 따라 다음과 같다.

(1) 가상 출력 장치

한 대의 라인 프린터를 중간 과정에 디스크를 사용하여 다수의 사용자에게 공유시킴으로써 각 사용자가 마치 자기 자신이 라인 프린터를 독점하여 사용하는 것처럼 느끼게 하는 기술이다. 이는 2.2절의 스풀링 시스템에서 소개하였다.

(2) 가상 처리기(virtual processor)

다중 프로그래밍의 기본 원리로 한 개의 CPU를 다수의 프로세스들에게 라운드로빈(round robin) 방식을 사용하여 차례로 돌아가면서 작은 시간 간격 단위로 실행하게 함으로써 각 사용자가 자기 자신만이 컴퓨터를 사용하고 있다는 인상을 주며 실행시키는 기술이다.

(3) 가상 기계(virtual machine)

하나의 기계 상에서 여러 개의 다른 운영 체제들이 동시에 실행되어 여러 개의 기계들이 동작되는 착각을 가질 수 있도록 설계된 기술이다.

(4) 가상 서버(virtual server)

한 대의 서버 컴퓨터를 여러 사용자의 고객(client) 컴퓨터가 마치 자기 자신만이 서버를 사용하는 듯한 인상을 주게 하는 기술이다.

(5) 가상 네트워크(virtual network)

실제 통신 선로로 컴퓨터와 컴퓨터를 연결하는 것이 아니고 기존의 네트워크상에 연결되어 있는 컴퓨터를 소프트웨어적으로 처리해 마치 또 다른 네트워크가 기존의 네트워크상에 존재하는 것처럼 보이게 하는 기술이다.

7.1.2 가상 기억 장치 개념

앞에서 설명한 가상 개념을 기억 장치 관리에 적용시켜 CPU가 실행할 각 프로세스의 모든 정보(명령어와 자료)는 실제적으로 보조 기억 장치인 디스크에 존재하는데 실행 중인 프로세스들의 모든 정보가 주기억 장치에 있는 것처럼 트릭(trick)을 사용하여 사용자로 하여금 주기억 장소의 크기를 마치 보조 기억 장치 크기를 가지고 사용하는 것처럼 느끼게 하는 기억 장치 관리 기술이다.

예를 들어, 이와 같은 가상 기억 장치 개념을 사용하면 실제 내 컴퓨터의 주기억 장소가 2MB 밖에 안 되어도 보조 기억 장치인 디스크 공간이 2GB라면 주기억 장소를 2GB처럼 사용할 수 있게 하는 효과가 있다.

그러나 CPU가 실행을 위해 요구하는 프로세스의 정보가 항상 주기억 장소에 모두 있는 것처럼 트릭(trick)을 사용하려면 실행 중인 프로세스에 의해 참조되는 주소는 항상 자신의 상대적인 프로그램 상의 주소로 유지되어 있어야만 한다. 즉, 주기억 장치의 물리적인 절대 주소로 변환되어 있으면 안 된다.

이와 같이 가상 기억 장치의 개념의 핵심은 실행 중인 프로세스에 의해 참조되는 주소를 주기억 장치에서 사용할 수 있는 주소와 분리해야만 한다. 보통 실행 프로세스가 참조하는 자신의 프로그램 상의 주소를 가상 주소(virtual address)라 한다.

프로세스는 오직 가상 주소 공간만을 참조하면서 실행하지만 실제로는 주기억 장치에서 실행되어야 하므로, 프로세스가 실행되면 가상 주소는 주기억 장소의 물리적인 주소로 변환되어야 한다.

이와 같이 가상 기억 장치가 구현되기 위해서는 항상 실행 중인 프로세스가 요구하는 가상 기억 장소 위치가 현재 주기억 장치의 어디에 위치하는지를 나타내주는 그림 7-1과 같은 주소 변환 함수에 의해 유지되어야 한다. 이러한 주소 변환 과정을 맵핑(mapping) 또는 사상 과정이라 부르기도 한다.

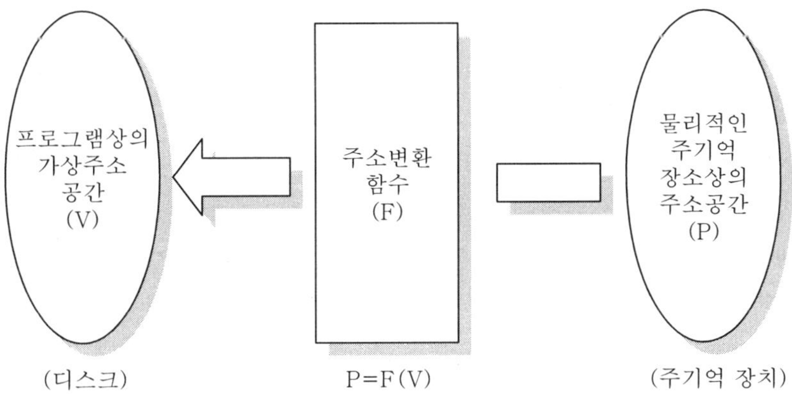

[그림 7-1] 주소 변환 과정

즉, 프로세스는 가상 주소만을 참조하지만 실제로 주기억 장치의 물리적인 주소에서 실행되어야 하므로 프로세스가 실행되면 가상 주소는 주기억 장소의 실제 주소로 변환되어야 한다.

이러한 주소 변환 과정은 운영 체제가 사용자 모르게 제공해야 하는데 이는 상당한 기억 장치 관리 오버헤드(overhead)를 가지고 있다. 즉, 고속으로 주소 변환 과정이 실행되지 않으면 컴퓨터의 성능은 떨어지게 되어 가상 기억 장치 개념으로부터 얻어지는 많은 장점을 상쇄시킬 수 있게 된다.

이렇게 프로세스가 실행되는 동안 논리적인 가상 주소를 주기억 장소의 실제 물리적인 주소로 바꾸는 과정을 동적 주소 변환(DAT : Dynamic Address Translation)

이라고 한다.

이는 동적 재배치(dynamic relocation) 기법을 활용하여 작은 오버헤드를 가지고 하드웨어로 구현된다. 즉, 동적 재배치 기법은 가상 기억 장치의 실행을 실제 가능하게 하는 중요한 원리가 된다.

7.2 동적 재배치(dynamic relocation)

동적 재배치 기법은 가상 기억 장치의 실행을 실제 가능하게 하는 중요한 원리이므로 이에 대한 원리를 먼저 알아보자.

(1) 재배치가 필요한 이유

재배치(relocation)는 한 프로그램 또는 모듈을 한 기억 장소에서 또 다른 기억 장소로 옮기는 작업이다. 기억 장치 관리에서 재배치가 필요함은 6장의 연속 배당에서 살펴보았다.

동적 분할 방식에서 기억 장소 단편화 현상을 방지하기 위해서 주기억 장소내의 모든 공백들을 재배치하여 하나의 연속된 공백으로 기억 장소를 통합(compaction)할 때 재배치가 필요함을 알 수 있었다.

좀 더 근본적으로 재배치가 필요한 이유는 다음과 같다. 하나의 주프로그램과 여러 개의 서브루틴들을 독립적으로 어셈블(assemble)할 때, 각각이 0번지부터 적재될 것이라는 가정하에 목적 코드를 생성시킨다. 실제는 단지 한 개의 모듈만이 0번지로부터 적재될 수 있고, 다른 모든 모듈들은 다른 장소에 적재되어야 하는 것은 분명하다. 이런 모듈들을 다른 장소로 옮기는 일이 재배치 작업이다.

(2) 정적 재배치

많은 과거 컴퓨터들에서 재배치와 연결은 재배치 연결 에디터(linkage editor)에 의해 하나의 작업으로 수행되었다. 이런 시스템에서 재배치는 한 번만 이루어진다. 프로그래머가 여러 모듈들을 필요한 시스템 루틴과 연결하기를 요청했을 때, 주기억 장치 한 영역이 정해져서 모듈들은 이 영역으로 연결된다. 주기억 장치를 참조하는 명령어의 모든 주소 부분은 새로 정해진 영역내의 변경된 주소로 조정된다.

연결 결과로 생긴 수행코드는 연결 시 정해진 고정된 영역의 주기억 장치에서만 수행될 수 있다. 이를 정적 재배치(static location)라 하는데 다중 프로그래밍 시스템에서 사용하는 데는 문제가 있다.

즉, 다중 프로그램 시스템에서는 주기억 장치가 부족하면 주기억 장치를 필요로 하는 새로운 프로세스를 위해 주기억 장치에서 디스크로 내보낼 수 있어야 한다. 그러나 정적 재배치에서는 내보내진 프로세스가 나중에 실행을 재개하기 위해서는 반드시 처음에 적재된 분할에만 다시 적재되어야 한다.

그 이유는 재배치 시에 모든 기억 장치 참조 명령어들의 주소 부분이 절대주소로 저장되었기 때문이다. 만일 처음에 적재된 분할이 다른 프로세스에 의해 쓰이고 있다면 나머지 많은 주기억 장치 공간이 사용가능하더라도 재적재 될 프로세스는 대기하여야 한다. 따라서 CPU와 기억장치 이용률이 낮아지게 된다.

(3) 동적 재배치

정적 재배치의 이러한 문제를 해결하기 위해서 어떤 프로세스를 재적재해야 할 때 사용 가능한 어느 장소의 분할에도 적재할 수 있는 방법이 필요하다.

이는 손쉽게 프로세스를 재적재할 때마다 재배치 연결 에디터를 사용하는 방법을 사용할 수 있으나 재배치 정보를 늘 유지하고 있어야 하기 때문에 시스템의 오버헤드가 매우 커서 시스템의 성능을 많이 떨어뜨린다.

다행히도 하드웨어 설계자들이 이 문제에 대한 해결책을 제시했는데 바로 동적 재배치 기법이다. 이를 위해 필요한 하드웨어는 한 개의 레지스터와 이 레지스터 내용과 명령어의 주소 부분을 합하는 덧셈기(adder)가 전부이다. 이 레지스터를 베이스(base) 또는 재배치 레지스터(relocation register)라 한다.

동작 방법은 다음과 같다. 프로그램은 0번지부터 시작하는 장소에 적재될 것이라는 가정하에 항상 연결과 재배치를 하고 적재시에는 모듈을 빈 공간 어디에든지 적재하고, 이 영역의 시작 주소를 베이스(base) 레지스터에 적재한다.

프로그램에서 주소가 발생될 때마다 이 주소를 베이스(재배치) 레지스터와 더해서 실제 주기억 장치 주소를 구한다. 즉 프로그램 상의 논리 주소를 주기억 장소의 물리적인 바인딩(binding)한다. 그림 7-2는 동적 재배치가 재배치 레지스터를 통하여 구현되는 방법을 나타낸다.

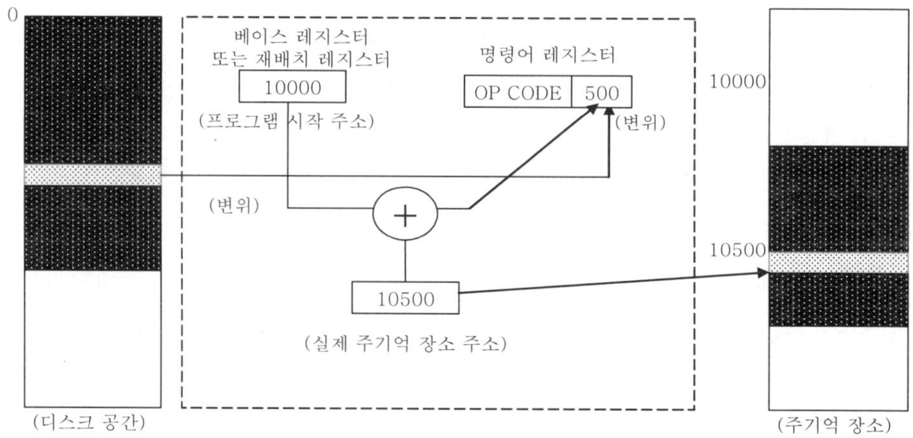

[그림 7-2] 베이스 레지스터를 이용한 동적 재배치

이와 같이 실행 모듈을 기억 장치 장소 어디든지 옮길 수 있는 이 방법을 동적 재배치(dynamic relocation)라 하는데 구현하기에 값이 싸고 시스템에 부가되는 오버헤드가 아주 적다.

장점으로는 프로세스를 빈 공간 어디든지 적재할 수 있으므로 CPU와 기억 장치 이용률을 높인다. 특히, 많은 시분할 시스템들은 이러한 동적 재배치를 사용한 교체(swapping) 기술을 사용하는데 교체된 프로세스가 나중에 정확하게 동일한 주기억 장소로 교체되어 들어올 필요가 없게 되었다.

현대의 거의 모든 시스템들은 동적 재배치의 한 형태를 사용하는데 본장에서 설명하는 페이징과 세그먼테이션에 의한 가상 기억 장치도 동적 재배치를 수행하는 예가 된다. 그러므로 동적 재배치를 이해하는 것은 가상 기억 장치 관리를 이해하는 첩경이 된다.

7.3 가상 기억 장치의 필요성

먼저 가상 기억 장치를 개발한 이유를 손쉽게 경제적인 면에서 찾을 수 있다. 내가 사용하는 컴퓨터의 주기억 장치가 크면 클수록 누구든지 좋아할 것이다. 그러나 컴퓨터의 가격이 비싸지므로 주기억 장치를 크게 구성할 수 없다. 특히 주기억 장치는 이제껏 고가의 장치였다. 그래서 비싼 주기억 장치와 값싼 보조 기억 장치를 혼합하여 사용하는 가상 기억 장치가 개발되었다.

고정 분할과 동적 분할과 같은 연속 배당 방식이 사용자 프로그램의 전체를 주기억 장소에 연속적으로 한꺼번에 배당해야만 하는 제약 때문에 많은 문제점들이 발생하였다. 가상 기억 장치가 개발된 이유를 통해서 이러한 문제점들이 어떻게 해결되는지를 개념적으로 살펴 보자.

7.3.1 프로세스를 기억 장소에 산재 배당시키기 위해

실행할 프로세스를 주기억 장소에 연속적으로 한꺼번에 배당해야만 하는 연속 배당 방식의 근본적인 문제점은 동적 재배치 기술을 사용한 주소 변환 과정을 통하여 실행할 프로세스를 그림 7-3과 같이 주기억 장소의 여러 곳에 산재 배당하여 실행시킬 수 있다.

이러한 산재 배당 방식의 대표적인 예가 가상 기억 장치 관리이다. 앞으로 본서에서는 동적 재배치 기술을 사용한 주소 변환 과정을 동적 주소 변환(DAT : Dynamic Address Translation)이라 칭한다.

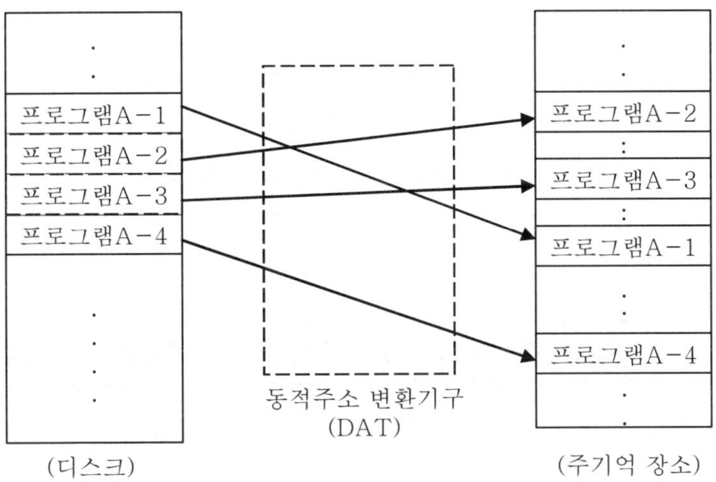

[그림 7-3] 주기억 장소에 산재 배당된 가상 기억 장치의 예

(1) 산재 배당의 단위 : 페이징과 세그먼테이션

동적 주소 변환은 가상 주소의 위치가 현재 주기억 장치의 어디에 위치하는지를 나타내 주는 주소 변환 맵핑(mapping) 정보를 유지해야 하는 자료 구조들이 유지되어야 한다.

만약 이러한 맵핑이 기억 장소의 워드(word)나 바이트(byte) 단위로 수행되게 되면 가상 주소 공간에 있는 모든 항목에 대해 맵핑 정보를 제공해야 한다. 따라서 이러한 맵핑 정보를 유지해야 할 자료 구조는 실제로 그 프로세스가 필요로 하는 주기억 장소보다 더 큰 기억 장소를 필요로 하게 되므로 맵핑 정보의 양을 줄이는 방법이 필요하다.

그래서 실제 가상 기억 장치에서 맵핑할 기억 장소의 양을 1K 또는 2K, 3K, 4K씩 물리적인 고정된 크기인 페이지(page) 단위로 나누거나 또는 모든 프로그램들을 자료 영역의 배열이나 함수와 같은 논리적인 다양한 크기의 세그먼트(segment) 단위로 나누어 관리한다.

페이지 단위로 동적 주소 변환을 행하여 여러 가상 기억 장소의 페이지들이 주기억 장치의 어느 곳에 위치하는지를 나타내는 페이징 기법과 세그먼트 단위로 동적 주소 변환을 행하여 여러 가상 기억 장소의 세그먼트들이 주기억 장치의 어느 곳에 위치하는지를 나타내는 세그먼테이션 기법으로 크게 나눌 수 있다.

모든 페이지/세그먼트들은 한시기에 주기억 장소에 상주할 필요가 없고, 모든 페이지/세그먼트들은 적절한 실행을 위해 그림 7-3과 같이 연속적인 주소 위치에 저장되어 있을 필요가 없다. 어떤 가상 기억 장치는 페이지와 세그먼테이션 두 기법을 결합하여 고정된 크기의 페이지들로 이루어진 다양한 크기의 세그먼트를 가지고 구현하기도 한다.

7.3.2 오버레이(overlay) 문제를 자동 해결하기 위해

연속 배당 방식에서는 사용자 프로그램의 크기가 너무 커서 주기억 장치의 사용자 공간에 수용될 수 없을때 사용자가 프로그램의 오버레이(overlay) 구조를 운영 체제에게 알려주어야만 실행 가능하다. 그러나 자신의 프로그램에 대한 오버레이 구조를 운영 체제에게 알려 줄 수 있는 정도의 능력은 일반 사용자는 불가능하고 전문 프로그래머나 가능하다. 그러나 가상 기억 장치에서는 사용자 프로그램의 크기가 주기억 장치의 사용자 공간보다 크더라도 필요에 따라 자동적으로 페이지 단위의 동적 주소 변환 과정을 통해 주기억 장소로 오버레이되어 실행된다.

좀 더 자세히 설명하면, CPU가 요구하는 페이지가 주기억 장소에 존재하지 않는 페이지를 접근하면, 페이지 부재(page fault)가 발생한다. 이때 운영 체제가 개입하여 디스크로부터 해당 페이지를 주기억 장소로 가져와야 한다(page-in). 그런데 만일 주기억 장소가 부족하면 주기억 장소에 있는 어떤 한 페이지를 제거한 후(page-out) 새로운 페이지를 제거된 페이지 영역에 오버레이 시키면 되는데 이러한 과정이 동적 주소 변환에 의해 자동적으로 처리된다. 즉, 가상 기억 장치에서는 활동적으로 사용되는 페이지들만을 주기억 장소에 유지될 수 있도록 동적 주소 변환 과정을 통하여 교체와 오버레이를 자동적으로 수행한다.

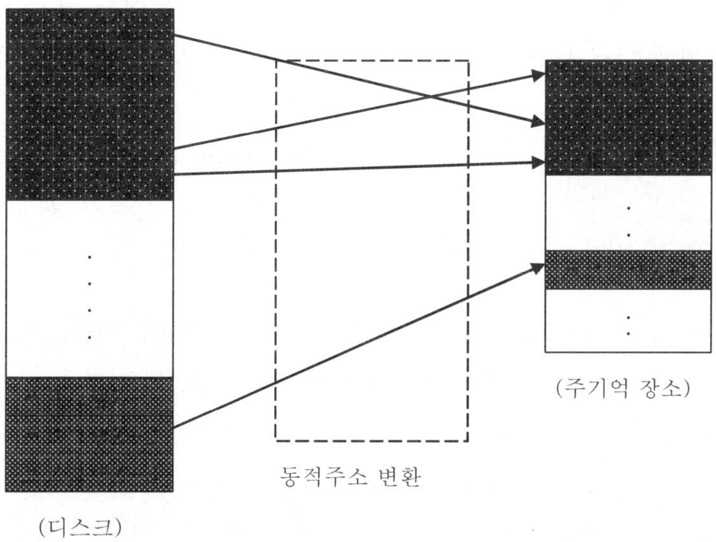

[그림 7-4] 여러 사용자 프로그램의 일부분만이 주기억 장소에 산재 배당된 예

정리하면, 각각의 프로세스는 주기억 장치보다 훨씬 더 큰 가상 주소 공간에서 프로그램이 작성된 후 실행될 때는 그림 7-4처럼 주기억 장치에 많은 프로세스들이 실제 CPU가 필요로 하는 각 프로세스의 일부 페이지들만이 주기억 장치에 동시에 유지되어 실행됨으로서 기억 장치 이용률과 다중 프로그래밍의 효율을 높일 수 있다.

7.3.3 요구 페이지 기법에 의한 주기억 장소 이용률을 높이기 위하여

가상 기억 장치 방식에서는 연속 배당 방식과 다르게 실행할 어떤 프로세스의 전체를 실제 주기억 장소에 옮기지 않고도 실행이 가능하다. 이는 프로그램의 순차적인 실행 특성 때문에 어떤 특정 루틴을 실행하는 동안에는 주로 그 루틴 부분만이 사용되고 전체가 사용되지는 않기 때문이다. 이와 같은 경우를 예를 들어 보면 다음과 같다.

① 일반적인 프로그램은 입력 루틴, 계산 과정 루틴, 그리고 출력 루틴과 같이 많은 루틴으로 구성되는데 이들 루틴들은 처리를 수행하는 동안 상호 배타적으로 이용되어진다.
즉, 이 같은 루틴이 비록 모두 처리될 지라도 이들 전부가 실제 주기억 장치에 동시에 존재할 필요는 없고 서로 다른 시기에 오버레이 되어 실행될 수 있다.

② 특히 사용자가 작성한 오류 처리 루틴(error handling routine)은 계산이나 데이터 상에서 오류가 발생될 때만 이용되므로 오류가 발생하지 않으면 주기억 장소에 저장될 필요가 전혀 없다.

따라서 가상 기억 장치에서는 실행 중인 프로세스에 의하여 요구되는 페이지들만을 주기억 장치로 옮기는 요구 페이지(demand page) 기법을 사용하여 주기억 장치의 이용률을 높일 수 있다. 이와 같은 요구 페이지 기법은 프로세스가 실행을 요구할 때야 비로소 가상 주소를 실제 물리적인 주기억 장소의 주소로 가장 늦게 바인딩(binding)을 행하는 동적 재배치에 의해 기억 장치의 활용률과 다중 프로그래밍의 효율을 높일 수 있다.

7.3.4 기억 장소 단편화를 제거하기 위하여

연속 배당 방식에서 실제 사용 가능한 기억 장소가 있음에도 불구하고 사용 할 수 없는 기억 장소 단편화 현상을 해결하려고 노력하였다. 페이지 기법의 가상 기억 장치에서는 그림 7-5 (a)와 같이 프로그램의 크기가 물리적으로 고정된 페이지의 크기에 일치되어 정확하게 나누어지지 않기 때문에 마지막 페이지 내에서 다소 기억 장소의 내부 단편화(internal-fragmentation) 현상이 발생한다.

세그먼트 기법은 페이징 기법과는 달리 세그먼트의 논리적인 크기가 다양하기 때문에 그림 7-5 (b)와 같이 주기억 장소에 적재될 세그먼트의 크기가 비어있는 분할(partition)에 들어갈 수 없을때 동적 분할과 같이 외부 단편화(external-fragmentation) 현상은 여전히 남게 된다. 이를 해결하기 위해 하나의 세그먼트를 여러 개의 페이지로 나누기도 한다.

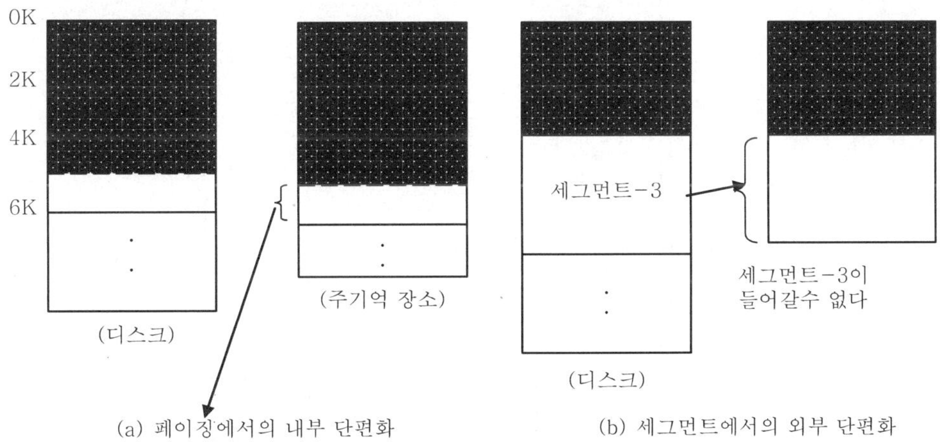

[그림 7-5] 가상 기억 장치에서의 단편화

어쨌든 동적 분할 방식에서처럼 기억 장소 단편화 현상을 방지하기 위해서 주기억 장소 내의 모든 공백들을 재배치하여 하나의 연속된 공백으로 기억 장소를 통합해야 하는 과정은 가상 기억 장치 관리에서는 불필요하다.

7.3.5 페이지를 공유할 수 있기 때문에

다중 프로그래밍 시분할 시스템에서 많은 사용자들이 동일한 프로그램을 실행시키는 일은 자주 발생한다. 만일 이러한 경우 동일한 프로그램을 공유시킬 수 있다면 주기억 장소를 많이 절약할 수 있을 것이다. 가상 기억 장치에서는 페이지나 세그먼트를 공유시킬 수 있다.

예를 들어, 3명의 사용자가 각각 테스트 편집기 vi를 실행하고 있다고 가정하자.

만약 vi가 300K의 프로그램과 10K의 데이터 영역으로 구성되어져 있다면, 3명의 사용자를 위해서는 930K의 영역이 필요하다.

그러나 만약 vi가 앞에서 소개한 재진입 가능(reentrant) 프로그램이라면, 그림 7-6과 같이 vi의 페이지를 공유 할 수 있게 된다. 즉, 3개 프로세스들은 3개의 vi 페이지를 공유하고 다른 프로세스에 의해 제어될 수 없는 자신만의 데이터 페이지를 갖는다.

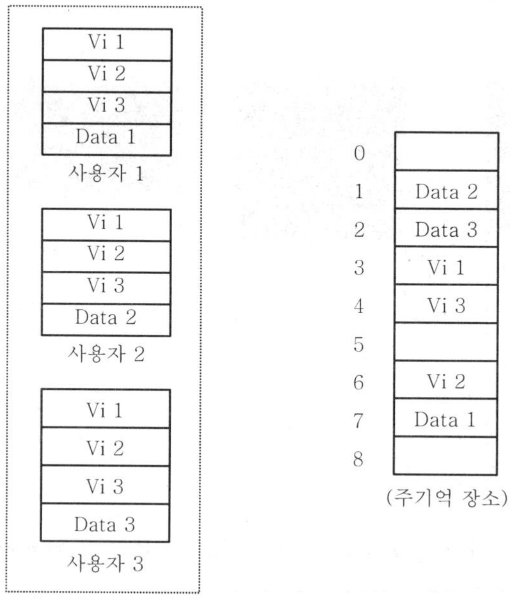

[그림 7-6] 페이징 기법에서 페이지 공유의 예

이와 같이 vi의 페이지를 공유시킴으로써 원래 사용해야 할 930K의 기억 장소를 330K로 절약시킬 수 있다.

재진입 가능 프로그램은 스스로 수정될 수 없는 코드로서 2개 이상의 프로세스가 동시에 같은 코드를 실행할 수가 있기 때문에 공유가 가능하다. 컴파일러, 어셈블러, 데이트베이스 시스템 등은 재진입 가능 프로그램이기 때문에 공유가 가능하다.

페이지 공유에서 특히 고려할 내용은 주기억 장치에 새롭게 적재되는 페이지가 여러 프로세스에 의해 공유되는 페이지를 제거해야 할 때 발생할 수 있는 문제를 고려해야 한다.

7.4 페이징 기법의 동적 주소 변환

가상 기억 장치가 구현되기 위해서는 실행 중인 프로세스가 참조하는 가상 기억 장소의 위치(이하 가상 주소라 함)가 현재 주기억 장치의 어디에 위치하는지를 알 수 있는 동적 주소 변환(dynamic address translation) 과정이 필연적으로 수행되어야 함을 알 수 있었다. 이 절에서는 페이징 기법 하에서 동적 주소 변환 과정이 어떻게 수행되는지 구체적으로 알아보자. 지금부터 설명할 동적 주소 변환 과정은 앞에서 소개한 동적 재배치(dynamic relocation) 기법을 단지 페이지 단위로 적용하는 예가 되고, 실제 시스템에서는 동적 주소 변환의 오버헤드를 줄이기 위해 하드웨어로 구현되어 고속으로 처리된다.

7.4.1 가상 주소 □□□ 페이지 □ □이□

페이징 기법에서 디스크와 주기억 장소가 1k, 2k 등과 같이 고정된 물리적인 크기로 나누어져 구성되어 있다. 이를 디스크에서는 페이지라 하며, 주기억 장소에서는 페이지 프레임(page frame) 또는 블록이라 보통 부른다.

(1) 가상 주소 형식

프로세스가 실행되는 동안 가상 주소를 주기억 장소의 실제 물리적인 주소로 맵핑(mapping)되기 위해서 페이징 기법의 가상 기억 장치에서 사용되는 모든 프로그램들의 워드는 페이지 번호와 페이지 내 변위로 구성된 다음 그림과 같은 가상 주소 형식을 가지고 페이지화 된 주소를 식별한다.

p (페이지 번호)	d (변 위)

가상주소
V=(p,d)

가상 주소 v는 프로세스가 참조할 정보(명령이나 자료)가 속해 있는 페이지 번호 p와 그 페이지의 시작 위치부터 참조될 정보가 몇 번째 위치하는지를 나타내는 변위(displacement)인 d의 순서쌍(p, d)로 나타낸다.

(2) 페이지 맵 테이블

프로세스가 요구하는 페이지가 주기억 장치 또는 디스크에 존재할 수 있다. 만일 디스크에 있다면 해당 페이지는 디스크로부터 주기억 장치의 사용 가능한 어느 페이지 프레임(page frame)을 차지하게 해야 한다.

따라서 동적 주소 변환을 위해서는 프로세스가 요구하는 페이지가 주기억 장소의 어느 페이지 프레임에 존재하는지 또는 디스크에 존재하는지를 알려주는 페이지 맵 테이블(Page Map Table : PMT)이라는 자료 구조가 필요하다. 이러한 페이지 맵 테이블은 주기억 장소에 상주한다.

프로세스가 실행할 실제 명령이나 자료를 찾기 위해서는 먼저 페이지 맵 테이블을 탐색하여 페이지 프레임의 위치를 찾고 해당 페이지 프레임 내에서 어느 부분이 실제 실행할 명령이나 자료인지를 구한다.

그러나 프로세스의 모든 페이지가 동시에 주기억 장치에 있는 것이 아니기 때문에 페이지 맵 테이블은 참조된 페이지가 주기억 장치에 존재하는지의 여부를 나타내야 하는 상태(status) 항목이 있어야 한다.

만일 주기억 장치에 존재하면 페이지 프레임의 위치를 나타내야 하고, 존재 하지 않는다면 디스크 상의 어디에 있는지를 나타내어야 한다. 그림 7-7은 전형적인 페이지 맵 테이블의 구성 항목들을 보여준다.

(상태 비트)	(디스크 주소)	(페이지 프레임 번호)

상태 = 0 : 참조된 페이지가 주기억 장치 내에 없는 경우

상태 = 1 : 참조된 페이지가 주기억 장치 내에 있는 경우

[그림 7-7] 페이지 맵 테이블의 구성 항목

그 외에 페이지 맵 테이블에 접근 비트(access bit) 항목 등을 추가하여 페이지를 보호할 수 있다. 이러한 접근 비트는 읽기 전용, 실행 전용, 쓰기 전용 등과 같이 프로그래머가 정의한 형태로만 페이지의 제한된 접근을 허용하게 할 수 있다.

7.4.2 동적 주소 변환 과정

페이징 기법에서의 동적 주소 변환 과정은 그림 7-8과 같다. 이를 보통 직접 매핑/사상이라 부른다. 실행되는 프로세스는 가상 주소 v=(p, d)를 참조 한다.

프로세스가 실행되기 전에 운영 체제는 문맥 교환시에 주기억 장치 내의 페이지 맵 테이블(이하 PMT라 함)의 주소를 페이지 맵 테이블 초기점 레지스터(page map table origin register)에 적재한다. PMT의 시작 주소인 b는 페이지 번호 p와 더해져서 페이지 p에 대한 PMT의 내용을 가리키는 주기억 장소의 주소 b+p를 생성한다. 이 내용은 페이지 프레임 p′가 디스크 상의 페이지 p와 대응함을 나타낸다. 그리고 p′는 변위 d와 결합하여 실제 주기억 장소를 나타내게 된다.

이러한 동적 주소 변환 과정은 PMT 테이블의 첨자를 통하여 배열의 위치를 접근하는 과정과 동일하다.

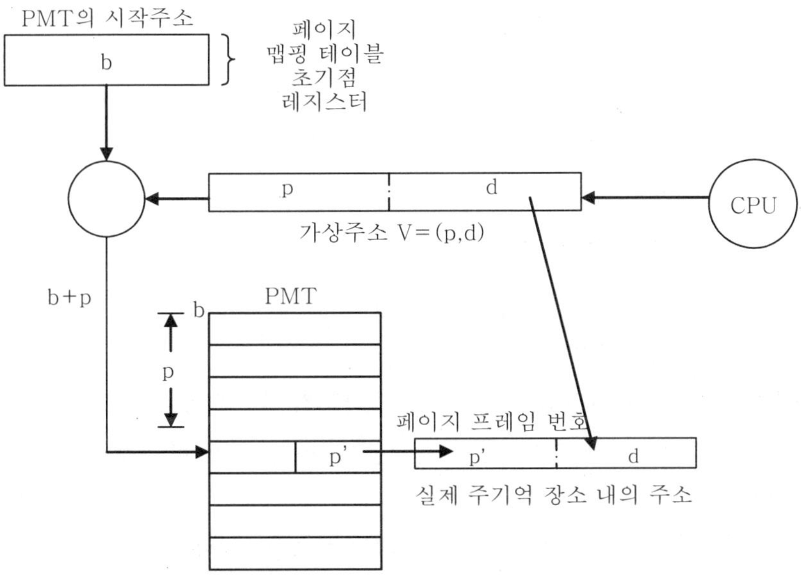

[그림 7-8] 동적 주소 변환 과정

(1) 동적 주소 변환 과정의 예-1

그림 7-9는 가상 주소가 실제 주소로 변환되는 예를 도식으로 보여주고 있다. 가상 주소로 변환 할 때 먼저 그림 7-9의 ①과 같이 페이지 맵 테이블 초기점 레지스

터(PMTOR)가 참조되어 PMT의 시작 위치를 찾고, 그림 7-9의 ②와 같이 가상 주소의 페이지 번호를 사용하여 PMT 상의 해당 항목을 찾아 상태 비트에 의해 해당 페이지가 주기억 장소에 있으면, 여기서 주기억 장소내의 페이지 프레임의 시작 주소가 구한다. 다음은 그림 7-9의 ③과 같이 페이지 프레임의 시작 주소와 가상 주소의 변위를 더하여 실제 주기억 장소 내의 자료가 있는 주소를 구한다.

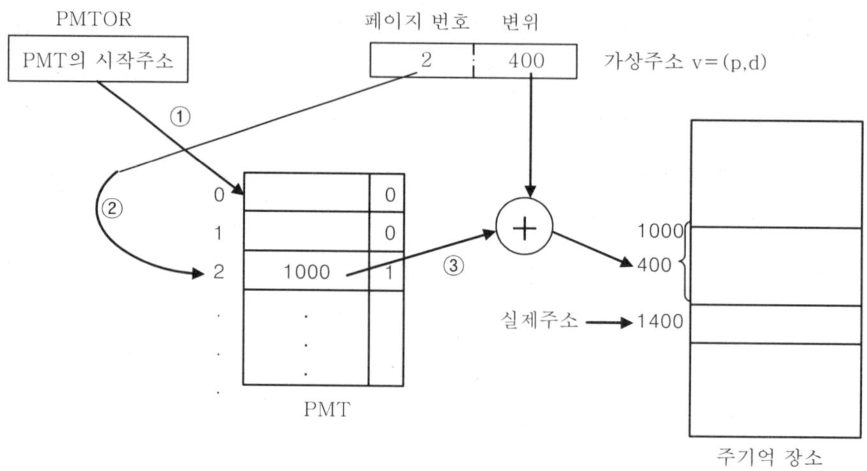

[그림 7-9] 동적 주소 변환 과정의 예

(2) 동적 주소 변환 과정의 예-2

동적 주소 변환 과정을 좀더 구체적으로 이해하기 위해 그림 7-10과 같이 구성된 기억 장치 시스템을 고려해 보자.

4 워드의 n개의 페이지로 구성된 디스크와 5개의 페이지 프레임으로 구성된 주기억 장치에서 가상 주소가 어떻게 주기억 장소의 실제 주소로 맵핑되는가를 보여주는 예이다.

가상 주소 v에 한 페이지 크기 s를 간단한 div와 mod 연산을 사용하여 페이지 번호 p와 변위 d를 구하여 간단한 계산을 통해 다음과 같이 실제 주기억 장소의 주소를 구할 수 있다.

페이지 번호(p) = 가상 주소(v) div 페이지 크기(s)
페이지 내의 변위(d) = 가상 주소(v) mod 페이지 크기(s)
실제 주기억 장소의 주소 =
페이지 프레임의 시작주소(PMT(p))*페이지크기(s)+페이지 프레임 내의 변위(d)

여기서 div는 정수형 나눗셈이고, mod는 정수형 나머지를 구하는 연산자이다.

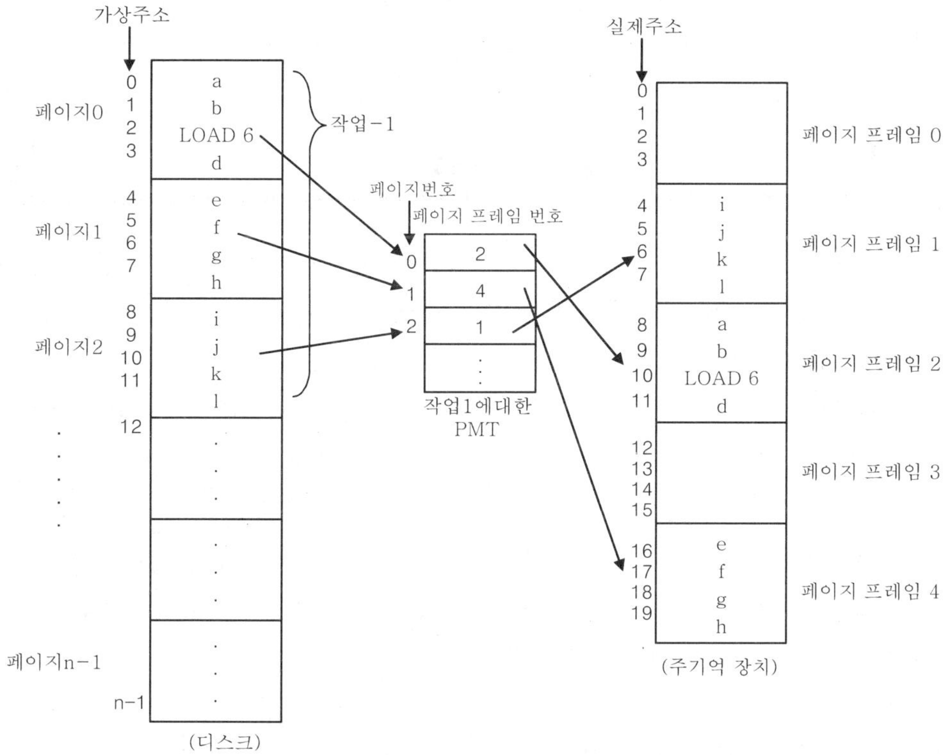

[그림 7-10] 동적 주소 변환 과정의 구체적인 예

실제 주기억 장소의 주소를 구하는 예를 살펴보면, 가상 주소 2는 페이지 0(=2 div 4)이고, 페이지 내의 변위는 2(=2 mod 4) 이다. 작업 1에 대한 PMT를 인덱싱(indexing) 해보면 페이지 0은 주기억 장소의 페이지 프레임 2임을 알 수 있다. 즉, PMT(0)=2이다. 그러므로 가상 주소 0의 실제 주기억 자소의 주소는 10(=2 * 4+2)번지이다.

또 다른 예로, CPU가 주기억 장소 10번지의 명령인 LOAD 6을 실행하고 있다고 가정하자. LOAD 6 명령은 6번지의 자료를 누산기(accumulator)에 옮기는 명령임을 우리는 알고 있다. 그러나 6은 가상 주소이지 실제 주기억 장소의 주소가 아니다.

가상 주소 6은 페이지 1(=6 div 4)이고, 페이지 내의 변휘는 2(=6 mod 4)이다. 작업 1에 대한 PMT를 인덱싱(indexing) 해보면 페이지 1은 주기억 장소의 페이지 프레임 4임을 알 수 있다. 즉, PMT(1)=4이다.

따라서 가상 주소 6의 실제 주기억 장소의 주소는 18(=4＊4+2)번지이다. 이와 같은 동적 주소 변환 과정을 거쳐 LOAD 6 명령의 실제 자료가 저장된 18번지의 자료 g를 정확하게 구하여 누산기(accumulator)에 옮기게 된다.

7.4.3 □□□ 동적 주소 변환

지금까지 살펴보았듯이 가상 기억 장치는 프로세스가 요구하는 명령을 실행하기 위해서는 항상 먼저 가상 주소를 주기억 장소의 실제 주소로 변환하는 맵핑 과정을 거친 후에야 비로소 가능해진다.

이와 같이 가상 기억 장치를 구현하기 위해서는 연속 배당 방식과 다르게 항상 한번 더 기억 장소를 접근해야만 하는 필연적인 오버헤드가 발생한다.

이러한 가상 기억 장치의 필연적인 오버헤드를 줄이기 위하여 즉, 동적 주소 변환을 빠르게 고속으로 수행하기 위하여 속도 빠른 캐시(cashe)나 위치 지정(location addressing)이 아닌 내용 지정(content addressed)의 연관 기억 장치(associative storage)를 사용하여 PMT를 구성한다.

(1) □□ □□ □□□ □□□ □□□

그림 7-11은 연관 맵핑(associative mapping) 테이블을 이용한 동적 주소 변환 과정을 보여준다. 이과정은 앞에서 설명한 동적 주소 변환 과정과 동일하나 차이점은 실행 프로세스가 가상 주소 v=(p, d)를 참조하여 실제 주소를 구할 때 해당 페이지 p를 찾기 위해 연관 기억 장치로 구성된 연관 맵핑 테이블의 모든 내용을 그림 7-11과 같이 동시에 탐색하게 된다.

이는 페이지 번호 p와 일치하는 것을 찾기 위하여 연관 기억 장치의 모든 단위 항목이 동시에 조사된다는 것을 의미한다.

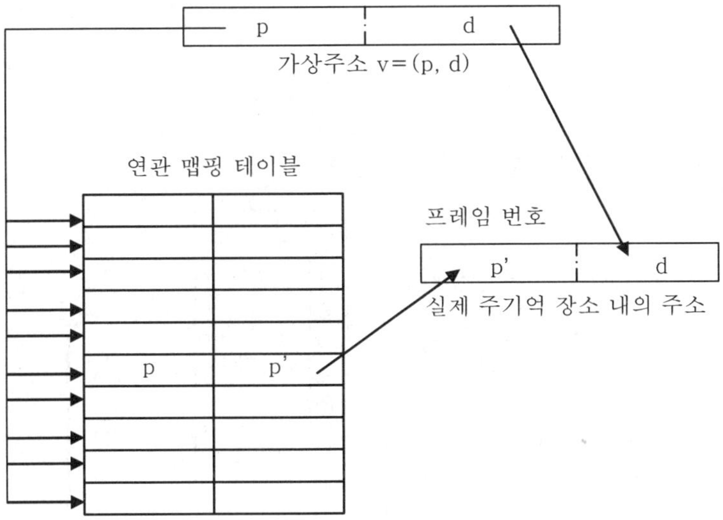

[그림 7-11] 연관 기억 장치에 의한 동적 주소 변환 과정

이러한 이유로 연관 기억 장치는 주기억 장치에 비해서 매우 비싸기 때문에 PMT 전체를 순수한 연관 기억 장치로 사용할 수는 없다.

(2) 혼합 PMT

그래서 가상 기억 장치 시스템은 비용 상의 문제와 동적 주소 변환을 빠르게 수행하기 위하여 주기억 장치 내의 PMT와 연관 기억 장치의 PMT를 혼합하여 실제 구현한다.

그림 7-12는 전체 페이지의 정보를 수록하는 주기억 장치 내의 PMT와 극히 일부분만의 페이지 정보를 수록할 수 있는 연관 기억 장치의 PMT를 혼합 사용하여 맵핑하는 과정을 보여주고 있다.

동적 주소 변환 과정은 다음과 같다. 실행 프로세스가 가상 주소 v=(p, d)를 참조하여 실제 주소를 구할 때 해당 페이지 p를 찾기 위해 먼저 연관 기억 장치로 구성된 연관 맵핑 테이블에서 페이지 p를 찾는 것을 시도한다. 만일 찾게 되면 여기서 실제 주소를 구한다. 그러나 만일 연관 맵핑 테이블에 페이지 p에 대응되는 항목이 없다면, 모든 페이지의 정보를 수록하는 주기억 장치의 PMT를 탐색하여 실제 주소를 구한다.

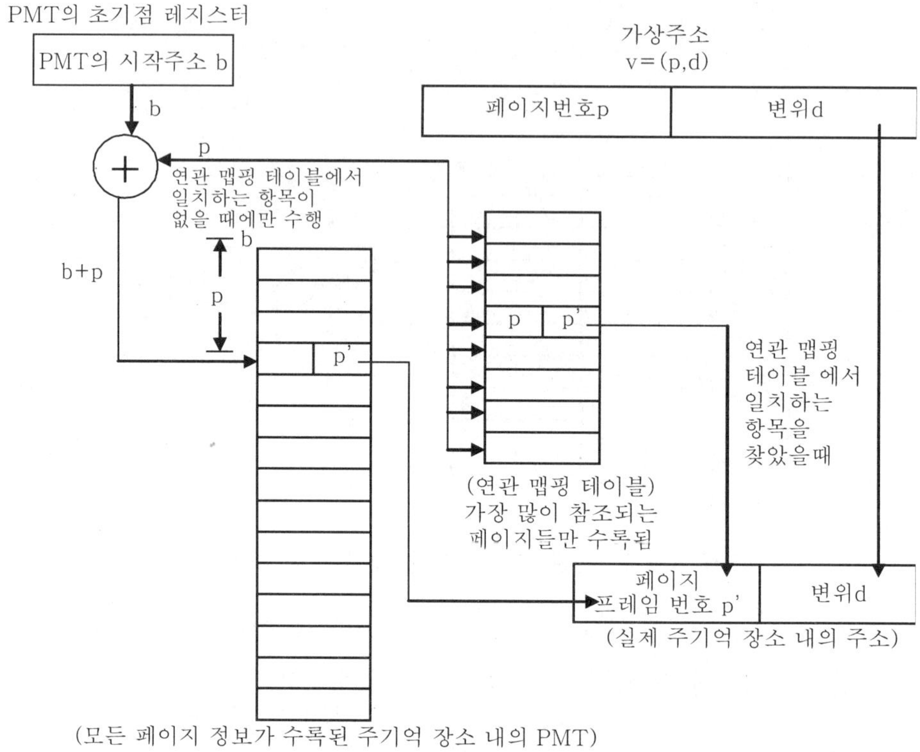

[그림 7-12] 혼합 PMT 방식에 의한 동적 주소 변환 과정

혼합 PMT 방식에서 중요한 사항은 연관 맵핑 테이블에 페이지 p에 대응되는 항목이 없어서 주기억 장치의 PMT를 탐색하여 실제 주소를 구한 경우는 이 정보를 연관 맵핑 테이블에 새롭게 포함되도록 갱신을 해야 한다.

이는 최근에 참조된 페이지는 조만간 다시 또 사용되는 프로그램의 참조 국부성(locality of reference) 성질을 활용하여 빠르게 페이지 p에 대한 참조를 연관 맵핑 테이블에서 찾기 위함이다. 이와 같이 가장 최근에 참조된 페이지 항목들만을 연관 맵핑 테이블에 유지시켜 빠르게 동적 주소 변환을 수행할 수 있다. 그래서 실제 가상 기억 장치 시스템들을 8개 또는 16개 정도의 적은 연관 기억 장치 레지스터를 이용하여 80~90% 이상을 연관 맵핑 테이블에서 탐색하여 실제 주소를 고속으로 구한다. 이의 근본적인 이유는 프로그램의 국부성 참조 성질 때문이다.

7.5 페이지 프레임 맵 테이블에 의한 주기억 장소의 효율적인 관리

앞 절에서는 동적 주소 변환 과정에 의해 가상 주소 공간과 주기억 장소 간의 연결을 살펴보았다. 간단히 정리하면 실행할 프로세스는 가상 주소를 가진 상태로 주기억 장치상의 임의의 페이지 프레임에 저장된다. 페이지 프레임에 저장된 명령이 실행 될 때에는 이 가상 주소를 실제 주소로 빠르게 바꾸어 주기 위해 동적 주소 변환 기구를 사용한다. 그러므로 실행 중인 프로세스가 요구하는 사용 빈도가 높은 페이지만을 항상 주기억 장소에 상주시킬 수 있으며 반대로, 사용 빈도가 낮은 페이지는 디스크에 저장되어 있다가 필요할 때만 페이지인(page-in)된다.

이와 같이 실행 중인 프로세스가 요구하는 사용 빈도에 따른 주기억 장치의 효율적인 이용을 요구 페이징(demand paging) 기법이라 한다. 이러한 요구 페이징 기법에 의해 효율적인 주기억 장치를 관리하기 위해서는 페이지 프레임을 더욱 정교하게 관리할 자료 구조가 요구된다. 이를 보통 페이지 프레임 맵 테이블(page frame map table)이라 한다. 이하 PFMT라 칭한다.

요구 페이징 기법에 의해 효율적인 주기억 장소를 관리하기 위하여 사용하는 PFMT의 구성은 그림 7-13과 같고 이 테이블의 크기는 주기억 장소 내의 페이지 프레임 수에 따라 결정된다.

(작업 ID)	(페이지 번호)	(상태 비트)	(변경 비트)

상태 = 1 : 사용중인 페이지 프레임
상태 = 0 : 사용 가능한 페이지 프레임

상태 = 1 : 페이지인 된 후 변경된 페이지 프레임
상태 = 0 : 페이지인 된 후 변경되지 않은 페이지 프레임

[그림 7-13] 페이지 프레임 맵 테이블의 구성 항목

PFMT의 각 항목별 역할을 자세히 살펴보면 다음과 같다.

① 이미 사용 중인 페이지 프레임이면 어느 작업의 몇 번째 페이지인가를 식별할 수 있어야 한다.

② 프로세스가 요구하는 페이지를 주기억 장소의 페이지 프레임에 페이지인할 때 다른 프로세스가 이미 사용 중인 페이지 프레임인지 또는 미사용의 페이지 프레임인가를 나타낼 수 있어야 한다. 즉, 페이지 프레임의 사용 가능 여부를 나타내기 위하여 상태 비트(status bit)를 구성하여 비트가 "1"이면 페이지 프레임이 사용되고 있다고 정의하고 "0"이면 미사용이란 뜻으로 정의하여 운영 체제가 새로운 페이지를 주기억 장소에 배당할 때에는 PFMT를 탐색하여 PFMT의 상태 비트가 "0"인 페이지 프레임을 찾아 배당하면 된다.

③ 실행 중인 프로세스가 요구하는 페이지가 주기억 장소에 존재하지 않는 페이지를 접근하면, 페이지 부재(page fault)가 발생한다. 이때 운영 체제가 개입하여 디스크로부터 해당 페이지를 페이지인 해야 하는데 만일 전체 PFMT를 탐색하여도 주기억 장소의 모든 페이지 프레임이 사용 중이면 어떤 한 페이지 프레임을 제거한 후 배당해야 한다.
이와 같은 경우를 페이지 교체(page swapping) 또는 페이지 대체(page replacement)라고 부른다. 즉, 현재 주기억 장소에 존재하는 페이지 프레임 가운데서 하나를 제거하여 그 위치에 프로세스가 원하는 페이지를 옮겨 놓는 기법을 의미하게 된다. 그런데, 제거 될 페이지 프레임이 디스크에서 주기억 장소로 페이지인 된 후 내용이 변경되어 있으면 새로운 페이지가 옮겨지기 전에 디스크로 다시 복사해야만 한다. 가상 기억 장치에서 페이지 교체는 굉장한 오버헤드이다.
이러한 오버헤드를 줄이기 위해서 많은 페이지 대체 알고리즘이 사용되고 있는데 기왕이면 제거될 페이지의 내용이 주기억 장소에 페이지인 된 후 변경되지 않은 것을 선택하는 것이 효과적이다. 따라서 PFMT의 항목에 주기억 장소에 페이지인 된 후 변경 유무를 나타내는 상태 비트를 구성해야 한다. 이를 보통 변경 비트(change bit)라 한다.

7.5.1 PMT와 PFMT 그리고 FMT 간의 관계

요구 페이징 방식에서 동적 주소 변환을 위하여 다양한 자료 구조들을 사용해야 하는데 이들의 관계를 그림 7-14에 나타내었다.

(1) PMT와 FMT

페이지가 주기억 장소 또는 디스크에 존재하는가를 나타내기 위해서 사용되는 PMT는 디스크에 존재하는 페이지를 접근하기 위해서는 추후 언급할 파일 시스템과 상호 연관성이 있다.

각 페이지는 디스크 상의 파일 번지 등과 같은 파일 정보를 가지고 있는 파일 맵 테이블(file map table, FMT)이라 부르는 자료 구조에서 유지된다. FMT는 모든 페이지들의 디스크 주소를 갖고 있으며 페이지 부재가 발생할 때 주기억 장치로 적재하는데 이용된다. 이는 PMT와 그림 7-14처럼 직접적으로 결합되어 있다.

준비 상태의 프로세스 각각은 하나의 FMT를 유지하며 그 시작 주소는 해당 프로세스의 프로세스 제어 블록에 저장되어 있다. 또한, 프로세스를 생성하는 작업 스케줄러가 관리하는 작업 맵 테이블(job map table)에 의해 PMT의 주기억 장소 내의 위치와 크기 등을 알 수 있다.

(2) PMT와 PFMT

PMT는 동적 주소 변환 하드웨어와 직접적으로 결합되어 있지만 파일 번지의 양식 그리고 관련된 상태 정보 등은 소프트웨어에 의해서 처리가 된다. PFMT 역시 주기억 장소를 효과적으로 관리하기 위하여 소프트웨어에 의하여 처리된다.

그림 7-14에서 프로세스가 페이지 프레임 3에 있는 LOAD 4400 명령을 실행하면, 4400번지는 가상 주소이므로 4400 div 2K에 의해 페이지 번호가 2임을 알 수 있다. PMT를 인덱싱 해보면 페이지 2는 주기억 장소에 없는 페이지이다. 따라서 디스크의 페이지 2를 주기억 장소에 페이지인 하기 위해 먼저 PFMT를 탐색하여 사용 가능한 페이지 프레임을 찾아야 한다.

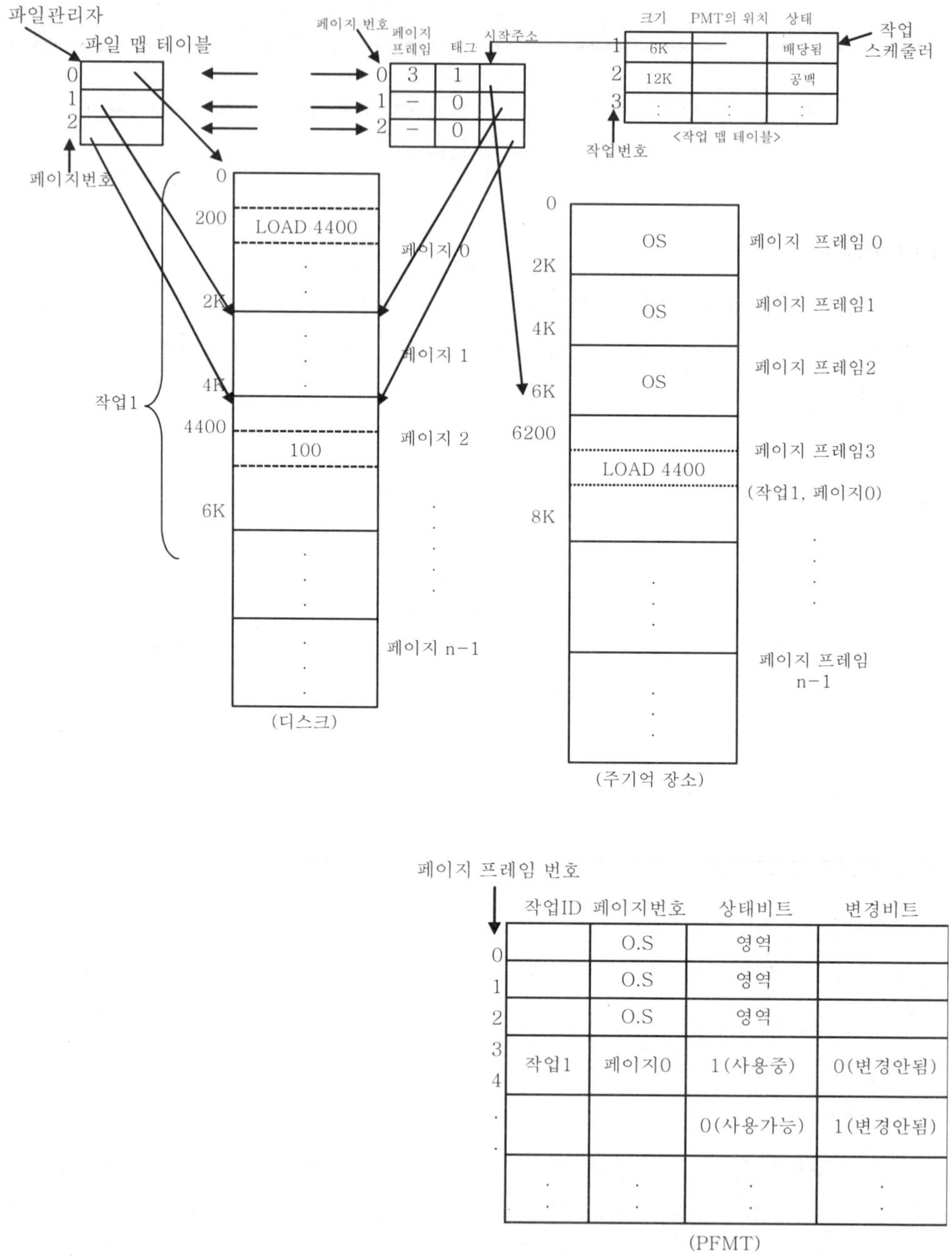

[그림 7-14] PMT와 PFMT 그리고 FMT들 간의 관계

7.5.2 페이지 부재(page fault) 처리

요구 페이징에서 실행할 프로세스가 주기억 장소에 없는 페이지를 접근하면 페이지 부재(page fault)가 발생한다. 즉, 페이지 인터럽트가 야기된다. 그림 7-15에 페이지 부재 처리에 대한 순서도를 기술하였다. 순서도에서 구분한 것처럼 하드웨어와 소프트웨어 간에 아주 밀접한 상호 관련성이 존재한다.

순서도에서 첫 번째 부분은 가상 기억 장치에서 필연적으로 실행되므로 이는 동적 주소 변환 하드웨어로 구현된다. 두 번째 부분은 해당 페이지 부재시 운영 체제가 개입하여 인터럽트 취급 루틴에 의해 소프트웨어적으로 구현된다.

그림 7-15의 순서도에서 페이지 부재가 발생한 경우를 중심으로 살펴보자.

① "주기억 장소에 해당 페이지가 있느냐?"는 PMT의 상태 비트로 판단한다.

② 만일 해당 페이지가 주기억 장소에 없으면 페이지 부재 인터럽트를 하드웨어가 발생시켜 페이지 부재 인터럽트 취급 루틴에서 먼저 "사용가능한 페이지 프레임이 있느냐?"를 검토한다. 이는 사용 가능한 페이지 프레임에 대한 PFMT를 조사함으로써 판단된다.

③ 만일 사용가능한 페이지 프레임이 있으면 요청된 페이지 번호는 인터럽트 정보워드에서 추출된다. 해당 페이지에 대한 디스크 번지는 파일 맵 테이블에서 얻어진다. 그 페이지가 주기억 장소의 페이지 프레임이 복사된 후에 PMT와 PFMT를 갱신(update)하고 인터럽트 된 명령을 다시 재개한다.

④ 그러나 만일 사용 가능한 페이지 프레임이 없으면, 주기억 장소의 임의의 페이지 프레임을 제거하기 위해 선택한다. 선택된 페이지 프레임이 주기억 장소에 페이지인 된 후 변경 유무를 확인하기 위해 PFMT의 변경 비트를 조사한다. 만일 변경되었으면 해당 페이지를 디스크로 복사하고 앞의 ③에서 설명한 순서도 부분을 진행해 나간다.

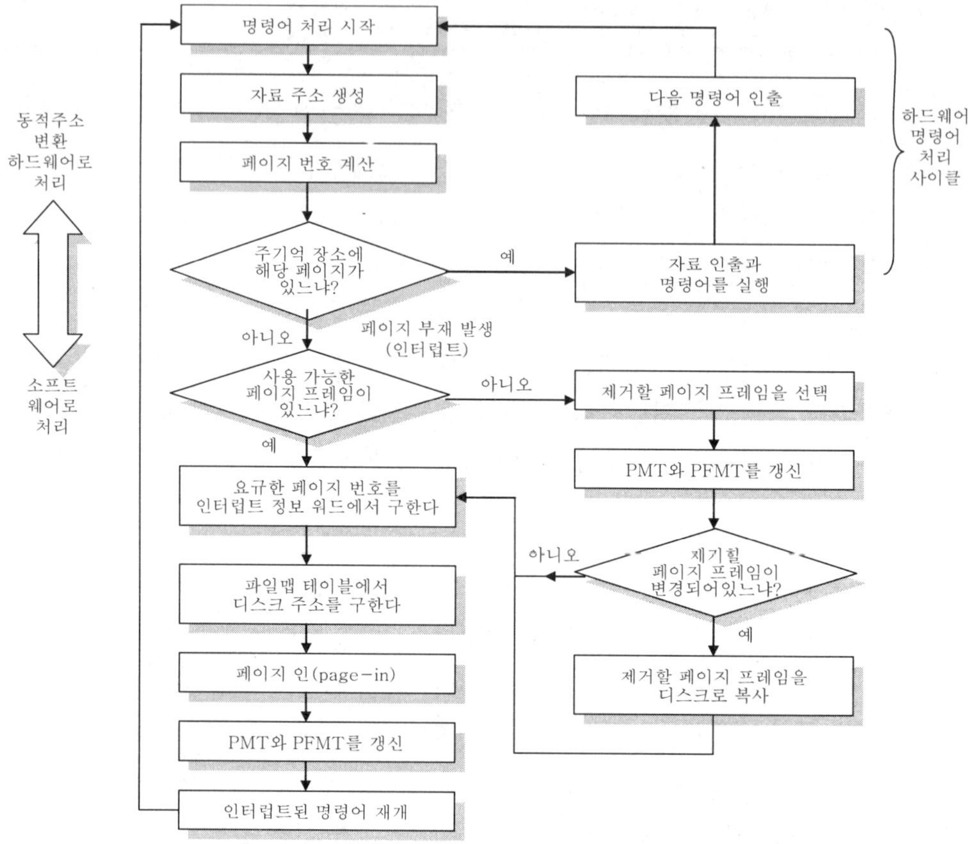

[그림 7-15] 페이지 부재(page fault) 처리

7.□ 페이□ 기□의 장□□

지금까지 페이징 기법을 중심으로 살펴본 가상 기억 장치의 동작과 원리를 정리하는 측면에서 장단점을 간단하게 나열하면 다음과 같다.

장점

① 동적 주소 변환을 이용하여 다중 프로그래밍의 효과를 증진시킨다.
- 큰 가상 기억 장치를 제공한다.
- 프로세스가 요구하는 페이지만이 실행되어 주기억 장소의 이용률을 증가시킨다.
- CPU 이용률을 증가시킨다.

② 자동적인 오버레이에 의해 사용자 프로그램의 크기에 대한 제약이 완화되었다.

③ 외부 단편화(external fragmentation) 방지된다.

④ 페이지를 공유할 수 있다.

⑤ 재배치를 사용한 기억 장소 통합이 불필요하다.

단점

① 동적 주소 변환을 하기 위한 하드웨어 비용 상승과 이에 따른 CPU 오버헤드가 증가된다.

② PMT와 PFMT와 같은 자료 구조를 유지하기 위해 주기억 장소의 낭비가 발생한다.

③ 외부 단편화는 방지되었으나 내부 단편화(internal fragmentation)가 발생한다.

7.7 세그먼테이션(segmentation) 기법

지금까지는 가상 기억 장치 중에서 주로 맵핑할 기억 장소의 양을 1K 또는 2K, 3K, 4K 등과 같이 물리적인 고정된 크기로 나눈 페이지 기법의 가상 기억 장치에 대하여 설명하였다. 이 절에서는 모든 프로그램들을 자료 영역의 배열이나 함수와 같은 논리적인 다양한 크기의 세그먼트(segment) 단위로 나누어 관리하는 가상 기억 장치에 대해서 기술하는데 페이징 기법과 유사하기 때문에 간단히 언급한다.

7.7.1 세그먼테이션 기법의 개요

페이징 기법에서와 같이 모든 세그먼트들은 한시기에 주기억 장소에 상주할 필요가 없고, 모든 세그먼트들은 적절한 실행을 위해 연속적인 주기억 장소에 저장되어 있을 필요가 없다. 프로세스가 실행할 프로그램의 어떤 워드들(words)도 세그먼트 번호와 세그먼트 변위로 구성된 가상 주소를 가지고 동적 주소 변환을 통하여 실제 주소를 식별할 수 있다.

동적 주소 변환 과정에서 만일 프로세스가 요구하는 세그먼트가 주기억 장소에 존재하지 않으면, 세그먼트 부재(segment fault)가 발생한다. 이때 운영 체제가 개입하여 디스크로부터 해당 세그먼트를 가져온 후 세그먼트 맵 테이블(SMT : Segment Map Table)을 수정한다.

세그먼테이션은 많은 장점이 있나. 활동적으로 사용되는 세그먼트들만을 주기억 장소에 유지될 수 있도록 교체와 오버레이를 자동적으로 수행한다. 프로그램의 어떤 크기의 분할도 다양한 크기의 세그먼트들로 조정할 수 있으므로 주기억 장소의 낭비를 막을 수 있다.

하지만, 다양한 크기의 세그먼트들을 디스크에서 관리하기가 어렵고, 다양한 크기의 세그먼트들을 주기억 장소에 배당하기 위해 더욱 정교한 관리가 요구된다. 세그먼테이션 기법에서는 주기억 장치에 세그먼트를 배당할 때 연속 배당의 동적 분할 방식과 같이 최초 적합, 최적 적합, 최악 적합 기법을 사용하여 해결한다. 그러므로 기억 장소 외부 단편화가 발생한다.

7.7.2 동적 주소 변환

세그먼테이션 기법 역시 페이징 기법과 유사하게 동적 주소 변환을 거쳐 가상 주소가 실제 주소로 변환된다. 또한 연관 기억 장치를 사용하여 고속의 동적 주소 변환을 할 수 있으나 페이징 기법에서 자세히 설명하였으므로 본서에서는 생략한다.

프로세스가 실행할 프로그램의 어떤 워드들(words)은 세그먼트 번호와 변위로 구성된 다음 그림과 같은 가상 주소를 가지고 동적 주소 변환을 통하여 실제 주소를 구한다. 즉, 가상 주소는 V=(s, d)로 표현된다.

세그먼트 번호 s	변 위 d

가상주소 : V=(s, d)

(1) 페이징과의 차이점

동적 주소 변환을 위해서 프로세스가 요구하는 세그먼트가 주기억 장소에 존재하는지 또는 디스크에 존재하는지를 알려주는 그림 7-16과 같은 SMT는 그 구성 항목이 페이징 기법의 PMT와 크게 두 가지 면에서 다음과 같이 차이가 난다.

① 세그먼트의 크기가 다양하기 때문에 세그먼트의 크기가 기본적으로 추가되어야 한다.

② 페이징 기법에서는 가상 주소 공간을 손쉽게 물리적인 페이지 단위로 나누었기 때문에 하나의 페이지 안에 코드와 자료가 혼합되기도 한다. 이는 논리적인 연관성을 고려하지 않고 분할되었기 때문이다. 그러므로 페이지의 접근 권한 등과 같은 보호 문제는 페이징 기법에서는 별로 가치가 없다. 반면에 배열, 함수, 스택 등과 같이 논리적인 관련성을 갖는 항목들을 집단화한 세그먼트 기법은 각 세그먼트들을 보호할 수 있는 기억 장치 관리가 수행될 수 있도록 접근 권한에 대한 항목은 큰 가치가 있다. 예를 들어, 배열과 같은 자료 세그먼트는 읽기(read), 쓰기(write)와 같은 접근은 가능하나 실행 또는 코드 수정 등은 원래 수행될 수 없는 연산이므로 미리 접근 권한을 설정하여 금지시킬 수 있으며 또한 불법적으로 세그먼트를 참조하거나, 세그먼트 형태 불일치 등을 제어할 수 있다.

상태비트	□□□ □□	□□□트 □□	□□□□□□□□□□비트				□□□트 □□□□
t	a	s	R	W	E	A	s'

항 목		의 미
상태비트	t	0 : 주기억 장치 내에 없을 때 1 : 주기억 장치 내에 있을 때
디스크 주소	a	세그먼트가 주기억 장치 내에 없을 때, 디스크로부터 검색되어야 할 주소이다.
세그먼트 크기	s	가숭 주소의 변위가 세그먼트의 크기보다 큰가를 검사하기 위해 사용한다. 즉 세그먼트 오버플로우를 검사한다.
접근 권한 보호 비트	R	세그먼트의 읽기 가능
	W	세그먼트의 쓰기 가능
	E	세그먼트의 실행 가능
	A	세그먼트 끝에 추가 가능
세그먼트 시작주소	s'	세그먼트가 주기억 장치 내에 있을 때, 세그먼트가 시작되는 주기억 장치의 주소이다.

[그림 7-16] SMT의 구성 내용

(2) 동적 주소 변환 과정의 예

세그먼트 기법에서 가상 주소를 실제 주소로 구하는 동적 주소 변환 과정의 예를 그림 7-17에 나타내었다. 이를 살펴보자.

① 실행되는 프로세스는 가상 주소에서 세그먼트 번호 2와 변위 100을 참조하여 SMT를 인덱싱 하여 상태 비트를 조사한다. 세그먼트 2가 주기억 장소에 존재하면 세그먼트의 시작 주소인 2000을 얻는다.

② 변위 100은 먼저 세그먼트의 크기 1000보다 큰가를 검사하여 만일 1000보다 크면 세그먼트 오버플로우라는 오류 메시지를 발생시킨다.

③ 세그먼트 오버플로우가 발생하지 않았으면 시작 주소 2000과 변위 100을 더하여 실제 주소 2100번지를 구한다.

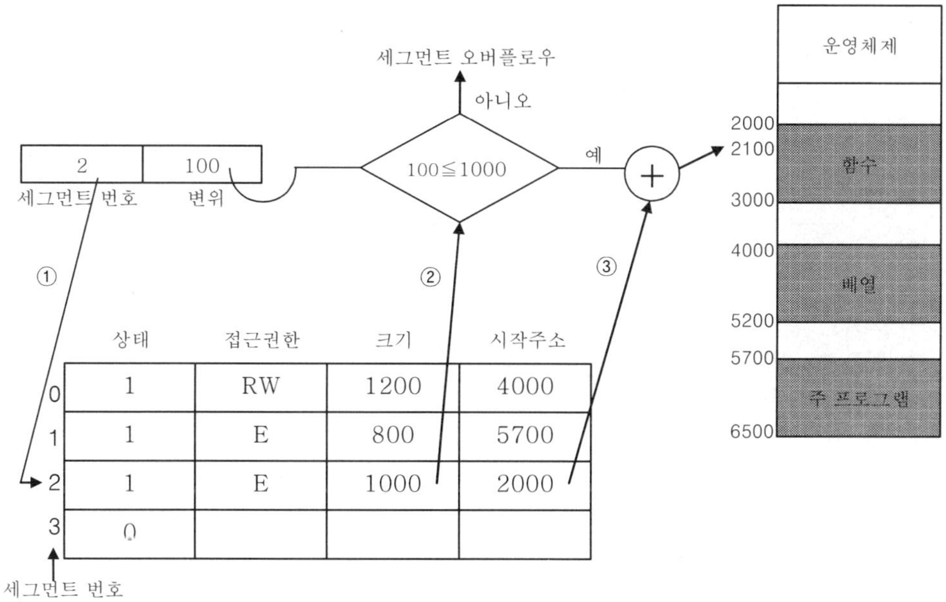

[그림 7-17] 세그먼트 기법의 동적 주소 변환 과정의 예

(3) 세그먼트 부재(segment fault)의 처리

세그먼트 기법에서 가상 주소를 실제 주소로 구하는 동적 주소 변환 과정에서 세그먼트 부재가 발생한 경우를 중심으로 순서도를 그림 7-18에 나타내었다. 이를 살펴보자.

① 세그먼트가 주기억 장소에 있는지 검사하여, 없으면 세그먼트 부재를 발생하고, 운영 체제가 개입하여 디스크 주소를 참조하여 세그먼트를 주기억 장치로 적재한다.

② 세그먼트가 주기억 장소로 옮겨지면 주소 변환은 변위가 세그먼트의 크기보다 작거나 같은지를 점검하면서 진행된다. 만약 변위가 세그먼트 크기보다 크면 세그먼트 오버플로우를 발생하고 운영 체제로 제어가 넘어가서 프로세스의 실행을 비정상 종료시킨다.

③ 변위가 세그먼트 범위 내에 있으면 접근 권한 보호 비트를 조사한 후, 허락되면 세그먼트 시작 주소와 변위가 더해져서 실제 주소를 생성한다. 그러나

의도한 접근 권한이 허락되지 않으면 세그먼트 보고 예외(segment protection exception)오류를 발생하고 운영 체제로 제어가 넘어가서 프로세스의 실행을 비정상 종료 시킨다.

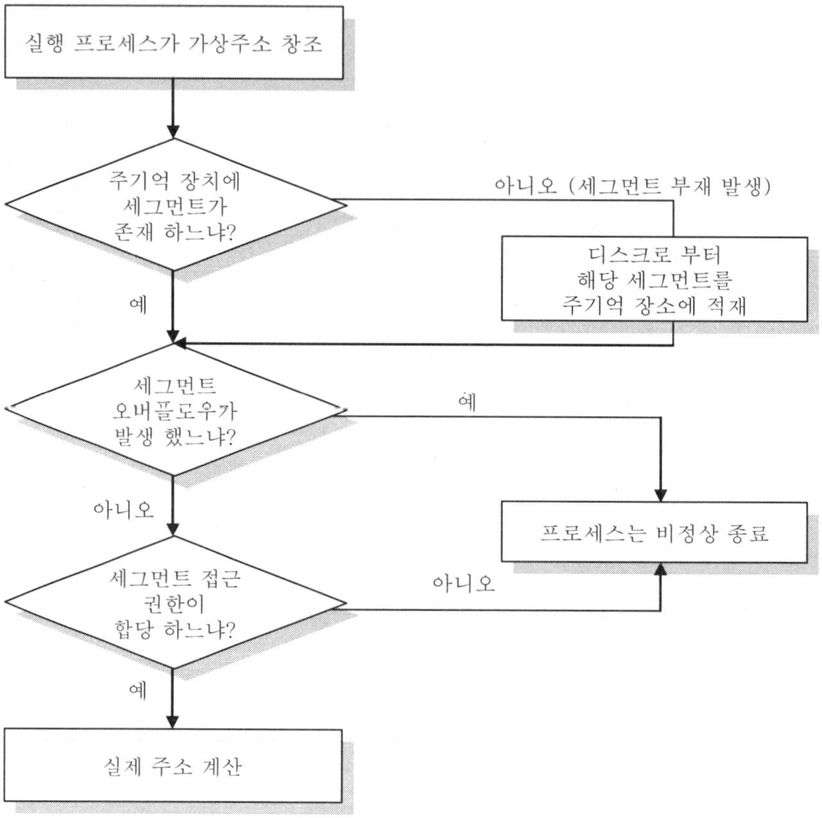

[그림 7-18] 세그먼트 부재 처리 중심의 순서도

페이징과 세그먼테이션 기법은 본질적으로 큰 차이는 없다. 차이점은 페이징 기법의 경우 주기억 장소상에 불려 들여지는 단위가 페이지 크기로 물리적인 크기로 고정되어 있지만 세그먼테이션의 경우에는 세그먼트의 크기가 다양하다. 세그먼트 크기를 고정시키지 않는 가장 큰 이유는 세그먼트를 논리적으로 의미 있는 프로그램의 모듈 크기로 만들기 위해서이다. 소프트웨어의 생산성 향상과 유지 보수의 용이화 등의 관점에서 프로그램의 모듈화는 매우 중요하다.

이와 같이 세그먼테이션은 페이징과는 다르게 프로그램 적재의 최소 단위가 논리적인 모듈 단위이므로 프로그램 실행 중에 국부성이 높아져 페이지 부재 현상보다는 세그먼트 부재 현상의 빈도가 적게 발생하게 된다. 즉, 페이징 기법에 비하여 프로그램에 대한 입출력이 훨씬 효율적이다.

그러나 주기억 장소의 어디에 세그먼트를 배당할 것인가 하는 면에서 관리가 훨씬 복잡하고, 필요한 세그먼트의 크기가 비어있는 분할(partition)에 들어갈 수 없는 상황이 동적 분할 방식처럼 발생하여 외부 기억 장소 단편화 문제가 여전히 남게 된다.

이를 해결하기 위해서 세그먼트 크기를 몇 종류 제한하여 세그먼트의 단편화를 방지하려고 노력한다. 어쨌든 지금까지 살펴본 것처럼 세그먼테이션 기법과 페이징 기법은 상호 간에 장단점을 갖고 있다.

이러한 두 기법의 장점만을 취하여 좋은 가상 기억 장치를 구현하려는 시도가 세그먼트와 페이지를 혼합하는 기법이다. 즉, 고정된 크기의 페이지들로 이루어진 다양한 크기의 세그먼트들을 구성하여 동적 주소 변환을 수행한다.

7.8 페이징/세그먼테이션 혼합 기법

페이지와 세그먼테이션의 비교에서 살펴보았듯이 세그먼트 크기가 너무 다양하여 때로는 주기억 장치에 배당될 수 없는 기억 장소 외부 단편화가 발생한다. 본 절에서는 이러한 문제점을 극복하기 위한 방안으로 하나의 세그먼트를 여러 개의 페이지로 다시 분할하는 페이지/세그먼트 혼합 기법을 동적 주소 변환 과정 중심으로 간단히 살펴본다.

페이지/세그먼트 혼합 기법에서 각 세그먼트의 마지막 페이지는 반드시 차지 않는다. 그래서 세그먼테이션 기법의 외부 단편화는 제거될 수 있지만, 페이징 기법처럼 내부 단편화는 발생한다.

■ 동적 주소 변환 과정

프로세스가 실행할 프로그램의 어떤 워드들(words)은 세그먼트 번호와 세그먼트 내의 페이지 번호 그리고 페이지 내의 변위로 구성된 가상 주소를 가지고 동적 주소 변환을 통하여 실제 주소를 식별할 수 있다. 즉, 가상 주소는 그림 7-19와 같이 V=(s, p, d)로 표현된다.

세그먼트 번호 s	세그먼트 내의 페이지 번호 p	페이지 내의 변위 d

가상 주소 : V=(s, p, d)

페이지/세그먼트는 그림 7-20과 같이 두 수준의 테이블을 두어 동적 주소 변환 과정을 수행한다. 세그먼테이션과의 차이점은 SMT의 항목 중 세그먼트 시작 주소는 PMT의 주소로 대치된다. 그림 7-20을 간단히 설명하자.

① 가상 주소의 세그먼트 번호를 이용하여 SMT 상의 해당 항목을 찾아 PMT의 주소 2000을 찾는다.
② 해당 PMT에서 가상 주소의 페이지 번호를 이용하여 주기억 장치 상의 페이지 프레임 시작 주소 3000을 구한다.
③ 페이지 프레임 시작 주소 3000와 가상 주소의 변위 400을 더하여 실제 주소 3400 번지를 구한다.

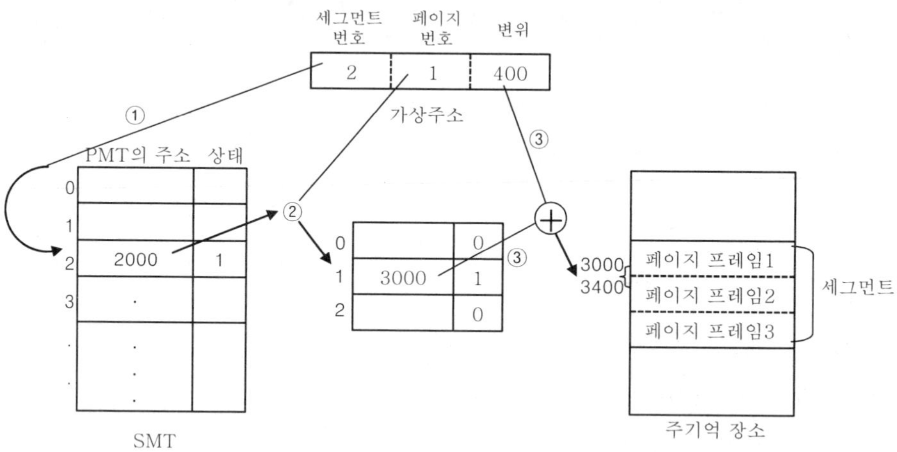

[그림 7-20] 페이징/세그먼테이션의 동적 주소 변환 과정

연 습 문 제

1. 가상 기억 장치의 개념과 가상 기억 장치의 실행을 실제 가능하게 하는 중요한 원리는 동적 재배치 기법이다. 이에 대해 간단히 설명하라.

2. 가상 기억 장치의 필요성에 대해 설명하라.

3. 연속 배당 방식에 비해 가상 기억 장치의 단점은 무엇인가?

4. 가상 기억 장치 방식에서 명령어를 수행할 때 기억 장소를 2번 접근해야 하는 이유와 이를 해결하기 위한 방법에 대하여 설명하라.

5. 요구 페이징(demand paging) 기법이 가능한 이유와 페이지 부재(page fault)가 발생하는 원인을 설명하라.

6. 페이지와 세그먼트 기법에 대하여 비교하여 설명하라.

7. 페이징 기법의 장단점을 설명하라.

제 8 장 가상 기억 장치 관리

8.1 가상 기억 장치 관리 개요

가상 기억 장치가 구현되기 위해서는 실행 중인 프로세스의 가상 주소가 동적 주소변환 하드웨어에 의해 실제 주소가 구해져야 한다. 이에 대한 자세한 동작 원리는 앞 장에서 자세히 설명하였다. 그러나 실행할 프로세스가 주기억 장소에 없는 페이지를 접근하면 페이지 부재(page fault)가 발생한다. 이때 운영 제체가 개입하여 인터럽트 취급 루틴에 의해 소프트웨어적으로 구현됨을 앞 장을 통하여 개념적으로 살펴보았다.

이러한 페이지 부재에 대한 처리가 가상 기억 장치의 성능을 크게 좌우하는 중요한 요인이 된다. 본 장에서는 미리 페이지 부재가 발생하지 않도록 또는 페이지 부재가 발생했을 때 효율적인 처리를 위한 가상 기억 장치 관리 정책에 대하여 페이징 기법을 중심으로 설명한다.

가상 기억 장치 관리 정책은 하나의 프로세스를 처리하는 상대적 순서에 따라 사용되는 정책들을 다음과 같이 구분할 수 있다.

(1) 반입 정책(fetch policy)

이는 언제, 어느 페이지(또는 세그먼트)를 디스크에서 주기억 장치로 가져올 것인가를 결정하는 정책으로 두 가지 기법이 있다. 이하 세그먼트는 생략한다.

가) 요구 반입(demand fetch) 기법

실행 중인 프로세스에 의하여 호출된 페이지만을 주기억 장치로 가져오는 기법으로 보통 요구 페이징(demand fetch) 기법이라 한다. 한 프로그램의 실행 순서는 정확히 예측될 수 없기 때문에 새로운 페이지들을 예측하여 주기억 장치에 미리 할당시키는 일은 잘못된 결과를 초래할 수도 있다. 그러나 요구 페이징 기법에서는 주기억 장치에 옮겨진 페이지들이 모두 프로세스에 의해 실제로 참조되는 것이기 때문에 언제, 어느 페이지를 주기억장치로 옮길 것인가를 결정하기 위한 오버헤드를 최소화할 수 있다.

그러나 요구 페이징은 프로세스가 요구하는 새로운 페이지가 필요할 때마다 페이지 부재가 발생하여 매번 그 페이지를 적재시켜야 하는 빈번한 페이지인(page-in) 오버헤드가 발생한다. 따라서 프로세스에게 할당된 페이지 수가 많을수록 페이지인을 위한 대기 시간의 낭비가 커지게 된다.

나) 예상 반입(anticipatory fetch) 기법

프로세스에 의해 요구될 페이지를 미리 예측하여 주기억 장치에 가져오는 기법이다. 이 기법은 프로세스가 필요로 하는 페이지들을 운영 체제가 예측하여 주기억 장치에 여유가 있을 때 이 페이지들을 미리 적재시킨다. 만약 이 결정이 옳았다면 그 프로세스는 가능한 최소 페이지 부재율을 가지고 실행됨으로써 실행 시간은 상당히 줄게 될 것이다. 그러나 프로세스의 기억 장치 요구를 예측하기는 매우 어려워 실제 구현하기 힘들다.

(2) 배치 정책(placement policy)

이는 주기억 장치에 가져올 페이지를 주기억 장치의 어느 곳에 적재할 것인가를 결정하는 정책으로서, 페이징 기법의 경우 주기억 장치의 모든 페이지 프레임은 논리적으로 동등한 위치에 있기 때문에 사용 가능한 페이지 프레임을 찾아 배치하면 되고, 세그먼테이션 기법에서는 동적 분할 방식처럼 최초적합, 최적 적합, 최악 적합 등의 기법을 사용하여 배치하면 된다.

(3) 교체 정책(swapping policy)

페이지 부재가 발생하였는데 주기억 장소에 적재될 공간이 없으면 현재 주기억 장치를 사용하고 있는 페이지 프레임 중에서 새로운 페이지가 저장될 공간을 마련하기 위해 어떤 한 페이지 프레임을 제거한 후 그 위치에 프로세스가 원하는 새로운 페이지를 적재하는 정책이다. 이는 페이지 부재시 어떤 페이지 프레임을 디스크로 내보낼 것인가를 선택하여 결정하는 중요한 정책이다.

(4) 할당 정책(allocation policy)

각각의 실행 프로세스에게 얼마만큼의 주기억 장소를 할당할 것인가를 결정하는 정책이다. 대부분의 경우 운영 체제는 CPU의 이용률을 높이기 위하여 많은 프로세스를 활성화해야 하므로 각 프로세스에게 필요한 충분한 페이지 프레임을 항상 할당해 주지 못한다.

따라서, 어떻게 각 프로세스가 필요로 하는 페이지 프레임 수와 원하는 페이지를 할당해야 하는 할당 정책은 교체 정책과 더불어 매우 중요하다.

이상의 네 가지 관리 정책 중 할당 정책은 어떤 시점에서 각 프로세스가 필요로 하는 페이지의 수를 결정하기 때문에 교체 정책에 영향을 주고, 반대로 교체 정책은 어떤 프로세스가 이미 사용하고 있는 페이지를 제거하기 때문에 할당 정책에 간접적으로 영향을 미친다.

이와 같이 할당 정책과 교체 정책은 가상 기억 장치 시스템의 성능 및 효율 등에 중요한 영향을 주는 상호 밀접한 관련이 있다.

이러한 가상 기억 장치 관리 정책들을 프로세스가 실행되면서 어떻게 기억장치를 참조하느냐에 따라 할당과 반입 그리고 교체 정책들에게 크게 영향을 미치는데, 대부분의 실행 프로세스는 참조 국부성(locality of reference)성질을 가지고 기억 장치를 참조한다. 먼저 이에 대해 알아본 후 가상 기억 장치 관리 정책들을 자세히 살펴보자.

8.2 프로그램의 참조 국부성

가상 기억 장치 방식은 실행할 어떤 프로세스의 전체를 실제 주기억 장소에 적재하지 않고도 실행이 가능한 근본저인 이유는 어떤 특정 루틴을 실행하는 동안에는 주로 그 루틴의 부분만이 참조되지 않고 전체가 참조되지 않기 때문이다. 이러한 프로그램의 순차적인 성질을 프로그램의 참조 국부성(locality of reference)이라 할 수 있다. 국부성을 지역성이라 해석하기도 한다.

다시 말해서 참조 국부성이란 "프로그램이 실행될 때 기억 장치 내의 모든 정보를 균일하게 참조하는 것이 아니라 어느 한 순간에 특정 부문을 집중적으로 참조한다." 의미이다.

예를 들어, 함수가 호출될 때는 새로운 국부를 정의하게 되고, 기억 장치 참조는 함수의 명령어, 지역 변수, 전역 변수들의 어떤 집합에 대해 참조가 이루어지게 된다. 함수의 실행이 끝나면 프로세스는 이 국부를 떠나게 된다. 왜냐하면 지역 변수나 함수 명령어들은 더 이상 실제로 수행되지 않기 때문이다. 따라서, 국부는 프로그램 구조나 그 자료 구조에 의해 정의된다.

그림 8-1은 실행 중인 프로세스의 기억 장치 참조 국부성 형태를 그래프로 나타낸 것이다. 어둡게 칠해진 영역은 각 연속적인 시간 간격 동안 어느 기억 장소가 참조되었는지를 나타내는데, 이 그림에서 프로세스가 각 시간 간격 동안 특별한 몇 개의 페이지 내에서만 실행되는 경향이 있음을 생생하게 나타내고 있다.

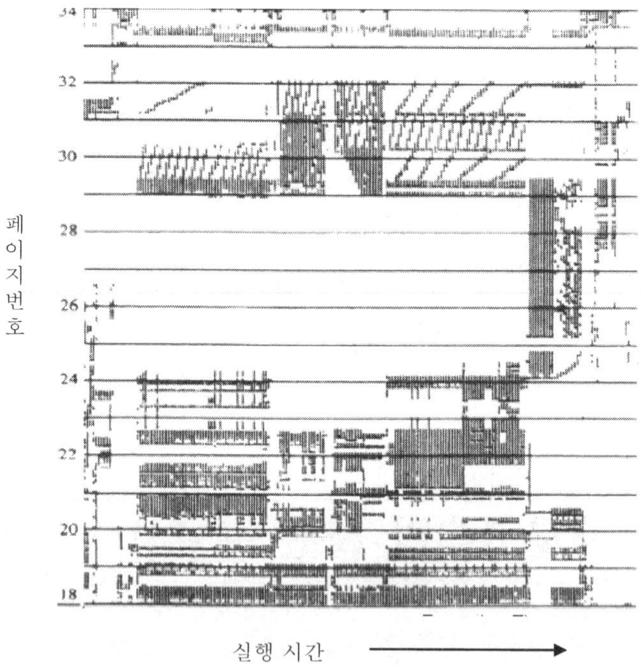

[그림 8-1] 실행중인 프로그램의 참조 국부성

참조 국부성에는 시간적, 공간적 참조 국부성의 두 가지 형태가 있다.

(1) 시간 국부성(temporal locality)

프로그램이 처음에 참조된 기억 장소를 짧은 시간 주기 동안 계속 참조하는 경향을 시간 국부성이라 한다. 프로그램 상의 반복(looping), 함수, 스택(stack), 계산과 누적에 사용되는 변수들이 그 예이다.

(2) 공간 국부성(spatial locality)

프로그램이 하나의 기억 장소를 참조하면 분산된 장소보다는 그 근처의 기억 장소가 계속 참조되는 경향을 공간 국부성이라 한다. 예로써 배열 조작, 순차적 코드 실행(sequential code execution)과 프로그래머들이 관련된 변수들을 서로 근처에서 선언하는 경향 그리고 지역 변수 선언 등을 들을 수 있다.

모든 프로그램은 이러한 시간적, 공간적 참조 국부성에 기인하여 기억 장소를 참조한다. 만약에 현재의 국부의 크기보다 적은 페이지 프레임을 할당 받게 되면 그 프로세스는 실제로 사용하는 모든 페이지들이 기억 장치 내에 없기 때문에 잦은 페이지 부재가 발생하는 원인이 된다.

이와 같이 참조 국부성이란 개념은 기억 장치 관리 기법에 중요한 역할을 한다. 따라서 가상 기억 장치 관리 정책은 최근에 참조된 페이지들이나 같은 국부성 내의 페이지들이 가까운 장래에 참조될 가능성이 높다는 참조 국부성 성질을 이용하여 교체, 할당, 반입 정책 등에 적극 활용한다. 이러한 내용은 다음 절에서 살펴볼 수 있다.

8.3 교체 정책

실행 중인 프로세스가 요구하는 페이지가 주기억 장소에 존재하지 않으면 페이지 부재가 발생한다. 만일 주기억 장소에 적재될 페이지 프레임 없으면 이를 해결하는 방법은 두 가지가 있다.

① 주기억 장치가 이용 가능할 때가지 페이지 부재를 일으킨 프로세스를 일시

적으로 중단 시킨다.

② 어떤 페이지 프레임을 디스크로 내보낼 것인가를 결정한다.

본 절에서는 새롭게 주기억 장치에 적재될 페이지를 위한 기억 공간을 확보하기 위하여, 기존에 적재되어 있는 페이지 프레임 중 주기억 장치로부터 제거되어야 할 페이지를 결정하기 위한 페이지 교체 기법에 대하여 살펴보자.

이러한 페이지 교체 기법은 다음과 같은 두 가지 큰 이유로 가상 기억 장치의 성능에 크게 영향을 주기 때문에 매우 중요하다.

① 빈번히 참조되는 페이지를 잘못 교체하여 내보내면 곧 다시 그 페이지를 주기억 장치의 페이지 프레임에 불러 들어야 하는 오버헤드가 발생하기 때문에 가능한 이러한 부작용을 해결하면서 페이지 교체를 수행해야 한다.

② 제거될 페이지 프레임이 디스크에서 주기억 장소로 페이지인 된 후 내용이 변경되어 있으면 새로운 페이지가 주기억 장소로 옮겨지기 전에 디스크로 다시 복사해야만 한다. 이 역시 큰 오버헤드이므로 PFMT의 항목에 주기억 장소에 페이지인 된 후 변경 유무를 나타내는 변경 비트(change bit)를 조사하여 가능하면 변경이 안 된 페이지를 제거해야 한다.

이러한 두 가지 이유를 고려하면서 페이지 교체 정책에 대하여 살펴보자.

8.3.□ □□□ 교체 □□□□

(1) □□□ □□□□

가장 간단한 페이지 교체 알고리즘으로서 페이지를 교체시키기 위해서 주기억 장치에 가장 오랫동안 존재한 페이지 즉, 맨 처음에 들어온 페이지를 제일먼저 교체시키는 방법이다.

이를 구현하기 위해서는 손쉽게 하나의 환상형 큐(circular queue)를 동작시키면 된다. 그림 8-2는 FIFO 알고리즘의 동작 과정을 구현한 예를 보여준다.

P는 실행 프로세스가 요구하는 페이지 번호인데 디스크가 5개의 페이지로 구성되어 있고 주기억 장치 크기는 단지 세 개의 페이지 프레임, 즉 PF=3(큐의 크기)으로 구성되어 있다고 가정하자. 새로운 페이지가 주기억 장치에 옮겨질 때마다 큐의 페이지 번호는 변한다. 그리고 F는 페이지 부재의 수를 의미한다.

예를 들어, 프로세스가 네 번째 진행 순서에서 1을 요구하면 페이지 2, 3, 4만이 주기억 장치에 존재하므로 페이지 부재가 발생하여 큐 동작에 의해 가장 먼저 들어온 페이지 4가 제거된다.

진행순서 →

	1	2	3	4	5	6	7	8	9	10	11	12
P=	4	3	2	1	4	3	5	4	3	2	1	5
	4+	3+	2+	1+	4+	3+	5+	5	5	2+	1+	1
PF=3		4	3	2	1	4	3	3	3	5	2	2
			4	3	2	1	4	4	4	3	5	5
F=9	+	+	+	+	+	+	+			+	+	

$$f = \frac{9}{12} \times 100 = 75\%$$

[그림 8-2] PF=3인 경우 FIFO 알고리즘 적용

위의 예에서 12번의 페이지가 참조 가운데 9번의 페이지 부재가 발생하였으므로 페이지 부재율 f는 75%가 된다. 보통 페이지 프레임과 페이지가 실제 시스템에서처럼 많이 구성되어 있으면 f가 적은 비율로 유지된다.

그림 8-3은 페이지 프레임의 수를 4개(PF=4)로 늘렸을 뿐 그림 8-2와 동일한 상황에 대하여 FIFO 알고리즘을 적용한 예이다.

	1	2	3	4	5	6	7	8	9	10	11	12
P=	4	3	2	1	4	3	5	4	3	2	1	5
	4+	3+	2+	1+	1	1	5+	4+	3+	2+	1+	5
PF=4		4	3	2	2	2	1	5	4	3	2	1
			4	3	3	3	2	1	5	4	3	2
				4	4	4	3	2	1	5	4	3
F=10	+	+	+	+			+	+	+	+	+	+

$$f = \frac{10}{12} \times 100 = 83\%$$

[그림 8-3] PF=4인 경우 FIFO 알고리즘 적용

주기억 장치의 페이지 프레임의 수가 PF=3에서 PF=4로 늘어나면 보통 페이지 부재가 감소해서 주기억 장치의 이용률이 높아져야 하는데 오히려 75%에서 페이지 부재율이 83%로 증가하는 결과가 발생하였다. 이와 같은 경우는 FIFO 알고리즘의 이상(anomaly) 현상이라 한다. FIFO 알고리즘의 이상 현상은 어떤 페이지가 자주 이용될지라도 가장 오래동안 주기억 장치에서 존속되어 있으면 교체되기 때문이다. 즉, 참조 국부성을 성질을 반영하지 못하고 들어온 순서로만 쉽게 교체되기 때문에 발생한다.

(2) LRU 알고리즘

가장 널리 사용되는 방법으로서 LRU(Least Recently Used) 알고리즘은 FIFO 알고리즘의 이상 (anomaly)현상을 해결하기 위해 오랜 기간 동안 참조되지 않은 페이지를 선택해서 교체시킨다. 즉, 어떤 페이지가 참조되면, 또다시 곧 그 페이지가 참조된다는 참조 국부성 성질을 활용하는 알고리즘이다.

그림 8-4는 FIFO 알고리즘의 상황과 동일한 경우를 LRU 알고리즘을 적용한 예이다.

LRU는 FIFO 알고리즘처럼 PF 리스트에 먼저 들어온 순으로 유지하다가 (그 차이점으로써) 만일 프로세스가 요구하는 페이지가 기존 리스트에 존재하면 가장 최근에 참조된 페이지를 리스트의 가장 위에 배치시키는 조정 과정을 갖는다. 그림 8-4의 예에서 페이지 프레임의 번호에 원이 추가된 경우가 그 예에 해당된다.

LRU 알고리즘이 FIFO와 다르게 참조 국부성 성질을 활용하는 경우를 PF 리스트에서 페이지 프레임 번호에 원을 추가하였다. 예를 들어, 그림 8-3 (b)에서 진행 순서 5인 경우를 보면, 프로세스가 페이지 번호 4를 요구하였는데 현재 주기억 장치에 페이지 4는 PF 리스트의 가장 아래에 존재한다. 그러나 가장 최근에 프로세스가 참조하였기 때문에 PF 리스트의 가장 위로 조정하여 참조 국부성이 반영된다.

LRU를 구현하는 또 다른 방법은 페이지 수만큼 스택을 유지하는 것이다. 페이지가 참조될 때마다, 해당 페이지는 스택에서 삭제되어 다시 스택의 제일 위에 삽입되어진다. 이와 같은 방법으로 스택의 제일 상위에는 항상 가장 최근에 사용된 페이지가 있고 제일 밑에는 최근에 사용이 안된 페이지가 놓여지게 된다. 이러한 구현 방법은 기본 스택과 다르게 스택의 가운데서 삭제가 수행될 수 있도록 스택의 헤드와 끝 포인터를 지닌 연결 리스트로서 응용되어 구현되어야 한다.

	1	2	3	4	5	6	7	8	9	10	11	12
P=	4	3	2	1	4	3	5	4	3	2	1	5
	4+	3+	2+	1+	4+	3+	5+	④	③	2+	1+	5+
PF=3		4	3	2	1	4	3	5	4	3	2	1
			4	3	2	1	4	3	5	4	3	2
F=10	+	+	+	+	+	+	+			+	+	+

$f = \frac{10}{12} \times 100 = 83\%$　　(a) 페이지 프레임 = 3

	1	2	3	4	5	6	7	8	9	10	11	12
P=	4	3	2	1	4	3	5	4	3	2	1	5
	4+	3+	2+	1+	④	③	5+	④	③	2+	1+	5+
PF=4		4	3	2	1	4	3	5	4	3	2	1
			4	3	2	1	4	3	5	4	3	2
				4	3	2	1	1	1	5	4	3
F=8	+	+	+	+			+			+	+	+

$f = \frac{8}{12} \times 100 = 67\%$　　(b) 페이지 프레임 = 4

[그림 8-4] PF=3과 PF=4인 경우 LRU 알고리즘 적용

그림 8-5는 프로세스가 다음과 같이 페이지를 요구했을 때 스택의 변화를 보여준다. 페이지의 수는 5이므로 스택의 크기는 5이다.

페이지 참조 순서

	1	2	3	4	5	6	7	8	9	10	11	12
P=	4	3	2	1	4	3	5	4	3	2	1	5

(처음으로 5개의 페이지가 참조된 스택)	(최종 스택)
5	5
3	1
4	2
1	3
2	4

[그림 8-5] 스택을 이용한 LRU 구현

(3) LRU 근사 알고리즘

LRU 알고리즘은 페이지 참조될 때마다 페이지 교체 상태 정보를 갱신해야만 하나 FIFO 알고리즘은 이 같은 갱신이 페이지가 주기억 장치에 옮겨질 때만 필요하다. 이와 같은 잦은 갱신은 소프트웨어에 의해서만 행해진다면 큰 오버헤드가 되므로 이를 해결하기 위해 LRU 근사 알고리즘을 사용한다.

LRU 근사 알고리즘은 PFMT에 참조(reference) 비트를 추가하여 처음에 모든 참조 비트를 0으로 초기화시킨다. 그러다가 사용자 프로세스가 페이지 프레임을 참조하면 하드웨어에 의해서 자동적으로 1로 세트시킨다.

또한 페이지 교체 소프트웨어는 참조 비트를 일정 주기 동안의 사용 유무를 참조 비트를 통하여 알아낼 수 있다.

참조 비트가 0인 페이지 프레임은 일정 주기 동안 한 번도 프로세스가 해당 페이지 프레임을 참조하지 않았음을 의미하기 때문에 이를 교체 페이지 프레임으로 선택한다.

그래서 LRU 근사 알고리즘을 최근에 사용하지 않은 페이지 프레임을 교체 한다는 의미로 NUR(Not Used Recently) 알고리즘이라고도 한다.

LRU 근사 알고리즘의 페이지 교체 과정은 다음과 같다.

① 페이지 교체가 요구되면 PFMT의 교체 시작 위치부터 탐색하기 시작한다. 처음 페이지 교체를 수행할 때의 교체 시작 위치는 0이다.

② 참조 비트가 0인 페이지 프레임을 찾으면 페이지를 교체시키고 참조 비트를 1로 세트한다.

③ 다음 번의 페이지 교체를 수행할 때는 찾은 다음부터 PFMT를 탐색하기 위해 교체 시작 위치를 하나 증가한다. 이렇게 해서 처음 주기억 장치로 적재된 페이지는 PFMT를 탐색하는 한 사이클 동안 쫓겨나지 않게 된다. LRU 근사 알고리즘은 환상형 큐로서 구현된다.

그림 8-6은 현재 교체 시작 위치가 1일 때 교체 대상의 페이지 프레임을 선택하기 위해 PFMT를 탐색해 나간다. 페이지 프레임 번호 1과 2는 참조 비트가 1이기 때문에 교체 대상에서 제외되고, 참조 비트가 0인 페이지 프레임 3번이 교체 대상으로 선택되어 되어 교체되고, 참조 비트를 1로 변경한다. 그리고 교체 시작 위치

를 하나 증가하여 4가 된다.

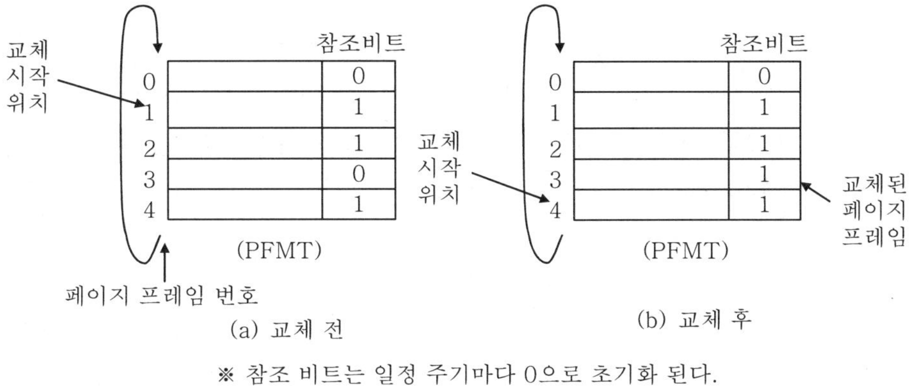

[그림 8-6] LRU 근사 알고리즘의 예

(4) LFU 알고리즘

LFU(Least Frequently Used) 알고리즘은 PFMT에 각 페이지 프레임에 카운터를 두어 참조되어진 횟수를 유지시켜서 가장 적은 수를 지닌 페이지 프레임을 교체시키는 방법이다.

그러나 방금 전에 주기억 장소에 들어온 페이지 프레임은 참조 횟수가 적기 때문에 또 다시 교체된 수 있으므로 사용 빈도수가 많은 것을 선택해서 교체시키는 MFU(Most Frequently Used) 알고리즘도 있다. LFU나 MFU는 참조시마다 매번 카운터 값을 바꾸어 주어야 하며, 교체할 우선순위에 따라 페이지 프레임을 정렬해 놓거나, 그때그때 교체할 페이지를 찾아야 하는 오버헤드가 있다.

(5) 이차 기회(Second Chance) 알고리즘

이차 기회(Second Chance) 알고리즘은 각 페이지 프레임을 FIFO순으로 유지시키면서 LRU 근사 알고리즘처럼 참조 비트를 갖게 한다. 프로세스가 처음 적재되거나 어느 페이지 프레임이 교체되면 참조 비트를 1로 세트한다. 페이지를 교체해야 할 때는 참조 비트가 현재 0인 것 중에서 가장 오래된 FIFO순의 페이지 프레임을 선택해나가야 한다.

즉, 페이지 교체가 요구되면 일차적으로 FIFO순으로 참조 비트를 조사하여 0인 페이지 프레임을 찾아 교체한다. 그러나 참조 비트를 조사하는 가운데 참조 비트가

1인 페이지 프레임은 일차적으로 선택하지 않고 다음에 이차적으로 선택 될 수 있는 기회를 주기 위해서 참조 비트를 0으로 변경한다.

이차 기회 알고리즘은 환상형 큐(circular queue)로서 구현된다. 그림 8-7은 교체 시작 위치 1에서부터 참조 비트가 0인 페이지 프레임을 찾아가면서 참조 비트가 1인 페이지 프레임은 이차 기회를 주기 위해서 참조 비트를 0으로 변경시키고 참조 비트가 0인 페이지 프레임 3을 교체한다.

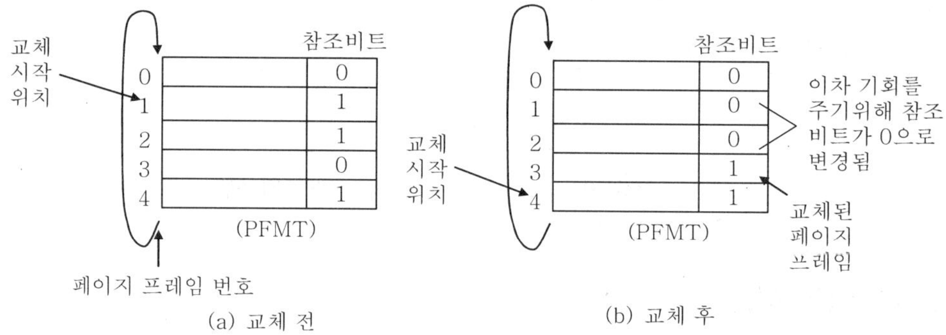

[그림 8-7] 이차 기회 알고리즘의 예

8.3.2 전역 대 지역 교체

페이지 부재가 발생하여 교체할 페이지 프레임을 선택하는데 있어서 전체 시스템의 모든 프로세스에게 할당되어 있는 페이지 프레임을 대상으로 선택하여 교체하는 방식을 전역 교체(global swapping)라 한다. 반면에, 지역 교체(local swapping)는 자신의 프로세스에 할당된 페이지 프레임 중에서 하나를 선택해서 교체하는 방식이다.

(1) 전역 교체

전역 교체는 프로세스가 다른 프로세스에게 할당된 페이지 프레임 중에서도 선택할 수 있기 때문에 그 프로세스에 할당된 페이지 프레임의 수는 증가한다. 그러므로 한 프로세스의 페이지 부재 처리를 위해 다른 프로세스의 페이지가 제거될 수 있으므로 프로세스 그 자신의 페이지 부재율을 스스로 조정할 수 없다.

따라서 한 프로세스에 대한 기억 장치 내의 페이지 집합은 그 프로세스뿐만 아니라 다른 프로세스의 페이지 기법에 의한 동작에도 영향을 받기 때문에 빠르게 실행되던 프로세스가 늦어질 수도 있고 그 반대가 될 수도 있다. 전역 교체는 개별 프로세스의 동작보다는 시스템 전반적인 상태에 중점을 두어 대형 시스템에서 주로 사용된다.

(2) 지역 교체

지역 교체는 각 자신의 프로세스에 할당된 페이지 프레임들 중에서 교체될 페이지 프레임을 선택하기 때문에 프로세스에 할당된 페이지 프레임의 수는 변하지 않는다. 따라서 지역 교체의 한 프로세스에 대한 페이지 집합은 단지 그 프로세스의 페이지 요구 동작에만 영향을 받는다. 그러므로 지역 교체의 할당 결과는 각각의 특정 프로세스로 지역화되는 경향이 생긴다.

지역과 전역 교체는 자신의 교체 대상의 페이지 프레임 범위 내에서 FIFO, LRU, 이차 기회 등의 교체 알고리즘을 사용하여 교체 대상을 선택한다.

8.4 할당 정책

할당 정책은 어떤 시점에 각 프로세스가 필요로 하는 페이지의 수를 결정하기 때문에 교체 정책에 영향을 주고, 반대로 전역 교체 정책은 어떤 프로세스가 이미 사용하고 있는 페이지를 제거하기 때문에 할당 정책에 간접적으로 영향을 미친다. 이와 같이 할당 정책과 교체 정책은 상호 밀접한 관련이 있다. 본 절에서는 할당 정책이 필요한 이유와 할당 방법들을 살펴본다.

8.4.1 스래싱(thrashing)

스래싱(thrashing)이란, 너무 자주 페이지 교체가 일어나는 현상을 말하는 것으로, 어떤 프로세스가 계속적으로 페이지 부재가 발생하여 프로세스의 실제 처리 시간보다 페이지 교체 시간이 더 많아지는 현상을 말한다. 따라서 시스템은 심각한 성능 저하를 초래한다.

(1) 스래싱의 원인

일반적으로 하나의 프로세스는 실행을 위하여 몇몇 페이지 프레임만을 할당받는다. 물론 이때 할당 받는 페이지 프레임의 수는 주기억 장치의 크기와 페이지 프레임의 크기에 따라 결정되는 종속적인 문제이기는 하나, 대부분 경우 운영 체제는 CPU의 이용률을 높이기 위하여 많은 프로세스들을 활성화해 나간다. 그러므로 각 프로세스는 자신에게 필요한 충분한 페이지 프레임을 항상 할당받지 못하게 된다. 이러한 상황에서 프로세스에게 할당된 페이지 프레임의 수가 효율적인 실행을 위하여 CPU가 요구하는 최소한의 수보다 적으면 적을수록 페이지 부재율은 증가하여 프로세스의 실행은 점점 늦어지게 된다.

그러나 이러한 현상 때문에 CPU의 이용률이 떨어지는 줄을 모르는 운영 체제는 CPU의 이용률을 높이기 위해 더욱 다중 프로그래밍 정도를 증가시키게 된다. 그래서 결과적으로 프로세스가 실제 실행되는 시간보다 페이지 교체에 소비되는 시간이 더 많아지는 스래싱을 발생시켜 시스템의 성능을 최악으로 만들어 버린다.

(2) 다중 프로그래밍의 정도와 스래싱

그림 8-8은 다중 프로그래밍의 정도에 따라 중앙 처리 장치의 효율성을 보여주고 있다. 이 그림에서 알 수 있듯이, 다중 프로그래밍의 정도가 높아짐에 따라 중앙 처리 장치의 효율성은 어느 한계에 도달할 때까지는 증가하다 다중 프로그래밍의 정도가 어느 한계 이상 높아지면, 스래싱이 발생하여 중앙 처리 장치의 효율이 급격히 감소함을 나타내고 있다.

이 경우 CPU의 이용률을 높이고 스래싱 현상을 방지하기 위해서는 다중 프로그래밍의 정도를 낮추어야 한다.

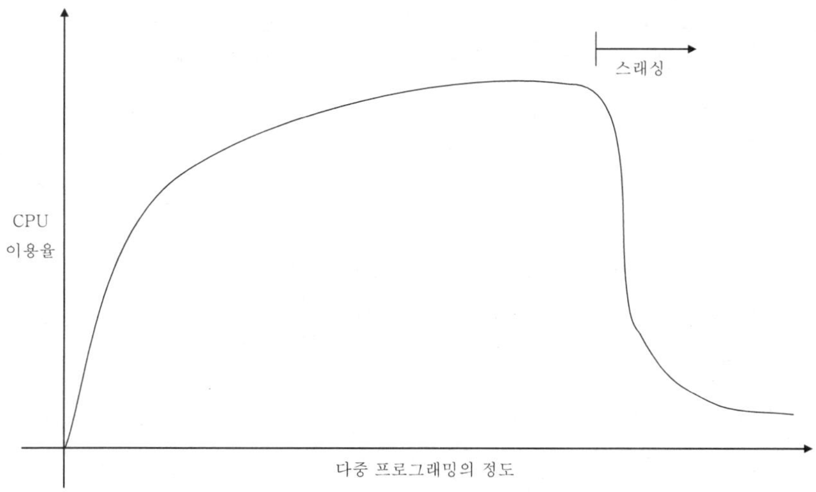

[그림 8-8] 스래싱

(3) 스래싱 방지책

먼저 스래싱의 발생을 제한하는 방법을 생각해보자. 지역 교체 알고리즘을 사용하여 스래싱을 제한시킬 수 있다. 지역 교체 알고리즘은 한 프로세스가 스래싱을 발생하게 되더라도 다른 프로세스가 사용한 페이지 프레임을 할당받을 수 없으므로 다른 프로세스를 스래싱 현상에 빠지지 않게 한다. 반면에 전역 교체 알고리즘은 스래싱에 취약하다.

그러나 실제적으로 스래싱 현상을 방지하기 위해서는 각 프로세스가 필요로 하는 페이지 프레임을 할당해야 한다. 너무 적은 페이지 프레임을 할당받으면 스래싱이 발생되고, 너무 많은 페이지 프레임을 할당받으면 다중 프로그래밍의 정도와 CPU의 이용률은 심하게 저하된다.

그러면 어떻게 각 프로세스가 필요로 하는 페이지 프레임 수와 어떤 페이지를 원하는지 알 수 있겠는가? 이 문제는 페이지 부재 빈도(Page Fault Frequency)에 따른 방법과 프로그램의 참조 국부성 성질을 이용한 작업 세트(working set) 방법 등을 사용하여 해결해 나가고 있다.

8.4.2 페이지 □□ □□(□age □a□t □re□□en□□)

스래싱이란 페이지 부재가 너무 자주 일어나는 것이 원인이기 때문에 페이지 부재율을 조절하여 직접적으로 스래싱을 방지할 수 있다. 실행 프로세스의 페이지 부재율을 측정하여 그 프로세스의 프로세스 제어 블록에 기록하여 놓고, 페이지 부재율의 상한선과 하한선을 정해 놓는다. 만일 페이지 부재율이 상한선을 넘으면 그 프로세스에게 다른 페이지 프레임을 더 할당해 주고, 하한선보다 낮으면 그 프로세스로부터 페이지 프레임을 회수한다.

그림 8-9는 페이지 부재율에 따른 페이지의 할당과 회수 방법을 보이고 있다. 이 그림은 한 프로세스의 페이지 부재율이 그에 할당된 페이지 프레임 수에 의존함을 보여 주고 있다. 직선은 전체 시스템에 할당되어 있는 페이지 프레임을 대상으로 교체가 이루어지는 전역 교체 방식의 프로세스 페이징에 대해 나타낸 것이고, 곡선은 자신의 페이지 프레임만을 대상으로 교체가 이루어지는 지역화 된 교체 방식 페이징의 프로세스에 대해 나타낸 것이다.

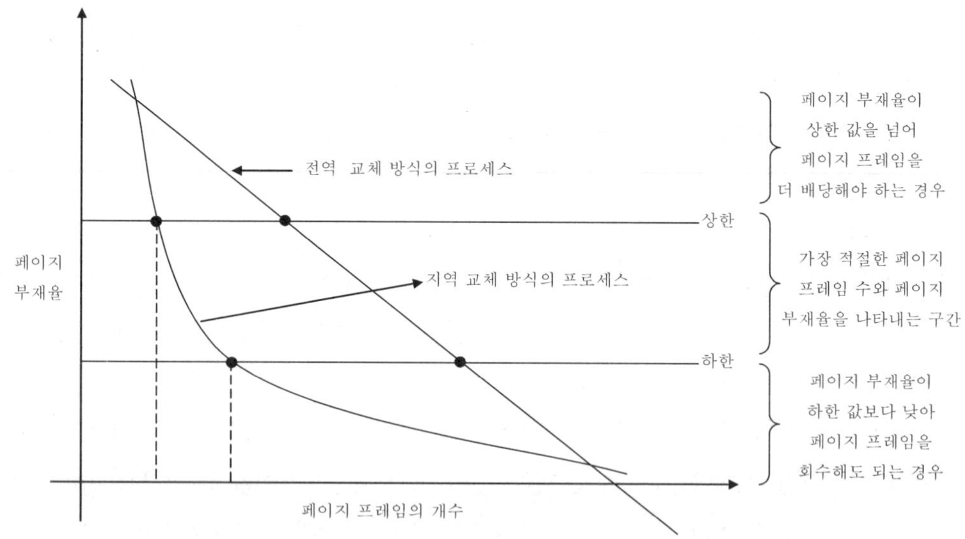

[그림 8-9] 페이지 부재율에 따른 페이지의 할당과 회수

전체 페이지 부재율이 증가되어 할당할 페이지 프레임이 없게 되면, 보통 우선순위가 낮은 프로세스를 선택하여 그 프로세스를 중지시켜 그 프로세스에게 할당되었던 페이지 프레임들은 높은 페이지 부재율을 갖는 프로세스들에게 분배하기도 한다.

기본적으로 페이지 부재 빈도(Page Fault Frequency)는 지역 또는 전역 교체 알고리즘에서 이용될 수 있으나 원래 시스템 내에 존재하는 모든 프로세스의 페이지 부재율을 검사하는 전역적인 교체 방법으로 제시된 것이다.

8.4.3 작업 세트(working set)

앞 절에서 언급한 참조 국부성 연구의 가장 중요한 결과로는 각 프로세스가 많이 참조하는 페이지들이 주기억 장치 내에 있는 한, 페이지 교체가 적게 수행됨으로서 그 프로세스는 효율적으로 실행될 수 있다는 점이다. 이에 근거를 두어 페이지 교체와 할당을 위한 기본 원리로서 작업 세트(working set)이론이 Denning에 의해 소개되었다.

작업 세트란 프로세스에 의해 자주 참조되는 프로세스의 참조 국부성에 포함되는 페이지들의 집합을 의미한다. 이러한 작업 세트는 다음의 가정 하에 구해진다.

① 실행 중에 있는 프로세스는 어떠한 시간적 구간 △t에서 페이지들의 일부분을 자주 참조한다.

② 프로세스의 기억 장치 참조 형태는 가까운 과거와 미래 사이에 높은 상관관계가 있다.

③ 어떤 페이지에 대한 참조 빈도는 시간에 따라 서서히 바뀐다.

이러한 가정 하에 작업 세트를 구하는 예를 살펴보자. 그림 8-10과 같이 페이지 참조 순서가 주어졌을 때 만약에 시간적 구간 △t=10이라 하면 t1 시간의 작업 세트는 {1, 5, 6, 7}이 되고, △t2 시간에는 {3, 4}가 된다. 작업 세트는 가장 최근의 △t 시간 동안에 참조한 페이지의 집합을 말한다.

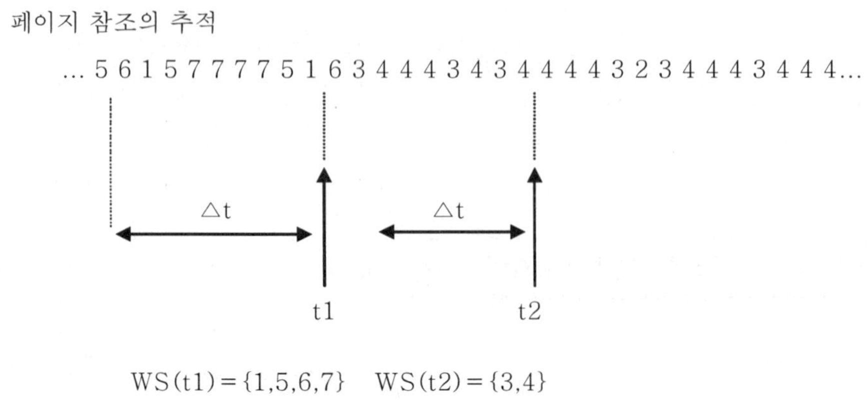

[그림 8-10] 작업 세트의 예

만약에 어떤 페이지가 실제로 사용되고 있으면 그 페이지는 작업 세트에 포함한다. 새로운 프로세스를 현재의 작업 세트의 집합에 포함시키는 결정은 새 프로세스를 위한 작업 세트를 수용할 만한 주기억 공간의 여유가 있는가에 달려 있다. 또한, 그 페이지가 더 이상 사용되지 않게 되면 그 페이지는 마지막으로 참조된 후 △t 시간 구간 후에는 작업 세트에서 빠지게 된다. 따라서, 작업 세트는 프로그램의 참조 국부성의 근사치가 된다. 작업 세트의 정확성은 △t의 선택에 따라 달라진다. 만약에 △t가 너무 작으면 전체 작업 세트를 포함하지 못할 것이고, △t가 너무 크면 여러 참조 국부가 겹치게 될 것이다. 만일 △t가 무한대가 되면 작업 세트는 전체 프로그램의 페이지 개수와 일치하게 된다.

예와 같이 작업 세트는 프로세스가 실행되는 동안 때로는 페이지들이 삽입되기도 하고 제거 될 수 있다. 하나의 프로세스가 효율적으로 실행되기 위해서는 그 프로세스의 작업 세트가 주기억 장치 내에 존재하여야 하며, 그렇지 못할 경우에는 필요한 페이지를 가져오기 위한 빈번한 교체 과정으로 인하여 결국에는 스래싱 현상이 발생한다. 그러므로 실행 중인 프로세스가 주기억 장치 안에 적절한 작업 세트를 유지시킬 수 만 있다면 그 프로세스는 매우 효율적으로 실행될 수 있을 것이다. 이렇게 적절한 작업 세트를 유지하기 위해서는 어떤 페이지가 교체되려면 해당 프로세스의 작업 세트에 포함되지 않은 경우만 교체가 가능하도록 해야 한다. 그렇지 않으면 가까운 장래에 참조될 가능성이 높은 페이지가 제거 될 수 있게 되어 실행 중인 프로세스의 페이지 부재율이 증가 될 것이다. 따라서 각 프로세스에 할당된 실제 페이지의 수는 항상 작업 세트의 크기, 즉 작업 세트에 포함된 서로 다른 페이지 개수와 일치해야 한다. 또한, 새로운 프로세스가 활성화되기 위해서는 항상 자신의 작업 세트만큼의 페이지 프레임을 할당 받을 수 있을 때만 실행하게 해야 한다.

예와 같이 정확한 작업 세트를 구하기 위한 페이지 참조 추적 등은 운영 체제의 오버헤드를 증가시키기 때문에 실제 작업 세트를 구현할 때는 조금 응용을 한다.

일반적인 구현 방법은 프로세스를 실행 중 참조 비트를 사용하여 일정 시간 주기마다(예를 들어 5000번의 기억 장치 참조시) 참조 비트를 기록하고 제거한다. 제거 이전에 이러한 참조 비트들의 값은 PMT 내의 관련된 항목에 저장 시킨다. 몇 번의 연속적인 페이지 검사 동안에 참조되었던 페이지들의 집합이 작업 세트의 근사값이 된다.

8.5 그 외 고려 사항

8.5.1 프리페이징(prepaging)

프리페이징(prepaging)은 과도한 페이지 부재를 방지하기 위하여 예상되는 모든 페이지를 미리 한꺼번에 기억 장치 내로 가져오는 기법이다. 예를 들어, 작업 세트를 이용하는 시스템에서는 각 프로세스가 그 자신의 작업 세트에 포함되는 페이지 집합에 대한 정보를 프로세스 제어 블록에 유지하고 있다. 만일 입출력을 위해 기다리거나 사용 가능한 페이지 프레임이 부족해서 어떤 프로세스가 중단되었다가 다시 재개할 때 그 프로세스를 재개하기 전에 그 프로세스의 작업 세트에 해당하는 모든 페이지를 기억 장치 내로 미리 가져오게 한다.

다른 예로써, 만일 사용 가능한 페이지 프레임이 여유가 있다면 참조 국부성이 높은 함수나 배열 등은 페이지가 나누어져 있어도 한꺼번에 관련 페이지들을 가져오게 한다.

이러한 프리페이징은 어떤 경우에는 장점이 될 수도 있으나 프리페이징에 의해 기억 장치에 들어온 페이지들 중에서 많은 페이지가 사용되지 않을 수도 있다.

8.5.2 페이지 고정(Page Fix)

지금까지는 모든 페이지가 상황에 따라 교체되는 것을 전제로 하였다. 그러나 다음과 같이 특별한 프로그램은 영구히 또는 상당 시간 동안 주기억 장치에 페이지들을 고정(Page Fix)시켜야 한다. 다음의 세 가지 경우들이 그러하다.

① 시스템에서 끊임없이 필요로 하는 커널과 같은 운영 체제 프로그램은 영구 상주해야 한다. 만일 프로세스를 관리하고, 인터럽트 처리 등과 같이 시스템의 핵이 되는 커널 부분이 페이징되어 나가면 모든 시스템은 더 이상 작업이 진행될 수 없는 대기 상태로 빠지게 될 것이다.

② 어떤 조작이 계속되고 있는 사이에 사용하고 있던 페이지 프레임이 변경되면 곤란힐 때가 있다. 예를 들어, 한침 입출력 조작이 진행되고 있는 중에 입출력 자료 영역이 교체되어 버리면 정확한 입출력(Read/Write)을 보장을 할 수 없게 된다. 따라서 입출력 자료 영역은 입출력 조작이 진행되는 동안만큼은 고정되어야 한다.

③ 특수한 입출력 장치의 조작은 시간에 많이 의존하고 있다. 예를 들면 OMR, OCR이나 MICR은 시간에 의존한 처리를 한다. 만약 이들 장치를 대상으로 하는 페이지가 교체되면 입출력 자료가 페이징 동작으로 분실되어 버릴 가능성이 높다. 따라서 시간에 많이 의존하는 프로그램이나 짧은 응답 시간이 요구되는 프로그램에 대한 모든 페이지는 실행하는 동안만큼은 고정되어야 한다.

8.5.3 페이지 크기

페이지의 크기는 페이지 부재율에 영향을 줄 수 있다. 그림 8-11은 주기억 장치가 일정할 경우 페이지 크기에 따라서 페이지 부재율이 어떻게 달라지는 지를 보이고 있다.

그림 8-11에서와 같이 페이지의 크기가 전체 프로그램의 크기와 비슷해지면서 페이지 부재율을 급격히 감소한다.

또한 페이지의 물리적인 크기는 디스크와 같은 물리적인 레코드의 크기를 고려하여 페이지의 크기는 항상 2의 누승이 되어야 하고 일반적으로 0.5K에서 16K 크기의 범위를 갖는다.

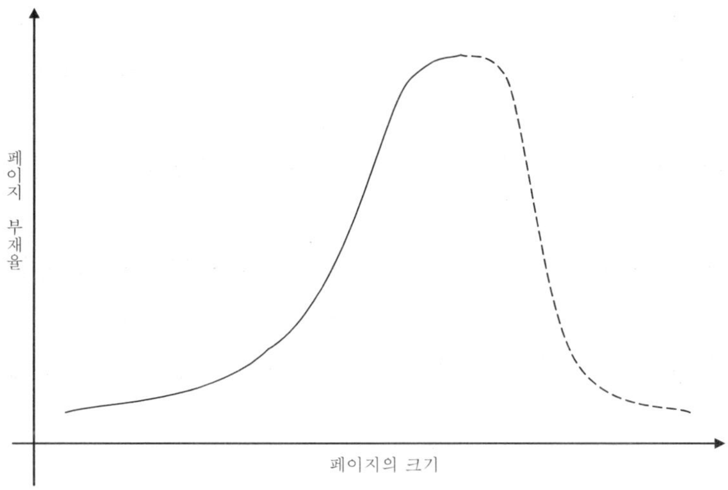

[그림 8-11] 페이지 크기에 따른 페이지 부재율의 변화

그리고 페이지 크기가 크면 동적 주소 변환을 위해 사용하는 PMT나 PFMT 등의 테이블 양이 적어지고, 내부 단편화가 커진다. 반면에 페이지 크기가 작으면 PMT나 PFMT 등의 테이블 양이 많아져 기억 장소를 많이 자치하게 되고, 내부 단편화는 적어진다.

페이징 기법은 사용자 프로그램과 무관하게 물리적인 크기로 분할되기 때문에 참조 국부성이 세그먼테이션 기법보다 떨어진다. 그러므로 사용자가 가능하면 참조 국부성을 높일 수 있는 자료 구조와 프로그래밍 구조를 선택하여 참조 국부성을 증가시키게 하여, 페이지 부재율과 작업 세트의 페이지의 수 등을 감소시킬 수 있게 해야 한다.

예를 들어, 프로그램 구조에서 함수에 의해 모듈별로 작성하거나, 반복, 순차적 코드 실행 등을 사용하면 참조 국부성을 높여주게 된다. 또한, 프로그램에서 사용하는 자료 구조를 배열, 스택, 지역 변수 등을 사용하면 참조 국부성을 높여주게 된다. 반면에, 해시 테이블과 같은 자료 구조 사용은 참조를 분산시키기 때문에 참조 국부성을 떨어뜨린다.

연습문제

1. 가상 기억 장치의 관리 정책 중에서 반입 정책의 목표를 설명하라.

2. 할당 정책과 교체 정책에 대해 간단히 설명하라.

3. 참조 국부성(locality of reference)이란 무엇인지 설명하라.

4. 페이지 교체 정책에서 반드시 고려해야 할 2가지 요소에 대하여 설명하라.

5. 페이지 프레임의 수가 3개이고 다음과 같은 순서로 CPU가 페이지를 요구할 때 LRU 방식과 FIFO 방식에 의한 페이지 부재율은 얼마인가?

   페이지 호출 순서 : 3 5 3 4 5 3 5 1 3 4

6. 스래싱(thrashing)이란 무엇인지, 스래싱이 발생했을 때 해결책을 다음의 관점으로 설명하라.

   1) 지역 교체와 전역 교체
   2) 페이지 부재 빈도(page fault frequency)
   3) 작업 세트(working set)

7. 페이지의 크기가 페이징 방식에 끼치는 영향에 대하여 설명하라.

제 9 장 디스크 관리

9.1 디스크 관리 개요

운영 체제는 사용자가 컴퓨터 시스템을 손쉽게 편리한 사용이 가능하도록 많은 방법들을 개발해왔다. 그 중 한 분야가 정보의 저장 분야이다. 이는 우리가 잘 알고 있듯이 정보 저장 장치는 초기에 카드에서 자기 테이프로, 그리고 현재의 직접 접근(direct access)이 가능한 디스크로 발전되었기 때문이다. 이와 같이 정보 저장에 관련된 디스크와 같은 하드웨어의 큰 발전은 파일들을 손쉽게 생성, 수정, 저장할 수 있게 되었다.

컴퓨터 시스템에서 파일 저장 장치로 보조 기억 장치를 사용하는 이유는 다음과 같다. 프로그램을 효율적으로 수행하기 위해서는 프로그램과 자료들이 항상 주기억 장치 내에 계속 존재해야 하는데 주기억 장치는 모든 프로그램을 저장하기에는 너무 용량이 부족할 뿐만 아니라 자료들은 보통 영구적인 속성을 갖고 있다. 그러나 주기억 장치는 휘발성이므로 전원이 중단되면 기억된 모든 정보가 소멸된다. 이와 같은 이유로 파일들을 보조 기억 장치를 사용하여 저장하고 있으며, 이러한 보조 기억 장치로써 디스크와 테이프 등이 있다.

디스크와 같은 파일 저장 장치는 자료전송의 단위가 CPU나 주기억 장치의 워드(word)와 다르게 블록 단위의 자료 전송을 수행하고, 주기억 장치와 달리 파일 저장 장치는 보통 특정 블록을 접근하는데 필요한 평균 시간의 변동이 뚜렷하다. 이러한 접근 시간에 대한 변동의 차이는 특정 장치의 물리적인 구현에 따라 다르며, 테이프와 디스크, 드럼 간에도 매우 차이가 난다. 본장에서는 현재의 컴퓨터 시스템이 주로 디스크 중심의 처리를 수행하기 때문에 디스크 관리에 대한 내용만을 기술하였다.

본 장에서는 논리적인 디스크 관리에 앞서 먼저 디스크의 물리적인 구조와 디스크 입출력 동작을 이해하기 위해 디스크 제어기(controller)와 구동기(driver)의 기능 등을 살펴보고, 이를 토대로 효율적인 디스크 입출력을 위한 디스크 인터리빙(interleaving), 디스크 캐시, RAM 디스크 등을 살펴본다.

또한 파일의 내용이 디스크 공간 내에 어떻게 저장되는지 알아보기 위하여 사용 가능한 디스크 공간을 관리하는 방식과 할당하는 방식을 살펴본다. 마지막으로 어떻게 디스크의 접근 시간을 줄여서 디스크 시스템의 성능을 개선해 나가는지에 대한 디스크 스케줄링에 대해 살펴본다.

9.2 디스크의 구조

디스크는 테이프와 다르게 순차 처리는 물론 직접 처리가 가능한 저장 매체로서 일반적인 디스크 구조는 그림 9-1과 같다.

자료 저장을 위하여 레코드 판(platter)과 같은 금속판의 표면에 자성의 산화물질을 입힌 디스크 판(platter)이 여러 개로 구성되어 디스크 구동기에 의해 자료의 저장과 검색에 사용된다. 교환 할 수 있는 디스크를 보통 디스크 팩(disk pack)이라 한다. 각 디스크에는 원주를 따라 동심원의 트랙(track)이 있고, 각각의 트랙은 부채꼴 모양의 섹터(sector)로 나누어진다. 트랙 내의 정보는 블록을 이루고 이러한 블록이 하드웨어적으로 고정된 크기를 가지면 섹터라 부른다. 보통 하나의 섹터는 여러 개의 블록이 저장된다, 각 섹터는 디스크 저장과 입출력의 기본 단위로 사용된다.

한편, 디스크 팩에서 각 면의 동일한 위치에 있는 트랙은 면의 개수와 같게 원통 모양을 이루고 있는데 이를 실린더(cylinder)라 한다. 읽기(read)/쓰기(write) 헤드는 디스크의 표면에 헤드가 위치하여 정보를 읽거나 저장한다. 또한 양면 디스크를 사용하고 각 면마다 읽기/쓰기 헤드가 존재한다.

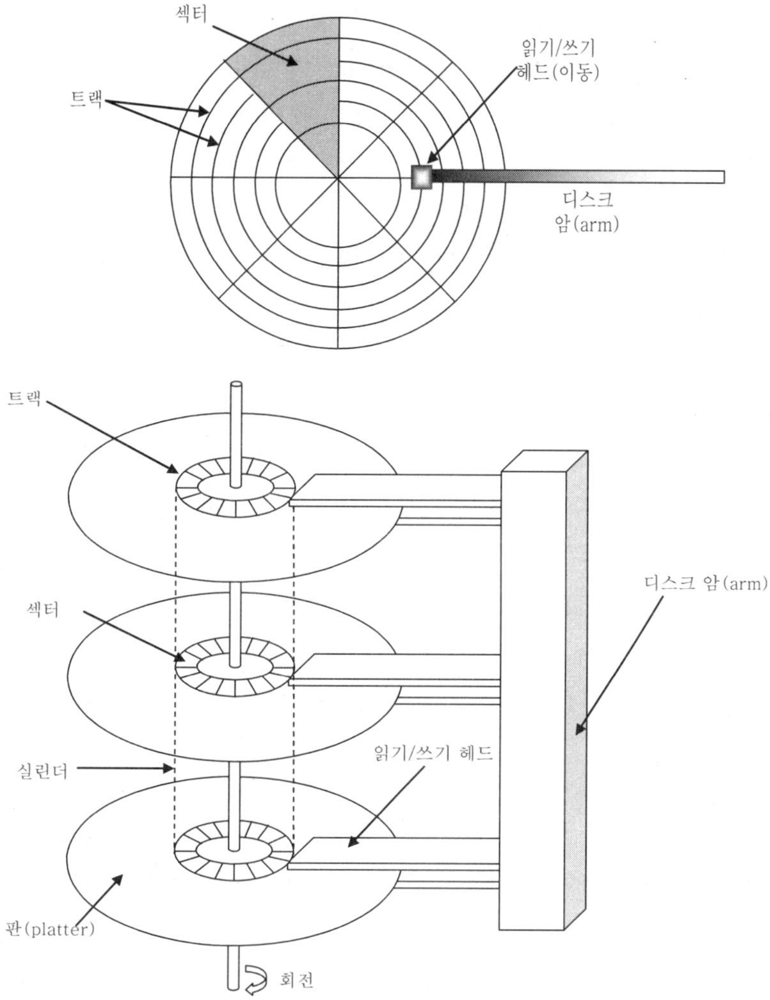

[그림 9-1] 디스크 구조

9.2.1 디스크의 종류

디스크의 종류는 사용할 수 있는 읽기/쓰기 헤드의 수에 따라 고정 헤드 디스크와 이동 헤드 디스크로 구분할 수 있으며, 보통 이동 헤드 디스크를 많이 사용한다. 종류에 따라 특정 섹터의 자료를 접근하는 시간이 차이가 난다.

(1) 이동 헤드 디스크(moving head disk)

디스크 표면에 읽기/쓰기 헤드가 한 개만 존재하여 헤드를 원하는 트랙에 위치하도록 액세스 암(access arm)을 이동시켜 자료를 읽거나 쓰는 디스크 장치를 말한다. 이에 대한 그림은 9-1에 나타내었다.

이동 헤드 디스크에서 특정 섹터에 있는 자료를 읽거나 쓰는 접근 시간은 다음과 같다.

① 먼저 헤드를 움직여서 원하는 실린더(트랙)로 이동하는 시간이 필요하다. 이를 탐색 시간(seek time)이라 한다.

② 목표 실린더로 이동한 후 읽기/쓰기 헤드 아래로 목표 섹터가 회전하여 나타나기를 기다리는데 걸리는 시간이 필요하다. 이를 회전 지연 시간(latency time 또는 rotational delay time)이라 하는데 평균적으로 디스크 1회전 시간의 1/2이 걸린다.

③ 디스크와 주기억 장치 버퍼 간에 섹터를 주고받는데 걸리는 시간이 필요하다. 이를 전송 시간(transmission time)이라 한다.

그러므로 이동 헤드 디스크의 자료 접근 시간은 탐색 시간(seek time) + 회전 지연 시간(rotational latency time) + 전송시간(transfer time)이다. 이러한 디스크 접근 시간을 지연 시간이라고도 부른다. 이들 접근 시간 요소 중 탐색 시간을 위한 액세스 암의 이동은 기계적이기 때문에 가장 많은 시간이 소요된다. 따라서 한 번의 디스크 접근 시간에 보다 많은 양의 자료를 전송하기 위하여 섹터의 크기를 크게 하는 것이 효율적이다.

(2) 고정 헤드 디스크

고정 헤드 디스크는 각 트랙마다 개별적인 읽기/쓰기 헤드를 가지고 있다. 따라서 이동 헤드 디스크의 탐색 시간이 필요 없으므로 특정 섹터로의 자료 접근 시간은 회전 지연 시간(rotational latency time) + 전송 시간(transfer time)이다.

9.2.2 장치 디렉토리

일반적으로 디스크는 디스크 내에 어떤 파일이 있는지를 표시하는 장치 디렉토리(device directory)를 가지고 있다. 장치 디렉토리는 파일을 이름에 의해 목록으로 나타낼 수 있으며 또한 파일의 속성을 나타내는 정보를 포함하고 있다. 즉, 파일이 디스크 어디에 있는지, 파일의 이름, 소유주, 생성 날짜, 접근허가 사항 등 파일의 속성을 나타낸다. 장치 디렉토리의 자세한 내용은 10장의 파일 시스템에서 소개된다.

9.3 디스크 제어기와 구동기

디스크의 입출력 동작을 이해하기 위해서는 먼저 디스크 제어기(controller)와 구동기(driver)의 기능을 이해해야 한다.

디스크 시스템의 하드웨어는 모터, 읽기/쓰기 헤드, 전자 기기 등으로 구성되어 디스크를 작동하고, 그 동작을 제어하는 디스크 구동기(driver)와 CPU와 디스크 구동기 중간의 인터페이스 역할을 담당하는 디스크 제어기(controller)로 크게 나누어진다.

디스크 제어기는 CPU에서 명령을 받아 디스크 구동기에 적절한 제어 신호를 보내야 한다. 그림 9-2는 컴퓨터 시스템의 전형적인 디스크 제어기(controller)와 구동기(driver) 간의 인터페이스 신호를 나타내었다.

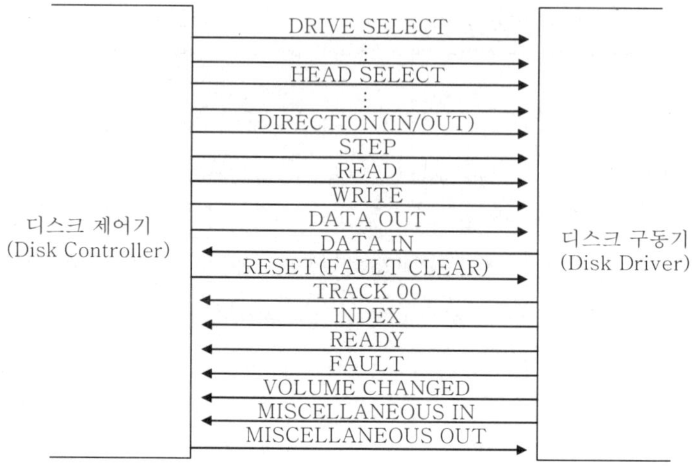

[그림 9-2] 디스크 제어기와 구동기

① DRIVE SELECT 신호 : 하나의 제어기가 유사한 성질을 가진 여러 개의 구동기중에서 특정 연산에 관여하는 구동기를 선택하기 위한 제어 신호이다.

② HEAD SELECT 신호 : 선택된 구동기 상의 특정 헤드를 동작시키는데 사용되는 신호이다.

③ DIRECTION 신호 : 이동 헤드 구동기에서 필요한 신호로서 헤드가 현재 위치에서 이동해야 할 방향을 지정하는데 사용된다.

④ STEP 신호 : 스텝 펄스(step pulse)의 시간적 순서를 제공하기 위해 사용되는데, 보통 한 펄스가 헤드를 하나의 실린더만큼 이동시키며 미리 정해진 펄스 수가 헤드를 현재 실린더로부터 목표 실린더로 이동 시킨다.

⑤ READ/WRITE 신호 : 선택된 일기/쓰기 헤드를 작동시키는 신호이다.

⑥ DATA IN/DATA OUT 신호 :READ/WRITE 연산이 처리 중일 때 일련의 비트열을 각각 입력 또는 출력시키는 신호이다.

⑦ TRACK 00 신호 : 헤드 장치가 실린더 0 트랙 0인 홈 위치에 위치하고 있음을 알려주는 신호이다.

⑧ INDEX 신호 : 구동기의 센서가 실린더 또는 트랙 주소 마크를 감지한 지점을 알려주는 신호이다.

⑨ DISK(VOLUME) CHANGE 신호 : 운영 체제에게 매체가 변경됐다는 것을 알리는 신호로써 이동 가능한 내체에 제공되는 신호이다. 이 신호가 탐지되

면 운영 체제는 주기억 장치에 존재하는 관련 구동기에 있는 모든 정보인 디렉토리 엔트리와 빈 공간 테이블과 같은 모든 정보를 무효화시킨다.

그 외 RESET과 FAULT 표시와 MISCELLANEOUS IN/OUT과 같은 장치 특정적인 신호들이 있다.

9.3.1 디스크 제어기의 기능

디스크 제어기는 CPU와 디스크 구동기 중간의 인터페이스 하드웨어로서 CPU에서 명령을 받아 디스크 구동기에 적절한 제어 신호를 보내는 장치로서 디스크 제어기의 주요 기능은 다음과 같다.

① 한 섹터에 대한 탐색(SEEK)과 읽기(READ) 그리고 쓰기(WRITE)와 같은 상위 수준의 명령을 일정 시간 후 동작할 수 있도록 구동기의 특정한 명령들로 변환 시켜야 한다.

② 주기억 장치와의 DMA 통신에 필요한 바이트 또는 워드 포맷을 디스크 구동기에서 사용하는 아날로그 비트열 스트림으로 변환하는데 있어서 필요한 순차에서 병렬로 변환 기능과 신호 조건을 제공해야 한다.

③ 자료 블록이 디스크에 저장될 때마다 제어기는 자료에 검사 비트를 첨가하여 오류 검사와 제어를 수행한다.

9.3.2 디스크 구동기의 기능

디스크 구동기의 전형적인 명령은 탐색(SEEK)과 읽기(READ) 그리고 쓰기(WRITE)이다. 디스크 구동기는 <실린더 번호, 헤드 번호, 섹터 번호>와 같은 세 가지 요소에 의해 물리적 디스크 주소가 명시되면 이 디스크 주소의 섹터를 탐색한 후 읽기 또는 쓰기를 수행한다. 또한, 읽기와 쓰기에서는 주기억 장치 영역의 시작 주소를 명시해야 한다.

디스크와 주기억 장치 사이의 자료 전송은 DMA를 사용하면 디스크 구동기는 관련 연산의 결과에 대한 정보 외에는 명시적으로 그 호출자에게 자료를 반환하지 않는다. 읽기 오류나 구동기 고장과 같은 예외사항이 발생하면 디스크 구동기는 오류가 발생하기 전까지 정확하게 전송된 실제 바이트 수를 표시한다.

9.4 디스크 입출력

디스크에서의 입출력은 항상 블록 단위로 수행된다. 현재 수행중인 사용자 프로세스가 디스크에 있는 파일로부터 블록을 읽어 들이는 과정을 그림 9-3에 나타내었다.

입출력 인터럽트 발생과 동시에 현재 수행 중인 프로세스는 잠시 수행을 멈추고 인터럽트를 처리하기 위해 제어는 사용자 모드에서 커널 모드로 전환된다. 디스크 제어기는 주기억 장치 버퍼로 첫 번째 블록을 읽어 오도록 디스크 구동기에게 입출력을 요청한다.

디스크 구동기는 디스크로부터 요구된 블록을 읽어와 버퍼에 전달하면 디스크 제어기는 입출력을 요구한 프로세스를 위해 버퍼로부터 블록을 기억 장치에 복사한다. 이러한 과정은 요청한 블록에 대한 입출력이 전부 완료될 때까지 반복하게 된다.

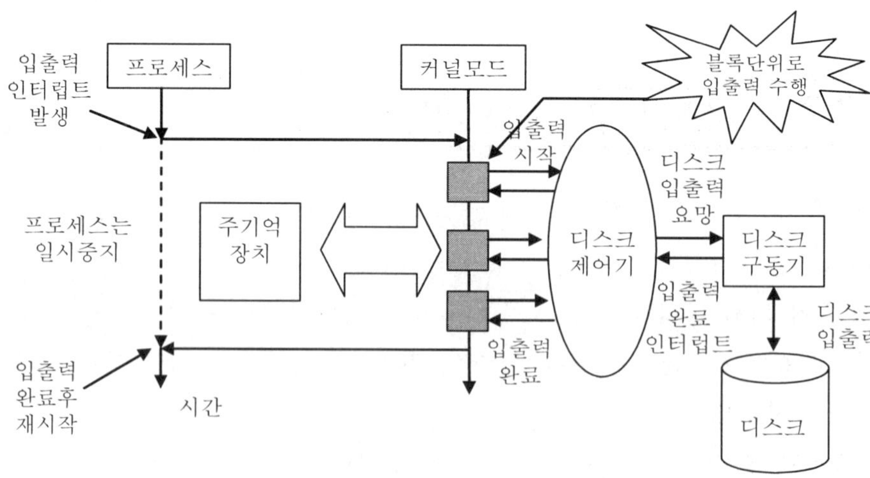

[그림 9-3] 디스크 입출력 과정

디스크 구동기는 한 번에 하나의 블록 입출력을 처리할 수 있으며, 디스크 구동기는 현재의 블록 입출력을 완료할 때마다 입출력의 완료 사실을 통보하기 위해 디스크 제어기에게 하드웨어 인터럽트를 발생시킨다는 점이다. 이때, 디스크 제어기는 디스크 구동기가 입출력을 완료한 사실을 알고 다음 번 블록의 입출력을 요구한다.

9.4.1 디스크 인터리빙(interleaving)

디스크 제어기와 디스크 구동기 사이에 자료를 전송할 때 약간의 지연 시간이 발생하게 되고, 디스크의 구동 속도가 자료 전송 속도보다 늦은 경우에는 상관없지만 만일 빠르다면 디스크 인터리빙이 필요하게 된다.

디스크 인터리빙(interleaving)은 디스크의 입출력 성능에 중요한 역할을 한다. 자료가 CPU에 의해 디스크 제어기로부터 기억 장치로 전송되는 동안, 디스크 구동기의 다음 섹터는 디스크 헤드 밑을 통과해 버리고 디스크 제어기에는 새로운 비트가 도착하게 된다. 그러므로 단순한 디스크 제어기는 동시에 입력과 출력을 보통 소화해 내지 못한다. 그래서 기억 장치 전송이 일어나고 있을 동안에 디스크 헤드 아래를 지나가는 섹터의 자료는 잃어버리게 된다.

따라서 트랙을 정확하게 제대로 읽기 위해서는 두 번의 디스크 회전이 필요하게 된다. 왜냐하면, 한 번은 짝수 번째의 섹터를 읽기 위한 회전이고, 또 한 번은 홀수 번째의 섹터를 읽기 위한 회전이 필요하기 때문이다. 이러한 디스크 구동기와 제어기 간의 전송 속도 조절을 위한 불필요한 회전 문제를 해결하기 위해 디스크 인터리빙을 사용한다.

디스크 인터리빙은 그림 9-4의 (a)와 같이 연속적으로 번호가 붙여진 디스크섹터를 순서적으로 읽을 때, 디스크 제어기와 디스크 구동기 간의 전송 속도차이를 조절하기 위하여 논리적으로 연속된 섹터들을 그림 9-4의 (b)와 같이 디스크 표면상에서 일정한 간격으로 건너뛰게 배치한다. 이와 같은 전송 속도의 조절을 위하여 인접한 디스크 섹터 사이에 두는 일정한 간격을 인터리빙 계수(interleave factor)라고 부른다. 디스크의 섹터 번호는 디스크가 포맷팅 될 때 인터리빙 계수를 고려하여 매겨진다.

그림 9-4의 (b)는 인터리빙 계수를 3으로 한 디스크 블록 번호를 나타내고 있

다. 제어기와 구동기 간의 속도 차이가 클수록 인터리빙 계수를 높이는 것이 바람직하다.

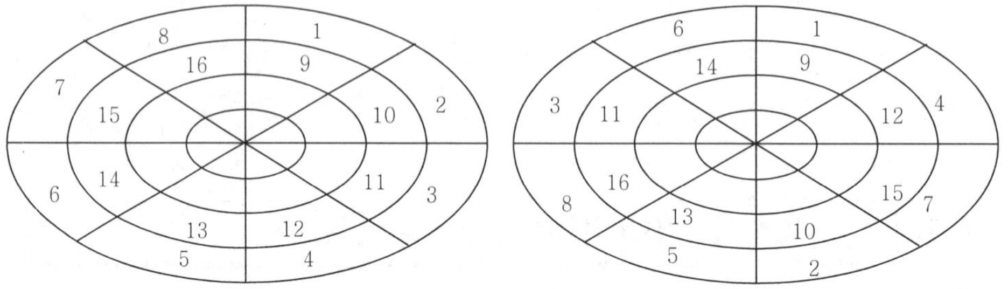

(a) 연속적으로 배치한 경우 (b) 인터리빙 계수가 3인 배치

[그림 9-4] 디스크 인터리빙의 예

9.4.2 디스크 캐시

디스크 캐시(cache)는 주기억 장치에 최근에 사용된 디스크 블록들을 디스크 캐시에 유지함으로써 저속의 디스크 전송 속도를 개선하기 위한 방법이다. 즉, 저속의 디스크 접근 횟수의 최소화를 위하여 최근에 사용되었던 디스크 블록들을 주기억 장소의 디스크 캐시에 저장한다. 이 디스크 캐시는 소프트웨어 구조로서 CPU와 주기억 장치 사이의 속도의 격차를 완화하기 위해 주기억 장소의 참조를 빠르게 하는 하드웨어 캐시와 혼동해서는 안 된다.

UNIX에서는 디스크 캐시 기법이 버퍼 캐시라는 이름으로 구현되어 사용되고 있다. UNIX에서는 캐시로 구성된 디스크 블록이 커널에 의해 관리되는데 이 블록들을 버퍼 캐시(buffer cache)라 한다. 커널은 모든 파일 시스템 접근을 위해 버퍼 캐시라는 내부적인 데이터 버퍼 풀(pool)을 유지하기 디스크 접근 횟수를 최소화하려고 한다.

디스크에서 자료를 읽고자 할 때 커널은 먼저 버퍼 캐시를 탐색한다. 만약 원하는 자료가 이미 버퍼 캐시에 있으면, 이를 캐시 적중(cache hit)이라 하며 커널은 자료를 버퍼 캐시에서 읽는다. 이러한 효과는 디스크 접근 시간과 관련된 지연 시간과 처리 부담을 줄일 수 있어서 사용자에게 빠른 응답이 가능하다.

반면에, 요청한 자료가 버퍼 캐시에 없으면 이를 캐시 부재(chche miss)라하며,

커널은 자료를 디스크에서 읽어오고 그 자료를 버퍼 캐시에 넣는다. 디스크에 저장될 자료도 캐시되어 나중에 커널이 그 자료를 읽고자 할 때 다시 이용된다. 커널은 또 자료가 즉시 디스크에 저장되어야 할 성질의 것인지 혹은 잠시 후에 다시 지워질 일시적인 것인지를 결정하여 디스크 쓰기 동작 횟수를 최소화시켜야 한다.

커널은 8장의 가상 기억 장치의 교체 알고리즘에서 소개한 프로그램의 참조 국부성을 사용하는 LRU(Least Recently Used) 알고리즘에 따라서 자료들을 버퍼 풀에 캐시한다.

즉, 최근에 사용한 순서로 커널의 버퍼를 할당하고, 최근에 사용되어지지 않은 버퍼는 디스크 블록에 할당한다. 커널은 LRU 순서대로 연결된 버퍼들의 사용 가능한 프리 리스트(free list)를 유지한다.

이 프리 리스트는 그림 9-5와 같이 양방향 환상형 연결 리스트(doubly linked circular list)로써 이 리스트의 시작과 끝을 가리키는 버퍼 헤더를 가지고 있다. 프리 리스트의 앞에 가까운 버퍼일수록 앞에서 먼 버퍼에 비해 최근에 사용되지 않은 것이다.

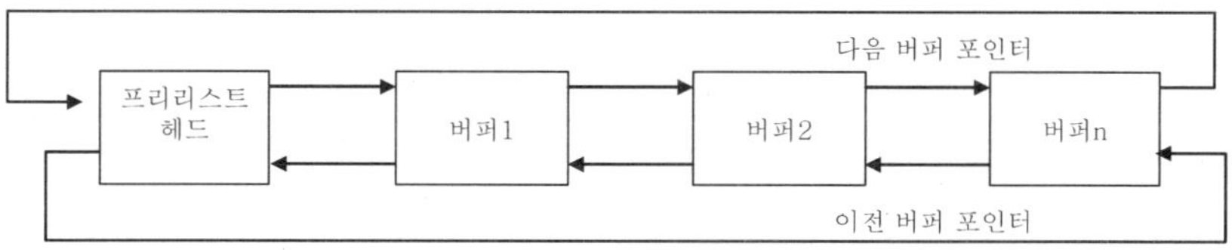

[그림 9-5] 버퍼의 프리 리스트

그러나 버퍼 캐시의 단점으로 버퍼 캐시에 있는 자료가 디스크로 저장되기 전에 전원이 꺼지거나 시스템이 고장나면 자료를 유실할 수 있거나 변경되지 않은 잘못된 자료가 디스크에 유지될 수 있다. 그래서 UNIX에서는 SYNC 시스템 호출을 사용하여 주기적으로 버퍼 캐시의 블록들을 디스크로 저장하여 보완하고 있다.

9.4.3 RAM 디스크

RAM 디스크는 블록을 저장하기 위해서 주기억 장치 중에서 미리 할당된 일부분을 사용하여 임의 접근이 가능한 디스크 입출력을 수행한다. RAM디스크는 디스크 캐시 기법처럼 디스크 접근 시간에 따른 지연 시간을 줄임으로써 디스크 입출력을 빠르게 수행할 수 있다.

그림 9-6은 RAM 디스크의 개념을 보이고 있다. RAM 디스크는 얼마나 많은 기억 공간이 할당될 수 있는가의 여부에 따라 n개의 블록으로 나누어진다. 각 블록의 크기는 실제 디스크에서 사용되는 블록의 크기와 동일하다. 디스크 구동기가 블록을 읽거나 쓰라는 메시지를 받으면, 디스크 대신에 RAM 디스크 공간의 어느 블록에서 읽을 것인지, 쓸 것인지를 계산한다.

RAM 디스크 구동기는 RAM 디스크에 사용된 기억 장치의 여러 영역을 지원한다. 각 영역은 다른 장치 번호에 의해 구별되나 어떤 상황에서는 중첩되기도 한다.

그러나 RAM 디스크의 내용을 유지하거나 디스크로부터 자료를 읽기 전에 RAM 디스크에서 자료를 탐색하기 위해 어느 정도 CPU에 오버헤드가 초래되고, 디스크 캐시와 같이 자료가 디스크로 저장되기 전에 전원이 꺼지거나 시스템이 고장나면 자료를 유실할 수 있거나 변경되지 않은 잘못된 자료가 디스크에 유지될 수 있다.

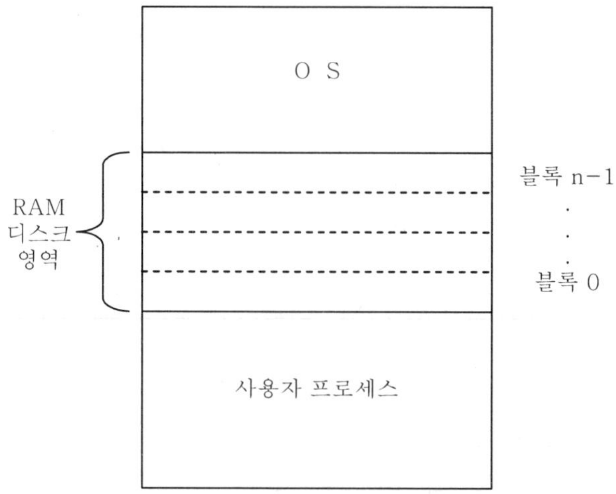

[그림 9-6] RAM 디스크의 예

9.5 디스크 공간 관리

본 절은 파일의 내용 그 자체가 디스크 공간 내에 어떻게 저장되는지 알아보기 위하여 먼저 사용 가능한 디스크 공간을 관리하는 방식을 살펴 본 후 파일 저장을 위하여 사용 가능한 공간을 할당하는 방법을 살펴보려고 한다.

9.5.1 디스크의 사용 가능한 공간 관리

디스크의 공간은 파일의 생성과 삭제가 진행됨에 따라서 파일이 할당된 플록과 사용 가능한 프리 블록(free block)들로 구분된다. 파일 시스템은 이러한 산태를 관리하기 위해서 사용 가능한 프리 블록 리스트를 유지시킨다.

만일 새로운 파일이 생성되면 사용 가능한 프리 블록 리스트를 탐색하여 새로운 파일들을 그 프리 블록에 할당하고, 할당된 블록들은 프리 블록 리스트에서 삭제시킨다.

또한, 파일이 삭제되거나 축소되면 이에 따른 디스크 공간을 프리 블록 리스트에 추가시킨다. 이와 같이 디스크에서 사용 가능한 공간을 관리하는 방식들을 살펴보자.

(1) 비트 맵(bit map)

사용 가능한 프리 블록 리스트를 유지 관리하는 가장 보편적인 비트맵(bit map) 방식은 손쉽게 각 블록의 사용 유무를 1비트로 표현한다. 만약에 블록이 비어 있다면 그 비트는 0이 되고, 만약 블록이 할당되어 있다면 그 비트는 1이 된다. 이를 비트 벡터(bit vector)방식이라고 부르기도 한다.

예를 들어, 그림 9-7과 같은 사용 가능한 프리 블록 리스트를 유시하는 비트맵이 구성되었다고 가정하자. 그림 9-7과 같은 경우 디스크의 프리 블록은 0, 4, 5, 6이고, 이미 할당된 블록은 1, 2, 3, 7이다.

블록번호	0	1	2	3	4	5	6	7	…
비트 값	0	1	1	1	0	0	0	1	…

[그림 9-7] 비트 맵의 예

이러한 접근 방법의 장점은 간편하고 디스크 내에 연속적인 n개의 사용 가능한 블록들을 찾는 데 효과적이다. 그러나 비트 맵 방식의 단점은 전체 비트 맵을 주기억 장치 내에 존재하게 해서 관리해야 하고, 사용 중인 블록이 많아지면 n개의 프리 블록을 찾기 위해 많은 시간 낭비가 발생한다.

(2) 연결 리스트

연결 리스트(linked list) 방법은 모든 사용 가능한 프리 블록들을 함께 연결 시키는 것인데 그림 9-8과 같이 첫 번째 프리 블록 안에 다음 프리 블록의 포인터를 갖게 하는 방식으로 구현된다.

이 방식의 단점은 n개의 프리 블록을 할당하기 위해서 연결 리스트를 추적하면서 n번의 디스크를 읽어야 하는 상당한 오버헤드가 있다.

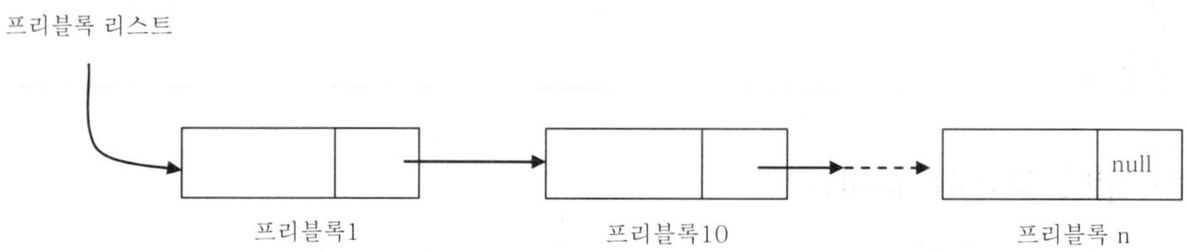

[그림 9-8] 연결 리스트의 예

(3) 카운팅

카운팅(counting) 방식은 연결 리스트의 방식을 개선하기 위하여 각 프리블록들을 연결시키지 않고 연속된 프리 블록들을 카운트해서 연결시키는 방식이다. 예를 들어 그림 9-9와 같이 프리 블록 리스트에 연결된 각 노드 구성의 첫 번째 항목에는 처음 프리 블록 리스트에 연결된 각 노드 구성의 첫 번째 항목에는 처음 프리 블록 번호를 저장하고, 다음 항목에는 그 후의 연속된 프리 블록의 수를 카운트하여 구성한다.

그림 9-9에서 처음 프리 블록의 번호가 40인 노드에서 카운터 항목이 3이므로 프리 블록은 40, 41, 42, 43이 된다. 이 방식은 디스크에 파일을 할당할 때 일반적으로 연속된 블록들이 동시에 할당되거나 회수되는 이점을 살리기 위한 방식이다.

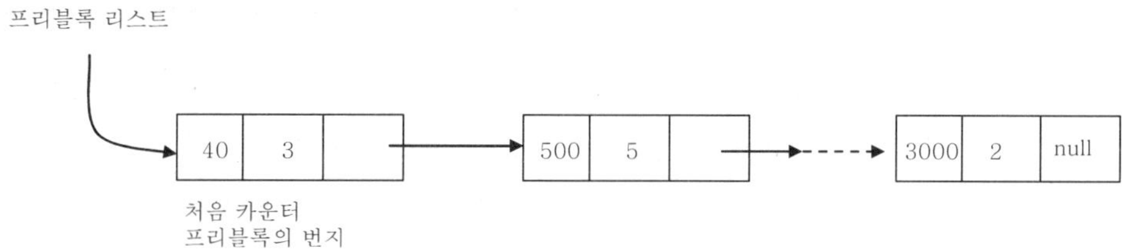

[그림 9-9] 카운팅의 예

(4) 색인 블록(index block)

그룹핑(grouping)이라고도 불리우는 색인 블록 방식은 그림 9-10과 같이 프리 블록 자체를 연결시키지 않고 프리 블록 번호들만을 연결시키는 방법이다. 만일 디스크 블록 번호를 2바이트로 나타낼 수 있고, 블록의 크기가 512바이트라고 가정하면, 한 블록에 256개의 프리 블록 번호를 나타낼 수 있다. 이 중 앞의 255개는 실제 프리 블록 번호이고, 마지막 256번째는 다음번의 프리 블록 번호가 있는 블록 번호를 나타낸다.

예를 들어 그림 9-10에서 첫 번째 프리 블록을 살펴보면 블록 번호 50, 57, 90등은 프리 블록임을 나타낸다.

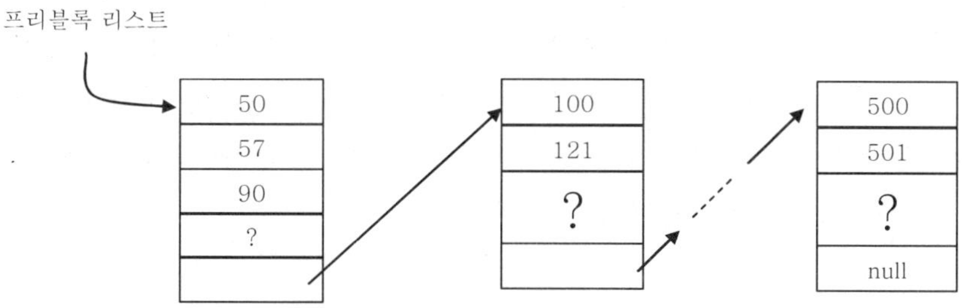

[그림 9-10] 색인블록의 예

색인 블록 방식은 다수 개의 프리 블록들의 주소들을 손쉽게 찾을 수 있다는 장점 때문에 많이 사용되는데 연속된 프리 블록을 관리하기 어렵고, 색인 블록이 부분적으로 채워지는 경우 어느 부분이 프리 블록이고, 어느 부분이 사용 중인 블록이라는 것을 구별할 수 있게 구현해야 한다.

9.5.2 디스크 공간의 할당 방식

파일을 디스크에 저장할 때 사용 가능한 디스크 공간에 어떻게 효율적으로 할당할 것인가를 결정하는 것을 디스크 공간 할당 방식이라 한다.

디스크에 사용 가능한 공간을 할당하고 회수하는 일은 기억 장치 관리에서 자세히 소개한 것과 같이 연속 할당 또는 산재 할당 방식 등을 거의 유사하게 사용한다. 큰 차이점으로는 디스크 접근 시간을 고려해야 하고, 대량의 블록을 처리해야 한다는 점이다.

그리고 연속 할당 또는 산재 할당 방식을 사용하더라도 보통 파일을 블록 단위로 할당하기 때문에 내부 단편화는 발생하게 되어 있다.

(1) 연속 할당

연속 할당(contiguous allocation)은 파일들을 디스크 내에 연속적으로 인접된 사용 가능한 프리(available free) 블록에 할당하는 방식으로 6장의 주기억장치 관리의 동적 분할 방식과 유사하다.

연속 할당으로 파일을 할당하고 회수하기 위해서는 사용 가능한 프리 블록의 시작 주소와 크기를 비트맵과 같은 별도의 리스트에 유지하거나 디렉토리 엔트리에 사용 유무 항목을 구성하여 기록해 나가야 한다.

새로운 파일이 생성되면 그림 9-11과 같이 파일 관리 시스템은 적절한 크기의 사용 가능한 프리 블록을 찾기 위해 사용되지 않는 기본파일 디렉토리 엔트리를 검색해 나가면서 할당한다. 이때 기억 장치 관리에서 소개한 최초 적합, 최적 적합, 최악 적합과 같은 할당 알고리즘을 사용한다.

파일이름	시작주소	크기	사용유무
OS	1	4	사용중
	5	3	프리(free)
Sample	8	2	사용중
	10	1	프리
Test	11	5	사용중

디렉토리

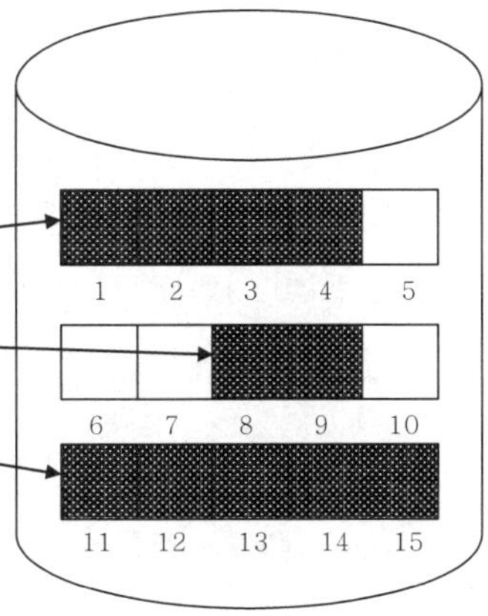

디스크 공간

[그림 9-11] 디스크 공간의 연속 배당 예

장점

① 파일의 논리적 블록들이 연속적으로 서로 연속적으로 할당되어 있기 때문에 디스크 상의 산재되어 있는 시스템과 비교할 때 훨씬 빠른 디스크 접근 시간을 가지고 파일 처리가 가능하다.
② 그림 9-11처럼 파일들을 관리하는 디렉토리 구성이 단순하게 파일의 시작 주소와 파일 크기만 유지 관리하면 된다.
③ 산재 할당 방식에 비해 디스크 공간 활용률이 높다.

단점

① 시간이 지남에 따라 파일의 생성과 삭제가 반복되면서 동적 분할 할당 방식과 같이 파일을 할당할 수 없는 산재된 블록들이 구성되어 외부 단편화(externel fragmentation)가 발생한다. 이를 해결하기 위해 산재된 블록들을 연속적인 블록으로 구성하는 주기적인 압축(compaction) 과정이 요구된다.
② 새로운 파일을 생성되는 시점에 미리 개략적인 파일의 크기를 알 수 있어야하는데, 파일복사의 경우는 문제가 없지만 일반적으로 파일의 크기를 정확하게 예측하기는 어렵다. 일이 예측된 크기보다 커지는 경우에 파일의 나머지 부분을 오버플로우 영역을 두어 해결하는 방법을 보통 사용한다. 이는 연속 할당 방식의 장점을 경감시킨다.
③ 파일의 크기가 계속 변하는 경우에는 각 파일의 시작 주소와 파일의 크기만 유지하는 디렉토리로 구현하기가 어렵다.

(2) 산재 할당

연속 할당 방식의 외부 단편화 문제와 파일의 크기를 미리 예측하기 힘든 어려움을 해결하기 위해 산재 할당(scatter allocation) 방식을 사용한다. 산재 할당 방식에는 연결 리스트를 사용하거나 색인을 사용하는 연결 리스트 할당 방식으로 나눌 수 있다.

가) 연결 리스트를 사용한 할당

연결 리스트 할당 방식은 각 파일이 사용하는 모든 블록들을 리스트에 연결하여 디스크 내의 어느 곳에 산재해 있어도 접근이 가능한 동적 기억 장치 할당 기법이다. 이를 위해서 디스크 내의 모든 블록들은 그림 9-12와 같이 블록 내에 다른 블록과 연결할 수 있는 포인터를 가지고 구성된다. 이는 사용 가능한 프리 블록들이나 사용 중인 블록들 모두 연결 포인터를 가지고 구성된다.

즉, 동일 파일에 속해 있는 블록들이나 사용 가능한 프리 블록들은 서로 연결 리스트를 취하면서 디스크 전체에 산재되어 할당될 수 있다. 디렉토리에는 처음 해당 파일이 시작되는 시작 주소만 존재하면 된다.

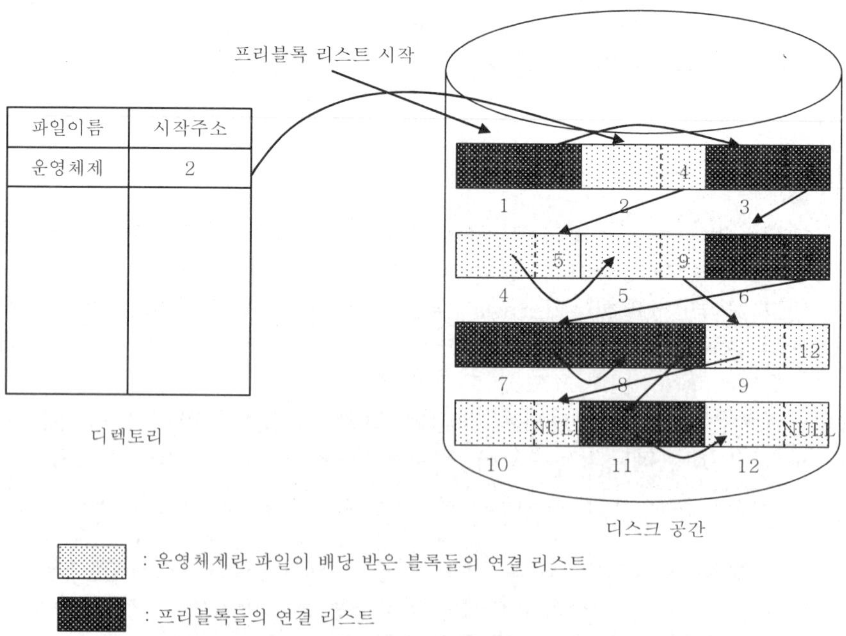

[그림 9-12] 연결 리스트를 이용한 산재 할당의 예

장점

① 연속 할당에서와 달리 외부 단편화는 발생하지 않기 때문에 압축(compaction)과정이 요구되지 않는다.
② 미리 파일의 크기를 알 필요도 없고, 어떤 파일이 더 확장되어도 프리 블록 리스트로부터 손쉽게 할당 받을 수 있다. 그림 9-12에서는 생략했지만 파일의 마지막 블록의 주소를 디렉토리에서 관리하였다가 프리 블록이 필요할 때마다 마지막 블록의 주소를 디렉토리에서 관리하였다가 프리 블록이 필요할 때마다 마지막 블록의 연결 포인터를 쉽게 갱신할 수 있다.
③ 연결 리스트의 속성으로 기존 파일의 중간에 새로운 블록을 쉽게 삽입할 수 있다.
④ 처리될 블록들이 순서대로 연결되어 있기 때문에 순차 접근에 적합하다.

단점

① 파일의 임의 접근 속도가 느리다. 이는 접근할 블록을 찾기 위해서 연결되어 있는 모든 중간 블록들을 접근해야 하기 때문이다.
② 파일의 블록들이 디스크 전체에 산재되어 있기 때문에 논리적으로 연속된 블록들이 탐색 시간이 오래 걸린다. 어떤 시스템에서는 블록을 이중 연결 리스트로 연결하여 전후 양방향으로 탐색함으로써 탐색 시간을 줄이고 있다.

나) 색인을 사용한 연결 리스트 할당 방식

색인을 사용한 연결 리스트 할당 방식은 파일마다 하나의 색인 블록(indexed block)을 두고, 여기에 디스크에 산재해 있는 파일에 할당된 블록들의 주소에 대한 포인터를 모아둔다.

그림 9-13과 같이 각 파일의 색인 블록은 할당 받은 블록들의 블록 번호와 블록 포인터를 가지는 항목들을 가지고 구성된다. 디렉토리는 그림 9-13과 같이 색인 블록 자체의 주소를 가지고 구성한다.

색인의 목적은 색인 블록을 접근하는 오버헤드는 있지만 색인 블록에 할당받은 블록들의 포인터를 모아 두어 파일의 임의 접근을 빠르게 하자는 것이다. 또한 색인 블록을 버퍼링(buffering)함으로써 파일의 순차 접근 역시 빠르게 수행할 수 있다.

파일의 크기가 너무 커서 하나의 색인 블록으로 구성하기 힘들 때는 보통 두 단계 색인과 같은 다단계 색인을 사용하여 해결할 수 있다.

디스크 상의 프리 블록을 색인하기 위해 가장 많이 사용하는 방법은 비트맵 방식을 사용한다.

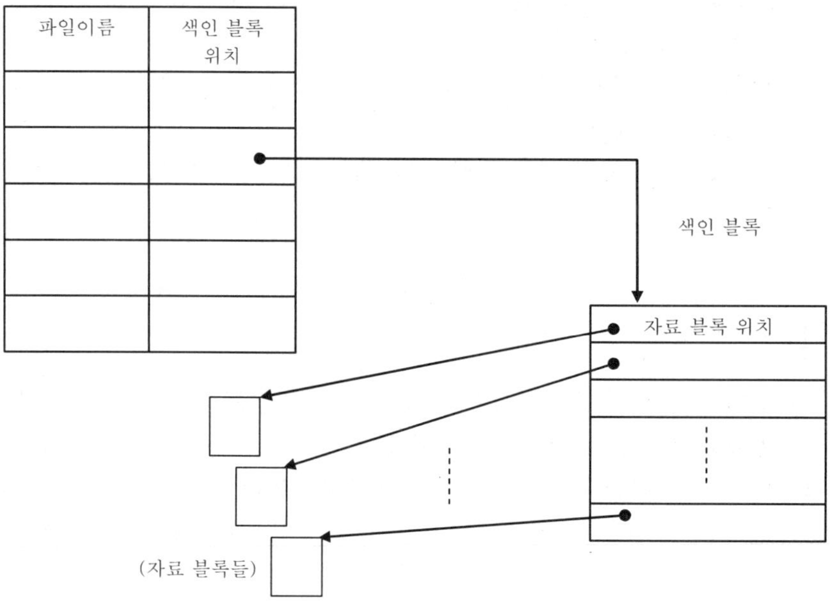

[그림 9-13] 색인을 사용한 연결 리스트 할당의 예

장점

① 파일에 대한 임의 접근과 순차 접근이 바르게 수행된다.
② 파일의 탐색이 색인 블록 자체에서 일어나므로 탐색 시간이 빨라진다.
③ 연속 할당에서와 달리 외부 단편화는 발생하지 않기 때문에 압축(compaction) 과정이 요구되지 않는다.
④ 미리 파일의 크기를 알 필요도 없고, 어떤 파일이 더 확장되어도 프리 블록에 대한 색인 블록으로부터 손쉽게 할당받아 색인 테이블에 새롭게 등록하면 된다.

단점

① 색인 블록에 대한 기억 장소 낭비가 따르고, 특히 초기에 프리 블록에 대한 색인 블록을 구성하기 위해 다단계 색인 블록이 요구된다.
② 블록을 삽입하고자 할 때 색인 블록을 재구성하기가 힘들다.
③ 향후에 블록 삽입을 위하여 색인 블록을 비워둔 채로 남겨 좋기도 하므로 디스크 공간이 낭비된다.
④ 파일 처리 속도를 개선하기 위해 프리 블록의 색인 블록을 주기억 장소에 유지해야 한다.

(3) ISAM 파일의 색인 구성 방법

색인 영역의 구성은 파일의 레코드가 저장되는 저장 매체의 물리적 특성에 따라 구성하기도 하며, 저장할 파일의 논리적 키 값의 분포 특성에 따라 구성하기도 한다. 여기서는 디스크의 물리적 특성에 따른 순차 색인 구성을 사용하는 IBM 시스템 계열의 ISAM(Indexed Sequential Access Method) 파일의 색인 구성에 대하여 기술한다.

ISAM 파일의 물리적인 색인 구성은 파일이 저장되는 디스크의 물리적 특성에 맞게 색인을 구성한다. 이 방법은 디스크의 물리적 저장 특성인 트랙과 실린더의 단위로 순차적인 트랙 색인(track index), 실린더 색인(cylinder index), 마스터 색인(master index) 등과 같이 3단계의 색인으로 구성된다.

또한, 색인의 대상이 되는 자료 영역은 실제 레코드가 저장되는 기본 자료영역(prime data area)과 기본 영역에 레코드를 저장시킬 수 없을 때 사용되는 오버플로우 영역으로 나뉘어져 있으며, 오버플로우 영역은 오버플로우된 자료가 저장되는 물리적 저장 장소의 위치에 따라 실린더 오버플로우 영역(cylinder overflow area)과 독립된 오버플로우 영역(independent overflow area)으로 나뉘어진다.

가) 트랙 색인

트랙 색인에는 1개의 트랙 상에 저장되어 있는 레코드 중의 최대 키 값과 트랙 주소(track address) 정보가 기록된다. 보통 트랙의 주소는 해당 트랙의 번호(track number)를 갖는다. 즉, 트랙 색인은 처리할 레코드가 어느 트랙 상에 존재하는가를 판단할 수 있게 한다. 트랙 색인을 그림 9-13에 나타낸 것과 같이 제일 위의 트랙(트랙0)에 구성된다.

나) 실린더 색인

실린더 색인은 그림 9-13에 나타낸 것과 같이 처리하여야 할 레코드가 어느 실린더에 저장되어 있는가를 판단할 수 있는 정보를 갖고 있다. 실린더 색인은 해당 실린더에 대한 위치 정보와 그 실린더 내에 저장된 레코드들 중에서 최대 키 값을 가지고 있다.

다) 마스터 색인

마스터 색인은 실린더 색인 영역이 방대해져 레코드 탐색 시간이 길어지는 것을 방지하기 위하여 그림 9-14에 나타낸 것과 같이 실린더 색인의 정보를 일정한 크기로 블록화(blocking)한 형태이다. 즉, 처리하여야 할 키 값을 갖는 레코드가 어느 실린더 색인에 기록되어 있는가를 나타내는 최대키 값과 포인터를 갖고 있다.

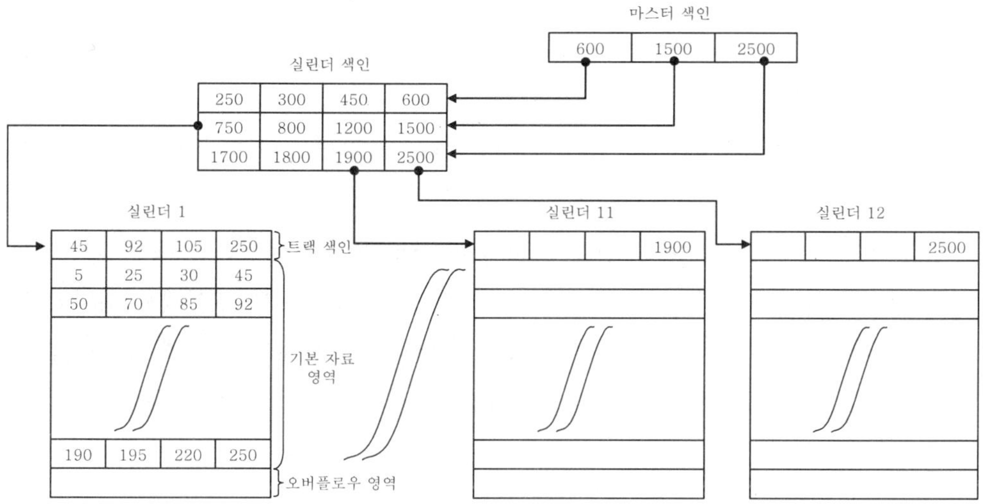

[그림 9-13] 트랙 색인, 실린더 색인, 마스터 색인의 예

이상과 같은 3개의 색인들은 파일이 생성될 때 디스크 상에 만들어지며, 파인 파일 내의 레코드를 접근(access)할 때에는 디스크 내에 생성되어 있는 색인 정보를 이용하게 된다. 마스터 색인은 빠른 탐색과 저장을 위하여 주기억 장소로 적재된다. 예를 들어, 원하는 레코드를 접근하기 위해서는 첫 번째 마스터 색인을 참조하여 실린더 색인을 찾고, 두 번째 실린더 색인을 이용하여 어느 실린더에 있는가를 알아 낸 후, 마지막으로 트랙 색인을 참조하여 어느 트랙에 레코드가 있는가를 알게 된다.

(4) UNIX의 디스크 할당 방식

UNIX에서는 직접 주소 지정 방식과 색인 주소 지정 방식을 혼합하여 하나의 파일에 대하여 디스크 공간을 블록 단위로 여러 곳에 산재 할당한다. UNIX에서 어떤한 파일이나 디렉토리 파일이 생성되면 그 파일에 대한 속성을 나타내는 하나의 inode(index node의 약자임)가 만들어진다. 그 파일의 속성을 나타내는 inode에는 파일의 내용이 담긴 디스크의 실제 블록 주소들을 나타내는 13개의 포인터가 존재한다. 13개의 포인터 다음과 같은 의미로 디스크의 블록들의 주소를 가리키는데 이를 그림 9-15에 나타내었다.

① 처음 10개의 포인터(0~9)는 직접(direct) 실제 자료가 들어있는 디스크 블록을

가리킨다.

② 10번째 포인터는 단일 간접(single indirect) 방식으로 1단계의 색인 테이블을 가리킨다.

즉, 단일 간접 블록은 자료가 아닌, 자료 블록의 주소를 1지고 있는 색인 블록이다.

③ 11번째 포인터는 이중 간접(double indirect) 방식으로 2단계 색인 테이블의 첫 번째 블록을 가리킨다. 즉, 단일 간접 블록의 리스트에 포인터를 가리킨다.

④ 12번째 포인터는 삼중 간접(triple indirect) 방식으로 3단계 색인 테이블의 첫 번째 블록을 가리킨다. 즉, 이중 간접 블록의 리스트에 대한 포인터를 가지고 있다.

하나의 블록의 512바이트이고, 한 블록이 128개의 블록 주소를 나타낼 수 있다면 하나의 파일이 할당 받을 수 있는 블록의 수는 10+128+(128 * 128)+(128 * 128 * 128)개 만큼의 블록을 할당 받을 수 있다.

이를 정확하게 계산하면(2,113,674 * 512)바이트이다. 한 블록이 2k인지 4k를 가지는지에 따라서 전체 파일이 할당 받을 수 있는 크기는 더욱 확대될 수 있다.

어쨌든 처음 10개의 포인터만으로 할당될 수 있는 작은 파일들은 직접 자료가 저장된 블록들에 할당되어 빠르게 접근이 가능하다. 그리고 아주 큰 파일들은 단일 간접, 이중, 삼중 간접들의 단계별 색인 블록을 사용하여 할당이 가능하며, 색인 할당 방식의 특성상 파일의 순차 접근과 임의 접근 역시 가능하다. 그러므로 UNIX는 지금까지 설명한 여러 가지의 디스크 공간 할당 방법을 혼합하여 사용하는 실제 예라 할 수 있다.

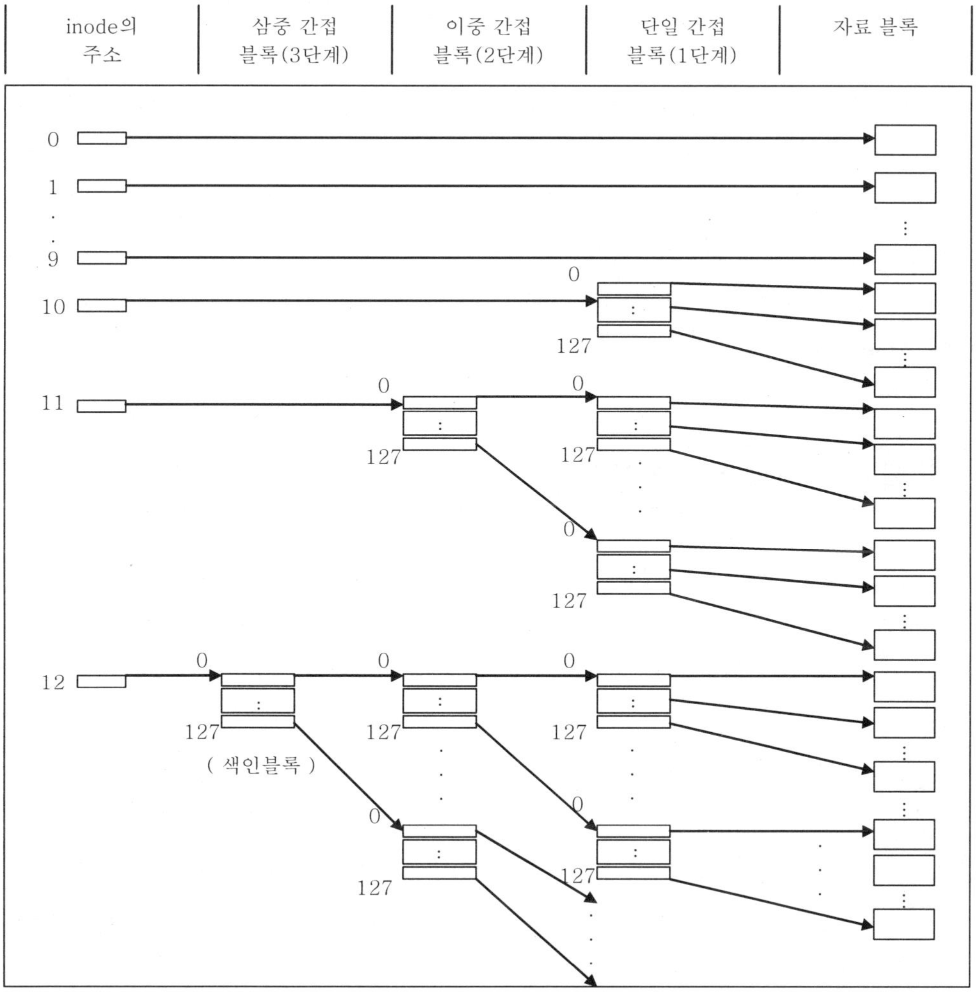

[그림 9-15] UNIX의 파일 할당 방식

9.6 디스크 스케줄링 기법

디스크에서 찾고자 하는 자료가 여러 곳에 산재해 있을 때 어떻게 디스크의 접근 시간을 줄여서 빠르게 스케줄링 할 것인가를 본 절에서 살펴보려고 한다. 앞에서 자세히 살펴보았지만 이동 헤드 디스크의 접근 시간 중에서 가장 지연되는 시간은 기계적으로 헤드가 트랙 또는 실린더까지 이동하는 탐색 시간(seek time)이다.

탐색 시간은 보통 회전 지연 시간보다 10배 이상의 많은 시간이 소요되므로 디스크 성능을 좌우한다고 볼 수 있다. 따라서 본 절은 디스크 스케줄링 기법 중에서 탐색 시간을 최적화하는 알고리즘을 중심으로 살펴본다.

디스크 구동기를 포함한 모든 입출력 장치는 일련의 입출력 요청에 대한 입출력 큐들이 존재한다. 디스크 입출력 요청에 대한 큐를 디스크 큐라 하자. 많은 프로세스들이 함께 실행되는 다중 프로그래밍은 디스크 큐에 대기 중인 여러 프로세스들이 존재한다.

9.6.1 FCFS 스케줄링

FCFS(First Come First Service 또는 FIFO : First In First Out) 스케줄링은 먼저 도착한 작업을 먼저 처리하는 큐 방식으로 단지 도착 시간에 의해 처리되는 가장 간단하고 공평한 방식으로서 4장의 프로세스 스케줄링 정책에서 자세히 살펴보았었다.

예를 들어, 그림 9-16과 같이 현재 헤드 위치가 트랙 53번에 놓여 있는데 98, 183, 37, 122, 14, 124, 65, 67번과 같은 도착 순서로 트랙을 접근할 디스크 요청이 들어와서 디스크 큐에서 기다린다고 가정하자. 이와 같은 도착 순서에 따른 FCFS 스케줄링 알고리즘에 의한 헤드의 이동 과정을 그림 9-16에서 보여 주고 있다. 이때 헤드의 총 이동 거리는 640트랙이다.

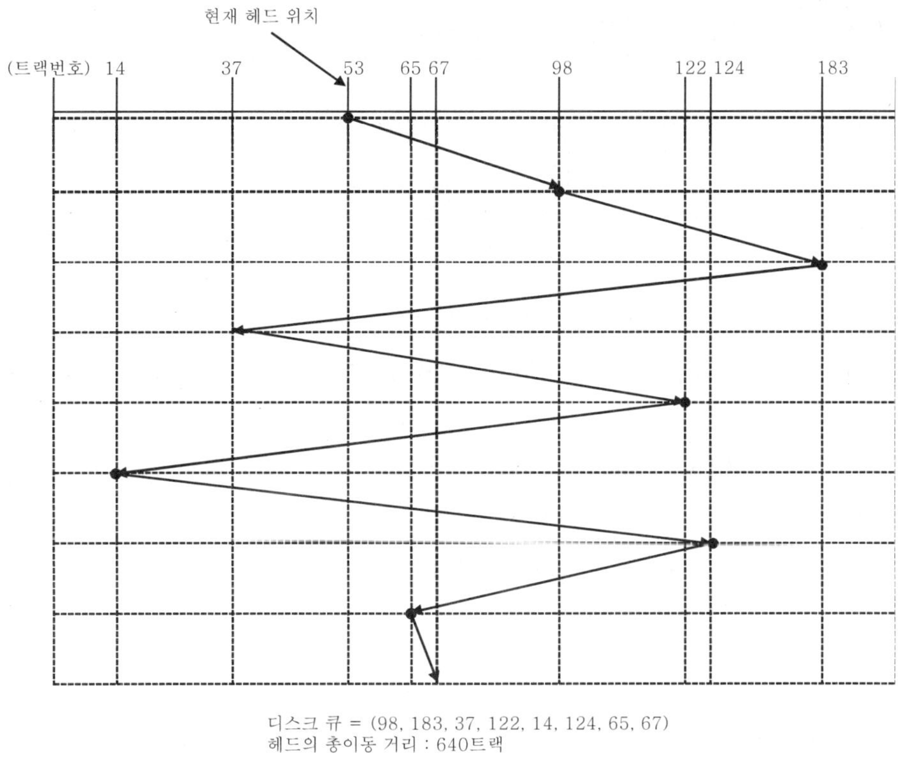

[그림 9-16] FCFS 스케줄링에 의한 헤드 이동 상태

장점

트랙의 접근을 요청한 도착 순서에만 의존해서 서비스하기 때문에 구현이 단순하고 공평하다.

단점

트랙의 접근을 요청한 도착 순서에 의해서만 서비스하기 때문에 탐색 과정에 대한 이동 거리를 고려할 수 없는 알고리즘이다. 예를 들어 그림 9-15에서 도착 순서에 의해서 트랙 122를 접근한 후 반대 방향의 14까지 가서, 다시 반대 방향의 124까지 헤드의 이동이 극심하다. 만일 122와 124의 트랙 접근을 수행하기 전에 먼저 37에서 14로 이동한 후 122와 124의 트랙의 접근을 수행하면 헤드의 총 이동 시간은 많이 줄게 되어 디스크의 처리율이 개선될 수 있다.

9.6.2 최소 탐색 우선(SSTF) 스케줄링

최소 탐색 우선(SSTF : Shortest Seek Time First) 스케줄링은 대기 중인 작업 중에서 현재의 헤드위치에서 가장 짧은 헤드 이동을 요청하는 작업을 판단하여 먼저 서비스하는 알고리즘으로서 CPU 스케줄링 정책의 SJF(Shortest Job First)알고리즘과 유사하다.

즉, FCFS처럼 디스크 큐의 순서에 따른 디스크 요청을 처리하기 전에 현재 헤드 위치에서 최소의 탐색 시간을 요하는 디스크 요청을 선별하여 먼저 처리해 나간다.

예를 들어, FCFS 스케줄링의 예와 동일하게 현재 헤드 위치가 트랙 53번에 놓여 있고, 98, 183, 37, 122, 14, 124, 65, 67번과 같은 도착 순서로 트랙을 접근할 디스크 요청이 들어와서 디스크 큐에서 기다린다고 가정하자.

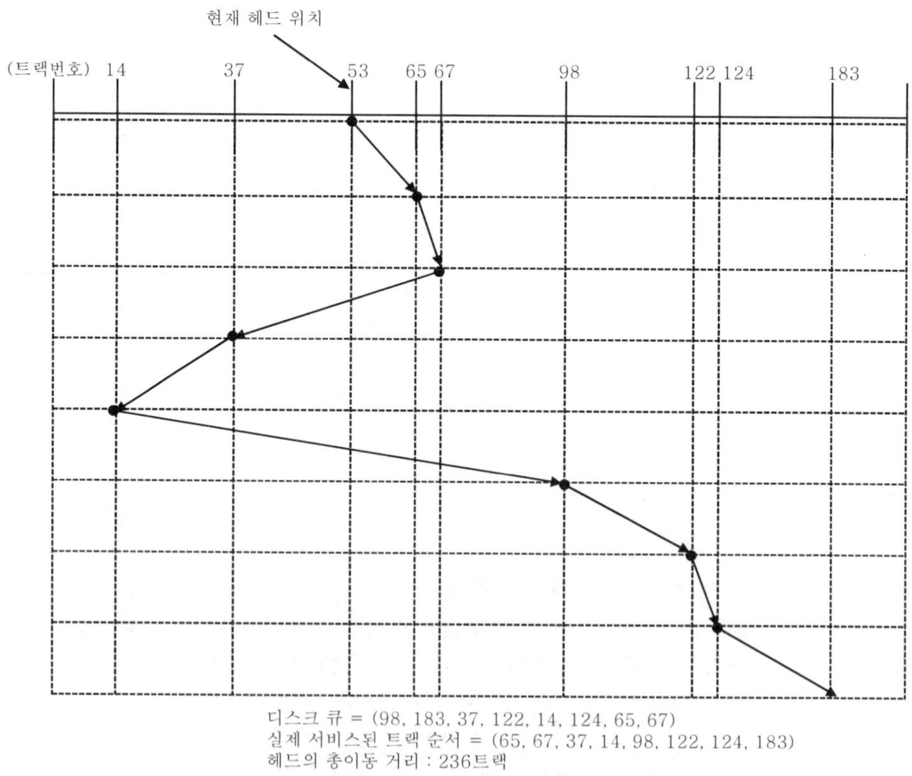

[그림 9-17] SSTF 스케줄링에 의한 헤드 이동 상태

SSTF는 초기의 헤드 위치가 53에서 가장 가까운 요청 트랙은 65이기 때문에 이를 먼저 처리하고 65다음에 가장 가까운 요청 트랙은 67이다.

이런 방법으로 65다음에 67, 37, 15, 98, 122, 124, 183순으로 디스크 요청을 서비스한다. 이와 같은 순서에 따른 SSTF 스케줄링 알고리즘에 의한 헤드의 이동 과정을 그림 9-17에서 보여주고 있다. 이때의 헤드의 총 이동 거리는 236트랙이다.

장점

① FCFS에 비교해서 헤드의 이동 시간이 줄어들어 디스크 처리 시간이 개선될 수 있다. 예제의 경우 FCFS는 헤드가 총 640트랙을 이동하였고 SSTF는 약 1/3정도인 236트랙 만을 이동하였다.
② SSTF는 단위 시간당 많은 처리량을 목표로 하는 일괄 처리 시스템에 유용하다.

단점

① SSTF는 짧은 이동 거리 중심의 요청을 우선적으로 처리하게 되므로 일반적으로 안쪽이나 바깥쪽의 트랙보다는 중심 부분의 트랙이 훨씬 서비스를 빠르게 받게되는 경향을 보인다. 그래서 응답 시간에 큰 편차가 생길 수 있으므로 대화형 시스템에 부적합하다.
② CPU 스케줄링 정책의 SJF(Shortest Job First)알고리즘의 문제점과 같이 트랙의 제일 안쪽과 바깥쪽의 디스크 요청이 기아(starvation) 현상에 빠질 수 있다.
③ 참고로 SSTF는 FCFS에 비해 디스크 탐색 시간이 상당히 개선되었지만 가장 최적은 아니다. 예를 들어, 디스크 요청을(37, 14, 64, 67, 98, 122, 124, 183)순으로 서비스하게 되면 총 헤드의 이동거리는 208트랙으로 좀더 감소시킬 수 있다.

9.6.3 SCAN 스케줄링

SCAN 스케줄링은 Denning이 SSTF에서의 단점인 응답 시간의 큰 편차를 해결하기 위하여 개발한 알고리즘으로 엘리베이터(elevator) 동작과 유사하여 엘리베이터 알고리즘이라고도 한다.

SCAN 알고리즘은 SSTF처럼, 현재의 헤드 위치에서 가장 짧은 헤드 이동을 요청하는 작업을 판단하여 먼저 서비스하는 원리는 동일하다. 그러나 차이점으로 헤드의 같은 진행 방향에서만 SSTF 원리를 적용하고, 만일 헤드가 한쪽 끝에 도달하면 헤드의 반대 방향으로 진행하면서 SSTF 원리를 적용한다.

예를 들어, 앞의 스케줄링의 예와 동일하게 현재 헤드 위치가 트랙 53번에 놓여 있고, 98, 183, 37, 122, 14, 124, 65, 67번과 같은 도착 순서로 트랙을 접근할 디스크 요청이 들어와서 디스크 큐에서 기다린다고 가정하자

SCAN 알고리즘은 만일 헤드 안쪽 트랙(트랙 0) 방향으로 이동하고 있다면, 먼저 트랙 37과 14를 처리하고, 트랙 0에 도착해서 다시 반대 방향으로 헤드를 진행시키면서 65, 67, 98, 122, 124, 183순으로 처리를 완료한다.

이와 같은 순서에 따른 SCAN 알고리즘에 의한 헤드의 이동 과정을 그림 9-17에서 보여 주고 있다. 이때의 헤드의 총 이동 거리는 236트랙이다.

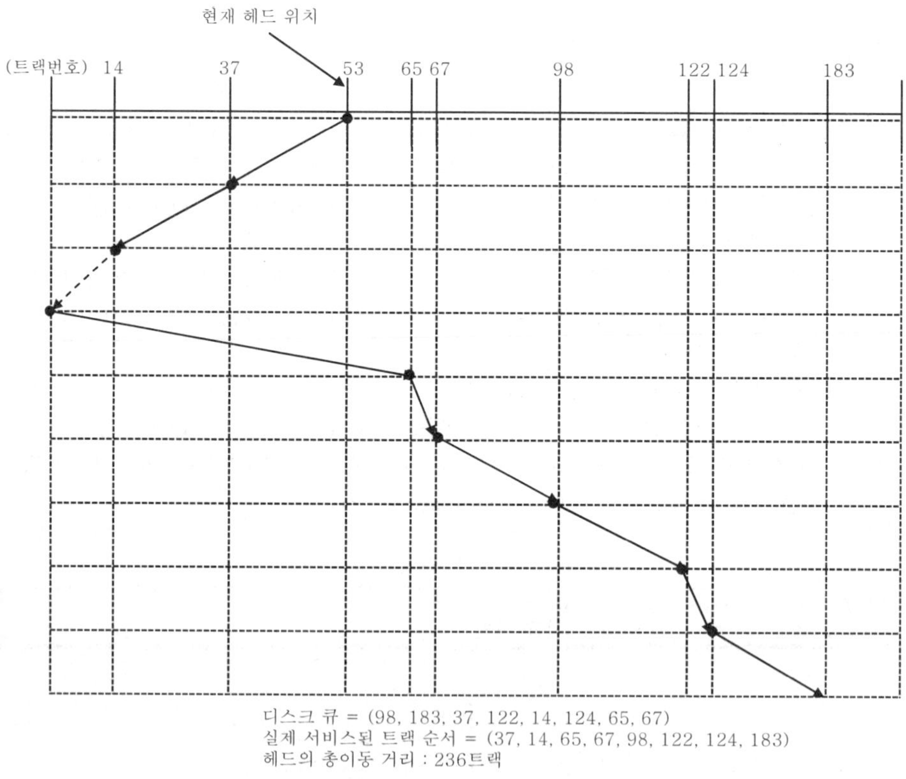

[그림 9-18] SCAN 스케줄링에 의한 헤드 이동 상태

장점

① 대기큐의 동적인 특성을 효율적으로 반영하여 SSTF에서 안쪽이나 바깥쪽의 트랙보다는 중심 부분의 트랙이 훨씬 서비스를 빠르게 받는 단점이 많이 극복되어 응답시간 편차가 많이 개선된다.
② SSTF 알고리즘과 같이 헤드의 이동 시간이 줄어들어 디스크 처리 시간이 개선될 수 있다. 예제의 경우 SSTF와 동일하게 헤드가 236트랙을 이동하였다.
③ 실제로 많이 사용되는 C-SCAN(circular-scan), N-단계 SCAN 스케줄링과 같은 많은 디스크 스케줄링의 기본 전략으로 사용된다.

단점

SCAN 스케줄링은 엘리베이터가 2층에서 출발하여 10층까지 올라간다고 가정하면, 10층에 도착해서 내려올 때는 10층 부근의 층 들에서는 엘리베이터를 기다리는 사람이 적은 반면에, 최초에 출발한 2층 부근에는 기다리는 사람이 많다. 이와 같은 엘리베이터 현상과 같이 각 트랙에 대한 서비스 요청이 균등하다고 가정할 때, 헤드가 한쪽 끝에 이르러 방향을 바꾸어야 할 시점에서는 디스크 서비스 요청의 밀도가 낮다. 반면에, 밀도가 높은 쪽은 최초의 시작 부분이 된다. 그래서 밀도가 높은 쪽의 디스크 요청이 상당히 오랜 시간을 대기해야 하는 현상이 발생하게 된다.

9.6.4 C-SCAN(circular-scan) 스케줄링

C-SCAN(circular-scan) 스케줄링은 SCAN 알고리즘의 문제점인 밀도가 높은 쪽의 디스크 요청이 상당히 오랫동안을 대기해야 하는 현상을 좀더 균등하게 하려고 변형을 가한 알고리즘으로, 헤드는 항상 같은 방향으로 헤드를 이동해 가면서 디스크 요청을 처리하지만, 더 이상 그 방향에 요청이 없을 때에는 반대 방향으로 헤드를 이동하는 것이 아니라, 다시 같은 방향의 처음부터 처리를 진행하는 방법이다.

즉 처음 트랙과 마지막 트랙을 서로 인접시킨 환형처럼 디스크를 처리한다.

앞의 예에서 다루었던 동일한 경우를 C-SCAN 알고리즘에 의해 헤드가 이동하는 과정을 그림 9-19에 나타내었다.

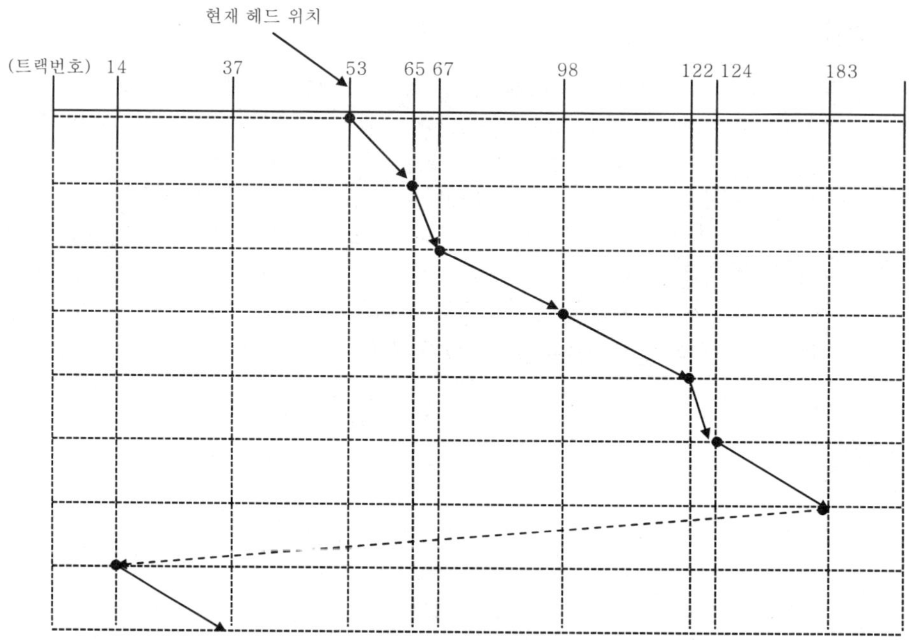

디스크 큐 = (98, 183, 37, 122, 14, 124, 65, 67)
실제 서비스된 트랙 순서 = (65, 67, 98, 122, 124, 183,14,37)

[그림 9-19] C-SCAN 스케줄링에 의한 헤드 이동 상태

연습문제

1. 디스크 제어기(controller)와 구동기(driver)의 기능을 설명하라.

2. 저속의 디스크의 입출력 성능을 개선하기 위한 다음의 방법들에 대하여 설명하라.

   1) 디스크 인터리빙(interleaving)
   2) 디스크 캐시(cache)
   3) RAM 디스크

3. 파일을 디스크에 저장할 때 크게 연속 할당과 산재 할당 방식을 사용한다. 디스크의 접근 시간을 중심으로 이들 방식의 장단점을 비교 설명하라.

4. 현재 헤드 위치가 트랙63번에 놓여 있는데 88, 163, 30, 122, 14, 60번과 같은 도착 순서로 트랙을 접근할 디스크 요청이 들어와서 디스크 큐에서 기다린다고 가정하자. 이와 같은 도착 순서에 따른 디스크 헤드의 이동과정을 다음과 같은 각 디스크 스케줄링 알고리즘별로 나타내어라.

   1) FCFS 스케줄링
   2) SSTF 스케줄링
   3) SCAN 스케줄링
   4) C-SCAN 스케줄링

제 10 장 파일 시스템

10.1 파일 시스템의 개요

파일 시스템은 전체적인 기억 장치 관리 시스템의 한 부분으로서 주로 디스크 상의 파일을 관리하는 역할을 한다. 파일 시스템은 적절한 제어 방식을 통해 정보를 보관하는 개인용의 저장 장소를 제공하고 정보를 여러 사용자가 공동으로 이용할 수 있도록 하는 수단을 제공하고 있다. 이러한 파일 시스템의 주된 기능은 사용자가 손쉽게 파일 시스템을 이용하도록 편리한 사용자 인터페이스(user friendly interface)를 제공하여야 하는데 어떻게 가능한지에 대한 논리적, 물리적 관점이 파일 개념을 간단히 살펴보자.

(1) 논리적/물리적 관점의 파일

파일 시스템은 기본적으로 사용자들이 파일 조작에 필요한 복잡한 디스크와 같은 장치들의 특징을 모르더라도 단지 장치(파일)들의 이름만으로 접근 조작이 가능하게 되어야 한다. 이는 가상 기억 장치 관리에서 설명한 동적 주소 변환 과정(또는 맵핑 과정)의 개념과 동일하다. 파일 시스템에서도 이와 유사하다.

사용자가 논리적인 파일 조작 명령을 명시하면, 시스템은 그 파일에 사용될 물리적 하드웨어에 대한 맵핑 함수를 생성시킨다. 대부분의 경우 운영 체제는 이 맵핑 기능을 사용자가 느끼지 못하도록 진행시킨다. 그래서 사용자는 물리적인 하드웨어적인 부분까지 고려하지 않고 논리적인 파일 조작 명령을 가지고 디스크 상에 저장된 물리적인 파일들에 대하여 손쉬운 접근과 조작을 수행할 수 있다. 이는 모든 입출력 장치에도 적용되어 사용자들은 파일과 입출력 장치 관리 모두에 대하여 하나의 동일한 파일 조작 서비스를 받을 수 있다. 이를 보통 장치 독립적인 입출력(device independent I/O) 조작이라 한다.

(2) 파일 시스템의 기능

일반적으로 파일 시스템은 다음과 같은 공통적인 기능을 수행해야 한다.

① 사용자가 파일을 생성하고, 수정하며 제거할 수 있도록 한다.
② 적절한 제어 방식을 통해 다른 사용자의 파일을 공유할 수 있도록 하여, 다른 사용자의 작업을 활용할 수 있게 한다.
③ 파일 시스템의 파일 접근 기법은 읽기 접근, 쓰기 접근, 실행 접근 또는 이들을 여러 형태로 조합하여 여러 종류의 접근 제어 기법을 제공해야 한다.
④ 사용자가 각 응용 업무처리에 적합한 구조로 파일을 조직할 수 있도록 해야 한다.
⑤ 사용자가 파일간의 정보 전송 명령을 내릴 수 있게 해야 한다.
⑥ 불의의 사고로 인한 정보의 손실이나 고의적인 정보의 파괴를 방지하기 위해 복구 능력을 갖추어야 한다.
⑦ 사용자가 물리적 장치 이름을 사용하는 대신에 기호화된 이름을 사용하여 자신의 파일을 참조할 수 있도록 해야 한다.
⑧ 정보가 안전하게 보호되고 비밀이 보장될 수 있도록 파일 시스템은 정보를 암호화하고 해독할 수 있는 능력을 갖추어야 한다. 예를 들어 범죄 기록 시스템, 의료기록 시스템 등에서 암호 해독키를 소유하고 있는 일정한 사용자만이 그 정보를 사용할 수 있도록 해야 한다.
⑨ 파일 시스템의 가장 중요한 기능으로 앞에서 설명했듯이 사용자가 손쉽게 파일 시스템을 이용하도록 편리한 사용자 인터페이스(user friendly interface)를 제공해야 한다.

파일 시스템은 사용자의 자료와 이들 자료에 대해 수행될 수 있는 작업에 대한 논리적인 구조를 제공함으로써 사용자로 하여금 자료가 저장되어 있는 특정 장치의 물리적인 제어 방식이나 자료의 기억 형태, 자료 전송 방식 등에 해대서 신경쓸 필요가 없게 해야 된다.

10.2 파일의 특성

10.2.1 자료나 프로그램을 파일로 구성하는 이유

자료나 프로그램을 파일로 구성하는 이유를 간단히 살펴보면 다음과 같다.

① 자료나 프로그램 집합은 일반적으로 주기억 장치에 전부 유지하기에는 너무 크므로 한꺼번에 주기억 장치에 유지할 수 없기 때문에 디스크에 파일로 저장함으로써 대량의 자료를 저장해 둘 수 있다.

② CPU는 프로그램을 수행하는데 있어서 어느 특정 시간에 전체를 동시에 참조하는 것이 아니라, 8장의 가상 기억 장치 관리에서 자세히 살펴보았듯이 참조 국부성(locality of reference)에 의해 일부만을 참조하는 경향이 있으므로 디스크 상에 파일로 저장시키고 참조할 때마다 필요한 부분만 주기억 장치로 적재시키면 된다.

③ 자료를 특정 프로그램의 수행과는 독립적으로 보관함으로써, 서로 다른 프로그램에서 공유할 수 있도록 자료의 독립성을 유지시킬 수 있다.

10.2.2 파일 □□

파일은 대개 프로그램과 자료로 구성되어 있다. 자료 파일은 숫자, 문자 또는 문자 숫자로 구성되어 있고 텍스트 파일처럼 비정형화된 자유 형식일 수도 있고, 엄격히 정형화된 형태일 수도 있다.

파일은 일반적으로 사용자에 의해서 그 의미가 정의된 비트, 바이트, 라인 또는 레코드들의 연속체로 볼 수 있다. 그러나 바이트나 레코드로 되어있는 파일 외에 워드프로세서에 의해 생성된 문서 파일들은 라인과 페이지 단위로 구성되고, 컴파일러, 연결 에디터, 그리고 적재기 등에 의해 생성된 파일들은 절대 주소 또는 재배치 주소와 같은 부가적인 정보 비트와 함께 구성되기도 한다.

UNIX 파일은 바이트의 연속이고 레코드 또는 필드 같은 고급 수준의 파일 구조를 지원하지 않는다. 그러나 UNIX 파일 시스템은 논리적인 블록의 연속으로 구성하여 입출력을 수행한다. 각 블록은 시스템의 구현에 따라서 512, 1024, 2048, … 등 512의 배수로서 구성되는 바이트 수를 담고 있다.

큰 논리적 블록의 사용은 디스크와 주기억 장치 사이의 유효 자료 전송 속도를 증가시킨다. 왜냐하면 한 번의 디스크 작동에 의하여 많은 자료가 전송될 수 있어서 시간을 많이 소모하는 작업을 줄일 수 있기 때문이다. 그러나 블록이 너무 큰 경우에는 유효 저장 용량이 떨어질 수도 있다.

10.2.3 파일 속성

파일이 생성될 때는 사용자가 이름을 부여하면, 그 이름에 의해 참조되고, 파일의 형태, 작성 시기, 작성자, 길이 등의 여러 소성을 갖게 된다. 이러한 파일의 속성을 UNIX에서는 어떻게 나타내는지 살펴보자.

UNIX에서 파일 이름은 14자 이하의 ASCII문자로 구성되며, 어떤 한 파일이나 디렉토리 파일이 생성되면 그에 속성을 나타내는 하나의 inode(index node의 약자임)가 만들어지면서 그 inode가 i-list에 등록이 되는데, 이때 그 등록 번호를 inode에 대한 inumber라 한다.

각 파일 시스템은 각각의 i-list를 갖고 있으며 각 파일 시스템의 루트(root) 디렉토리의 inumber는 1이다. 한 inode는 64바이트로 구성되며, 파일은 속성을 나타내는 다음과 같은 정보를 가지고 있다.

(1) UNIX의 inode에 정의되는 파일 속성들

가) 디스크내에 존재하는 inode의 내용

① 소유자(owner)의 식별자

파일에 대한 접근 관한을 갖는 소유자를 정의하는 항목이다. 보통 슈퍼 유저는 시스템 내의 모든 파일에 대하여 접근 권한을 갖는다.

② 그룹 소유자의 식별자

파일에 대한 접근 권한을 갖는 그룹 소유자의 집합을 정의하는 항목이다.

③ 보호(protection) 비트(파일 접근 허가)

시스템은 파일 소유자(u), 소유자 그룹(g), 기타 사용자(o)등의 세가지 유형에 따라 파일을 보호한다. 각각의 유형별 사용자는 파일이나 디렉토리 읽기(r), 파일이나 디렉토리 쓰기(w), 파일이나 디렉토리 실행(x)의 권한을 독립적으로 허가받을 수 있다.

디렉토리는 실행될 수 없기 때문에 디렉토리에 대한 실행 허가는 디렉토리에서 파일 이름을 검색할 수 있는 권한을 준다.

④ 파일의 내용이 담긴 디스크의 실제 주소(physical address)

파일의 자료가 저장된 디스크 블록들의 주소를 표시한다.

사용자는 파일 내의 자료를 바이트의 논리적 스트림으로 취급하지만, 커널은 그 자료를 불연속적인 디스크 블록에 저장한다.

⑤ 파일의 크기

⑥ 처음 만들어진 시기

⑦ 마지막 사용된 시기(접근 시기)

⑧ 마지막으로 수정된 시기(수정 시간)

⑨ 파일에 대한 링크이 수

하나의 새로운 파일이 생성될 때 이에 해당되는 inode가 i-list 안에 만들어지며 그 inode의 inumber와 파일이름이 디렉토리에 등록되는데, 이때 파일 의 링크 수는 1이된다. 그러나 이 링크 수는 fork, pipe, link의 시스템 호출에 의하여 파일이 공유될 때마다 하나씩 증가되고, 파일의 공유가 끝날 때마다 하나씩 감소된다. 이 링크수가 0일 때는 파일과 inode가 실제 제거된다. 즉, 링크의 수는 디렉토리 계층에서 그 파일이 가지고 있는 이름의 수를 나타낸다.

⑩ 파일의 종류가 디렉토리인지 혹은 일반 파일인지 특수 파일인지를 나타낸다.

나) 파일이 활성화되어 주기억 장소에 적재될 때 추가되는 inode의 내용

① 주기억 장소 내 inode 상태

- inode가 잠져(lock)있으면, 다른 사용자가 그 파일을 사용하고 있는 중을 나타낸다. 반면에 inode가 풀려(Unlock) 있으면, 어느 사용자도 그 파일을 사용하지 않고 있음을 나타낸다.
- inode의 자료 변경으로 인해 주기억 장소 내의 inode와 디스크에 있는 inode가 서로 다른지를 구분하여 나중에 디스크로 복사 여부를 결정한다.

- 파일 자료 변경으로 인해 주기억 장소 내의 파일이 디스크 내의 복사본과 다른지를 구분하여 나중에 복사 여부를 결정한다.

② 파일을 포함하고 있는 파일 시스템의 논리적인 장치 번호

③ inode 번호

inode는 디스크의 선형 배열로 저장되어 잇기 때문에 커널은 디스크 inode의 번호를 배열 상의 위치로 식별한다. 디스크 inode는 이 필드를 필요로 하지 않는다.

④ 다른 주기억 장소 내의 inode에 대한 포인터

커널은 버퍼 큐와 버퍼 프리(free) 리스트에 있는 inode를 연결한다. 버퍼 큐는 inode의 논리적 장치 번호와 inode 번호에 의해 식별된다. 커널은 하나의 디스크 inode에 대해 최대로 하나의 주기억 장소내 inode를 갖고 있을 수 있지만, inode는 버퍼 큐와 프리 리스트에 동시에 있을 수 있다.

⑤ 참조 계수(reference count)

파일이 몇 번 열기(OPEN)가 수행되었는지를 알려주는 항목이다. 즉, 몇 개의 프로세스가 이 파일을 공유하고 있는지를 나타낸다.

10.2.□ □□□□ 파일

파일 시스템은 크게 두 부분으로 구성된다. 한 부분은 관련된 정보를 포함하는 실제적인 일반 파일들의 집합체이고, 다른 부분은 시스템 내의 모든 파일에 관한 정보를 제공하는 디렉토리(directory)이다. 디렉토리는 일반 파일과 달리 그 내용이 사용자에 의해 작성되지 않고 운영체제에 의해 작성되어 운영한다.

UNIX의 파일 시스템은 계층 구조로서 이는 디렉토리에 의해 지원된다. 디렉토리는 파일 이름을 inode로 변환하는데 이용되는데 이러한 디렉토리의 자료 구조를 살펴보면 그림 10-1과 같다.

그 내용은 inode에 대한 번호(보통 inumber라 한다)와 파일 이름으로 구성되어 있으므로 파일 이름과 inode 사이를 연결시켜 주는 역할을 하고, 한 항목이 16바이트로 구성된다.

“.”의 inumber는 그 디렉토리 자신을 의미하는 inode에 대한 번호이고, “..”의

inumber는 부모 디렉토리의 inode에 대한 번호이다. 즉, "."과 ".."을 통하여 계층 디렉토리가 형성된다.

디렉토리의 inumber가 0인 경우는 그 파일이 제거되었음을 의미하고, 1은 루트 디렉토리를 나타낸다. 그림 10-1의 부모 디렉토리는 ".."의 inumber가 1이므로 루트 디렉토리가 된다.

디랙토리 내의 바이트 변위	inode의 번호 (2바이트)	파일 이름 (14 바이트)
0	144	.
16	1	..
32	35	init
48	326	mount
64	0	sample
80	147	passwd
96	0	www

[그림 10-1] 디렉토리의 자료 구조

mkfs(make file system) 프로그램은 루트 디렉토리의 "."과 ".."의 항목이 루트 inode을 number 번호를 가지도록 파일 시스템을 초기화 한다.

커널은 디렉토리에 대한 자료를 지정하는데 일반 파일의 자료를 저장하는 것과 마찬가지로 inode 구조와 자료 블록들을 이용한다. 따라서 프로세스들은 일반 파일을 읽는 것과 같은 방법으로 디렉토리를 읽는다. 하지만 커널만이 디렉토리에 쓸 수 있는 권한을 가지고 있어 디렉토리 구조를 정상적으로 유지할 수 있게 된다. 디렉토리에 대한 접근 허가 중에서 읽기허가는 프로세스로 하여금 디렉토리를 읽게 한다. 그리고 쓰기 허가는 프로세스가 새로운 디렉토리를 만들거나 기존의 디렉토리를 삭제하는 것을 시스템 호출을 통해 가능하게 하고, 그 결과로서 디렉토리 내용을 변경할 수 있게 한다. 실행 허가는 프로세스가 특정 파일을 찾기 위해 디렉토리를 검색할 수 있게 해준다.

10.2.5 특수 파일(special file)

파일 시스템의 중요한 특징 중 하나의 주변 장치를 파일 이름을 통해서 접근 할 수 있다는 점이다. 즉 사용자는 입출력 장치에 자료를 입출력할 때 그 입출력 장치에 해당되는 특수 파일의 이름을 기술함으로써 자료를 입출력함으로써 쉽게 처리할 수 있다. 특수 파일을 보통 장치 파일(device file)이라 한다.

UNIX에서는 루트 디렉토리 아래의 /dev 밑에 있는 파일들은 특수 파일이다. 한 입출력 장치는 최소한 하나의 특수 파일과 연결되어 있다. 특수 파일은 보통의 파일처럼 입력되거나 출력 될 수 있으며, 그러한 경우 그 특수한 파일과 관련된 주변 장치에 입력이나 출력을 하려는 요구가 커널에 의해 발생하게 된다.

이들은 디스크, 라인 프린트 등의 입출력 장치를 접근하고 관리하는 채널에 대한 정보를 가지고있는 파일들로서 이들은 입출력을 위해 커널 내의 특정 버퍼들을 사용하는 디스크, 테이프 등의 블록 장치 파일과 그렇지 않는 단말기, 프린트 등의 문자 장치 파일로 구분된다.

특수 파일의 inode는 주(major) 및 부(minor) 장치 번호로 알려진 두개의 번호를 포함한다. 주 번호는 디스크, 단말기와 같은 장치 유형을 나타내며, 부번호는 장치의 단위 기기 번호를 표시한다. 특수 파일을 만들려면 mknode 시스템 호출 함수를 사용한다.

10.3 파일의 접근 방법(Access Methods)

파일에 구성된 레코드를 접근하는 방법은 파일의 레코드들이 보조 기억 장치에 어떻게 조직되었느냐에 따라 순차 접근(sequential access)과 직접 접근(direct 또는 random access) 그리고 색인 접근 등으로 크게 나눌 수 있다. 이러한 접근 방식들은 보조 기억 장치의 사용률과 빠른 접근을 위하여 보통 여러 개의 논리적인 레코드를 하나의 물리적인 레코드로 블록킹(blocking)하여 접근한다.

10.3.1 순차 접근에 적합한 순차 파일

순차 파일을 생성할 때에는 입력된 순서에 따라 레코드들을 연속적으로 기억 장소에 저장하며, 저장 후 생성된 파일을 읽을 경우에도 레코드가 저장된 순서에 따라 순차적으로 접근하여 처리하기 때문에 SAM(Sequential Access Method) 파일이라고도 한다. 다음에 기술한 순차 파일의 장단점은 순차 접근의 장단점과 직결된다.

장점

① 레코드가 저장된 순서에 따라 순차적으로 접근하여 처리하기 때문에 다음번의 레코드를 빠르게 접근 처리할 수 있다.

② 순차 파일은 보통 입력 순으로 저장된 레코드들을 자신의 응용 업무의 용도에 따라 특정 항목을 정렬 키(sort key)로 선택하여 정렬 작업을 거쳐 순차 파일을 편리하게 사용할 수 있다.

③ 어떠한 자료 저장 매체에서도 파일의 구성이 가능하다. 즉, 테이프와 같은 순차 접근 저장 매체나 디스크와 같은 직접 접근 저장 매체에 모두 저장할 수 있다.

④ 레코드를 순차적으로 적재하기 때문에 파일 내에 여백이 생기지 않아 저장 매체의 효율이 가장 높다.

단점

① 순차 파일에서는 레코드의 삽입, 삭제, 수정 등의 갱신(update) 작업에는 파일 전체를 복사(copy)하는 과정이 필요하기 때문에 해당 파일 만큼의 저장 공간이 추가로 요구되고 수행 시간이 많이 걸린다. 예를 들어, 한 레코드를 순차 파일에 삽입할 때 마지막 레코드 뒤에 추가는 손쉽게 이루어지나 중간에 삽입하려면 기존 순차 파일 중간에 새로운 레코드를 저장할 여우가 없으므로 다음과 같은 과정을 거쳐야 한다.
기존 순차 파일의 i번째와 i+1번째 레코드 사이에 새로운 레코드를 삽입하려면 먼저 기존 순차 파일의 처음부터 i번째 레코드를 차례로 읽어 새로운 순차 파일에 저장한 후 삽입할 새로운 레코드를 새로운 순차 파일에 저장한다. 이어서 기존 순차 파일의 i+1번째 레코드부터 마지막 레코드까지 새로운 순차 파일에 저장하여야 한다. 또한, 순차 파일에서 레코드의 삭제도 삽입 과정과 비슷하게 삭제할 레코드만을 제외한 나머지 레코드들을 새로운 순차 파일로 생성하여 처리하여야 한다.

② 특정 레코드를 접근할 때에 파일의 첫 번째 레코드부터 차례로 모두 찾아야 하므로 탐색 효율이 나쁘다.

10.3.2 직접 접근에 적합한 직접 파일

직접 파일(direct file) 또는 임의 파일(random file)은 어떤 임의의 레코드도 직접 접근할 수 있는 파일로서 디스크 시스템에 기반을 두고 있으며 대화형 처리에 적합하다. 직접 파일에서 사용하는 블록의 크기는 시스템에 의해서 512바이트, 1024바이트 등의 고정된 크기로 위치를 지정할 수 있어야만 직접 접근이 가능하다.

사용자는 특정 응용에 적합한 순서로 레코드를 직접 접근 기억 장치에 기억시키며, 특정 레코드를 접근하기 위해서는 레코드의 키 값이 디스크의 물리적인 블록 주소로 변환할 수 있는 그림 10-2와 같은 맵핑 함수가 필요하다. 보통 맵핑하기 위해 해싱(hashing) 함수를 사용한다. 이러한 맵핑 함수를 사용하여 직접 접근 파일은 어떠한 블록도 직접 읽기 또는 쓰기를 할 수 있다. 직접 접근 파인에는 순차 접근 파일과 다르게 한번파일을 개방하면, 읽기나 쓰기를 자유롭게 할 수 있다.

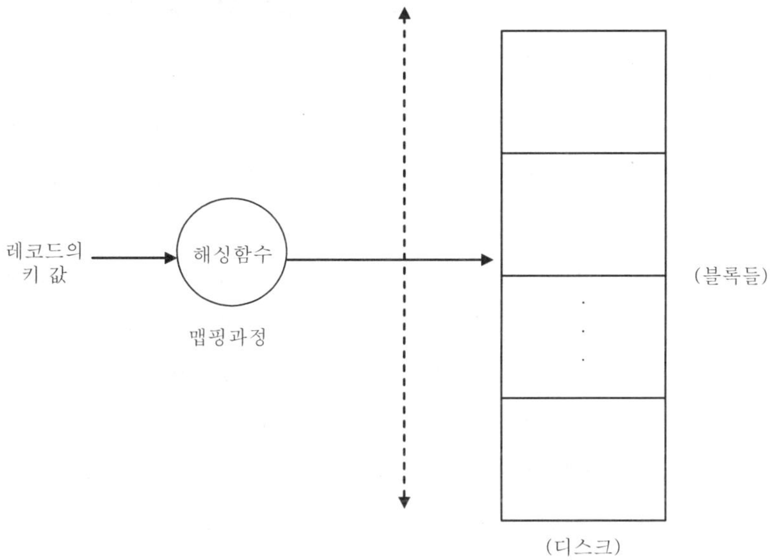

[그림 10-2] 직접 파일 맵핑 과정

장점

① 각 레코드들을 직접 접근할 수 있기 때문에, 다른 레코드에 영향을 주기 않고 특정 레코드를 검색, 삽입, 수정, 삭제 등을 용이하게 할 수 있다.

② 직접 접근 파일은 대규모의 데이터베이스를 직접 접근하는데 아주 유용하다. 어떤 질의문(query)이 들어오면 어떤 블록이 관련 정보를 가지고 있는지 빠르게 계산하여 직접 그 정보를 읽어들인다.

단점

① 직접 접근 기억 장치의 물리적 구조에 대한 구체적인 이해가 요구된다.

② 키값에서 보조 기억 장치의 주소로 맵핑하기 위해 해싱 함수를 사용해야 한다.

③ 가변 길이 레코드는 구성할 수 없다.

④ 키값의 순서에 의한 순차 검색은 어렵다.

10.3.3 색인 접근을 사용하는 색인 순차 파일

색인 순차 파일(indexed sequential file)은 순차 파일의 접근 방식과 직접 파일(direct file) 직접 접근 방식을 절충한 형태이다. 즉, 킷값에 따라 정렬된 레코드를 순차적으로 접근하거나, 주어진 키 값에 따라 직접 접근하는 두 가지 방법이 모두 사용되는 파일 구성 방법이다.

색인 순차 파일은 인덱스된 순차 파일, 또는 ISAM(Indexed Sequential Access Method) 파일이라고도 하며, 파일을 구성하고 있는 레코드가 저장된 물리적인 순서대로 차례차례 접근하는 순차 처리와 레코드의 물리적인 저장순서에 관계없이 원하는 레코드를 직접 접근하여 직접 처리를 수행할 수 있도록 키 값에 따라 순차적으로 정렬된 자료영역(data area)으로 구성된다.

파일에 레코드들이 키순으로 존재할 경우에 모든 레코드에 관해 접근할 수 있는 색인 테이블을 구성하는 것이 아니라 일정량의 레코드들로 구성된 블록을 접근하도록 색인 테이블을 구성하여 블록을 순차적으로 검사하여 원하는 레코드를 찾는다.

이와 같이 색인 순차 파일에서 테이블 형태의 색인 영역(index area)은 특정 레코드가 존재하는 자료 영역의 블록에 대한 접근을 빠르게 하기 위하여 사용된다.

큰 파일에서는 색인 테이블을 다단계 색인(multi-level indexing) 테이블로 구성한다. 공간면에서 색인 영역은 낭비가 되나 접근 시간은 크게 줄일 수 있게 된다. 또한, 접근 시간을 줄이기 위하여 낮은 단계 색인 테이블(lower-lever index table)은 실제 레코드들이 저장된 곳에 구성되기도 한다.

따라서 이와 같은 색인 순차 파일은 원하는 레코드에 대한 순차 및 직접 접근(access)을 모두 지원할 수 있으므로 일괄 처리 작업과 대화식의 실시간 처리 작업에 모두 이용될 수 있다.

10.4 파일 조작

사용자가 copy, delete, rename, dir, ls와 같은 파일 조작 명령을 내리면, 파일 관리 시스템에 의하여 파일의 생성, 읽기, 쓰기, 삭제들과 같은 일련의 파일 관련 시스템 호출로 변환되어 사용자의 파일 조작 명령이 수행될 수도 있고, 또는 응용 프로그래머와 시스템 프로그래머가 자신의 프로그램에서 파일 관련 시스템 호출을 이용하여 파일 시스템의 서비스를 받을 수도 있다.

이절에서는 파일을 처리할 때 프로세스에 의해 제기되는 파일 관리 시스템의 시스템 호출이 동작하는 과정을 이해하기 위해 UNIX 시스템의 파일 처리과정과 파일에 관련된 시스템 호출의 예를 살펴보자.

10.4.1 UNIX에서의 파일 처리 과정

UNIX에서는 파일 처리시 프로세스와 파일 사이의 연결을 위해서 파일 시스템에서 그림 10-3과 같은 자료 구조들을 사용한다. 이러한 자료 구조는 그림 10-3에 나타낸 것과 같이 inode 테이블, 파일 테이블(file table), 파일 기술자 테이블(file descriptor table)이다.

프로세스가 이름을 통하여 하나의 파일을 참조하면, 커널은 그 프로세스가 파일이 존재하는 경로 상의 디렉토리를 접근할 수 있는 허가 여부를 판단한 후 그 파일의 inode를 디스크의 파일 시스템에서 꺼내어 주기억 장소의 inode 테이블에 상주시킨다. inode는 앞에서 기술했듯이 UNIX에서 해당 파일의 속성들에 대한 정보를 나타낸다.

만일 프로세스가 새로운 파일을 생성하는 경우에 커널은 그 파일을 위하여 사용되지 않는 inode를 하나 배당한다. 그 후에 inode는 디스크 상의 파일 시스템에 저장된다. 그러나 파일을 조작할 때는 그림 10-3처럼 주기억 장치에 있는 inode 테이블로 이를 읽어 들인다.

커널은 inode 테이블 외에도 파일 공유와 파일을 참조한 프로세스에 접근허가 권한을 유지하는 파일 테이블과 프로세스가 개방(open)된 모든 파일을 수록하는 파일 기술자 테이블을 사용한다.

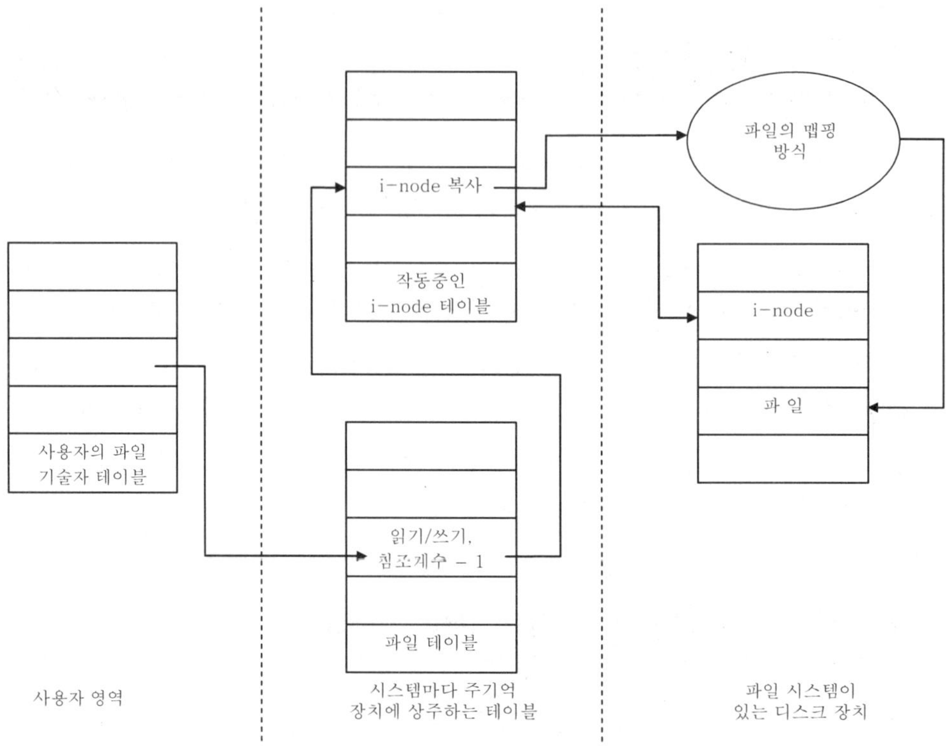

[그림 10-3] 하나의 프로세스가 파일 처리를 위한 자료 구조들과의 관계

(1) 파일 기술자 테이블(file descriptor table)

각 프로세스마다 하나씩 존재하며, 프로세스가 하나의 파일을 열(open)면, 파일 기술자 테이블의 새로운 엔트리(entry)를 하나 배당 받는다. 이러한 파일 기술자 테이블의 엔트리를 보통 파일 기술자라 한다. 이 엔트리와 열기(open)를 할 때 주어지는 파일 이름을 가지고 inode 테이블의 엔트리 사이를 연결시킨다.

파일 기술자 테이블에서 새롭게 배당된 파일 기술자는 사용자에게 복귀되며, 파일이 열어진 뒤에 사용자는 파일 이름 대신 복귀된 파일 기술자 테이블을 사용하여 파일 입출력을 수행한다.

이와 같이 파일 열기는 프로세스와 파일 사이를 연결시키는 기본 동작이며, 파일이 처리되기에 앞서 파일 열기가 먼저 수행되어야 하는 이유는 여기에 있다. 사용자가 보는 관점에서는 파일은 곧 파일 기술자를 의미한다고 할 수 있다. 만일 하나의 프로세스가 여러 개의 파일을 사용하면 사용 중인 파일들에 대해 여러 개의 서로 다른 파일 기술자를 배당하면 된다.

파일 기술자 테이블이 각 프로세스마다 하나씩 존재하므로 시스템 전에는 여러 개의 파일 기술자 테이블이 존재하는데 이러한 모든 테이블은 그 위치에 관계없이 운영 체제에 의해서 관리된다.

(2) inode 테이블

파일에는 단순히 자료만 저장되어 있으며, 파일을 운영하는 데 필요한 자료구조는 inode에 정의되어 있다. 따라서 파일의 운영에 필요한 모든 것은 inode의 자료구조로 처리되며 inode는 곧 파일을 의미한다. 그러므로 파일이 실제 사용될 때는 파일 테이블에 의해 inode 테이블로 연결된다.

(3) 파일 테이블(file table)

파일 테이블은 inode 테이블과 파일 기술자 테이블 사이에 위치하여 한 파일을 여러 프로세스가 공유할 수 있게 하는 역할을 담당한다. 그리고 파일 테이블은 사용자가 다음에 읽고 쓰기를 시작할 바이트 변위(displacement)와 그 파일을 열기(open)한 프로세스에 허가된 접근 권리를 기록하고 그리고 그 파일이 몇 번 열기(open)가 수행되었는지를 알려주는 참조계수 등을 관리한다.

10.4.2 UNIX에서의 파일 공유 처리

UNIX에서는 여러 프로세스가 하나의 파일을 공유할 때 파일 테이블을 매개체로 하여 다음과 같은 두 가지 형태로 파일 공유를 처리한다.

(1) 파일 테이블의 공유

여러 개의 서로 다른 프로세스가 동일한 파일 테이블의 엔트리를 고유하는 형태이다. 예를 들어, 새로운 프로세스가 fork 시스템 호출에 의해 생성되면 그림 10-4와 같이 부모 프로세스의 모든 내용이 자식 프로세스로 복사된다. 만일 부모 프로세스가 파일을 사용하고 있으면 자식 프로세스 역시 그 파일을 사용하게 된다. 즉, 부모/자식 프로세스의 파일 기술자 테이블의 값은 같으므로 동일한 파일 테이블을 공유하게 된다.

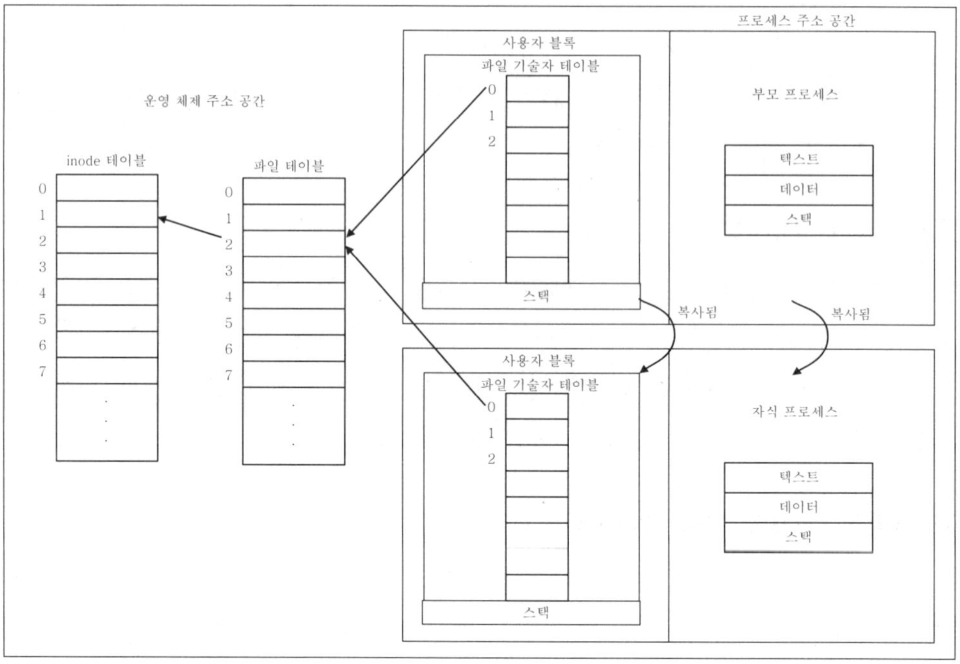

[그림 10-4] fork에 의한 파일 테이블의 공유

(2) inode 테이블의 공유

파일 테이블의 엔트리를 공유하지 않지만 그림 10-5와 같이 파일 테이블의 여러 엔트리가 하나의 inode 테이블의 엔트리를 공유하는 형태이다. 예를 들어 두 개의 프로세스를 연결해주는 파이프(pipe) 처리가 그 예이다.

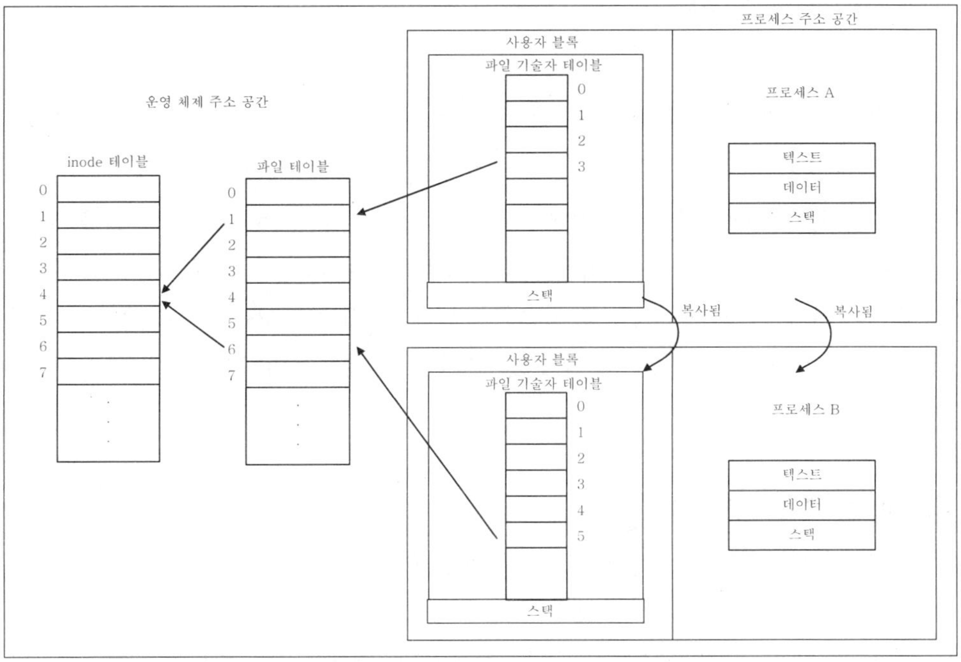

[그림 10-5] inode 테이블의 공유

10.4.3 파일 조작에 관련된 시스템 호출

사용자가 명령을 copy, delete, ls와 같은 파일 조작 명령을 내리면, 파일의 생성, 열기, 쓰기, 삭제들과 같은 일련의 파일 관련 시스템 호출로 변환되어 사용자 명령을 수행한다. 이러한 파일 조작에 관련된 UNIX 시스템의 파일 시스템 호출의 몇 가지 예를 살펴보자.

(1) 파일 생성(create)

파일을 생성(create)하기 위해서는 먼저 생성할 파일을 디스크의 파일 공간에 배당해야 한다. 파일 공간의 배당 방식은 9장의 디스크 관리에서 자세히 살펴보았다. 그 다음에 새로 생성된 파일에 대한 디렉토리 엔트리를 삽입하고, 이 디렉토리 엔트리에는 파일의 이름과 파일 속성에 대한 정보가 있는 inode의 번호(inumber)를 나타낸다.

UNIX의 create는 새로운 일반 파일을 생성하는 시스템 호출이고, 특수 파일을 생성하고자 할 때는 mknod()시스템 호출을 사용한다.

```
fd = create(fname, fmode);
```

으로 나타내며 fd는 정수값으로 파일 기술자이며, fname은 생성하려는 파일의 경로 이름(pathname)이고, fmode는 파일의 접근 허가(permission) 권한을 결정하는 값이다. 즉, 앞에서 설명한 바와 같이 새로 만든 파일을 소유자, 소유자가 속한 그룹 및 기타 사용자로 구분하여 각각에 대한 접근 허가 사항을 나타내준다. 만일 파일이 이미 존재하면 그 파일의 크기를 0으로 초기화하며 사용 권한은 변경되지 않는다.

(2) 파일 열기(open)

표준 입출력, 오류를 세외한 모든 파일은 어떤 목적으로 사용하든지 간에 사용되기 전에 먼저 파일을 열어야 한다.

UNIX의 파일 열기 시스템 호출은 open인데, 이는 파일 처리를 위해 프로세스와 파일 간의 연결을 위해 10.4.1절에서 살펴본 파일 기술자 테이블, 파일 테이블, inode 테이블을 상호 연결한다.

```
fd = open(fname, fmode);
```

으로 나타내고 fname에는 파일의 경로 이름이 fmode에는 사용 목적이 담겨진다. 파일을 새로이 만드는 creat의 경우는 fmode가 파일의 접근 허가 모드를 나타내나 open의 경우는 이와는 다르다. fmode가 "0"일 때는 입력을, "1"일 때는 출력을, "2"일 때는 입출력을 위해 사용된다.

(3) 파일 읽기(read)

파일을 읽기(read) 위해서 파일의 이름과 그 파일의 다음 블록이 옮겨져야 할 주기억 장소의 위치를 명시하는 시스템 호출을 행한다.

UNIX의 파일 일기 시스템 호출은 read인데, 관련된 디렉토리 항목을 찾기 위해서는 디렉토리를 탐색하여 해당 inumber를 찾아 읽어들일 다음 블록에 대한 파일 포인터를 설정한다. 일단 그 블록이 읽혀 들여지면 파일 포인터는 다음 읽을 블록으로 갱신된다.

```
read(fd, buf, nbytes);
```

으로 나타내고, fd는 파일 기술자이다. buf는 버퍼 포인터이고, nbytes는 입력될 바이트 수이다. 즉, 파일 기술자 fd로부터 n의 바이트만큼 읽어 버퍼 buf에 담아두는 기능을 수행한다. 만일 오류가 발생할 경우에는 "-1"을, 파일의 끝을 만나면 "0" 값으로 복귀한다.

(4) 파일 쓰기(write)

파일을 쓰기(write)위해서는 파일 이름과 파일에 기록될 정보를 지정하는 시스템 호출을 수행한다.

UNIX의 파일 쓰기 시스템 호출은 write인데, 파일 이름이 주어지면, 시스템은 파일의 위치를 알기 위해서 디렉토리를 탐색하여 해당 inumber를 찾아 파일의 현재 블록에 대한 파일 포인터를 설정한다.

이 파일 포인터를 사용하여 다음 블록의 주소를 계산할 수 있고, 정보를 저장할 수 있다. 또한 쓰기가 수행될 때마다 파일 포인터는 갱신된다. 이렇게 연속된 쓰기 조작들로 일련의 블록을 저장하는데 사용될 수 있다.

```
write(fd, buf, n);
```

으로 표현되며 fd는 파일 기술자이고, buf는 버퍼 포인터, n은 출력을 요구하는 바이트 수이다. write는 버퍼 buf에 있는 n바이트 수만큼의 내용을 파일로 전송하는 기능을 담당하고, 쓰기 때마다 기록된 바이트의 수가 변환되며 만일 write가 실패한 경우에는 "-1" 값으로 복귀한다.

(5) 파일 삭제(delete)

파일을 삭제(delete)하기 위해서는 삭제될 파일을 디렉토리에서 찾아 관련 디렉토리 항목으로 발견하면, 해당 파일의 모든 공간을 회수하고 디렉토리 항목을 무효화시킨다. UNIX의 파일 삭제 시스템 호출은 unlink인데, 디렉토리의 inumber를 0으로 만든다.

```
unlink(filename);
```

으로 나타내고 만일 "0"값으로 복귀하면 파일이 정상적으로 제거된 것이고, "-1" 값으로 복귀하면 오류가 발생함을 의미한다.

(6) 파일 위치 재설정

파일 위치의 지설정은 파일 내의 특정 블록에 대한 참조를 쉽게 할 수 있는 방법을 제공한다. 보통 파일의 입출력은 순차적이다. 읽기(read)와 쓰기(write)는 전에 수행되었던 파일의 위치 다음부터 수행된다. 그러나 임의의 순서대로 입출력을 실행시키려 한다면, UNIX에서는 lseek 시스템 호출을 사용하여 파일의 원하는 위치로 파일 포인터를 설정할 수 있다.

```
lseek(fd, offset, origin);
```

으로 나타내고, fd는 파일 기술자이다. offset은 origin으로 주어지는 상대적인 위치를 의미하며, origin은 찾고자 하는 출발점이다. 만일 origin이 "0"이면 파일의 맨 처음, "1"이면 파일의 현재 위치이고, "2" 이면 파일의 맨 마지막을 의미한다. 이와 같이 origin을 출발점으로 해서, offset 만큼 위치를 재설정한다. 복귀 값은 lseek가 성공적으로 수행되면 새로 설정된 파일 포인터가 복귀되며, 오류시는 "-1"로 복귀된다.

10.4.4 파일 조작 과정

이 절을 정리하는 의미에서 파일을 처리할 때 프로세스에 의해 제기되는 파일 관리 시스템의 시스템 호출이 동작하는 전형적인 과정은 다음 그림 10-6과 같다.

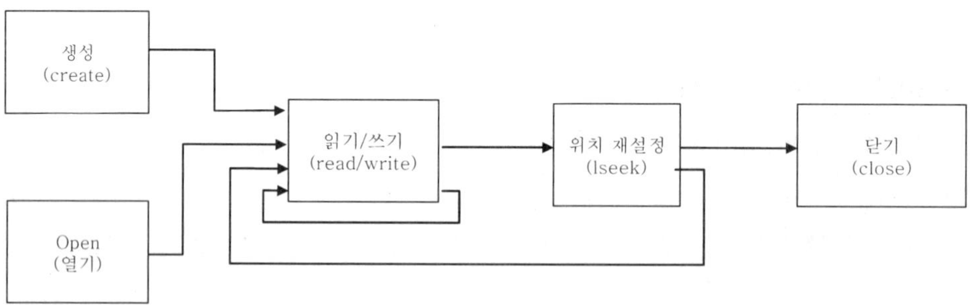

[그림 10-6] 전형적인 파일 조작 과정

처음에 새로운 파일이 생성(create)되거나 또한 이미 조재하는 파일에 접근하기 위하여 파일의 열기(open)가 수행된다. 그 다음에 원하는 만큼의 읽기(read)와 쓰기

(write)가 응용 프로그램에 의해 계속 반복 수행된다. 만약 파일에 대한 직접 접근이 사용되어 포인터의 위치를 재설정할 필요가 있을 때 위치 재설정 시스템(lseek) 호출을 한 후에 읽기(read)와 쓰기(write)를 호출할 수 있다. 파일 처리가 종료되면 닫기(close) 서비스가 호출되어 열기(open)에 의해 설정된 파일 기술자와 같은 자료 구조들의 연결을 해제한다.

10.5 UNIX 파일 시스템의 구조

파일 시스템이란 시스템 관리자가 물리적인 디스크를 몇 개로 분할한 논리 디스크를 소프트웨어적으로 포매팅(formatting)한 디스크 공간의 한 부분으로서 일반적인 UNIX 파일 시스템은 루트(/)와 /usr이라는 디렉토리 파일을 공통적으로 가지고 있고 그 외의 파일 시스템은 시스템에 따라서 서로 다르게 구성된다.

10.5.1 트리 구조(tree structure)

UNIX 파일 시스템은 각 파일과 디렉토리들을 그림 10-7과 같이 계층적 트리 구조로 연결되어 있다. 트리 구조에서 파일과 디렉토리는 경로 이름에 의해 접근되고, 경로 이름은 디렉토리 이름과 파일 이름으로 구성되며, 이들은 "/"로 구분된다. 경로 이름에서 "."과 ".."는 각각 현재 디렉토리와 부모 디렉토리를 나타내며, 이름의 첫 글자에 "/"가 나타날 경우 "/"는 루트(root)를 의미한다.

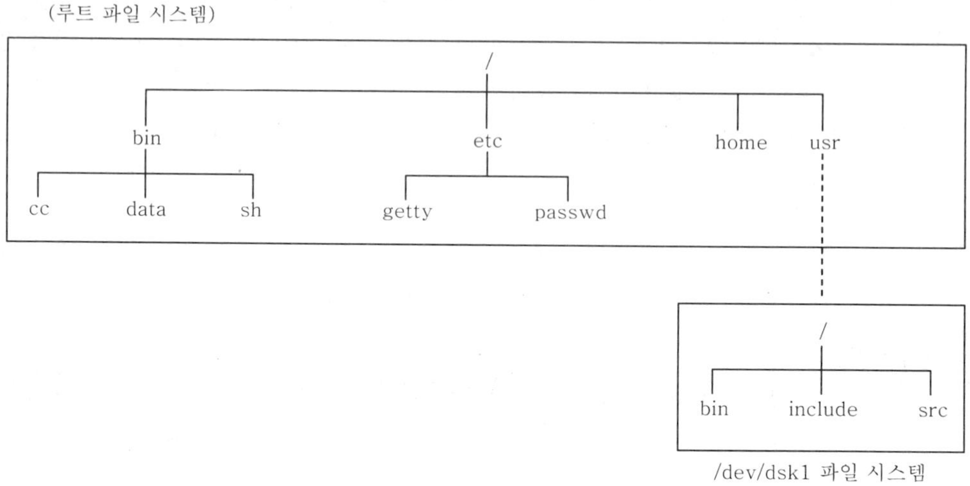

• 루트(/) : 관리 기능에 관한 정보와 장치 그리고 특수 파일들이 들어 있다.
• /bin : 이 경로에는 unix 명령어에 대한 실행 파일들이 포함되어 있다.
• /etc : 이 경로 안에는 시스템 관리자를 위한 다양한 환경 설정 파일들이 포함되어 있다.
• /usr : 이 경로에는 여러 사람이 함께 사용하는 시스템 파일이나 디렉토리들이 포함되어 있다.

[그림 10-7] UNIX 파일 시스템의 계층적 트리 구조

(1) DOS의 디렉토리와 다른점

UNIX 파일 시스템의 구조는 DOS의 디렉토리 구조와 비슷하지만 그림 10-6에서 루트 밑의 usr, home 등은 서브디렉토리(sub directory)의 개념이 아니고, 각각 독립된 파일 시스템 개념이다. 그리고 하나의 새로운 파일이 생성될 때 이에 해당되는 inode가 i-list안에 만들어지며 그 inode의 inumber와 파일 이름이 디렉토리에 엔트리 등록되는데, 이때 파일의 링크 수는 1이 된다. 그러나 이 링크 수는 fork, pipe, link의 시스템 호출에 의하여 파일이 공유 될 때마다 하나씩 증가되고, 파일의 공유가 끝날 때마다 하나씩 감소된다. 이 링크 수가 0일 때는 파일과 inode가 실제 제거된다. 즉, UNIX에서는 디렉토리 계층에서 하나의 파일이 서로 다른 디렉토리에서 여러 개의 이름으로 중복 정의될 수 있다.

(2) 파일 시스템의 연결과 해제

UNIX에서 실제의 디스크는 디스크 구동기에 의해 분리되는 몇 개의 논리적인 영역으로 구성되어 있고, 각 영역은 각각의 장치 파일 이름을 갖고 있다. 프로세스들은 해당 장치 파일 이름을 열고, 이들을 디스크 블록들처럼 취급하여 읽고 씀으로써 영역에 있는 자료들을 접근할 수 있다.

그러므로 UNIX의 디렉토리 계층 구조는 루트 장치라고 불려지는 단일 디스크 상에 위치하는 파일 시스템으로 최초에 구성되나 mount라는 명령어나 mount 시스템 호출을 사용하여 특정한 디스크 영역의 파일 시스템을 기존의 파일 시스템 계층 구조와 연결시켜 줄 수 있다. 이는 수퍼 유저에 의해서만 행하여 진다.

대규모 UNIX 시스템의 계층 구조는 전체 계층 구조의 서브 트리를 포함하는 많은 장치들로 구성된다. 예를 들면, 그림 10-7에서 "/usr" 서브 트리는 루트 장치에 속해있지 않고 /dev/dsk1 라는 다른 장치에 있는 독립된 파일 시스템이다. 그래서 특별하게 다른 박스(box)로 구분하였다. 보통 루트가 아닌 파일 시스템은 부트 시간에 자동적으로 탑재(mount)되는 것이 일반적이다.

가) 파일 시스템의 연결

예를 들어, 새로운 파일 시스템이 "dev/flp" 장치에 있는 플로피 디스크에 저장되었다고 가정하자. 이것을 기존 파일 시스템의 계층 구조 중 서브디렉토리 "/mnt"에 연결할 때는 다음과 같이 탑재(mount) 명령을 실행시키면 된다. 그림 10-8은 mount 명령에 의한 파일 시스템의 연결 예를 보여준다.

```
# mount /dev/flp/mnt
```

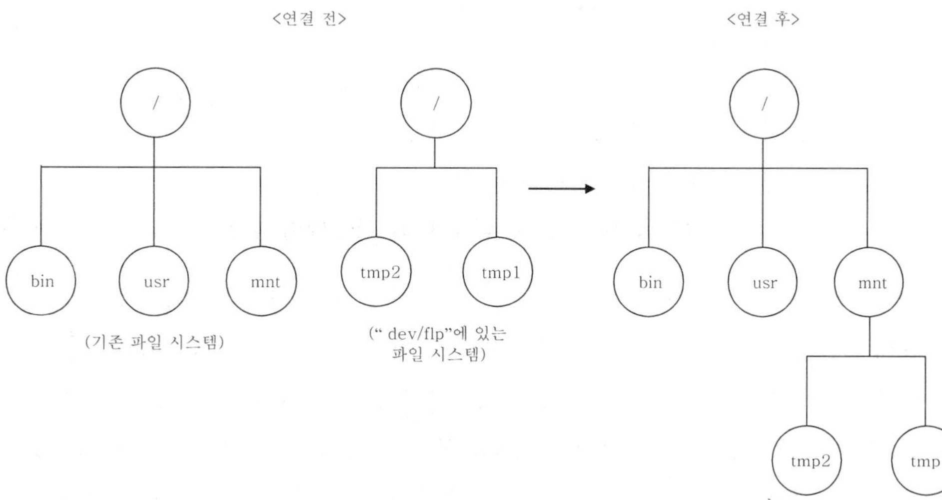

[그림 10-8] 파일 시스템의 연결

나) 파일 시스템의 분리

파일 시스템은 umount 명령어를 사용하여 기존 계층 구조로부터 분리될 수 있다. 다음의 명령은 앞에서 연결한 "dev/flp"라는 파일 시스템을 분리한다.

```
# umount /dev/flp
```

10.5.2 파일 시스템의 구조

디스크 내에는 여러 개의 파일 시스템이 존재 할 수 있으며 UNIX의 각 파일 시스템은 그림 10-9에 나타낸 것처럼 수퍼 블록(super block)과 i-list 및 자료 영역 등으로 구성된다. 그리고 기억 장치의 입장에서 볼 때 UNIX 파일 시스템은 자료의 집합으로 써 블록(512바이트) 단위의 입출력을 처리하기 위해 디스크에 한 블록씩 나누어져 연결된 상태를 이루고 있다.

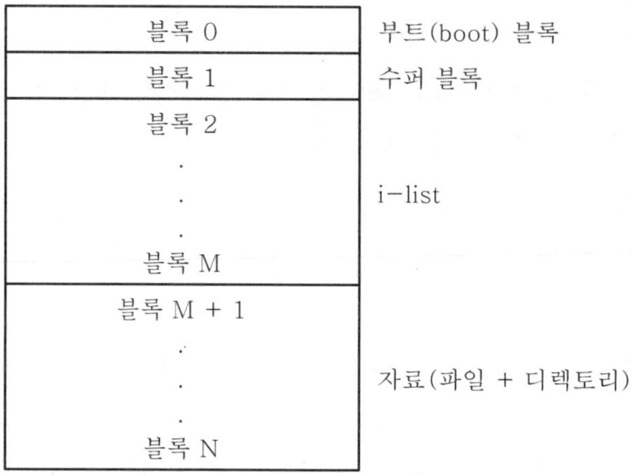

[그림 10-9] UNIX 파일 시스템의 구조

디스크 공간을 사용하는 입장을 보면 한 파일 시스템은 연속된 블록과 그것을 관리하기 위한 자료 구조의 집합체이다. 즉, 파일 시스템은 그림 10-9와 같이 파일 시스템 내의 전체 사용 가능한 프리(free) 블록과 프리 inode를 관리하는 수퍼 블록 영역 및 파일을 속성들이 정의되는 inode의 집합(i-list)영역 그리고 파일의 자료 영역으로 구성되어 있다. 부트 블록은 시스템이 부팅될 때 사용하는 영역이다.

(1) 수퍼 블록

사용 가능한 프리 상태에 있는 블록과 inode들은 수퍼 블록의 프리 블록 기스트와 프리 inumber 리스트에 각각 등록되어 있으며, 수퍼 블록은 프리 블록과 프리 inode의 분배 정책을 담당한다. UNIX가 부팅될 때 루트 파일 시스템의 수퍼 블록은 기억 장치에 옮겨 진다. 파일 시스템을 만들 때는 "mkfs"라는 명령어를 사용하는데, mkfs는 수퍼블록, 프리 블록 리스트, 프리 inode 리스트를 새롭게 구성한다.

(2) i-list

inode들의 리스트로써, 관리자가 파일 시스템을 구성할 때 inode의 리스트 크기를 결정한다. 커널은 inode 리스트에 대한 인덱스를 사용하여 inode를 참조한다. 파일 시스템에는 루트 inode라고 불리는 inode가 하나 있는데, mount 시스템 호출의 수행 후에 파일 시스템의 디렉토리 구조를 접근할 수 있게 해주는 inode이다.

(3) 자료 블록

파일의 내용이 저장되는 블록으로, 파일 자료와 관리용 디렉토리 자료를 가지고 있다. 배당된 하나의 자료 블록은 파일 시스템 내에서 오직 하나의 파일에만 속한다.

10.5.3 수퍼 블록

수퍼 블록은 파일 시스템마다 하나씩 존재하며, 그 파일 시스템을 운영하는데 필요한 모든 정보를 담고 있다. 수퍼 블록은 100개의 프리 블록 리스트, 100개의 프리 inumber 리스트, i-list의 블록수, 파일 시스템 전체의 블록 수, 프리 블록 리스트의 포인터 구성되어 있다. 그림 10-10은 수퍼 블록의 구조를 나타낸 것이다.

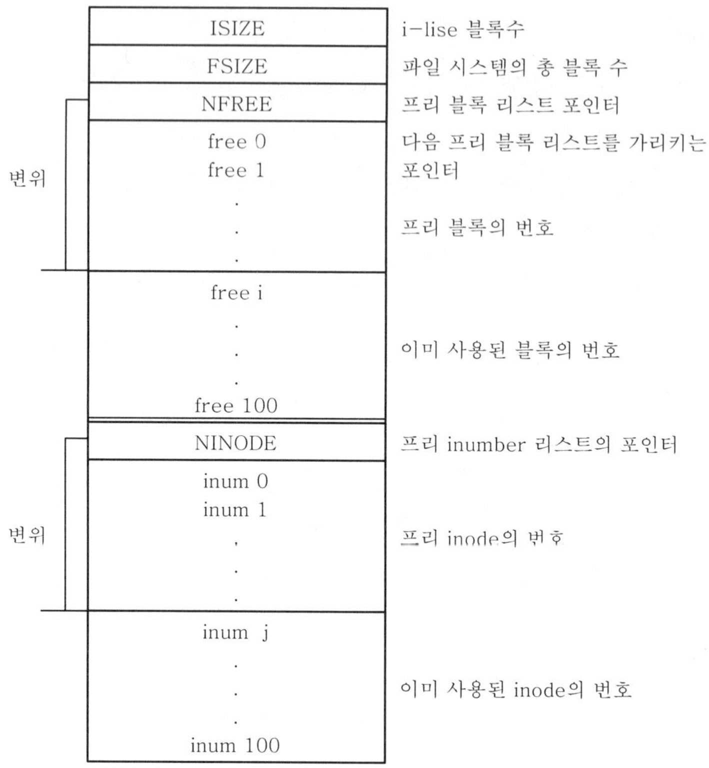

[그림 10-10] 수퍼 블록의 구조

(1) 프리 블록(free block)들의 연결

프리 상태에 있는 블록들은 그림 10-11과 같이 한 프리 블록 리스트에 99블록씩 그 번호를 등록시켜 프리 블록 리스트들을 연결한다. 프리 블록 리스트의 연결을 위하여 프리 블록 리스트의 첫 번째 필드(free 0)는 다음의 프리 블록 리스트를 가리키는 포인터로서 이용되고 있다.

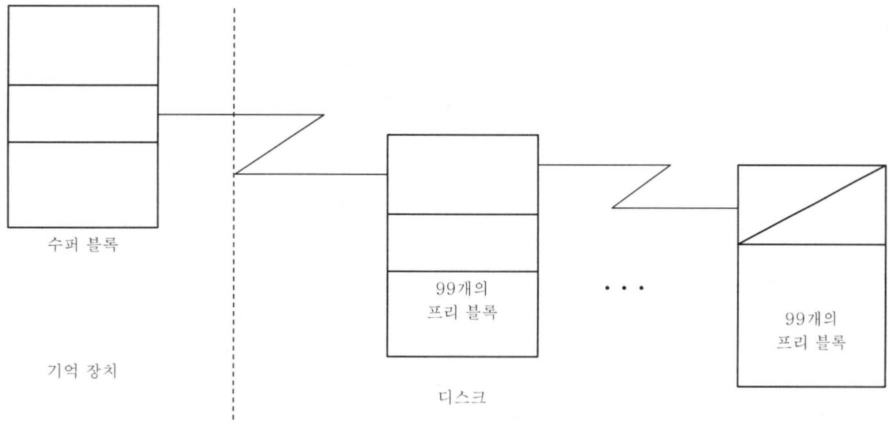

[그림 10-11] 프리 블록 리스트의 연결

(2) 블록의 배당과 회수

그림 10-10에서 NFREE는 다음에 배당될 블록 번호를 가리키는 포인터이다. 한 블록을 배당하기 위해서는 NFREE를 1만큼 감소시키고 현재 NFREE가 가리키고 있는 블록을 이용한다. 반대로 한 블록을 회수하기 위해서는 NFREE가 가리키고 있는 곳에 프리된 블록 번호를 등록시키고 NFREE를 1만큼 증가시킨다. NFREE가 1이 되었을 때는 프리 블록 리스트에 등록되었던 블록들이 모두 사용되어진 상태이며, 이때는 FREE 0가 가리키는 프리 블록 리스트가 수퍼 블록에 복사된다. NFREE가 100이 되어야 한 블록이 프리되는 경우에는 새로운 프리 블록 리스트가 만들어지는데, 그 블록은 프리 블록 리스트로서 사용되어 그 블록으로 수퍼 블록에 있는 프리 블록 리스트를 복사하고, FREE 0에는 그 블록 번호를 등록하여 NFREE를 1로 만든다. 파일의 속성을 정의하는 inode의 배당과 회수 방법은 블록의 배당과 회수 방법과 동일하게 관리되고 있다.

10.6 파일 □□

파일 보호는 크게 불법 사용자들이 무단으로 파일에 접근할 수 없도록 그 파일 소유자가 접근 권한을 제약 하는 보호와 파일의 물리적인 손상으로부터의 보호 문제로 나눌 수 있다.

파일의 물리적인 손상으로부터의 보호는 파일의 백업(backup)해둠으로써 쉽게 복구할 수 있다. 즉, 운영 제체는 파일이 불의의 사고로 파괴되거나 손상되는 것을 방지하기 위해 주기억으로 보통 안전한 곳에 자동 백업을 한다. 불법 사용자에 대한 파일의 보호 문제는 무조건 파일의 보호하기만 하면 자원의 낭비를 초래할 수 있기 때문에 파일의 공유 문제와 병행되어 고려되어야 한다. 파일을 공유하면 다음과 같은 장점이 발생하기 때문이다.

① 파일을 공유시키면 여러 프로그램에서 동시에 그 파일을 사용할 수 있다.

② 파일이 중복되지 않아 기억 장소를 절약할 수 있고, 파일을 생성 시간을 줄일 수 있다.

③ 파일을 주기억 장치에 적재하여 이를 공유하면 입출력의 횟수를 감소시킴으로써 컴퓨터 시스템의 성능을 개선할 수 있다.

그러므로 파일 공유를 고려하면서 불법 사용자들이 무단으로 파일에 접근 할 수 없도록 파일에 대하여 허용되는 접근 종류를 설정하여 파일을 보호해 나가야 한다.

10.6.1 □□ □□ □□ (a□□e□□□□n□□□l ma□□i□)

접근 제어 정렬 (access control matrix) 보호 방법은 UNIX 시스템에서 살펴보았듯이 소유자, 소유자의 그룹, 그 외의 기타 사용자들로 구분하여 소유자에 의해 파일의 읽기, 쓰기 실행 등의 접근 허가 권한을 부여한다. 이러한 접근 제어 행렬은 서로 다른 v사용자들이 파일이나 디렉토리에 대해 서로 다른 유형의 조작을 원할 때, 그림 10-12와 같이 각 파일이나 디렉토리마다 접근 제어 목록을 두어 접근 가능 사용자와 접근 허가 사항을 기록하여 접근 요구가 올때, 운영 체제가 접근 목록을 참조해서 접근 여부를 결정하는 것이다.

이 방법은 개념적으로는 매우 간단해 보이지만 실제로 사용하기에는 어려움이 있다. 예를 들어, 사용자의 수가 200명이고 사용하는 파일의 수가 20,000개인 경우 접근 제어 행렬의 크기는 4,000,000개의 요소로 구성되어야 한다. 이는 기억 장치를 매우 낭비하는 요인이 된다.

	사용자-1	사용자-2	사용자-3	
파일-1	E	R	E	E : 실행 가능
파일-2	RW	E	RWE	R : 판독 가능
파일-3	RW	NONE	R	W : 기록 가능

[그림 10-12] 접근 제어 행렬

10.6.2 파일 이름 부여(file naming)

파일의 이름 부여(naming) 또는 파일 명명은 어떤 사용자가 자신이 부여한 파일이 아니거나, 공유가 허용되었다 할지라도 다른 사용자 파일의 이름을 알지 못하는 경우에는 파일의 접근을 방지할 수 있다는 단순한 방법이다. 이러한 방법은 다른 사용자가 파일의 이름을 알 수 있는 기법이 없고, 그 이름을 추측하기도 힘들다는 가정에 근거하고 있다. 그런데, 파일 이름은 보통 기억하기 쉬운 글자를 많이 쓰고, 의미를 부여하여야 작성되기 때문에 파일의 내용이 암시되어 추측에 의해 쉽게 발각될 수 있다.

10.6.3 □□(□a□□□□□□)

각 사용자마다 서로 다른 암호(password)를 제공하여 그 암호를 알아야만 파일을 이용할 수 있게 하는 방법을 말한다. 만일 암호가 임의로 채택되고 자주 바뀐다면 그 암호를 아는 사용자에게만 파일 접근을 허용하는 접근 제어에 아주 효과적일 수 있다. 그러나 한 사용자의 모든 파일이 같은 암호로 접근된다면 만일 암호가 누설되면 전체가 보호되지 못할 수 있다. 이 문제를 해결하기 위해서는 복수의 암호를 사용하면 된다.

이 방법의 장점은 보호 목적으로 작은 기억 장소가 소요된다는 점과, 이 기억 장소의 크기를 파일 전체에 대해서 균일하게 잡아줄 수 있다는 것이다. 그러나 단점으로는 파일의 보호가 불확실해진다는 점이다.

보호에 관한 모든 정보가 파일 시스템 내에 들어 있으므로 쉽게 발각될 수 있으며, 불법 사용자가 바뀐 암호를 이용할 수 있으며, 암호 자체를 바꾸기는 쉬우나 인가된 사용자들에게 새 암호를 통보하는 문제도 쉬운 일이 아니다.

10.6.4 암호화/해독화

암호나 접근 제어 행렬 방법의 근본적인 문제는 파일 사용에 대한 보호 정보가 파일 시스템 자체 내에 기록되어 있기 때문에 불법 사용자가 이를 접근하여 파일을 마음대로 사용할 수 있다는 점이다.

따라서 이러한 점을 극복하는 방법으로 파일 자체를 암호화(encryption)하고, 누구에게나 공유하게 하지만 파일 자체는 암호화되어있으므로 이를 해독화(cryptography)하는 방법을 아는 인가된 사용자만이 사용하게 한다.

이 방법의 장점은 파일 내용의 암호화와 해독에 사용되는 암호를 파일 시스템 자체 내에 기록하여 관리할 필요가 없다는 점이다. 그러나, 파일 암호화와 해독화에는 시간과 노력이 많이 든다는 점이다.

10.7 입출력 시스템

10.7.1 입출력 제어기(input/output controller)

입출력 제어기(input/output controller)는 실행 중인 CPU로부터 입출력 요청에 대한 처리를 담당하여 디스크, 테이프, 단말기, 프린터 등과 같은 입출력 장치와 통신을 가능하게 한다. 이를 위해 먼저 입출력 제어기는 입출력 요청이 있는 논리적 이름을 논리 장치 테이블을 이용하여 물리적 이름으로 변환을 한다. 그리고 요청된 장치의 동작을 시작시키기 전에 사용 가능성을 검사하고, 그리고 요청이 응해진 후에 장치의 상태를 검사하는 일을 맡고 있다. 만일 요청된 장치가 사용 가능하면 입출력 제어기는 제어를 그 장치와 통신할 수 있는 장치 구동기(device driver)로 옮긴다. 또한 그 요청이 해당 장치 구동기에 전달되었는지 확인하기도 한다. 그러므로 입출력 제어기는 근본적으로, 교통 제어기(traffic controller)라 한다.

10.7.2 장치 구동기(device driver)

장치 구동기는 시스템의 입출력 장치의 동작을 직접 제어하는 낮은 수준에 있는 운영 체제의 한 부분이다. 장치 유형과 장치 구동기는 일반적으로 일 대 일로 대응이 된다. 시스템에는 모든 디스크 장치들을 제어하는 하나의 디스크 구동기가 있을수 있고, 모든 단말기를 제어하는 하나의 단말기 구동기가 있을 수 있다. 하나의 장치 구동기는 주어진 유형의 여러 물리적 장치들을 제어해야 한다.

예를 들면, 하나의 단말기 구동기가 시스템에 연결된 모든 단말기를 제어할 수 있어야만 한 단말기에 보내진 출력을 다른 단말기의 출력으로 보내게 되지 않는다. 이를 위하여 구동기는 장치로부터 수신된 상태 비트들을 검사할 수 있어야하고, 장치에 대한 제어 비트들을 세트(set)할 수 있어야 한다. 그러므로 구동기들은 이러한 동작에 알맞은 언어인 어셈블리 언어 혹은 시스템 프로그래밍언어로 작성되는데, 이는 특권을 가진 입출력 명령어를 통하여 하드웨어 장치들을 접근해야 되기 때문이다. 보통 사용자 프로세스에서 실행될 수 없는 이러한 명령어는 대부분의 고급 언어에서 찾을 수 없다.

입출력 전송이 끝났을 때, 구동기는 입출력 제어기에게 동작이 완료되었다는 메시지를 보낸다. 또한 자료 전송 중 오류가 발생할 수 있는데, 이런 오류 발생 여부도 입출력 제어기에게 알린다.

읽기(read) 요청이 오류 없이 처리되었다고 가정하면, 입출력 제어기가 요청한 프로세스를 입출력 대기 큐로부터 제거시켜 준비 상태의 큐에 둔다. 준비상태의 큐에서 이 프로세스는 CPU에 대한 경쟁을 다시 하게 된다.

실제로는 입출력 제어기가 제어를 보통 프로세스 스케줄러로 넘기는데, 이 프로세스 스케줄러는 3장과 4장에서 살펴보았듯이 다음에 실행할 프로세스를 결정하게 된다. 그리고 입출력 장치와 시스템에 따라서는 구동기가 직접 장치로부터 혹은 장치로의 실제 자료 전송을 담당하는 경우도 있다. 하지만, 자료 전송을 위해 DMA나 입출력 채널 등의 특별한 하드웨어를 사용하여 자료를 전송하는 경우가 대부분이다.

10.7.3 입출력 요청의 처리 과정

다음 그림 10-13은 입출력 요청이 발생한 후 입출력 동작들에 관계된 운영체제의 주요 부분들을 나타내고 있다. 하나의 입출력 요청 중 읽기(read) 동작을 중심으로 한 입출력에 대한 일반적인 과정은 다음과 같다.

① 프로세스가 논리적인 장치 이름으로 입출력을 요청한다.
② 입출력 제어기는 논리 장치 테이블을 사용하여 논리적 장치에 대한 요청을 물리적 장치에 대한 요청으로 변환한다.
③ 입출력 제어기는 입출력 동작을 시작하도록 장치 구동기에게 요청한다.
④ 장치 구동기는 해당 입출력 장치에게 입출력 명령을 전송한다.
⑤ 장치 구동기는 해당 입출력 장치의 송수신 준비 등의 상태를 조사한다.
⑥ 장치 구동기는 해당 입출력 장치의 상태 정보를 입출력 제어기에게 전송한다.
⑦ 입출력 제어기는 장치 구동기가 자료 전송을 할 수 있도록 하기 위해 관련 정보를 인터럽트 테이블에 저장한다.
⑧ 입출력 제어기는 입출력을 요청한 프로세스를 입출력 대기 큐에 배치한다.
- 입출력 장치로부터 인터럽트가 발생하면 다음의 동작 과정이 수행된다.

⑨ 입출력 장치가 발생한 인터럽트 종료를 알리는 인터럽트가 발생한다.
⑩ 시스템의 인터럽트 취급 루틴이 제어를 입출력 장치 구동기로 옮긴다.
⑪ 장치 구동기는 인터럽트 테이블에서 입출력 요청에 관한 정보를 얻는다. 즉, 구동기가 사용할 자료 블록 또는 정보를 블록의 주소를 찾는데 사용되는 내용을 인터럽트 테이블에서 얻는다.
⑫ 장치 구동기는 자료와 상태 정보를 프로세스의 버퍼로 전송한다.
⑬ 장치 구동기는 입출력 제어기에게 입출력 종료를 요청한다.
⑭ 입출력 제어기는 프로세스를 입출력 대기 큐에서 준비 상태의 큐로 상태 변환을 시킨다.

⑮ 프로세스 스케줄러에 의해 실행이 재개될 때까지 준비 상태 큐에서 기다린다.

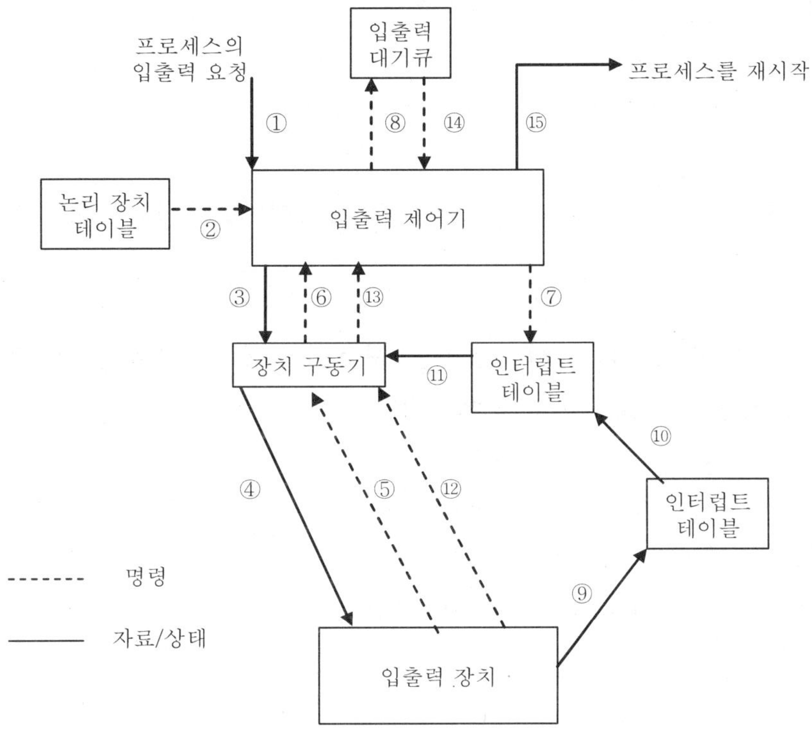

[그림 10-13] 입출력 요청 중 읽기 동작을 중심으로 한 입출력 과정

연 습 문 제

1. 파일 시스템의 기능에 대하여 간단히 설명하라.

2. 파일의 접근방법에 따른 순차 접근, 직접 접근, 색인 접근 방식의 장단점을 설명하라.

3. 불법적인 사용자로부터 파일을 보호하기 위한 다음의 방법들에 대하여 장단점을 중심으로 설명하라.

   1) 접근 제어 행렬(access control matrix)
   2) 암호 (password)
   3) 암호화(encryption)/해독화(cryptography)

제 11 장

병행 프로세스

다중 프로그래밍 운영 체제에서는 다수의 프로세스들의 활성화되어 CPU 스케줄링 정책에 따라 병행적으로 (동시에) 실행되고 있다. 이러한 병행 프로세스들 간에는 제한된 자원을 공유하기 위하여 자주 프로세스들 간에 상호 작용이 필요하게 된다. 이때 상호 작용에 관련된 프로세스들 간에는 조정과 협력을 통하여 정해진 자기 순서에만 실행되어야 하는 프로세스 간의 동기화(Interprocess synchronization) 문제가 요구된다.

쉬운 예로써, 프린터와 같이 순차적으로 재사용 가능한(serially reusable) 자원을 둘 이상의 프로세스들이 상호 간에 서로 경쟁적으로 공유하려고 하면 어느 한 순간에 단지 한 프로세스만이 프린터를 가지고 실행되도록 처리 순서 등을 제어해 나가야 한다. 그렇지 못하면, 각 프로세스의 출력 결과는 마구 섞여서 뒤죽박죽으로 출력되게 될 것이다.

이와 같이 순차적으로 재사용 가능한 자원을 공유하는 프로세스들 간에 통제된 계획 하에 상호 작용을 제어하는 방식을 프로세스 간의 통신 또는 프로세스 간의 동기화(interprocess synchronization)라 한다. 이러한 프로세스 간의 동기화 문제가 바로 병행 프로세스에서 처리해야 할 근본 내용이 되는데, 특히, 자원을 공유하는 협력(cooperation) 프로세스들은 동기화를 위해 통신하거나 그들 간의 병행성을 제약해야만 한다. 만일 병행 프로세스들 간에 동기화가 잘못되면 오류가 발생하거나 더 이상 프로세스들이 진행할 수 없는 교착 상태(deadlock)에 빠질 수도 있다.

이러한 병행 프로세스 간의 동기화 문제는 운영체제에서 가장 복잡하고 운영 체제가 필수적으로 처리해야하는 핵심 문제이다. 특히 다수의 컴퓨터가 네트워크를 이루어 수행되는 분산 처리시스템에서 병행프로세스 처리 문제는 더욱 더 필수 불가결하다.

11.1 병행 프로세스의 기본 개념

11.1.1 병행성(concurrency)

시스템 내에는 하나의 프로세스가 종료하기 전에 다른 프로세스가 실행을 시작하여 시스템 내에 다수의 프로세스들이 동시에 실행이 진행되고 있으면 이를 병행 프로세스(concurrent process)라 한다.

이러한 병행 프로세스들이 순차적으로 재사용 가능한(serially reusable) 하나의 공유 자원을 가지고 작업하고 있다면 이 자원은 시스템 내에 오로지 하나뿐이므로, 둘 이상의 프로세스들은 어떤 형태로든지 시간 공유(time-sharing)와 같은 상호 협력을 통하여 실행되는 수밖에 없다. 즉, 하나의 공유 자원을 동시에는 사용하지 못하게 하고 번갈아 사용할 수 있도록 실행 순서를 제어해 주는 동기화가 필요하다.

이러한 형태의 병렬성(parallelism) 즉, 둘 이상의 프로세스가 동시에 실행되나 어느 한 순간에는 단지 한 프로세스만이 CPU에서 실행되는데 이를 병행성(concurrency) 또는 동시성이라 한다.

여기서 병렬성과 병행성의 차이를 간단히 알아보자. 만일 여러 개의 CPU로 구성되는 다중 처리 시스템(multiprocessing system)에서 둘 이상의 프로세스가 서로 다른 작업을 하고 있으면서 특별하게 프로세스들 간에 상호 협력할 필요가 없다면, 서로 다른 CPU에서 병렬적(parallel)으로 병행 처리할 수 있다. 즉, 병렬성은 하드웨어적인 병행(동시) 처리 개념이다.

그러나 만일 프로세스들 간에 상호 협력이 필요하면 동기화 기법에 의해 프로세스들 간의 실행 시간을 일정 순서에 따르도록 통제해야 한다. 즉, 병행(병렬) 처리에 대한 제약이 필요하다.

단일 CPU 상에서는 이러한 병렬 작업은 시간 공유와 같은 방식을 사용하여 비동기적으로 병행 처리된다.

11.1.2 병행 처리가 필요한 이유

지금까지 다중 프로그래밍 운영 체제가 CPU, 기억 장치, 입출력 장치와 같은 제한된 자원들을 효율적으로 관리하는 방법들을 살펴보아왔다. 살펴본 결과로서, 다중 프로그래밍 환경에서 제한된 자원들은 효율적으로 관리하는 기본 처리 방법은 다수의 프로세스들을 병행 처리(concurrent processing)하여 제한된 자원의 이용률을 높이는 것이다.

왜 프로세스들을 병행 처리하는 것이 자원의 이용률을 높이는 것인지 살펴보자.

앞에서 단일 CPU를 어떻게 다수의 프로세스들에게 공유시켜 공평하게 분배할 것인가였는데 라운드 로빈 방식과 같은 시간 분할에 의한 병행 처리가 근본 해결책이었고, 제한된 용량의 주기억 장치에 어떻게 다수의 프로세스들을 배당할 것인가였는데 디스크와 같은 보조 기억 장치를 가지고 활용한 가상 기억 장치가 실제 해결책이었다. 가상 기억 장치 역시 다수의 프로세스를 주기억 장치에 효율적으로 병행(동시에) 저장하는 방법이다. 그리고 다수의 프로세스가 실행되기 위해서는 CPU와 여러 입출력 장치들이 병행적으로 작업을 수행해야 하는데, 어떻게 하면 디스크와 같은 입출력 장치를 효율적으로 동작시켜 나가는지 그리고 편리한 인터페이스를 제공하는 디스크 중심의 파일 시스템에 대하여 알아보았다.

다시 말해서 컴퓨터 시스템은 능력에 따라 수많은 프로세스들이 생성되어 그 실행을 위하여 제한된 자원들을 사용할 때 효율적인 병행 처리가 필연적이다. 더불어 이러한 병행 처리가 더욱 효율적으로 진행되기 위해서는 공유와 가상 개념이 지원되어야 함을 알 수 있다.

또한, 병행 처리의 근본이 되는 기술로, 여러 개의 작업을 순차적으로 밖에 실행하지 못하는 일괄 처리 시스템의 문제점을 다음과 같이 인터럽트(interrupt) 개념을 적용하여 해결하였음을 우리는 알고 있다.

① 인터럽트가 발생했을 때 현재 프로세스의 실행을 중지하고, 준비 상태의 다른 프로세스를 실행한다.

② 인터럽트된 프로세스는 해당 인터럽트 처리가 끝난 후 다시 재개된다.

이와 같은 인터럽트 개념은 컴퓨터의 순차적인 성질을 극복하여 여러 개의 프로세스들을 병행적으로 실행할 수 있는 방법을 제공한다. 이러한 병행 처리의 근본이 되는 기술이 우리가 알고있는 다중 프로그래밍이다. 참고로, CPU 관리에서 이러한 인터럽트 개념을 사용한 프로세스간의 교환을 문맥 교환이라 하였다. 따라서 문맥 교환은 CPU 활용률을 최대화하기 위한 근본적인 해결 방법이라 할 수 있다. 정리하면, 다중 프로그래밍은 주기억 장소에 상주되어 있는 다수의 프로세스들 간에 문맥 교환을 통하여 CPU와 입출력 장치들을 가능한 바쁘게 병행적으로 활용함으로써 컴퓨터의 성능을 개선하는 기술이다.

11.1.3 결정적(determinate) 프로세스

시스템 내에 존재하는 병행 프로세스들은 상호 간에 영향을 끼치지 않는 독립적인 프로세스들과 프로세스 상호 간에 경쟁과 협력 속에서 조정이 필요한 협력(cooperation) 프로세스들로 유형을 구분할 수 있다.

실행이 종료될 때까지 다른 프로세스에 영향을 주지도 않고, 영향을 받지도 않는 독립적으로 실행되는 병행 프로세스들의 특징은 다른 프로세스들의 상대적인 진행 순서에 상관없이 항상 같은 결과가 나오는 프로세스들이다. 그래서 실행 순서와 상관없이 어느 때 실행되어도 결과가 항상 동일하게 결정되는 프로세스라 하여 이를 결정적(determinate)인 프로세스들이라 한다.

즉, 결정적 프로세스의 동작은 어느 때 실행을 하더라도 한 시기에 하나씩 순차적으로 실행되고, 출력 결과와 종료 상태는 언제나 입력과 초기 상태에만 의존해서 결정된다.

그러므로 다른 프로세스들에게 영향을 끼치지 않는 결정적인(determinate) 독립 프로세스들은 단순하게 자신의 시스템에 적합한 라운드 로빈 방식과 같은 시간 분할에 의한 병행 처리가 가능한 CPU 스케줄링 정책에 따라 공평하게 실행을 보장하기만 하면 된다.

따라서 결정적 프로세스들은 본 절에서 앞으로 설명하게 될 병행 처리에서 고려해야 되는 상호 배제 등의 여러 가지 복잡한 문제에 신경을 쓰지 않아도 된다. 왜냐하면 어떠한 경우에 실행이 되더라도 최종 결과는 같은 초기치에 대해서는 항상 같기 때문이다.

11.1.4 공유 자원의 유형에 따른 병행 처리 방법

컴퓨터 시스템에 생성된 수많은 프로세스들이 제한된 자원들을 사용하여 효율적인 병행 처리를 수행하기 위해서는 자원 공유가 중요한 원리가 됨을 알 수 있다.

병행 프로세스들이 공유할 수 있는 자원 유형은 크게 두 가지로 분류할 수 있다. 그 하나의 컴파일러, 어셈블러, 편집기와 같이 프로세스들이 수정할 수 없는 재진입 가능 프로그램(reentrant program)으로 구성된 공유 자원 유형이 있으며, 또 하나는 프린터나 읽기(read)/쓰기(write)가 가능한 공유 변수 또는 공유 파일과 같이 순차적으로 재사용 가능한(serially reusable) 공유 자원 유형으로 구분될 수 있다.

가상 기억 장치의 페이지 공유에서 살펴보았듯이 재진입 가능 프로그램(reentrant program) 으로 구성된 공유 자원은 동시에 두 개 이상의 프로세스가 상호 간의 진행 속도에 영향을 받지 않고 자유롭게 공유가 가능하다. 그러나 순차적으로 재사용 가능한 자원은 어느 한 순간에 한 프로세스에 의해서만 사용될 수 있기 때문에 프로세스들 간에 계획되고 통제된 상호 협력을 통해서만 즉, 동기화에 의해서만 공유가 이루어 져야 한다. 만일 순차적으로 재사용 가능한 공유 자원을 동기화 없이 둘 이상의 프로세스에 의해 병행 처리가 진행되면 오류가 발생하게 된다.

이에 대한 단순한 예를 들어보면, 순차적으로 재사용 가능한 프린터를 서로 경쟁적으로 사용하려는 여러 개의 프로세스가 있다고 가정하자. 만일 동시에 경쟁 프로세스들이 프린터를 사용하게 되면 각 프로세스의 출력 결과는 마구 섞여서 뒤죽박죽으로 출력되게 될 것이다. 따라서 프린터를 사용할 순서를 정하여 자기 순서가 주어질 때까지 대기하다가 프린터를 사용하는 통제된 상호 협력 정책이 필요하다.

이와 같이 순차적으로 재사용 가능한 자원들을 공유하는 병행 프로세스들 간에는 올바른 출력 또는 계산 결과를 이끌기 위하여 프로세스들 상호간에 조정과 협력을 통하여 정해진 자기 순서에 프로세스를 실행하는 프로세스 간의 동기화가 필요하다. 보통 프로세스 간의 동기화는 각 프로세스들 간의 외부 공유 변수(shared variable)들을 통해 주로 이루어진다.

11.2 프로세스 간의 동기화

프로세스들 간에 동기화는 순차적으로 재사용 가능한 자원을 공유하기 위한 상호 협력하는 프로세스들 간에 나타난다. 이러한 상호 협력(cooperation)프로세스들 간의 관계는 공유 자원을 사용하기 위한 경쟁자 관계이거나 또는 생산자(producer)/소비자(consumer) 관계 중의 하나로 자연스럽게 구분될 수 있다.

11.2.1 경쟁자 관계에서의 동기화 : 상호 배제

앞의 프린터 공유의 예에서 살펴본 것처럼 프린터를 서로 경쟁적으로 사용하려는 여러 개의 프로세스가 동기화 없이 프린터를 사용하게 되면 각 프로세스의 출력 결과는 마구 섞여서 뒤죽박죽으로 출력되게 된다.

이를 해결하기 위해 각 프로세스마다 프린터 사용할 순서를 정하여 준 다음에 자기 순서가 주어질 때 비로소 프린터를 사용하게 하는 동기화 기법이 필요하다. 다시 말해서, 프린터를 사용하려는 경쟁적인 프로세스들을 동시에 사용하지 못하게 상호 배제(mutual exclusion)하면서 번갈아 사용하게 하면 된다.

그림 11-1은 P1, P2, P3의 세 개의 병행 프로세스가 프린터를 동시에 경쟁적으로 사용하려고 하여 P2 → P3 → P1 순으로 순차적으로 상호 배제시켜 프린터를 공유시킨 한 예이다.

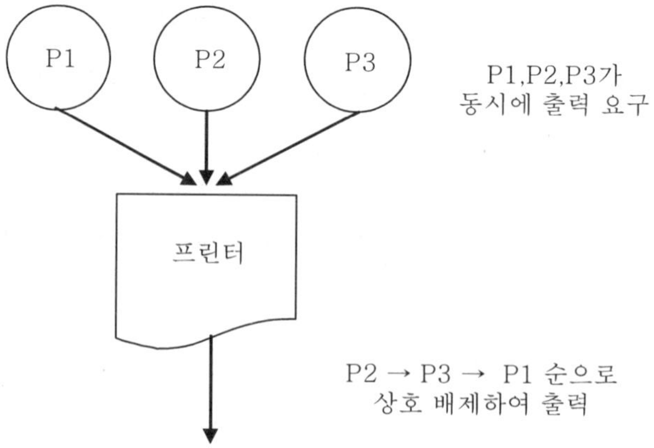

[그림 11-1] 상호 배제의 예

(1) 일상생활에서 상호 배제(mutual exclusion)

일상생활에서 경쟁자 간에 상호 배제해야 하는 경우는 너무나 많다. 예를 들어 여러 명이 하나의 화장실을 사용할 때 화장실은 순차적으로 재사용이 가능한 공유 자원이다. 그러므로 각 사람은 상호 배제로 화장실을 사용해야 한다.

또 다른 예로서, 은행에서 현금 인출을 하는 경우를 생각해 보자. 만일 한 계정을 사용하는 여러 가족이 현금 카드를 가지고 서로 다른 지역에서(경쟁적으로) 동시에 현금 인출을 시도할 때, 만일 은행의 예금 인출 프로그램이 여러 가족들의 현금 인출을 상호 배제시키지 못하면 계정의 잔액 이상을 서로 다른 가족에게 인출되게 하는 상황이 발생할 수 있게 된다. 이는 곧 은행을 망하게 할 것이다.

또한 도로의 사거리 같은 곳에서 경쟁적으로 자신의 방향으로 진행하려는 자동차들을 교통 신호등이 상호 배제를 잘못하게 되면 교통사고는 비일 비재하게 발생할 것이다.

(2) 읽기/쓰기 프로세스 간의 상호 배제

병행 프로세스들 간의 경쟁 관계에서 좀 더 정교한 상호 배제가 필요한 경우를 살펴보자. 보통 2개 이상의 프로세스가 읽기/쓰기가 가능한 공유 변수나 공유 파일을 사용하는 경우는 응용 업무에서 자주 발생한다.

예를 들어, 학교에서 학사 관리를 위한 성적 마스터 파일은 학생들에게 자신의 성적을 조회하기 위해 읽을 수 있어야 하고, 반면에 잘못된 학생의 성적은 파일 관리자가 수정을 하기 위해 쓰기(수정) 동작을 할 수 있어야 한다.

또한, 은행에서 고객들은 자시의 계좌가 얼마 남았는지를 확인할 수 도 있고, 출금할 수도 있다. 이는 서로 다른 가족 간에 동시에 이루어질 수 있다.

이와 같이 응용 업무에서 2개 혹은 그 이상의 프로세스들이 공유 변수나 공유 파일(이하 공유 기억 장소라고도 함)에 읽기/쓰기를 할 수 있는 상황에서는 어떤 프로세스가 언제 실행하느냐에 따라 결과가 달라질 수 있게 된다. 이를 보통 경쟁 조건(race condition)이라 한다.

경쟁 조건에 있는 프로세스들의 실행 결과는 대부분의 경우 올바르게 유지되지만, 그러나 잘못된 순서로 실행하게 되면 결과는 예측할 수 없는 오류가 발생하게 된다.

즉, 공유 기억 장소에 대한 부적절한 읽기와 쓰기는 찾기 힘든 운영체제의 오류를 발생시키는 원인이 된다. 두개의 프로세스가 병행적으로 실행될 때 근본적인 문제점을 끼어드는 읽기와 쓰기 조작들에 의해 공유 기억 장소들이 잘못된 상태로 유지된다는 점이다. 이러한 종류의 오류는 특별한 병행 관계에서 드물게 발생하거나 결코 반복되어 나타나지 않는 증상이기 때문에 결코 잘 찾을 수 없다.

단지 공유 기억 장소를 읽기만 하는 여러 개의 읽기 프로세스들만이 병행적으로 실행한다면 위와 같은 문제점들은 전혀 발생되지 않는다. 그러나 쓰기프로세스가 포함되어 있으면 하나의 쓰기 프로세스가 정확하게 기록되기 위해서는 다른 프로세스들이 상호 배제된 상태에서 작업을 해야만 된다.

즉, 쓰기 프로세스가 공유 변수들을 검사하거나 수정하는 동안 다른 어떤 프로세스도 공유 변수를 접근하지 못하도록 보장해야만 한다.

다시 말해서, 2개 이상의 프로세스들이 동시에 읽기와 쓰기를 못하게 상호배제(mutual exclusion)하는 동기화 기법이 필요하다. 이에 대한 실제 해결책은 11.9절에서 세마포어(semaphore) 알고리즘을 사용하여 소개한다.

11.2.2 생산자(producer)/소비자(consumer) 관계의 동기화

프로세스 특성에서 살펴보았듯이 보통 하나의 프로그램이 여러 개의 프로세스로 생성되어 상호 협력하면서 프로그램이 실행될 수 있음을 알 수 있었다. 일반적으로 프로그램은 입출력 과정과 계산 과정을 포함하고 있기 때문에 프로그램의 초기 작업 프로세스를 생성하게 된다. 즉, 하나의 프로그램을 실행하는 과정은 계산 프로세스와 입출력 프로세스들로 나누어 생성되어 이들 간에 상호 협력을 통하여 병행 실행된다.

예를 들어, 어떤 프로그램이 그림 11-2와 같이 입력 프로세스와 계산 프로세스로 나누어져 생성되었다고 가정하자.

입력 프로세스가 키보드에서 자료를 입력하여 공유 버퍼에 자료를 저장하면, 계산 프로세스는 공유 버퍼에 있는 자료를 사용하여 원하는 계산을 수행할 것이다. 이때 입력 프로세스는 자료를 버퍼에 생산하는 생산자 프로세스로서, 계산 프로세스는 이를 소비하는 소비자 프로세스의 역할을 담당하면서 그림 11-2와 같이 공유 버퍼에 자료를 저장하고 꺼내는 동작을 상호 협력하면서 반복 진행하게 된다.

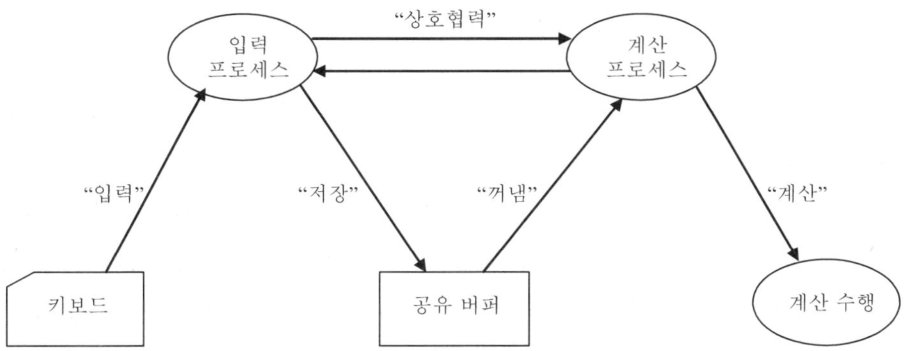

[그림 11-2] 생산자/소비자 프로세스 관계

공유 버퍼와 같이 생산자 프로세스가 자료를 생성하면 소비자 프로세스에 의해 자료를 소비하기 때문에 소비 가능한 자원(consumable source)이라 한다. 이러한 소비 가능한 자원의 예로서 메시지, 인터럽트, 신호 등이 있다.

(1) 생산자/소비자 관계의 예

이와 같은 생산자/소비자 프로세스 관계는 운영 체제에서 매우 보편적인 것이다. 생산자 프로세스는 소비자 프로세스에 의해 소비되는 정보를 생산한다. 예를 들어 그림 11-3과 같이, 컴파일러는 어셈블러가 소비하는 어셈블리 코드를 생산하고, 또한 어셈블러는 적재기가 소비하는 적재 모듈을 생성해 내고, 프린터 구동기(driver)는 라인 프린터에서 소비되는 문자를 생산해 낸다.

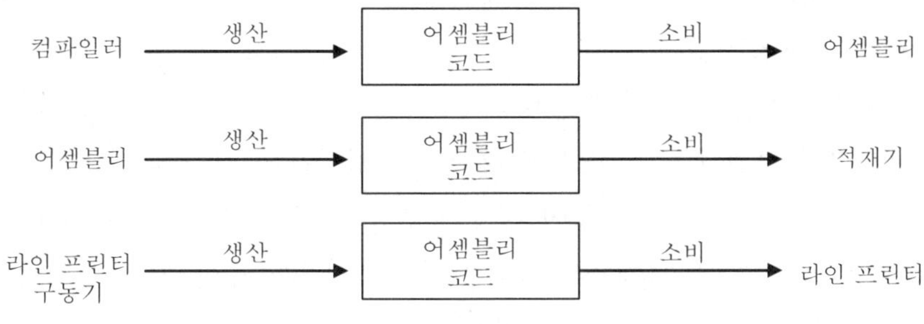

[그림 11-3] 생산자/소비자 관계의 예

그리고 다음과 같이 UNIX의 파이프라인 명령을 수행하면,

```
ls -l | lp
```

ls 프로세스와 lp 프로세스가 생산자와 소비자 관계를 가지고 상호 협력하여 현재의 디렉토리 내용을 프린터로 출력하게 된다.

또 다른 일반적인 예로 산술식과 같은 프로그램의 빠른 처리를 위해 여러 개의 자식 프로세스들을 생성하여 병렬 실행시킬 수 할 수 있다. 즉, 하나의 프로그램이 병렬(parallel)로 실행되기 위해서는 여러 개의 부분으로 나뉘어질 수 있다. 이렇게 나뉘어진 여러 개의 부분들은 분리된 각각의 병행(concurrent) 프로세스들로 생성되는데 보통 생산자/소비자 관계를 갖게 된다.

(2) 생산자/소비자 관계의 동기화

생산사와 소비사 프로세스들을 병행 처리시키기 위해서 생산사와 소비자에 의해 각각 채워지고 비워지는 공유 버퍼를 만들어 내야 한다. 생산자는 소비자가 버퍼를 소비하는 동안 버퍼에 자료를 채워 넣을 수 있으나 버퍼가 꽉 차면 소비자가 버퍼에서 자료를 가져가야 할 때까지 기다려야한다. 반대로, 소비자는 버퍼에 자료가 비어있으면 생산자가 새로운 자료를 버퍼에 생산할 때까지 기다려야 한다.

이와 같이 상황에 따라 생산자는 버퍼가 꽉 차있으면 더 이상 버퍼에 자료를 생성하지 못하도록 배제시켜야 하고, 소비자는 버퍼가 비어 있으면 자료를 가져가지 못하게 배제시켜야 한다. 만일 이러한 상호 배제가 잘못 수행되면 생산자는 소비자가 미쳐 자료를 사용하지 않았는데 계속해서 자료를 생산하여 앞에 생성된 자료를 겹쳐 써서(overwrite) 잃어버리게 할 것이고, 소비자는 버퍼가 비어 있는데 접근하게 되는 오류를 상호 간에 범하게 된다.

여기서 경쟁 관계의 상호 배제에 대한 동기화의 차이점을 살펴보면, 경쟁관계에서는 경쟁적인 병행 프로세스들이 공유 자원을 동시에 사용하지 못하게 일련의 순차적인 순서로 상호 배제(mutual exclusion)하여 사용할 수 있게끔 동기화를 하기만 하면 된다.

그러나 생산자/소비자 관계에서의 동기화는 그림 11-4와 같이 생산자가 자료를 버퍼에 생성하여 놓고 자료를 소비해가라고 소비자에게 특별한동기 신호를 주어야 하며, 반면에 소비자는 버퍼에 자료가 비어 있으니 자료를 생성하라고 생산자에게 특별한 동기 신호를 주어야 한다.

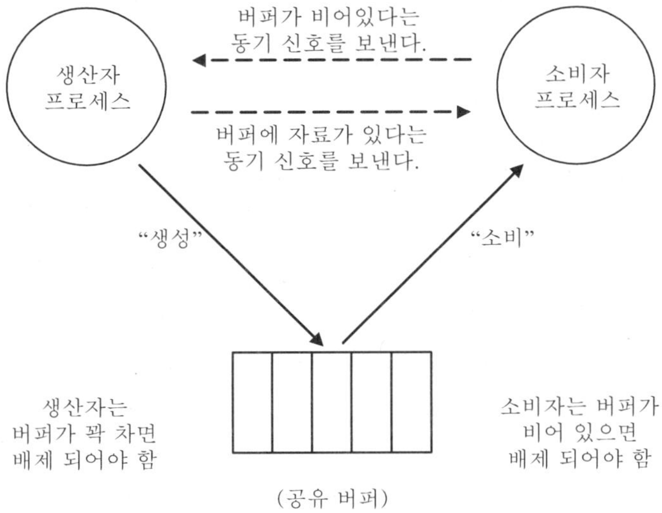

[그림 11-4] 생산자/소비자 관계의 동기화

따라서 생산자/소비자 간의 동기화는 공유 버퍼가 꽉 차있거나 비어 있을 때는 상호 배제하면서 방금 설명하였듯이 상호 간에 상황에 따라 특별한 신호를 사용하여 동기를 부여해야만 한다.

그래서 단순히 경쟁 관계의 프로세스들을 상호 배제하는 문제를 특수한 동기화(special synchronization)라 하고, 생산자/소비자 관계와 같이 상호 배제와 더불어 상황에 따라 동기 신호가 요구되는 문제를 일반적인 동기화(general synchronization) 문제라 한다.

이에 대한 자세한 내용은 다음 절의 프로세스 간 동기화에서의 임계 영역이 필요한 이유를 통하여 구체적으로 살펴볼 수 있다.

11.3 임계 영역(critical section)

프로세스 간 동기화에서 상호 배제를 지키는 것은 병행 처리에 있어서 가장 중요한 문제가 된다. 이를 구현하기 위해서는 문제의 상황에 따라 어느 한 순간에 한 프로세스만이 유일하게 조작할 수 있는 상호 배제 영역이 필요하다. 이를 가리켜 임계영역(critical section 또는 critical region)이라 한다.

예를 들어, 화장실을 여러 명이 사용할 때 상호 배제되어야 할 임계 영역은 화장실이 된다.

11.3.1 임계 영역이 필요한 이유

그림 11-5와 같이 생산자/소비자의 두 프로세스가 공유 버퍼를 사용할 때 이 버퍼를 임계 영역이라 하며 생산자/ 소비자가 동시에 버퍼를 사용해서는 안 된다. 왜 임계 영역이 동시에 사용하면 안 되고 상호 배제해야 하는 이유를 유한 공유 버퍼를 가지는 생산자/소비자 관계의 알고리즘을 통하여 구체적으로 살펴보자.

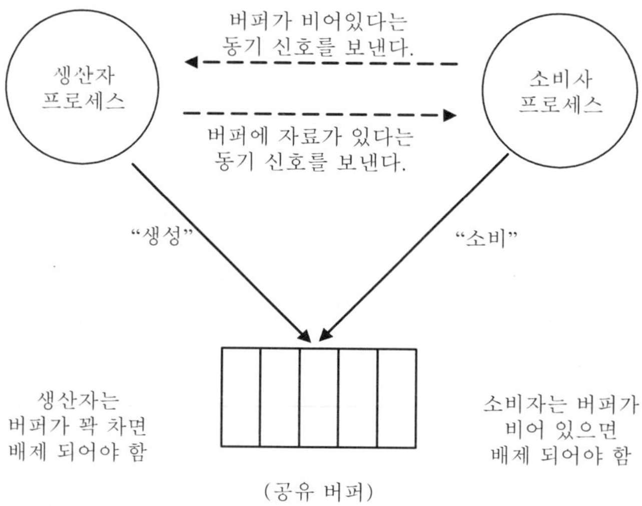

•공유 버퍼는 상호 배제가 되어야 할 임계 영역이다. 그러므로 "생성"과 "소비"를 동시에 해서는 안되고, "생성" 후 "소비"를 하던가 "소비" 후 "생성"을 해야 한다.

[그림 11-5] 임계 영역과 상호 배제

11.3.2 임계영역 문제의 고려사항들

프로세스 간의 동기화에서 가장 중요한 문제는 여러 프로세스들이 경쟁적으로 접근하는 공유 자원 부분을 임계 영역(critical section)으로 설정하여 어느 한 순간에는 한 프로세스만이 유일하게 임계 영역을 조작할 수 있도록 상호 배제를 보장하는 것이다.

임계 역역을 수행하는 프로세스들을 상호 배제만 시켜서는 경쟁 조건은 피할 수 있지만 다수의 프로세스들을 효율적으로 상호 배제하기에는 충분한 조건이 되지 못한다.

그래서 좀 더 효율적인 임계 영역에 대한 상호 배제를 위하여 임계 영역 내의 수행은 타이머(timer) 등을 두어 정해진 시간 동안만 수행하도록 제약하여 임계 영역을 진입하려는 다른 프로세스들이 무한정 기다리지 못하게 하고, 임계 영역에 진입한 프로세스가 블록(block)되거나 무한 루프(endless looping)에 빠지지 않도록 주의해서 코드화 해야 한다.

만일 임계구역 내에서 수행 중이던 프로세스가 블록 상태에 빠지면, 운영체제가 상호 배제를 풀어서 다른 프로세스가 임계영역에 진입할 수 있도록 해야 한다.

이와 같이 임계 영역에서 충분한 상호 배제를 위하여 임계영역에 새로운 기능의 프로토콜(protocol)을 추가해야 한다.

각 프로세스는 먼저 임계 영역에 진입할 수 있는지의 여부를 미리 요청하도록 하고 이러한 요청에 대한 허가 여부를 결정하는 진입 영역(entry section)을 만들고, 임계 영역 다음에 출구 영역(exit section)을 만들어 방금 자신이 임계 영역의 수행을 끝냈다는 신호나 경우에 따라서는 다음에 진입할 프로세스를 선택해주게 하는 역할을 하게한다. 그리고 출구 영역(exit section) 다음에 잔류 영역(remainder section)을 만든다. 여기서 잔류 영역이란 각 프로세스가 임계 영역을 수행한 후 빠져나와서 자신의 나머지 작업을 수행하는 부분이다.

이와 같이 추가된 상호 배제 프로토콜 하에서 다음과 같은 세 가지 조건을 만족하는 임계 영역에 대한 상호 배제 알고리즘을 구현해야 한다.

(1) 상호 배제(mutual exclusion) 조건

한 프로세스가 임계 영역을 수행 중일 때 어떤 다른 프로세스도 임계 영역을 수행할 수 없도록 상호 배제한다.

- 여러명이 사용하는 화장실은 당연히 상호 배제해야 한다.

(2) 진행(progress) 조건

현재 임계 영역을 수행하는 프로세스가 없는 경우에 여러 개의 프로세스들이 임계영역에 진입하고자 할 때, 잔류 영역에서 실행되지 않고 있는 프로세스들 중에서만 다음 번에 임계 영역을 진입하게 한다.

- 방금 화장실을 사용한 사람은 기다리는 사람이 있는 경우 화장실에 들어가는 대상에서 제외한다.

(3) 제한된 대기(bounded waiting) 조건

한 프로세스가 임계 영역에 대한 진입 요청 후부터 제한된 일정 시간 내에 진입을 허락해야 한다. 단, 모든 프로세스의 상대적인 속도는 같다고 가정한다.

- 화장실을 사용하려는 사람이 여러 명일 때 나름대로 FCFS와 같이 공평하나 순서로 들어가는 순서를 정하여 특정한 사람이 무한정 기다리는 일이 없게 해야 한다.

11.4 상호 배제

본 절에서는 상호 배제(mutual exclusion) 문제를 실제 구현하는 알고리즘에 대하여 소프트웨어와 하드웨어적인 방법으로 나누어 설명한다. 본 절에서 기술되는 상호 배제 알고리즘의 전체 구조는 그림 11-6과 같이 parbegin/parend의 병행 문장으로 구성되어 있으나 실제 세부적인 알고리즘을 기술할 때는 맨 처음 알고리즘만 전체 구조를 기술하고 그 다음 알고리즘부터는 그림 11-7과 같이 하나의 프로세스 구조만을 기술한다.

```
begin
    공유 변수들 선언 부분
    parbegin
        P0;
        P1;
        ...
        Pn;
    parend
end
```

[그림 11-6] 상호 배제 알고리즘의 전체구조

임계 영역을 공유하려면 각 병행 프로세스들의 그림 11-7과 같은 실제 구조는 진입 영역(entry section)과 임계 영역, 출구 영역 (exit section)과 잔류 영역(remainder section) 순으로 구성된다.

임계영역의 진입 여부를 결정하는 진입 영역(entry section)과 방금 자신이 임계 영역을 수행을 끝냈다는 신호나 경우에 따라서는 다음에 진입할 프로세스를 선택해주게 하는 출구 영역(exit section)은 실제 구조에서 중요한 역할을 하므로 박스(box)로 나타내었다.

```
repeat
        ┌──────────────────┐
        │     진입 영역      │
        │ (entry section)  │
        └──────────────────┘
          임계 영역(critical section)
        ┌──────────────────┐
        │     출구 영역      │
        │  (exit section)  │
        └──────────────────┘
          잔류 영역(remainder section)
until false;
```

[그림 11-7] 상호 배제 알고리즘의 각 프로세스의 실제 구조

11.5 Test-and-Set 명령에 의한 상호 배제

본 절에서는 간단한 Test-and-Set과 같은 하드웨어 명령어를 이용하여 앞 절에서 소개한 소프트웨어 해결책보다 어떻게 N개의 프로세스 간에 임계 영역문제를 단순하게 상호 배제하는지 살펴보자. 보통 다중 CPU시스템에서 동시에 임계 영역을 접근하는 프로세스 간의 상호 배제를 손쉽게 해결하기 위해 Test-and-Set 명령어를 사용할 수 있는 능력을 갖춘 CPU들을 사용한다.

Test-and-Set 명령은 임계 영역의 진입 여부를 결정하는 turn이나 flag와 같은 공유 변수를 한 번에 테스트(test)하고 세트(set)한다. 이러한 기능의 Test-and-Set 명령은 병행 처리에서 발생되는 임계 영역 문제를 해결하기 위해 사용되는 특별한 하드웨어 명령어로서 한 번의 메모리 사이클 내에서 자동으로 실행된다.

즉, Test-and-Set 명령은 load, store와 같은 하드웨어 명령어처럼 분할되지 않고(indivisible), 명령어가 실행되는 동안 인터럽트나 다른 사건에 의해서 결코 명령이 중단되지 않는다. 이러한 명령어를 원자적(atomic)또는 단위적 명령어라고 한다. 따라서 각각 다른 CPU에서 하드웨어 명령어가 동시에 실행된다 해도 순차적으로 실행된다는 것을 의미한다.

이러한 기계 수준의 기술을 사용하여 고급 수준의 동기화에 대한 프리미티브(primitive)들은 상호 협력되는 프로세스들(cooperating processes)에 의해 호출되어 질 수 있도록 운영 체제의 기능으로 만들어져야 한다.

상호 배제에 사용되는 Test-and-Set 명령어는 그림 11-8과 같이 함수로 정의하였다 .인수 target은 그림 11-9의 상호 배제 알고리즘에서 사용하는 공유 변수 lock과 참조 호출(call by reference) 관계를 유지한다.

```
function Test-and-Set (var target : boolean );
begin
      Test-and-Set : = target
target : = true;
end;
```

[그림 11-8] Test-and-Set 명령어

그림 11-9는 Test-and-Set 명령어를 사용하여 n개의 프로세스들을 상호 배제하는 알고리즘 중에서 프로세스 Pi의 구조이다. 여기서 사용되는 lock은 공유 변수이며 초기값은 false이다.

```
repeat
    while Test-and-Set(lock) do skip;
    임계 영역(critical section)
    lock : = false;
    잔류 영역(remainder section)
until false;
```

[그림 11-9] Test-and-Set 명령을 이용한 상호 배제

지금까지 살펴본 상호 배제 알고리즘은 하나의 프로세스가 이미 사용 중인 임계 영역으로 진입하려고 할 때 계속해서 진입 여부를 검사하고 있는 루핑(looping) 상태가 발생한다. 이를 "바쁜 대기"(busy-waiting 또는 spin-lock) 현상이라 부른다.

이러한 바쁜 대기(busy-waiting)는 다른 프로세스가 생산적으로 사용할 수 있는 CPU 시간을 낭비하게 된다. 이와 같은 바쁜 대기 상태를 방지하기 위하여 다음 절에 소개할 세마포어 알고리즘은 CPU를 저장하는 프로세스 대기 큐(waiting queue)를 사용한다.

11.6 세마포어(semaphore)

앞에서 살펴본 상호 배제 알고리즘들은 복잡한 임계 영역의 상호 배제 문제를 체계적이고 일반화시켜서 해결하기 어렵다. 이러한 어려움을 극복하기 위해 Dijkstra는 세마포어(semaphore)라는 개념을 만들었다.

세마포어는 공유 변수(s), 프로세스 블록 큐 그리고 두 개의 함수 P와 V를 구성하여 조작한다(이들 이름들은 네덜란드의 Proberen(검사하다)과 Verhogen(증가하다)에서 유래하였다).

세마포어 변수 s는 정수 값을 갖는 프로세스 간의 신호를 주기 위해 사용되는 변수로서 보통 공유 자원의 개수로 초기화되며, 2개의 조작(P, V)로만 접근 가능한 특수한 변수이다.

그리고 프로세스 블록 큐는 임계 영역에 진입할 수 없는 프로세스를 블록화 하여 대기시키는 순서를 유지하는데 사용하는 큐이다.

보통 P 조작은 프로세스를 대기시키는 wait 동작이라 하고, V 조작은 대기중인 프로세스를 깨우는 신호를 보내는 signal 동작이라 한다. P와 V 조작에 대한 일반적인 정의는 다음과 같다.

```
P(s);
   if (s>0)
      then s := s - 1;
      else wait(s) /* 현재의 프로세스를 블록 큐에 저장하여 대기시킨다. */

V(s);
   s := s + 1;
   if (s ≤ 0)
      then signal(s) /* 블록 큐에 있는 프로세스에 신호를 주어 깨운다. */
```

이와 같은 P와 V 조작은 세마포어 변수 s를 수정하는데 사용되는데 한 프로세스가 세마포어 변수 s를 수정하고 있으면 다른 프로세스는 동일한 세마포어 변수 s에 대하여 수정할 수 없다. 즉, Test-and-Set 명령과 마찬가지로 한 번의 메모리 사이클 내에서 자동으로 실행되는 하드웨어 명령어처럼 분할되지 않는(indivisible) 원자적(atomic)인 조작이다.

세마포어 종류는 0과 1의 값만을 갖는 2진(binary) 세마포어, 위의 예와 같이 세마포어 변수가 증가/감소하는 계수형(counting) 세마포어가 있다.

11.7 식사하는 철학자 문제

식사하는 철학자 문제는 Dijkstra에 의해서 처음으로 언급되었고 고전적인 동기화 문제로 중요하게 취급되고 있다. 이는 실제적으로 어떤 문제를 해결하여 주는 중요성 때문이 아니라 병행 처리 문제에서 발생할 수 있는 모든 다양한 경우들이 식사하는 철학자 문제가 거의 다 내포되어 있다.

먼저 식사하는 철학자 문제가 무엇인지 알아보자.

5명의 철학자가 함께 생활을 하는데 늘 생각하고, 배고프면 식사를 하기만 하고 다른 일은 하지 않는다고 가정하자. 그림 11-10과 같이 철학자마다 자신의 의자가 정해져 있고 공유 자원으로 식탁과 식탁의 중앙에는 밥통이 있고 다섯 개의 젓가락이 놓여 있다.

철학자들은 생각하다가 배가 고파지면 자신의 의자에 앉아 자신의 이웃에 있는 두 개의 젓가락을 들을 수 있다. 단, 철학자는 한 번에 한 개씩의 젓가락만을 들을 수 있다.

만일 그 이웃의 철학자가 이미 젓가락을 사용하고 있으면 두 개의 젓가락이 사용 가능할 때 가지 대기사고 있어야 한다. 즉, 배고픈 철학자는 두 개의 젓가락을 동시에 사용할 수 있을 때 만 식사를 할 수 있다. 식사를 마쳤을 때는 사용했던 두 젓가락을 내려놓고서 다시 생각을 계속한다.

[그림 11-10] 식사하는 철학자

간단한 해결책의 하나는 각 젓가락(chopstick)마다 이웃 철학자 간의 상호 배제를 위하여 P, V 세마포어 변수를 활용하는 것이다. 공유 변수인 5개의 젓가락에 대한 세마포어는 다음과 같이 배열로 나타낸다.

```
var chopstick: array[0. .4] of semaphore;
```

여기서 세마포어 배열 chopstick의 각 요소는 철학자 이웃 간에 공유하는 하나의 젓가락에 대한 상호 배제용이다. 그러므로 각 chopstick 요소의 초기값은 1이다. 철학자 i의 구조는 다음의 그림 11-11과 같다.

```
repeat
      P(chopstick[i]);
      P(chopstick[i+1 mod 5]);
        . . .
          식사 중
        . . .
          V(chopstick[i]);
          V(chopstick[i + 1 mod 5)]);
        . . .
          생각 중
        . . .
until false;
```

[그림 11-11] 식사하는 철학자의 i 구조

(1) 알고리즘 이해

철학자가 젓가락을 집을 때는 그 젓가락에 해당하는 세마포어 변수에 대한 P 조작을 수행하고 나서 젓가락을 집게하고, 젓가락을 내려놓을 때는 이웃 철학자가 젓가락을 집을 수 있도록 해당 세마포어 변수에 대한 V 조작을 수행하고 내려놓는다.

예를 들어, 만일 3번째 철학자가 배가 고파 식사를 할 때 먼저 P(chopstick[3])조작을 수행하여 왼쪽 젓가락을 집고, P(chopstick[4]) 조작에 의해 오른쪽 젓가락을 잡는다. 3번째 철학자가 식사하는 중에 2번째 철학자가 배가고파 오른쪽 젓가락을 집기 위해 P(chopstick[3]) 조작을 수행하면 P(chopstick[3])=-1이 되어, 젓가락을 집지 못하고(상호 배제됨) 대기한다. 즉, 2번째 철학자는 3번째 철학자가 식사를 다한 후에 VP(chopstick[3])조작이 수행되어서 오른쪽 젓가락을 집을 수 있게 된다.

(2) 식사하는 철학자의 문제점

세마포어를 사용한 식사하는 철학자 알고리즘은 먼저 두 이웃이 동시에 식사를 할 수는 없으나 순차적으로 두 이웃이 식사할 수는 있다.

그러나 공교롭게 5명의 철학자 모두가 동시에 배가 고파서 다섯 명 모두가 자신의 왼쪽 젓가락을 들고 다녀, 오른쪽 젓가락을 들려고 하면 자신의 각 오른쪽 철학자가 이미 왼쪽 젓가락을 집고 있으므로 영원히 사용할 수 없는 젓가락이 되어 모든 철학자는 교착 상태에 빠지게 된다.

이러한 식사하는 철학자 문제의 교착 상태는 다음과 같이 해결될 수 있다.

① 동시에 5명이 식탁에 앉지 못하게 한다. 즉, 최대 4명만이 동시에 식탁에 앉으면 대기 상태는 발생하지만 교착 상태는 제거된다.

② 양쪽 젓가락이 모두 사용 가능할 때만 젓가락을 집게 한다.
즉, P(chopstick[i])와 P(chopstick[i+1 mod 5])를 하나의 원자적(atomic)조작으로 만든다.

③ 홀수 번째 철학자는 우선 왼쪽 젓가락을 집은 후에 오른쪽 젓가락을 집고, 짝수 번째 철학자는 오른쪽 젓가락 다음에 왼쪽 젓가락을 집게 한다.

보통 교착 상태가 발생하지 않게 하는 해결책은 기아(starvation) 상태가 가능성을 제거하지 못한다. 예를 들어, 동시에 최대 4명만 앉게 할 때 특정한 철학자가 계속 배제되어 기아 상태에 빠져 굶어 죽을 수 있다. 또한, 양쪽 젓가락이 모두 사용 가능할 때만 젓가락을 집게 하는 경우도 특정 철학자가 계속해서 젓가락을 집을 수 없게 될 수 있다.

11.8 메시지 전송(message passing)

지금까지 공유 변수를 사용하여 프로세스 간의 동기화를 해결하는 여러 방식을 살펴보았다.

특히, 세마포어 방식은 공유 변수를 사용하여 체계적으로 단순하게 프로세스 간의 동기화를 해결하는 방법임을 알 수 있었고, 재사용 가능한 사원 경생사들과 소비적인 자원 생산자/소비자에 대한 동기화 문제들을 해결하는데 충분하다. 하지만, 세마포어는 자신의 동기화를 자세하게 기술하여야 하는 프리미티브(primitive)한 기능이기 때문에 매우 불편하다.

이러한 이유 때문에 많은 운영 체제는 동기화 신호와 자료를 메시지화 하여 함께 전송하는 프로세스 간의 통신(interprocess communication) 메커니즘을 제공하고 있다. 대표적인 예가 메시지 전송 방식이다.

본 절에서는 개념 정도만 간단히 살펴본다. 메시지 전송 방식은 다른 방식에 비해 더욱 융통성을 가지고 있으며, 프로세스 대 프로세스 통신의 직접적인 방법으로 제공되는데 특히, 생산자/소비자 관계에서 유용하다. 즉, 프로세스 간의 동기화를 구현하는 방법은 지금까지 살펴본 공유 변수를 이용하는 방식과 메시지 전송 방식으로 크게 구분할 수 있다.

보통 단일 시스템 내에서는 프로세스들 간에 공유 변수를 쉽게 사용할 수 있지만 분산 시스템에서는 공유 변수 방식은 기억 장소가 서로 분산되어 있기 때문에 구현하기 힘들다. 따라서 분산 시스템에서는 메시지 전송 방식이 효율적이다.

이러한 메시지 전송 방식은 직접 메시지 전체를 전송할 수도 있고 메시지가 있는 주소를 전송할 수도 있다. 하지만 이러한 문제는 사용자가 신경 쓸 필요가 없이 시스템이 내부적으로 적절한 방법으로 메시지를 전달해 준다.

요즈음과 같이 분산 시스템이 널리 사용되면서부터는 메시지 전송 방식에 의한 프로세스 간의 통신을 적극 활용되고 있는 추세이다. 메시지 전송 방식에서 프로세스들 간에 문자열을 전송하는 전형적인 프리미티브(primitive) 기능은 “send”와 “receive” 이다.

메시지 방식을 구현하는 방법은 다양하다. 예를 들어, “send”는 응답 신호를 기다릴 수도 있고 기다리지 않을 수도 있다. “receive”는 메시지가 전송되지 않으면 보통 기다린다. 또한, 몇몇 시스템들은 어떤 운영 체제 프로세스들을 가지고 통신하는 색다른 효율적인 방법을 사용한다. 이들은 많은 사용자 프로세스들과 자주 또는 비밀스럽게 상호 행동해야 하기 때문에 “demons” 또는 “phantoms”라 부른다.

11.9 모니터(monitor)

본 절에서 소개하는 모니터는 프로세스들 간의 동기화 기술들 중에서 가장 최고의 기술이라 할 수 있다. 모니터는 병행 프로세스들이 사용하는 하나의 공유 자료 구조와 병행 프로세스들이 사용하는 하나의 공유 자료 구조와 병행 프로세스들 간의 동기화 제어를 위해 공유 자료 구조를 접근하는 가능들의 집합을 의미한다. 모니터의 기술은 강력하다기보다는 세마포어, 메시지 전송 방식과 같은 기술들 보다 더욱 일반화된 개념이다. 이러한 모니터 개념을 살펴보자.

하나의 프로세스가 다중 프로그래밍을 위한 유용한 추상화(abstraction)라면 하나의 모니터는 프로세스 간의 통신을 위한 유용한 추상화라 할 수 있다. 프로그램들이 오류 없이 정확하게 시행을 하기 위해서는 프로그램들 상에서 수행되는 조작들과 관계된 자료 구조들은 매우 중요하다. 하나의 모니터는 프로세스들 간에 상호 배제되어야 할 임계 영역과 함께 동기화 제어를 위해 사용되는 공유 자료 구조들에 대한 몸체(body)를 제공한다. 이렇게 모니터가 공유 자료 구조의 몸체를 제공함으로써 더 이상 자료 구조들은 공유되거나 전역화되지 않고 모니터 몸체 내의 지역화 된 자료 구조가 된다.

따라서 세마포어 방식과 같이 각 프로세스 구조에 더 이상 임계 영역을 포함하지 않게 된다. 대신에 임계 영역들은 모니터 기능들 내에 일원화되어 보호되는데, 만일 모니터에 의해 제공된 공유 자료 구조들에 대한 제한된 접근이 컴파일러 단계에서 검토될 수 있다면 훨씬 매력적이 될 것이다.

오늘날의 많은 고급 언어들은 변수 이름들의 범위를 제어하는 수단을 제공하고 있으며, 또한 모니터들은 다중 프로그래밍 시스템을 형성하기 위해 프로세스들에 대한 지원을 제공한다.

그러므로 프로세스는 작업을 수행한다는 점에서 능동저이라 한다면 모니터는 프로세스에 의해 호출될 때 만 단지 실행한다는 점에서 수동적이라 할 수 있다.

모니터는 단지 병행 프로세스들 간에 협력이 필요한 경우 적절하게 통신을 보장하기 위해 사용된다. 그림 11-12는 모니터에 의해 숨겨진 공유 자료를 통하여 두 개의 프로세스가 통신하는 과정을 나타내고 있다.

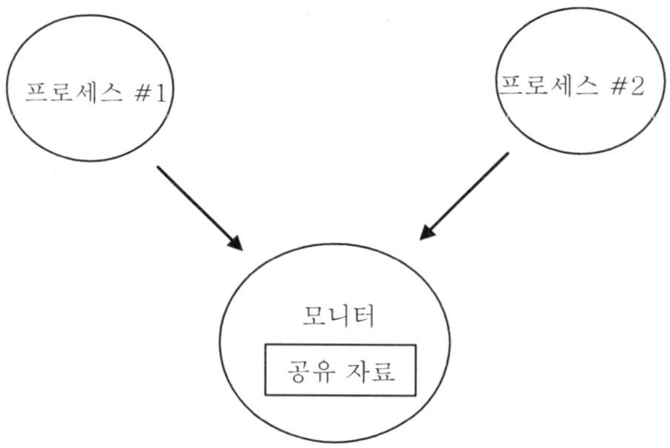

[그림 11-12] 모니터 표현

프로그램에서 필요한 모든 자료 구조는 프로세스나 모니터 중에 하나로 지역화 되므로 이러한 모듈화는 프로그램의 검증(validation)이나 유지 보수에 대한 문제를 단순화 할 수 있기 때문에 큰 시스템에서는 중요하다.

모니터 기능들은 재진입(reentrant) 가능하여야 되며, 하나의 프로세스 이상에 의해 병행적으로 실행될 수 없는 임계 영역과 같은 비 재진입 부분도 포함한다. 실제 모니터 기능들은 이러한 경우에 대하여 보호될 수 있도록 설계되어야 한다. 사실, 두 개의 서로 다른 모니터 변수들이 같은 방법으로 접근된다면 프로그램에 대한 하나의 복사본은 두 개의 모니터 간에 공유될 수 있다.

하나의 모니터 기능이 호출되고 바로 이 요청의 처리가 블록되면 여러 가지 행동이 취해질 것이다. 즉시 블록된 표시를 복귀(return)시키고, 요청이 취급될 수 있을 때까지 바쁜 대기(busy waiting)를 수행하게 하거나 또는 요청된 자원을 배당 받을 때가지 프로세스를 대기 큐에 넣는다. 후자의 경우에 대기 큐는 모니터자료 구조의 부분이 되어야만 한다. 실시간 시스템에서 때때로 블록된 표시를 복귀시키는 행동이 가장 최선책이며, 프로세스 스케줄러에 의해 프로세스가 나중에 다시 활성화되어 실행되거나 종료될 수 있다.

연 습 문 제

1. 병행성(concurrency)과 병렬성(parallelism)의 차이를 설명하라.

2. 프로세스 간에 상호 배제되어야 할 임계 영역의 필요성에 대해 설명하라.

3. Test-and-Set 명령과 세마포어의 P와 V 조작이 원자적(atomic)으로 실행되어야 하는 이유를 설명하여라.

4. 생산자/소비자 프로세스 간의 동기화 문제에서 어떤 경우에 교착 상태가 발생하는지에 대하여 설명하라.

기 출 문 제

정보처리 산업기사 - 2008년 9월 시행

61. 디스크에서 헤드가 60트랙을 처리하고 70 트랙으로 이동해 왔다. 디스크 스케줄링 기법으로 SCAN 방식을 사용할 때 다음 디스크 대기 큐에서 가장 먼저 처리되는 트랙은?

디스크 대기 큐 : 20, 50, 95, 100

가. 20　　　나. 50
다. 95　　　라. 100

62. 다음과 같은 작업이 차례로 준비상태 큐에 들어왔다고 가정할 때, SJF 방식의 프로세스 스케줄링 기법을 사용한다면 평균 반환 시간은?

작업번호	실행시간
1	7
2	8
3	3
4	6

가. 13　　　나. 14
다. 15　　　라. 24

63. 가상기억장치 구현시 페이지 크기가 클 경우에 대한 설명으로 옳지 않은 것은?
가. 입,출력 효율성이 저하된다.
나. 프로그램 수행에 필요하지 않은 데이터도 주기억장치에 적재될 수 있다.
다. 페이지 단편화로 많은 기억 공간을 낭비할 수 있다.
라. 페이지 맵 테이블의 크기가 작아진다.

64. 시스템과 그 시스템 내의 자료에 대한 정보의 무결성과 안정성을 어떻게 보안할 것인지에 관련된 사항을 의미하는 것은?
가. 보호　　　나. 보안
다. 침투　　　라. 해킹

65. LRU 교체 알고리즘을 사용하고 페이지 참조의 순서가 다음과 같을 경우 할당된 프레임의 수가 3개일 때 몇 번의 페이지 부재가 발생하는가? (단, 현재 모든 페이지 프레임은 비어 있다고 가정한다.)

페이지 참조 순서
0, 1, 2, 3, 0, 1, 4, 0, 1, 2, 3, 4

가. 7　　　　나. 8
다. 9　　　　라.10

66. 임계구역(Critical Section)에 대한 설명으로 옳지 않은 것은?
가. 프로세스가 일정 시간 동안 자주 참조하는 페이지의 집합을 임계 구역이라 한다.
나. 임계 구역에서 프로세스 수행은 가능한 빨리 끝내야 한다.
다. 임계 구역에서는 프로세스가 무한 루프에 빠지지 않도록 해야 한다.
라. 임계 구역에서는 프로세스들이 하나씩 순차적으로 처리되어야 한다.

67. 교착 상태가 발생하려면 4가지 필요충분조건들이 충족되어야 한다. 이들 조건에 대한 설명으로 옳지 않는 것은?
가. 상호배제: 최소한 하나의 자원이 공유 방식으로 점유되어야 한다.
나. 점유 및 대기: 최소한 하나의 자원을 점유하고 있는 프로세스가 있어야 하며, 이 프로세스가 다른 프로세스에 의하여 점유된 자원을 추가로 얻기 위해 대기하고 있어야 한다.
다. 비선점: 자원들을 선점하지 못한다.
라. 순환대기: 대기하고 있는 프로세스의 집합 {P0, P1, …Pn}에서 P0은 P1이 점유한 자원을 대기하고, P1은 P2를 대기하며 Pn은 P0가 점유한 자원을 요청하기 위해 대기한다.

68. 13K의 작업을 다음 그림의 30K 공백의 작업공간에 할당했을 경우 사용된 기억장치 배치□□ 기법은?

□S

16K 공백
□□e□
14K 공백
□□e□
5K 공백
□□e□
30K 공백

가. La□t □it　　　　나. Fir□t □it
다. □e□t □it　　　　라. □or□t □it

69. 운영체제에 대한 설명으로 옳지 않은 것은?

가. 사용자와 컴퓨터 간의 인터페이스 역할을 한다.

나. 컴퓨터시스템의 자원을 효율적으로 관리하는 역할을 한다.

다. 사용자에게 편리성을 제공하는 역할을 한다.

라. 사용가능도를 낮추어 반환시간을 증가시키는 역할을 한다.

70. 다음의 a, b, c, d 작업 중 운영체제가 CPU 스케줄링 기법으로 HRN 방식을 구현했을 때 우선순위가 가장 낮은 작업은?

작업 / 시간	a	b	c	d
대기시간	10초	5초	4초	3초
서비스 시간	5초	10초	12초	8초

가. a　　나. b　　다. c　　라. d

71. 시스템에서 프로세스들은 병행하여 처리할 수 있다. 병행 처리를 허용하는 이유로 거리가 먼 것은?

가. 컴퓨터 하드웨어 자원이 한정되어 있으므로 다수의 사용자 환경에서 자원을 공유해야 하기 때문에

나. 여러 사용자가 같은 정보를 참조할 수 있으므로 이들 자원에 동시에 접근할 수 있도록 하기 위해서

다. 시스템 기능을 하나의 프로세스로 통합하여 시스템을 구성 할 수 있도록 하기 위하여

라. 개별 사용자들도 동시에 처리해야 하는 많은 태스크(task)를 가질 수 있기 때문에

72. 분산 처리 운영체제 시스템의 특징으로 거리가 먼 것은?

가. 시스템 설계의 단순화　　나. 연산속도의 향상

다. 자원 공유　　라. 신뢰성 증진

73. 운영체제의 운영 기법 중 실시간 처리 시스템에 적합하지 않은 업무는?

가. 연말 결산 업무　　나. 은행의 온라인 업무

다. 비행기, 기차 등의 좌석 예약 업무　　라. 인공위성, 군함 등의 제어 업무

74. 비선점 스케줄링의 특징으로 거리가 먼 것은?

가. 이미 할당된 CPU를 다른 프로세스가 강제로 빼앗을 수 없다.

나. 우선 순위가 높은 프로세스가 먼저 수행되어야 할 때 유용하다.

다. 응답시간의 예측이 용이하다.

라. 처리 시간이 짧은 작업이 긴 작업을 기다리는 경우가 종종 발생한다.

75. 디스크의 SSTF 스케줄링 기법에 대한 설명으로 옳지 않은 것은?
   가. 먼저 도착한 요청이 먼저 서비스를 받는다.
   나. 응답시간의 편차가 크다.
   다. 일괄 처리에 유용하다.
   라. 헤드에서 멀리 떨어진 요청은 기아 상태가 발생할 수 있다.

76. 파일 디스크립터에 대한 설명으로 옳지 않은 것은?
   가. 파일 관리를 위해 시스템이 필요로 하는 정보를 가지고 있다.
   나. 파일의 구조, 보조 기억 장치의 유형, 보조 기억장치에서의 파일 위치 등의 정보를 포함한다.
   다. File Control Block 이라고도 한다.
   라. 사용자가 관리하므로 사용자가 직접 참조할 수 있다.

77. 디렉토리 구조 중 다음 설명에 해당하는 것은?

- 하나의 루트 디렉토리와 여러개의 부디렉토리로 구성된다. - UNIX, 윈도 운영체제에서 채택하고 있는 구조이다. - 디렉토리 탐색은 포인터에 의하여 계층적으로 이루어 진다.

   가. 1단계 디렉토리 구조　　　나. 트리 디렉토리 구조
   다. 2단계 디렉토리 구조　　　라. 비순환 그래프 디렉토리 구조

78. UNIX에서 I-node 에 포함되는 정보가 아닌 것은?
   가. 파일의 크기
   나. 소유자가 속한 그룹의 식별
   다. 파일에 대한 링크 수
   라. 파일이 최초에 변경된 시간

79. 프로세스의 정의로 거리가 먼 것은?
   가. 프로세서가 할당되는 실체
   나. 동기적 행위를 일으키는 주체
   다. PCB를 가진 프로그램
   라. 프로시저가 활동 중인 것

80. UNIX에서 프로세스를 제거하는 명령은?
   가. kill　　나. exit　　다. close　　라. rm

정보처리 기사 - 2008년 9월 시행

41. 프로세서(process)에 대한 설명으로 옳지 않은 것은?

가. 트랩 오류, 프로그램 요구, 입·출력 인터럽트에 대해 조치를 취한다.

나. 비동기적 행위를 일으키는 주체로 정의할 수 있다.

다. 실행중인 프로그램을 말한다.

라. 프로세스는 각종 자원을 요구한다.

42. 분산 운영체제의 목적으로 거리가 먼 것은?

가. 자원 공유　나. 연산속도 향상　다. 통신기능 증대　라. 보안성 향상

43. 운영체제를 자원 관리자(Resource Manager)라는 관점으로 보았을 때, 자원들을 관리하는 과정을 순서대로 옳게 나열한 것은?

㉮ 프로세스에 배당된 자원을 회수하는 과정 ㉯ 어떤 프로세스에게 언제, 어떤 자원을 할당할 것인가를 결정하는 분배 정책 수립 과정 ㉰ 시스템 내 모든 자원들의 상태를 파악하는 과정 ㉱ 자원을 배당하고 운영함으로써 수립된 정책을 수행하는 과정

가. ㉮→㉯→㉰→㉱　나. ㉰→㉱→㉯→㉮

다. ㉮→㉰→㉯→㉱　라. ㉰→㉯→㉱→㉮

44. 페이징 기법에서 페이지 크기가 작아질수록 발생하는 현상으로 거리가 먼 것은?

가. 기억장소 이용 효율이 증가한다.

나. 입·출력 시간이 늘어난다.

다. 내부 단편화가 감소한다.

라. 페이지 맵 테이블의 크기가 감소한다.

45. 주기억장치 관리기법인 최초, 최적, 최악 적합기법을 각각 사용할 때, 각 방법에 대하여 5K의 프로그램이 할당되는 영역을 각 기법의 순서대로 옳게 나열한 것은? (단, 영역 1, 2, 3, 4 는 모두 비어 있다고 가정한다.)

영역번호	0S
영역 1	9K
영역 2	15K
영역 3	10K
영역 4	30K

가. 영역1, 영역3, 영역4　나. 영역2, 영역1, 영역3

다. 영역1, 영역2, 영역3　라. 영역1, 여역1, 영역4

46. 유닉스에서 I-node 의 내용이 아닌 것은?

가. 파일 소유자의 사용자 식별(UID)　　나. 파일에 대한 링크 수

다. 파일이 최초로 수정된 시간　　라. 파일의 크기

47. 현재 헤드 위치가 53에 있고 트랙 0번 방향으로 이동 중이다. 요청 대기 큐에는 다음과 같은 순서의 액세스 요청이 대기 중일 때 SSTF 스케줄링 알고리즘을 사용한다면 헤드의 총 이동거리는 얼마인가?

요청 대기 큐 98, 183, 37, 122, 14, 124, 65, 67

가. 202　　나. 236　　다. 256　　라. 320

48. 운영체제의 목적으로 거리가 먼 것은?

가. 사용 가능도 축소　　나. 응답시간 단축

다. 처리 능력 향상　　라. 신뢰도 향상

49. 워킹 셋(Working Set)에 대한 설명으로 옳지 않은 것은?

가. 프로세스가 실행하는 과정에서 시간이 지남에 따라 자주 참조하는 페이지들의 집합이 변화하기 때문에 워킹 셋은 시간에 따라 바뀌게 된다.

나. 프로그램의 구역성(Locality) 특징을 이용한다.

다. 워킹 셋에 속한 페이지를 참조하면 프로세스의 기억장치 사용은 안정상태가 된다.

라. 페이지 이동에 소요되는 시간과 프로세스 수행에 소요되는 시간의 차이를 의미한다.

50. 다음과 같은 3개의 작업에 대하여 FCFS 알고리즘을 사용 할 때, 임의의 작업 순서로 얻을 수 있는 최대 평균 반환 시간을 T, 최소 평균 반환 시간을 t 라고 가정했을 경우 T-t의 값은?

프로세스	실행시간
P1	9
P2	3
P3	12

가. 3　　나. 4　　다. 5　　라. 6

51. 파일 시스템에 관한 설명 중 옳지 않은 것은?

가. 파일(File)은 연관된 데이터들의 집합이다.

나. 파일은 각각의 고유한 이름을 갖고 있다.

다. 파일은 주로 주기억장치에 저장하여 사용한다.

라. 사용자는 파일을 생성하고 수정하며 제거할 수 있다.

52. UNIX에서 프로세스를 생성하는 시스템 호출문은?

가. getpid　　나. fork
다. pipe　　라. signal

53. 디렉토리의 구조 중 중앙에 마스터 파일디렉토리가 있고 하부에 사용자 파일 디렉토리가 있는 구조는?

가. 단일 디렉토리 구조
나. 2단계 디렉토리 구조
다. 트리 디렉토리 구조
라. 비순환 그래프 디렉토리 구조

54. 시분한 시스템(Time Sharing System)에 대한 설명으로 옳지 않은 것은?

가. 대화식 처리가 가능하다.
나. 시분할 시스템에 사용되는 처리기를 Time Slice라고 한다.
다. 실제로 많은 사용자들이 하나의 컴퓨터를 공유하고 있지만 마치 자신만이 컴퓨터 시스템을 독점하여 사용하고 있는 것처럼 느끼게 된다.
라. H/W를 보다 능률적으로 사용할 수 있는 시스템이다.

55. 교착 상태(Deadlook)의 회복기법에 대한 설명으로 옳지 않은 것은?

가. 교착상태에 있는 모든 프로세스를 중지시킨다.
나. 교착상태가 없어질 때까지 교착상태에 포함된 자원을 하나씩 비선점을 시킨다.
다. 교착상태가 없어질 때까지 교착상태에 포함된 자원을 하나씩 비선점 시킨다.
라. 교착상태 회복 기법은 시스템 내에 존재하는 교착상태를 제거하기 위하여 사용된다.

56. 페이징 기법과 세그먼테이션 기법에 대한 설명으로 옳지 않은 것은?

가. 페이징 기법에서는 주소변환을 위한 페이지 맵 테이블이 필요하다.
나. 프로그램을 일정한 크기로 나눈 단위를 페이지라고한다.
다. 세그먼테이션 기법에서는 하나의 작업을 크기가 각각 다른 여러 논리적인 단위로 나누어 사용한다.
라. 세그먼테이션 기법에서는 내부 단편화가, 페이징 기법에서는 외부 단편화가 발생할 수 있다.

57. 다중 처리기 운영체제 형태 중 주/종(Master/Slave) 처리기에 대한 설명으로 옳지 않은 것은?

가. 주 프로세서가 운영체제를 수행한다.
나. 주 프로세서와 프로세서가 모두 입·출력을 수행하기 때문에 대칭 구조를 갖는다.
다. 주 프로세서가 고장이 나면 시스템 전체가 다운된다.
라. 하나의 프로세서로 지정하는 구조이다.

58. 운영체제에 대한 설명으로 옳지 않은 것은?
   가. 운영체제는 다수의 사용자가 컴퓨터 시스템의 제한된 자원을 사용할 때 생기는 분쟁들을 해결한다.
   나. 운영체제는 사용자와 컴퓨터 시스템 사이에 위치하여 컴퓨터 시스템이 제공하는 모든 하드웨어와 소프트웨어의 기능을 모두 사용할 수 있도록 제어 (Control)go 주는 가장 기본적인 하드웨어이다.
   다. 운영체제는 컴퓨터의 성능을 극대화하여 컴퓨터 시스템을 효율적으로 사용할 수 있도록 한다.
   라. 운영체제는 처리기(Processor), 기억장치, 주변장치 등 컴퓨터 시스템의 하드웨어 자원들을 제어한다.

59. UNIX의 커널(Kernel)에 대한 설명으로 옳지 않은 것은?
   가. 컴퓨터 시스템을 관리하는 UNIX 시스템의 핵심 부분이다.
   나. 주기억장치에 적재되어 상주하면서 실행된다.
   다. 명령어 해석기 역할을 한다.
   라. 프로세스, 기억장치. 입 · 출력장치 등을 관리한다.

60. 선점 스케줄링과 비선점 스케줄링에 대한 비교 설명 중 옳은 것은?
   가. 선점 스케줄링은 이미 할당된 CPU를 다른 프로세스가 강제로 빼앗아 사용할 수 없다.
   나. 선점 스케줄링은 상대적으로 과부하가 적다.
   다. 비선점 스케줄링은 시분할 시스템에 유용하다.
   라. 비선점 스케줄링은 응답시간의 예측이 용이하다.

정보처리 산업기사 - 2008년 5월 시행

61. UNIX에서 새로운 프로세스를 생성시키는 시스템 호출은?
   가. fork　　나. exit　　다. brk　　라. wait

62. 운영체제의 운용 기법 중 일괄처리 시스템에 대한 설명으로 옳지 않은 것은?
   가. 컴퓨터 하드웨어를 효율적으로 사용할 수 있다.
   나. 사용자 측면에서는 응답 시간이 길어진다.
   다. 우주선 운행이나 레이더 추적기 등의 작업에 사용된다.
   라. 유사한 성격의 작업을 한꺼번에 모아서 처리하는 시스템이다.

63. 강결합(Tightly-coupled) 시스템과 약결합(Loosely-coupled) 시스템에 대한 설명으로 옳지 않은 것은?
   가. 약결합 시스템은 각각의 시스템이 별도의 운영체제를 가진다.
   나. 강결합 시스템은 각 프로세서마다 독립된 메모리를 가진다.
   다. 강결합 시스템은 하나의 운영체제가 모든 처리기와 시스템 하드웨어를 제어한다.
   라. 약결합 시스템은 메시지를 사용하여 상호 통신을 한다.

64. 시스템에서 최적의 페이지 크기를 결정시 고려사항으로 거리가 먼 것은?
   가. 페이지 크기가 작을수록 페이지 테이블 크기가 커진다.
   나. 페이지 크기가 작을수록 입/출력 전송이 효율적이다.
   다. 페이지 크기가 작을수록 내부의 단편화로 인한 낭비 공간이 줄어든다.
   라. 페이지 크기가 작을수록 좀 더 효율적인 워킹 셋을 유지할 수 있다.

65. 파일 시스템의 일반적인 기능으로 거리가 먼 것은?
   가. 언어의 종류에 관계없이 모든 원시 프로그램을 컴파일 가능하도록 한다.
   나. 사용자가 파일을 생성하고, 변경하고, 제거할 수 있도록 한다.
   다. 정보의 손실이나 파괴를 방지하기 위해 백업과 복구 능력을 갖추어야 한다.
   라. 사용하기 편리한 인터페이스를 제공해야 한다.

66. CPU 스케줄링 기법에서 작업이 끝나기까지의 실행시간 추정치가 가장 작은 작업을 먼저 실행시키는 기법은?
   가. FIFO　　나. SRT　　다. SJF　　라. HRN

67. 분산처리 시스템에 대한 설명으로 거리가 먼 것은?
   가. 계산속도 향상　　나. 보안의 용이성 향상
   다. 신뢰성 향상　　라. 자원 공유 증대

68. 기억장치 배치(Placement)전략에 해당하지 않은 것은?

가. First fit　　나. Second fit　　다. Best fit　　라. Worst fit

69. FIFO 기법을 적용하여 작업 스케줄링을 하였을 때, 다음 작업들의 평균 회수시간(Turnaround time)은? (단, 문맥교환시간은 무시한다.)

작업	도착시간	실행시간
A	0	6
B	1	3
C	2	1
D	3	4

가. 6.75　　나. 7.25　　다. 7.75　　라. 8.25

70. 페이지교체기법 중 시간 오버헤드를 줄이는 기법으로서 참조비트(Referenced bit)와 변형 비트(Modified bit)를 필요로 하는 방법은?

가. FIFO　　나. LRU　　다. LFU　　라. NUR

71. 공유변수를 액세스하고 있는 하나의 프로세스 외에는 다른 모든 프로세스들이 공유변수를 액세스 못하도록 제어하는 기법을 무엇이라 하는가?

가. 상호 배제　　나. 임계 구역
다. 동기화　　라. 교착 상태

72. FCFS(First Come First Served) 스케줄링의 특성으로 거리가 먼 것은?

가. 대기 큐를 재배열하지 않고 일단 요청이 도착하면 실행 예정 순서가 도착순으로 고정된다.
나. 더 높은 우선 순위를 가진 요청이 도착하더라도 요청의 순서가 바뀌지 않는다.
다. 먼저 도착한 요청이 우선적으로 서비스를 받게 되므로 근본적인 공평성이 보장되고 프로그래밍하기도 쉽다.
라. 실린더의 제일 안쪽과 바깥쪽에서 디스크 요청의 기아(starvation) 현상이 발생할 수 있다.

73. 교착 상태 발생의 4가지 필요충분조건이 아닌 것은?

가. 상호배제　　나. 점유와 대기
다. 비선점　　라. 내부 시스템 자원 순서화

74. UNIX의 쉘(Shell)에 대한 설명으로 옳지 않은 것은?

가. 사용자와 커널 사이에서 중계자 역할을 한다.
나. 스케줄링, 기억장치 관리, 파일 관리, 시스템호출 인터페이스 등의 기능을 제공한다.
다. 여러 가지의 내장 명령어를 가지고 있다.
라. 사용자 명령의 입력을 받아 시스템 기능을 수행하는 명령어 해석기이다.

75. 하나의 프로세스가 자주 참조하는 페이지들의 집합을 무엇이라 하는가?

가. Locality　　나. Working set

다. Segment　　라. Fragmentation

76. 가상기억장치에 대한 설명으로 옳지 않은 것은?

가. 컴퓨터시스템의 주기억장치 용량보다 더 큰 저장용량을 주소로 지정할 수 있도록 해준다.

나. 페이징과 세그먼테이션 기법을 이용하여 가상기억장치를 구현할 수 있다.

다. 다중 프로그래밍의 효율을 높일 수 있다.

라. 프로세스가 갖는 가상주소 공간상의 연속적인 주소가 실제기억장치에서도 연속적이어야 한다.

77. 운영체제의 역할에 해당하지 않는 것은?

가. 사용자와 컴퓨터 시스템 간의 인터페이스 기능을 제공한다.

나. 사용자 간의 자원 사용을 스케줄링한다.

다. 사용자 간의 데이터를 공유하게 해준다.

라. 사용자가 작성한 원시 프로그램을 번역한다.

78. 병행 프로세스의 상호 배제 구현 기법으로 거리가 먼 것은?

가. 데커 알고리즘　　나. Test_And_Set 명령어 기법

다. 피터슨 알고리즘　　라. 은행원 알고리즘

79. 다음은 일반적으로 널리 사용되는 파일 보호 기법에 대하여 기술하고 있다. UNIX 시스템에서는 파일보호를 위해 read, write, execute 등 세 가지 접근 유형을 정의하여 사용하고 있다. 이는 어떤 방법을 응용한 것인가?

가. 파일의 명명(Naming)-파일 이름을 다른 사용자가 알 수 없도록 만든다.

나. 접근제어(Access control)-사용자의 신원에 따라 서로 다른 접근 권한을 허용한다.

다. 비밀번호(Password)-각 파일에 판독/기록 패스워드를 부여한다.

라. 암호화(Cryptography)-파일의 내용을 알 수 없도록 암호화한다.

80. 프로세서의 정의와 거리가 먼 것은?

가. 디스크 상에 저장된 파일 형태의 내용

나. 실행중인 프로그램

다. 프로시저가 활동 중인 것

라. 운영체제가 관리하는 실행 단위

정보처리 기사 - 2008년 5월 시행

41. 운영체제의 성능평가 기준 중 일정 시간 내에 시스템이 처리하는 일의 양을 의미하는 것은?
   가. Throughput 나. Turn around time
   다. Reliability 라. Availability

42. 주기억장치를 다음과 같이 분할할 경우 내부 단편화와 외부 단편화의 크기는?

분할영역	분할의 크기	작업의 크기
1	20k	10k
2	50k	60k
3	120k	160k
4	200k	100k
5	300k	150k
합계	690k	480k

   가. 내부 단편화 260k, 외부 단편화 170k
   나. 내부 단편화 170k, 외부 단편화 260k
   다. 내부 단편화 690k, 외부 단편화 480k
   라. 내부 단편화 160k, 외부 단편화 270k

43. 로더(Loader)의 종류 중 다음 설명에 해당하는 것은?

CPU가 현재 사용 중인 부분만 로드하고 미사용중인 프로그램은 보조 기억장치에 저장해 두는 방식으로 load-on-call 이라고도 한다.

   가. 절대 로더(Absolute Loader)
   나. 재배치 로더(Relocation Loader)
   다. 동적 적재로더(Dynamic Loading Loader)
   라. 오버레이 로더(Overlay Loader)

44. 다음의 페이지 참조 열(Page reference string)에 대해 페이지 교체 기법으로 FIFO를 사용할 경우 페이지 폴트 회수는?
   (단, 할당된 페이지 프레임 수는 3 이고, 처음에는 모든 프레임이 비어 있음)

페이지 참조 열 : 7,0,1,2,0,3,0,4,2,3,0,3,2,1,2,0,1,7,0,1

   가. 6 나. 12
   다. 15 라. 20

45. 교착상태와 은행원 알고리즘의 불안전 상태(unsafe State)에 대한 설명 중 옳은 것은?
  가. 교착상태는 불안전 상태에 속한다.
  나. 불안전 상태의 모든 시스템은 궁극적으로 교착상태에 빠지게 된다.
  다. 불안전 상태는 교착상태에 속한다.
  라. 교착상태와 불안전 상태는 서로 무관하다.

46. SSTF 스케줄링에 대한 설명으로 옳은 것은?
  가. 탐색 거리가 가장 긴 요청이 먼저 서비스를 받는다.
  나. 응답시간의 편차가 거의 없으므로 대화형 시스템에 적합하다.
  다. 헤드에서 먼 곳에 대한 요청은 기아상태(Starvation)를 일으킬 수 있다.
  라. 헤드가 제일 바깥쪽 트랙에서 안쪽으로 이동하면서 진행 방향에 있는 요구를 차례대로 서비스 한다.

47. 파일 디스크립터에 대한 설명으로 옳지 않은 것은?
  가. 파일디스크립터는 해당 파일의 OPEN에 상관없이 주기억장치에 상주한다.
  나. 파일 디스크립터는 파일마다 독립적으로 존재한다.
  다. "File Control Block" 이라고도 한다.
  라. 파일디스크립터는 시스템에 따라 다른 구조를 가질 수 있다.

48. UNIX에서 쉘(Shell)에 대한 설명으로 옳지 않은 것은?
  가. 사용자 명령을 받아 해석하고 수행시키는 명령어 해석기이다.
  나. 프로세스 관리, 기억장치 관리, 파일 관리 등의 기능을 수행한다.
  다. 시스템과 사용자 간의 인터페이스를 담당한다.
  라. 커널처럼 메모리에 상주하지 않기 때문에 필요할 경우 교체될 수 있다.

49. 운영체제의 목적으로 거리가 먼 것은?
  가. 사용자 인터페이스 제공
  나. 주변 장치 관리
  다. 원시 프로그램의 기계어 번역
  라. 신뢰성 향상

50. 하나의 프로세스가 작업 수행 과정에서 수행하는 기억 장치 접근에서 지나치게 페이지 폴트가 발생하여 프로세스 수행에 소요되는 시간보다 페이지 이동에 소요되는 시간이 더 커지는 현상은?
  가. 스레싱(Thrashing)　　나. 워킹셋(Working set)
  다. 세마포어(Semaphore)　　라. 교환(Swapping)

51. 프로세스(Process)에 대한 설명이 아닌 것은?

가. 실행 가능한 PCB를 가진 프로그램

나. 더 이상 계속할 수 없는 어떤 특정 사건을 기다리고 있는 상태

다. 프로세서가 할당하는 개체로서 디스패치가 가능한 단위

라. 목적 또는 결과에 따라 발생되는 사건들의 과정

52. 128개의 CPU로 구성된 하이퍼큐브에서 각 CPU는 몇 개의 연결점을 갖는가?

가. 6　　나. 7

다. 8　　라. 10

53. 주기억장치 관리기법으로 최악 적합(Worst-fit) 방법을 이용할 경우 10K 크기의 프로그램은 다음과 같이 분할되어 있는 주기억장치 중 어느 부분에 할당되어야 하는가?

영역번호	영역크기	상태
①	9k	공백
②	12k	공백
③	20k	공백
④	15k	공백

가. 영역 번호 ①　　나. 영역 번호 ②

다. 영역 번호 ③　　라. 영역 번호 ④

54. 스레드(Thread)에 대한 설명으로 옳지 않은 것은?

가. 한 개의 프로세스는 여러 개의 스레드를 가질 수 없다.

나. 커널 스레드의 경우 운영체제에 의해 스레드를 운용한다.

다. 사용자 스레드의 경우 사용자가 만든 라이브러리를 사용하여 스레드를 운용한다.

라. 스레드를 사용함으로써 하드웨어, 운영체제의 성능과 응용프로그램의 처리율을 향상시킬 수 있다.

55. 다중 처리기 운영체제 구성에서 주/종(Master/Slave) 처리기 시스템에 대한 설명으로 옳지 않은 것은?

가. 주프로세서는 입/출력과 연산을 담당한다.

나. 종프로세서는 입/출력 위주의 작업을 처리한다.

다. 주프로세서만이 운영체제를 수행한다.

라. 주프로세서에 문제가 발생하면 전 시스템이 멈춘다.

56. 파일시스템의 디렉토리 구조 중 다음 설명에 해당하는 것은?

- 중앙에 마스터 파일 디렉토리가 있고, 그 아래에 사용자별 파일 디렉토리가 있다. - 모든 파일마다 이름이 달라야 하는 단일 디렉토리 구조의 문제점을 다소 해결할 수 있다.

가. 일반적 그래프 디렉토리 구조
나. 2단계 디렉토리 구조
다. 비순환 그래프 디렉토리 구조
라. 트리 디렉토리 구조

57. 시간적 구역성(Temporal locality)과 거리가 먼 것은?

가. 루프　　나. 서브루틴
다. 배열 순회　　라. 스택

58. 보안 유지 방식 중 사용자의 신원을 확인한 후 권한이 있는 사용자에게만 시스템에 접근하게 하는 방법은?

가. 운용보안
나. 시설보안
다. 사용자 인터페이스 보안
라. 내부보안

59. UNIX에서 부모 프로세스가 자식 프로세스를 생성하는 명령어는?

가. mknod　　나. creat
다. fork　　라. cp

60. 준비상태 큐에 프로세스 A, B, C가 차례로 도착하였다. 라운드로빈(Round Robin)으로 스케줄링할 때 타임 슬라이스를 4초로 한다면 평균 반환 시간은?

프로세스	A	B	C
실행시간(초)	17	4	5

가. 12초　　나. 14초
다. 17초　　라. 18초

정보처리 산업기사 - 2008년 3월 시행

61. PCB에 대한 설명으로 옳지 않은 것은?
   가. 운영체제가 프로세스 관리를 위해 필요한 정보를 PCB에 수록한다.
   나. 프로세스가 생성될 때마다 해당 PCB가 생성되며, 프로세스가 소멸되어도 PCB는 소멸되지 않는다.
   다. PCB에는 프로세스 식별 번호, 프로세스 상태 정보, CPU 레지스터 정보 등이 수록되어 있다.
   라. "Process Control Block"을 의미한다.

62. 분산처리 시스템의 위상(Topology)에 따른 분류에서 성형(Star) 구조에 대한 설명으로 옳지 않은 것은?
   가. 터미널의 증가에 따라 통신 회선수도 증가한다.
   나. 중앙 노드 이외의 장애는 다른 노드에 영향을 주지 않는다.
   다. 각 노드들은 point-to-point 형태로 모든 노드들과 직접 연결된다.
   라. 제어가 집중되고 모든 동작이 중앙 컴퓨터에 의해 감시된다.

63. 구역성(Locality)에 대한 설명으로 옳지 않은 것은?
   가. 프로세스가 실행되는 동안 일부 페이지만 집중적으로 참조되는 경향을 말한다.
   나. 시간 구역성은 최근에 참조된 기억장소가 가까운 장래에도 계속 참조될 가능성이 높음을 의미한다.
   다. 공간 구역성은 하나의 기억장소가 참조되면 그 근처의 기억장소가 계속 참조되는 경향이 있음을 의미한다.
   라. 프로세스가 효율적으로 실행되기 위해 프로세스에 의해 자주 참조되는 페이지들의 집합을 말한다.

64. 운영체제에 대한 설명으로 옳은 것은?
   가. 운영체제는 컴퓨터 자원들인 기억장치, 프로세서, 파일 및 정보, 네트워크 및 보호 등을 효율적으로 관리할 수 있는 프로그램의 집합이다.
   나. 운영체제는 컴퓨터 하드웨어, 시스템 프로그램, 응용프로그램, 사용자 등으로 구성되어 있다.
   다. 자원할당 측면에서 운영체제의 주된 기능은 파일 관리, 입출력의 구현, 소스프로그램의 컴파일 및 목적코드 생성 등이다.
   라. 운영체제는 시스템 전체의 움직임을 감시, 감독 관리 및 지원하는 처리프로그램과 주어진 문제를 응용 프로그램 감독 하에 실제데이터 처리를 하는 제어프로그램으로 구성된다.

65. 다중 처리기 운영체제의 주/종(Master/Slave) 구조에서 각각의 기능에 대한 연결이 올바른 것은?
가. Master : 입·출력 담당, Slave : 연산 및 입출력 담당
나. Master : 연산 담당, Slave : 입출력 담당
다. Master : 연산 담당, Slave : 연산 및 입출력 담당
라. Master : 연산 및 입·출력 담당, Slave : 연산 담당

66. 사용자의 신원을 운영체제가 확인하는 절차를 통해 불법 침입자로부터 시스템을 보호하는 보안 유지 방식은?
가. 외부 보안　　나. 운용 보안
다. 사용자 인터페이스 보안　　라. 내부 보안

67. 운영체제의 운용 기법 중 시분할(Time-Sharing) 처리 시스템에 대한 설명으로 옳지 않은 것은?
가. 하나의 CPU를 여러 개의 작업들이 일정한 시간 간격동안 사용함으로써 각각의 작업은 CPU를 공유한다.
나. Round-Robin 방식이라고도 한다.
다. 다중프로그래밍 방식과 결합하여 모든 작업이 동시에 진행되는 것처럼 대화식 처리가 가능하다.
라. 시스템의 효율 향상을 위하여 작업량이 일정한 수준이 될 때까지 모아두었다가 한꺼번에 일시에 처리한다.

68. 페이징 기법에 대한 설명으로 옳지 않은 것은?
가. 외부 단편화가 방지된다.
나. 페이지의 위치 정보를 가지고 있는 페이지 맵 테이블이 필요하다.
다. 프로그램을 가변적인 크기로 나눈 후 주기억장치에 적재시켜 실행시키는 기법이다.
라. 내부 단편화가 발생할 수 있다.

69. 색인순차접근(Indexed Sequential Access) 방식의 구성 중 인덱스 영역(Index Area)에 해당하지 않는 것은?
가. 마스터 인덱스(Master Index)
나. 섹터 인덱스(Sector Index)
다. 실린더 인덱스(Cylinder Index)
라. 트랙 인덱스(Track Index)

70. LRU(Least Recently Used) 교체 알고리즘을 사용하고 페이지 참조의 순서가 다음과 같다고 가정할 경우 할당된 프레임의 수가 4개일 때 몇 번의 페이지 부재가 발생하는가?(단, 초기에는 기억장치가 모두 비어 있다고 가정한다.)

페이지 참조의 순서 0, 1, 2, 3, 0, 1, 4, 0, 1, 2, 3, 4

가. 7　　　나. 8
다. 9　　　라. 10

71. 모니터에 대한 설명으로 옳지 않은 것은?
가. 공유 데이터와 이 데이터를 처리하는 프로시저로 구성된다.
나. 한순간에 여러 프로세스가 모니터에 동시에 진입하여 자원을 공유할 수 있다.
다. 모니터 외부의 프로세스는 모니터 내부의 데이터를 직접 액세스 할 수 없다.
라. 모니터에서는 Wait와 Signal 연산이 사용된다.

72. 다음 현상은 무엇을 의미하는가?

- 페이지 부재가 계속 늘어나고, 기억 장치 접근 시간이 계속 지속된다. - 프로세스의 수행 시간보다 페이지를 대치하는 시간이 더 많아진다. - 대부분의 시간이 페이지 대치에 소요되고, 실행되는 것은 거의 없다. - 시스템의 처리율이 형편없이 떨어져서, 아무런 의미 있는 일을 하지 못하게 된다.

가. Segmentation　　나. Locality　　다. Thrashing　　라. Monitor

73. UNIX의 특징으로 볼 수 없는 것은?
가. 대화식 시분할 운영체제로 사용자는 단말 장치를 통하여 명령을 보내고, 그 응답을 받는다.
나. 여러 개의 작업을 동시에 병행 처리할 수 있는 다중태스킹(Multitasking) 운영체제이다.
다. 다중 사용자(Multiuser) 운영체제로 두 사람 이상의 사용자가 동시에 시스템을 사용할 수 있다.
라. 시스템에서 사용할 드라이브가 안정되게 지원되도록 완벽한 PnP 기능을 제공한다.

74. 보안 메커니즘의 설계 원칙에는 개방된 설계, 최소 특권, 특권의 분할, 메커니즘의 경제성 등이 있다. 이 중 개방된 설계의 의미를 가장 적절하게 설명한 것은?
가. 알고리즘은 알려졌으나, 그 키는 비밀인 암호 시스템의 사용을 의미한다.
나. 트로이 목마로부터의 피해를 제한하기 위해 모든 주체는 업무 완수에 필요한 최소한의 특권만을 사용해야 한다.
다. 가능하다면 객체에 대한 접근은 하나 이상의 조건을 만족하게 해야 한다.
라. 가능한 한 기능 검증과 쉽게 정확한 구현을 할 수 있도록 간단히 설계한다.

75. 프로세스(Process)의 정의와 거리가 먼 것은?
가. PCB의 존재로서 명시되는 것　　나. 동기적 행위를 일으키는 주체
다. 프로시저가 활동 중인 것　　라. 실행중인 프로그램

76. 은행원 알고리즘에 대한 설명으로 옳지 않은 것은?
    가. "Dijkstra" 가 제안한 방법이다.
    나. 교착상태 해결 방법 중 예방(Prevention) 기법이다.
    다. 자원의 양과 사용자(프로세스) 수가 일정해야 한다.
    라. "안전상태" 와 "불안전상태" 라는 두 가지 상태가 존재한다.

77. 다음 표와 같은 작업부하가 시간 0에 도착했을 경우 SJF 방식으로 스케줄링 할 때 평균 대기시간은?

작업	실행 시간
1	10
2	29
3	3
4	7
5	12

가. 13시간 나. 18시간 다. 23시간 라. 28시간

78. 주기억장치 관리기법 중 "Worst Fit" 기법 사용 시 20K의 프로그램은 주기억장치 영역 번호 중 어느 곳에 할당되는가?

영역 번호	영역 크기	상태
1	21K	공백
2	30K	사용중
3	18K	공백
4	25K	공백

가. 1 나. 2 다. 3 라. 4

79. UNIX 시스템의 쉘(Shell)에 관한 설명으로 옳지 않은 것은?
    가. 사용자가 입력시킨 명령어 라인을 읽어 필요한 시스템 기능을 실행시키는 명령어 해석기이다.
    나. 쉘은 커널의 일부분으로 메모리에 상주하면서 사용자와 시스템 간의 대화를 가능케 해준다.
    다. 시스템과 사용자 간의 인터페이스를 제공한다.
    라. 공용 쉘이나 사용자 자신이 만든 쉘을 사용할 수 있다.

80. 임계구역의 원칙으로 옳지 않은 것은?
    가. 두 개 이상의 프로세스가 동시에 사용할 수 있다.
    나. 순서를 지키면서 신속하게 사용한다.
    다. 하나의 프로세스가 독점하게 해서는 안 된다.
    라. 임계구역이 무한 루프에 빠지지 않도록 주의해야 한다.

정보처리 기사 - 2008년 3월 시행

41. 페이지 오류율(Page Fault Ratio)과 스래싱(Thrashing)에 대한 설명으로 옳은 것은?
   가. 페이지 오류율이 크면 스래싱이 많이 발생한 것이다.
   나. 페이지 오류율과 스래싱은 전혀 관계가 없다.
   다. 스래싱이 많이 발생하면 페이지 오류율이 감소한다.
   라. 다중 프로그래밍의 정도가 높을수록 페이지 오류율과 스래싱이 감소한다.

42. UNIX에서 파일 조작을 위한 명령으로 거리가 먼 것은?
   가. cp　　나. mv
   다. ls　　라. rm

43. 파일 디스크립터의 내용으로 옳지 않은 것은?
   가. 오류 발생시 처리방법　　나. 보조기억장치 정보
   다. 파일 구조　　라. 접근 제어 정보

44. 운영체제의 작업 수행 방식에 관한 설명으로 옳지 않은 것은?
   가. 하나의 컴퓨터 시스템에서 여러 프로그램들이 같이 컴퓨터 시스템에 입력되어 주기억장치에 적재되고, 이들이 처리장치를 번갈아 사용하며 실행하도록 하는 것을 다중프로그래밍(Multiprogramming) 방식이라고 한다.
   나. 한 대의 컴퓨터를 동시에 여러 명의 사용자가 대화식으로 사용하는 방식으로 처리속도가 매우 빨라 사용자는 독립적인 시스템을 사용하는 것으로 인식하는 것을 일괄처리(Batch Processing) 방식이라고 한다.
   다. 한 대의 컴퓨터에 중앙처리장치(CPU)가 2개 이상 설치되어 여러 명령을 동시에 처리하는 것을 다중프로세싱(Multiprocessing) 방식이라고 한다.
   라. 여러 대의 컴퓨터들에 의해 작업들을 나누어 처리하여 그 내용이나 결과를 통신망을 이용하여 상호 교환되도록 연결되어 있는 것을 분산처리(Distributed Processing) 방식이라고 한다.

45. 교착상태의 해결 방법 중 회피(Avoidance) 기법과 밀접한 관계가 있는 것은?
   가. 점유 및 대기 방지　　나. 비선점 방지
   다. 환형 대기 방지　　라. 은행원 알고리즘 사용

46. 자식 프로세스의 하나가 종료될 때까지 부모 프로세스를 임시 중지시키는 유닉스 명령어는?
   가. exit()　　나. fork()
   다. exec()　　라. wait()

47. 디스크 스케줄링 기법 중 SCAN을 사용하여 다음 작업대기 큐의 작업을 모두 처리하고자 할 경우, 가장 최후에 처리되는 트랙은?(단, 현재 디스크 헤드는 50 트랙에서 40 트랙으로 이동해 왔다고 가정한다.)

작업대기 큐 : 7, 55, 15, 38, 3

가. 3　　나. 15　　다. 38　　라. 55

48. 스레드(Thread)에 관한 설명으로 옳지 않은 것은?

가. 스레드는 하나의 프로세스 내에서 병행성을 증대시키기 위한 메커니즘이다.

나. 스레드는 프로세스의 일부 특성을 갖고 있기 때문에 경량(Light Weight) 프로세스라고도 한다.

다. 스레드는 동일 프로세스 환경에서 서로 독립적인 다중 수행이 불가능하다.

라. 스레드 기반 시스템에서 스레드는 독립적인 스케줄링의 최소 단위로서 프로세스의 역할을 담당한다.

49. 가상기억장치(Virtual Memory)에 대한 설명으로 거리가 먼 것은?

가. 보조기억장치의 일부 용량을 주기억장치처럼 가상하여 사용할 수 있도록 하는 개념이다.

나. 별도의 주소 매핑 작업 없이 가상기억장치에 있는 프로그램을 주기억장치에 적재하여 실행할 수 있다.

다. 가상기억장치의 구현은 일반적으로 페이징 기법과 세그먼테이션 기법을 이용한다.

라. 주기억장치의 이용율과 다중 프로그래밍의 효율을 높일 수 있다.

50. 다음 설명에 해당하는 자원 보호 기법은?

접근 제어 행렬에 있는 각 행, 즉 영역을 중심으로 구성한 것으로서 각 사용자에 대한 자격들로 구성되며, 자격은 객체와 그 객체에 허용된 연산 리스트이다.

가. Global Table　　나. Capability List

다. Access Control List　　라. Lock/Key

51. 다음이 설명하는 디스크 스케줄링 기법은 무엇인가?

- 부하가 매우 큰 항공예약 시스템을 위해 개발되었으며 탐색시간(Seek Time)뿐만 아니라 회전 지연시간(Rotational Delay Time)의 최적화를 위해 개발된 기법이다. - 헤드는 C-SCAN처럼 움직이며 예외적으로 모든 실린더는 그 실린더에 요청이 있던 없던 간에 전체 트랙이 한 바퀴 회전할 동안의 서비스를 받는다.

가. SSTF 기법　　나. N-단계 SCAN 기법

다. FCFS 기법　　라. 에션바흐(Eschenbach) 기법

52. 모니터에 대한 설명으로 옳지 않은 것은?
   가. 모니터의 경계에서 상호배제가 시행된다.
   나. 자료추상화와 정보은폐 기법을 기초로 한다.
   다. 공유 데이터와 이 데이터를 처리하는 프로시저로 구성된다.
   라. 모니터 외부에서도 모니터 내의 데이터를 직접 액세스할 수 있다.

53. RR(Round Robin) 스케줄링에 대한 설명으로 옳지 않은 것은?
   가. Time Slice를 크게 하면 입·출력 위주의 작업이나 긴급을 요하는 작업에 신속히 반응하지 못한다.
   나. Time Slice가 작을 경우 FCFS 스케줄링과 같아진다.
   다. Time Sharing System을 위해 고안된 방식이다.
   라. Time Slice가 작을수록 문맥교환 및 오버헤드가 자주 발생한다.

54. 디스크 공간 할당 기법 중 연속할당에 대한 설명으로 옳지 않은 것은?
   가. 연속하는 논리적 블록들이 물리적으로 서로 인접하여 저장된다.
   나. 파일의 시작 주소와 크기만 기억하면 되므로 파일의 관리 및 구현이 용이하다.
   다. 파일의 크기가 자주 바뀌는 경우에는 구현이 어렵다.
   라. 단편화가 발생할 수 없으므로 주기적인 압축이 필요 없다.

55. 다음 그림과 같은 구조를 갖는 시스템으로 가장 적합한 것은?

   가. 약결합(Loosely-Coupled) 다중 처리 시스템
   나. 강결합(Tightly-Coupled) 다중 처리 시스템
   다. 단일버스(Single Bus 다중 처리 시스템
   라. 공유버스(Shared Bus) 다중 처리 시스템

56. UNIX에 관한 설명으로 옳지 않은 것은?
   가. 쉘(Shell)은 사용자와 시스템 간의 대화를 가능케 해주는 UNIX 시스템의 메커니즘이다.
   나. UNIX 시스템은 루트 노드를 시발로 하는 계층적 파일 시스템 구조를 사용한다.
   다. 커널(Kernel)은 프로세스 관리, 기억장치 관리, 입·출력 관리 등의 기능을 수행한다.
   라. UNIX 파일 시스템에서 각 파일에 대한 파일 소유자, 파일 크기, 파일 생성 시간에 대한 정보는 데이터 블록에 저장한다.

57. 빈 기억공간의 크기가 20K, 16K, 8K, 40K 일 때 기억장치 배치 전략으로 "Best Fit"을 사용하여 17K의 프로그램을 적재할 경우 내부단편화의 크기는 얼마인가?

가. 3K　　나. 23K
다. 64K　　라. 67K

58. 분산 처리 시스템의 위상에 따른 분류에서 한 사이트의 고장이 다른 사이트에 영향을 주지 않지만, 중앙 사이트 고장 시 전체 시스템이 정지되는 형태는 무엇인가?

가. Tree 구조　　나. Star 구조
다. Ring 구조　　라. Mesh 구조

59. 운영체제를 기능상 분류할 경우 "Control Program"과 "Process Program"으로 구분할 수 있다. 다음 중 "Control Program"에 해당하는 것으로만 짝지어진 것은?

① Supervisor Program ② Language Translation Program ③ Data Management Program ④ Service Program ⑤ Job Control Program ⑥ Problem Program

가. ②, ④, ⑥　　나. ①, ③, ⑤
다. ①, ⑤, ⑥　　라. ②, ③, ④

60. 다중 처리기의 운영체제 형태 중 주/종(Master/Slave) 처리기에 대한 설명으로 옳지 않은 것은?

가. 주프로세서만이 운영체제를 수행한다.
나. 종프로세서는 입/출력 발생시 주프로세서에게 서비스를 요청한다.
다. 주프로세서가 고장 나면 전체 시스템이 다운된다.
라. 대칭적 구조를 갖는다.

정보처리 산업기사 - 2007년 9월 시행

61. 사용자가 로그인할 때 사용자 인증을 위해 신원을 확인하는 방법으로 적당하지 못한 것은?
    가. Enter 키 누름　　나. 지문인식장치 사용
    다. 패스워드 입력　　라. 보안카드 사용

62. 제어의 흐름을 의미하며, 프로세스에서 실행의 개념만을 분리한 것으로, 프로세스의 구성을 제어의 흐름 부분과 실행 환경 부분으로 나눌 때, 프로세스의 실행 부분을 담당함으로써 실행의 기본 단위가 되는 것을 무엇이라고 하는가?
    가. Working Set　　나. PCB　　다. Thread　　라. Segmentation

63. 비선점(Non-Preemption) 스케줄링 방식에 대한 설명 중 옳지 않은 것은?
    가. 대화식 시분할 시스템에 적합하다.
    나. 긴 작업이 짧은 작업을 오랫동안 기다리게 하는 경우가 발생할 수 있다.
    다. 프로세스 간의 문맥교환 횟수가 적고, 보통 일괄 처리 시스템에 적합하다.
    라. 한 프로세스가 일단 CPU를 할당 받으면 다른 프로세스가 CPU를 강제적으로 뺏을 수 없는 방식이다.

64. 자원보호기법 중 접근제어행렬을 구성하는 요소가 아닌 것은?
    가. 영역　　나. 객체　　다. 권한　　라. 시간

65. 교착 상태(Deadlock)는 하나 또는 둘 이상의 프로세스가 더 이상 계속할 수 없는 어떤 특정 사건을 기다리고 있는 상태를 말한다. 여기서 특정 사건의 의미로 가장 적당한 것은?
    가. 자원의 할당과 해제　　나. 자원의 요구
    다. 무한 연기　　라. 자원의 점유 및 대기

66. HRN(Highest Response-ratio Next) 스케줄링 기법에서 가변적 우선순위는 다음 식으로 계산된다. ①에 알맞은 내용은?

우선순위 계산식 = (대기 시간 + 서비스를 받을 시간) / ①

    가. 대기 시간　　나. (대기 시간 -서비스를 받을 시간)
    다. 서비스를 받을 시간　　라. (서비스를 받을 시간 - 대기 시간)

67. 시분할시스템(Time Sharing System)에 대한 설명으로 옳지 않은 것은?
    가. 다중 프로그래밍의 논리적 확장이다.
    나. 사용자와 시스템 간에 직접적인 통신을 제공한다.
    다. 동시에 많은 사용자가 컴퓨터를 공유하도록 한다.
    라. 시스템의 효율을 위하여 작업량을 일정 수준 모아두었다가 한꺼번에 처리한다.

68. UNIX에서 현재 프로세스의 상태를 확인할 때 사용되는 명령어는?

가. ps 나. cp 다. chmod 라. cat

69. 기억장치 관리 전략의 하나로 새로 반입할 프로그램이 들어갈 장소를 마련하기 위해 어떤 프로그램과 데이터를 제거할 것인가를 결정하는 전략은?

가. 삭제(Deletion) 전략 나. 교체(Replacement) 전략

다. 배치(Placement) 전략 라. 반입(Fetch) 전략

70. 프로세스를 스케줄링하는 목적으로 옳지 않은 것은?

가. 모든 작업에 대해 공평성을 유지해야 한다. 나. 응답 시간을 최소화해야 한다.

다. 프로세스의 처리량을 최소화해야 한다. 라. 경과시간의 예측이 가능하여야 한다.

71. 병렬 처리의 주종(Master/Slave) 시스템에 대한 설명으로 옳지 않은 것은?

가. 주프로세서는 연산만 수행하고 종프로세서는 입・출력과 연산을 수행한다.

나. 주프로세서만이 운영체제를 수행한다.

다. 하나의 주프로세서와 나머지 종프로세서로 구성된다.

라. 주프로세서의 고장 시 전 시스템이 멈춘다.

72. 라운드 로빈(Round-Robin) 방식으로 스케줄링 할 경우, 입력된 작업이 다음과 같고 각 작업의 CPU 할당 시간이 3시간일 때, CPU의 사용 순서가 알맞게 나열된 것은?

작업	입력시간	작업수행시간
A	10:00	10시간
B	10:30	5시간
C	12:00	15시간

가. A A A A B B C C C C C 나. A A A A C C C C C B B

다. A B C A B C A C A C C 라. A B B C A A A C C C C

73. UNIX 운영체제에서 가장 핵심적인 부분으로 하드웨어를 보호하고 응용프로그램들에게 서비스를 제공해 주는 것은?

가. Kernel 나. Shell 다. IPC 라. Process

74. 운영체제에 대한 설명으로 옳지 않은 것은?

가. 사용자에게 편리성을 제공하는 역할을 한다.

나. 사용자와 컴퓨터 간의 인터페이스 역할을 한다.

다. 여러 사용자 간의 자원 스케줄링을 효과적으로 한다.

라. 사용자가 작성한 원시 프로그램을 기계로 번역한다.

75. 페이지 교체 기법 중 시간 오버헤드를 줄이는 기법으로서 참조 비트(Referenced Bit)와 변형 비트(Modified Bit)를 필요로 하는 방법은?

가. FIFO　　나. LRU　　다. LFU　　라. NUR

76. 다음과 같은 트랙이 요청되어 큐에 도착하였다. 모든 트랙을 서비스하기 위하여 SSTF스케줄링 기법이 사용 되었을 때 모두 몇 트랙의 헤드 이동이 생기는가? (단, 현재 헤드의 위치는 50트랙이다.)

요청 트랙 : 10, 40, 55, 35

가. 50　　나. 85　　다. 105　　라. 110

77. 분산운영체제의 구조 중 모든 사이트는 하나의 중앙노드에 직접 연결되어 있으며, 중앙노드에 과부하가 걸리면 성능이 현저히 감소하고, 중앙노드의 고장 시 모든 통신이 이루어지지 않는 구조는?

가. Ring Connection　　나. Start Connection
다. Hierarchy Connection　　라. Fully Connection

78. 3 페이지가 들어갈 수 있는 기억장치에서 다음과 같은 순서로 페이지가 참조될 때 FIFO 기법을 사용하면 페이지 부재(Page Fault)는 몇 번 일어나는가? (단, 현재 기억장치는 모두 비어 있다고 가정한다.)

참조열 : 1, 2, 3, 4, 1, 3, 1, 2

가. 4　　나. 5　　다. 6　　라. 8

79. 어떤 프로세스가 실행에 필요한 수만큼의 프레임을 갖지 못하여 빈번한 페이지 부재(Page Fault)의 발생으로 프로그램 수행에 보내는 시간보다 페이지 교환에 보내는 시간이 더 큰 현상을 무엇이라 하는가?

가. 요구 페이징(Demand Paging)　　나. 스래싱(Thrashing)
다. 단편화(Fragmentation)　　라. 블록킹(Blocking)

80. UNIX의 시스템 호출 명령어 중에서 프로세스를 복제하기 위해 사용되는 명령어는?

가. getpid　　나. gerppid　　다. pipe　　라. fork

정보처리 기사 - 2007년 9월 시행

41. UNIX의 파일 시스템 구조와 거리가 먼 것은?

가. 부트 블록　　나. 사용자 블록　　다. I-node 블록　　라. □퍼 블록

42. 두 개의 프로세스 간 선행 순서를 Pi□Pj로 표현할 경우 Pj가 먼저 실행된다고 가정한다면 P2□P1, P4□P2, P4□P3의 선행관계가 있는 경우에 병행으로 실행될 수 있는 프로세스로 짝지어진 것은?

가. P1, P3　　나. P1, P4　　다. P2, P4　　라. P3, P4

43. 주기억장치 배치전략기법으로 최초적합(First Fit) 방법을 사용한다고 할 때 다음과 같은 기억장소 리스트에서 10K 크기의 작업은 어느 기억공간에 할당되는가?(단, 탐색은 위에서 아래로 한다.)

운영체제	
사 용 중	
5K	□ A
사 용 중	
15K	□ B
사 용 중	
25K	□ C

가. A　　나. B

다. C　　라. 할당할 수 없다.

44. 3개의 페이지 프레임(Frame)을 가진 기억장치에서 페이지 요청을 다음과 같은 페이지 번호 순으로 요청했을 때 교체 알고리즘으로 FIFO 방법을 사용한다면 몇 번의 페이지 부재(Fault)가 발생하는가?(단, 현재 기억장치는 모두 비어 있다고 가정한다.)

요청된 페이지 번호의 순서 : 2 3 2 1 5 2 4 5 3 2 5 2

가. 7번　　나. 8번　　다. 9번　　라. 10번

45. 일반적으로 사용되는 자원보호기법의 종류에 해당하지 않는 것은?

가. 접근 제어 행렬(Access Control Matrix)

나. 접근 제어 리스트(Access Control List)

다. 권한 행렬(Capability Matrix)

라. 권한 리스트(Capability List)

46. 운영체제를 기능상 분류했을 때, 제어 프로그램 중 다음 설명에 해당하는 것은?

주기억장치와 보조기억장치 사이의 자료 전송, 파일의 조작 및 처리, 입출력 자료와 프로그램 간의 논리적 연결 등 시스템에서 취급하는 파일과 데이터를 표준적인 방법으로 처리할 수 있도록 관리한다.

가. 문제 프로그램(Problem Program)

나. 감시 프로그램(Supervisor Program)

다. 작업 제어 프로그램(Job Control Program)

라. 데이터 관리 프로그램(Data Management Program)

47. UNIX에서 I-node는 한 파일이나 디렉터리에 관한 모든 정보를 포함하고 있는데, 이에 해당하지 않는 것은?

가. 파일이 가장 처음 변경된 시간 및 파일의 타입

나. 파일 소유자의 사용자 번호

다. 파일이 만들어진 시간

라. 데이터가 담긴 블록의 주소

48. 교착상태 예방기법 중 사용하기에 적절하지 않은 것은?

가. 상호배제 조건의 부정　　나. 점유 및 대기 조건의 부정

다. 비선점 조건의 부정　　라. 환형 대기 조건의 부정

49. 디스크 대기 큐에 다음과 같은 순서의 액세스 요청이 대기 중이다. 현재 헤드가 70트랙을 처리하고 60트랙으로 이동하였다면, SCAN 방식을 사용할 경우 다음 디스크 대기 큐에서 먼저 처리되는 트랙은?

디스크 대기 큐 : 20, 50, 80, 100

가. 20　　나. 50　　다. 80　　라. 100

50. 스케줄링 기법 중 SJF 기법과 SRT 기법에 관한 설명으로 옳지 않은 것은?

가. SJF는 비선점(Nonpreemptive) 기법이다.

나. SJF는 작업이 끝나기 까지의 실행시간 추정치가 가장 작은 작업을 먼저 실행시킨다.

다. SRT는 실행 시간을 추적해야 하므로 오버헤드가 증가한다.

라. SRT에서는 이미 할당된 CPU를 다른 프로세스가 강제로 빼앗아 사용할 수 없다.

51. 스래싱(Thrashing)에 관한 설명으로 가장 거리가 먼 것은?

가. 스래싱이 발생하면 CPU가 제 기능을 발휘하지 못한다.

나. 프로세스가 프로그램 수행에 소요되는 시간보다 페이지 교환에 소요되는 시간이 더 큰 경우를 의미한다.

다. 스래싱을 방지하기 위해서는 멀티프로그래밍의 정도(Degree)를 높여야 한다.

라. 프로세스들이 워킹 셋을 확보하지 못한 결과이다.

52. 분산 시스템의 위상에 따른 분류 방식 중 다음 설명은 어떤 방식에 관한 것인가?

- 공유되는 하나의 버스가 시스템 내의 모든 노드와 연결되어 있다. - 통신회선이 1개이므로 물리적 구조가 간단하다. - 노드의 추가와 삭제가 용이하다. - 한 노드의 고장이 나머지 노드에 영향을 주지 않으나 버스회선이 고장 나면 통신은 두절된다.

가. Ring Connected　　나. Multi Access Bus Connected

다. Partially Connected　　라. Fully Connected

53. 다음의 운영체제 형태 중 시대적으로 가장 먼저 생겨난 방식은?
    가. 다중프로그래밍 시스템　　　　나. 시분할시스템
    다. 일괄처리시스템　　　　라. 분산처리시스템

54. 가상기억장치 구현에서 세그먼테이션(Segmentation) 기법의 설명으로 옳지 않은 것은?
    가. 페이지 맵 테이블(Page Map Table)이 필요하다.
    나. 세그먼테이션은 프로그램을 여러 개의 블록으로 나누어 수행한다.
    다. 각 세그먼트는 고유한 이름과 크기를 갖는다.
    라. 기억장치 보호키가 필요하다.

55. 다중 처리기 운영체제 구조 중 주/종(Master/Slave) 처리기 시스템에 대한 설명으로 옳지 않은 것은?
    가. 주프로세서는 입·출력과 연산 작업을 수행한다.
    나. 종프로세서는 운영체제를 수행한다.
    다. 종프로세서는 입·출력 발생 시 주프로세서에게 서비스를 요청한다.
    라. 한 처리기는 주프로세서로 지정하고 다른 처리기들은 종프로세서로 지정하는 구조이다.

56. 스레드에 대한 설명으로 거리가 먼 것은?
    가. 하나의 스레드는 상태를 줄인 경량 프로세스라고도 한다.
    나. 프로세스 내부에 포함되는 스레드는 공통적으로 접근 가능한 기억장치를 통해 효율적으로 통신한다.
    다. 스레드를 사용하면 하드웨어, 운영체제의 성능과 응용 프로그램의 처리율을 향상시킬 수 있다.
    라. 하나의 프로세스에 여러 개의 스레드가 존재할 수 없다.

57. 운영체제의 성능 평가 기준으로 거리가 먼 것은?
    가. Troughput　　　　나. Reliability
    다. Integrity　　　　라. Turn Around Time

58. UNIX 명령어의 기능 설명이 옳지 않은 것은?
    가. fork - 새로운 프로세스를 생성한다.
    나. getpid - 자신의 프로세스 id를 얻는다.
    다. getppid - 자식 프로세스의 id를 얻는다.
    라. exit - 프로세스 수행을 종료한다.

59. 버퍼링(Buffering)과 스풀링(Spooling)에 관한 설명으로 옳지 않은 것은?
    가. 버퍼란 입출력이 일어나는 동안 그 데이터를 저장하는 주기억장치의 일부분이다.
    나. 버퍼(Buffering) 사용으로 계산(Computation)과 입출력의 병렬 처리가 가능하다.

다. 스풀링은 CPU의 처리 속도에 비해 입·출력장치의 처리 속도가 □□ 느리기 때문에 전체적인 처리 속도의 차이를 줄여주기 위하여 고안되었다.

라. 버퍼링은 스풀링보다 많은 입출력 작업을 중□시킬 수 있다.

60. 사이□이 허용되고, 불필요한 파일 제거를 위해 참조 카운터가 필요한 디렉터리 구조는?

가. 1단계 디렉터리 구조
나. 2단계 디렉터리 구조
다. 트리 디렉터리 구조
라. 일반 그래프 디렉터리 구조

정보처리 산업기사 - 2007년 5월 시행

61. 운영체제를 기능적으로 분류했을 때 처리프로그램(processing program)에 해당하는 것으로만 짝지어진 것은?

ㄱ. supervisor program	ㄴ. data management program
ㄷ. job control program	ㄹ. language translator program
ㅁ. service program	ㅂ. problem program

가. ㄹ,ㅁ,ㅂ　　나. ㄱ,ㄴ,ㄷ　　다. ㄱ,ㅁ,ㅂ　　라. ㄷ,ㄹ,ㅁ

62. 교착상태의 해결 방법 중 은행 알고리즘과 가장 관련 깊은 것은?

가. 회피(avoidance)　　나. 예방(prevention)

다. 발견(detection)　　라. 회복(recovery)

63. UNIX 시스템의 특징이 아닌 것은?

가. 온라인 대화형 시스템이다.　　나. 다중 작업 시스템이다.

다. 다중 사용자 시스템이다.　　라. 이식성이 낮은 시스템이다.

64. HRN 스케줄링 기법 사용시 우선순위가 가장 높은 작업 번호는?

작업번호	대기시간	서비스시간
①	5	20
②	15	5
③	10	10
④	25	5

가. ①　　나. ②　　다. ③　　라. ④

65. 구역성(locality)에 대한 설명으로 옳지 않은 것은?

가. 시간구역성의 예로는 순환, 부프로그램, 스택 등이 있다.

나. 구역성에는 시간구역성과 공간구역성이 있다.

다. 어떤 프로세스를 효과적으로 실행하기 위해 주기억장치에 유지되어야 하는 페이지들의 집합이다.

라. 프로세서들은 기억장치내의 정보를 균일하게 액세스 하는 것이 아니라, 어느 한 순간에 특정 부분을 집중적으로 참조한다.

66. Round-Robin 스케줄링에 대한 설명으로 틀린 것은?

가. 프로세스들이 배당 시간내에 작업을 완료되지 못하면 폐기된다.

나. 프로세스들이 중앙처리장치에서 시간량에 제한을 받는다.

다. 시분할 시스템에 효과적이다.

라. 선점형(preemptive) 기법이다.

67. 스케줄링, 기억장치 관리, 파일 관리, 입·출력 관리 등의 기능을 제공하는 유닉스 시스템의 핵심 부분은?

가. Shell　　나. Kernel　　다. IPC　　라. Filter

68. 3페이지가 들어 갈 수 있는 기억장치에서 다음과 같은 순서로 페이지가 참조될 때 LRU 기법을 사용하면 페이지 부재결함(page fault)은 몇 번 일어나는가? (단, 현재 기억장치는 모두 비어 있다고 가정한다.)

참조 열 : 1,2,3,4,1,3,1,2

가. 3　　나. 5　　다. 6　　라. 8

69. Process Control Block (PCB)의 내용이 아닌 것은?

가. 프로세스의 현재 상태　　나. 프로세스의 식별자

다. 프로세스의 우선순위　　라. 페이지 부재(page fault) 발생 횟수

70. 분산 운영체제에서 각 노드들이 point-to-point 형태로 중앙 컴퓨터에 연결되고 중앙 컴퓨터를 경유하여 통신하는 위상(topology)구조는?

가. 성형(star) 구조　　나. 링(ring) 구조

다. 계층(gierarchy) 구조　　라. 완전연결(fully connection) 구조

71. 기억장치의 관리 전략 중 배치(Placement)전략에 대한 설명으로 가장 타당한 것은?

가. 새로 반입된 프로그램을 주기억장치의 어디에 위치시킬 것인가를 결정하는 전략

나. 주기억장치에 넣을 다음 프로그램이나 데이터를 보조기억장치에서 주기억장치로 언제 가져올 것인가를 결정하는 전략

다. 새로 주기억장치에 배치되어야 할 프로그램이 들어갈 장소를 마련하기 위해 어떤 프로그램이나 데이터를 제거할 지 결정하는 전략

라. 실행 중인 프로그램에 의해 참조될 프로그램이나 데이터를 미리 예상하여 적재하는 전략

72. 운영체제의 목적이 아닌 것은?

가. 사용자의 인터페이스 제공　　나. 컴퓨터 자원의 효율적 사용

다. 응답 시간 및 반환 시간의 증가　　라. 컴퓨터의 신뢰성, 가용성, 운용성 증대

73. 임계 구역(Critical Section)에 대한 설명으로 옳지 않은 것은?

가. 특정 프로세스가 독점해서는 안 된다.

나. 하나의 프로세스만 접근 할 수 있다.

다. 임계 구역 내에서의 작업은 신속하게 진행되어야 한다.

라. 실행 중인 프로세스가 일정 시간 동안 참조하는 페이지의 집합을 의미한다.

74. 천재지변이나 사고로 인해 정보의 손실이나 파괴를 막기 위해 취할 수 있는 방법으로 가장 올바른 것은?

가. 파일 시스템을 체계적으로 잘 정리한다.

나. 백업(Back-up)을 주기적으로 실시하여 안전한 곳에 보관한다.

다. 컴퓨터에 안전장치를 하고, 필요할 때만 조심해서 사용해야 한다.

라. 사고는 컴퓨터가 가동될 때만 발생함으로 사용 후에는 컴퓨터 전원을 반드시 꺼 놓는다.

75. 분산 처리 시스템에 대한 설명으로 옳지 않은 것은?

가. 사용자는 각 컴퓨터의 위치를 몰라도 자원 사용이 가능하다.

나. 시스템의 점진적 확장이 용이하다.

다. 중앙 집중형 시스템에 비해 시스템 설계가 간단하고 소프트웨어 개발이 쉽다.

라. 연산속도, 신뢰성, 사용 가능도가 향상된다.

76. 병행 프로세스들의 고려 사항이 아닌 것은?

가. 공유 자원을 상호 배타적으로 사용해야 한다.

나. 병행 프로세스들 사이에는 협력 또는 동기화가 이루어져야 한다.

다. 병행 프로세스들은 프로그래머가 외부적으로 스케줄링 할 수 없도록 한다.

라. 교착상태를 해결해야 하며 병행 프로세스들의 병렬 처리도를 극대화해야 한다.

77. 페이지 교체 알고리즘 중 각 페이지 마다 2개의 비트, 즉 Reference Bit와 Modified Bit가 사용되는 것은?

가. LRU　　나. LFU

다. FIFO　　라. NUR

78. 페이지를 이용한 가상메모리 관리 시스템에서 페이지에 대한 설명으로 옳지 않은 것은?

가. 한 페이지의 크기가 작을수록 더 많은 페이지 수가 필요하게 되고 이에 따라 PMT(Page Map Table)의 크기도 더 많이 요구된다.

나. 페이지 크기가 작을수록 디스크 접근 횟수가 줄어들어 전체적인 입출력의 효율성이 증가된다.

다. 프로그램이 지역성을 갖는 환경에서는 페이지의 크기가 작을수록 효과적인 Working Set을 가지게 된다.

라. 페이지의 크기가 너무 큰 경우, 프로그램내의 필요 없는 부분까지 한 페이지 내에 존재함으로 낭비가 크다.

79. 사용자가 요청한 디스크 입출력 내용이 아래와 같은 순서로 큐에 들어 있다. 현재 헤드 위치는 70이고, 가장 안쪽이 1번, 가장 바깥쪽이 200번 트랙이라고 할 때, SSTF스케줄링을 사용하면 가장 먼저 처리되는 것은?

요구 트랙 : 98, 193, 45, 36, 125, 156, 123

가. 36　　나. 45　　다. 98　　라. 123

80. 파일 디스크립터가 가지고 있는 정보가 아닌 것은?

가. 파일의 구조　　나. 접근 제어 정보

다. 보조기억장치상의 파일의 위치　　라. 파일의 백업 방법

정보처리 기사 - 2007년 5월 시행

41. UNIX 파일 시스템의 특징이 아닌 것은?
  가. 파일 소유자, 그룹 및 그 외 다른 사람들로부터 사용자를 구분하여 파일을 보호한다.
  나. 디렉토리 구조는 이중 레벨 구조이다.
  다. 주변장치를 파일과 동일하게 취급한다.
  라. 파일 생성, 삭제, 보호 기능을 갖는다.

42. 색인 순차 파일의 인덱스에 포함되지 않는 것은?
  가. 오버플로우 인덱스(Overflow Index) 나. 마스터 인덱스(Master Index)
  다. 트랙 인덱스(Track Index) 라. 실린더 인덱스(cylinder Index)

43. 파일 보호 기법 중 각 파일에 접근 목록을 두어 접근 가능한 사용자와 가능한 동작을 기록한 후, 이를 근거로 접근을 허용하는 기법은?
  가. 파일의 명명(Naming) 나. 비밀번호(Password)
  다. 접근 제어(Access Control) 라. 암호화(Cryptography)

44. 파일 디스크립터에 대한 설명으로 옳지 않은 것은?
  가. 사용자가 직접 관리하므로 사용자가 참조할 수 있다.
  나. 파일을 관리하기 위해 시스템이 필요로 하는 정보를 보관한다.
  다. 일반적으로 보조기억장치에 저장되어 있다가 파일이 개방(Open)될 때 주기억장치로 옮겨진다.
  라. File Control Block 이라고도 한다.

45. 다음 표와 같이 작업이 할당되었을 경우 내부 단편화 및 외부 단편화 크기는 얼마인가?

분할영역	분할크기	작업크기
1	50K	60K
2	120K	160K
3	200K	100K
4	300K	150K

  가. 내부 단편화 : 250 K, 외부 단편화 : 170 K
  나. 내부 단편화 : 170 K, 외부 단편화 : 250 K
  다. 내부 단편화 : 300 K, 외부 단편화 : 1140 K
  라. 내부 단편화 : 670 K, 외부 단편화 : 470 K

46. 분산 처리 운영체제에서 구체적인 시스템 환경을 사용자가 알 수 없도록 하며, 또한 사용자들로 하여금 이에 대한 정보가 없이도 원하는 작업을 수행할 수 있도록 지원하는 개념을 무엇이라 하는가?
  가. Naming 나. Transparence 다. Migration 라. NFS

47. 주기억장치에 완전히 비어 있는 3개의 페이지가 있다. 페이지 교체 방법으로 LRU를 사용할 때 요청된 페이지 번호의 순서가 0, 1, 2, 3, 0, 1, 4, 0 인 경우 페이지 부재(Fault)는 몇 번 발생 하는가?

가. 5 나. 6 다. 7 라. 8

48. UNIX의 쉘(Shell)에 대한 설명으로 옳지 않은 것은?

가. 시스템과 사용자 간의 인터페이스를 담당한다.

나. 프로세스 관리, 파일 관리, 입·출력관리, 기억장치 관리 등의 기능을 수행한다.

다. 명령어 해석기 역할을 한다.

라. 사용자의 명령어를 인식하여 프로그램을 호출한다.

49. 다음은 운영체제가 해결해야 할 문제점이다. 이러한 문제점 발생의 직접적 원인으로 가장 타당한 것은?

> · 교착상태 예방, 회피, 발견, 회복 등 처리 문제
> · CPU와 자원의 할당 문제
> · 메모리 관리 문제
> · 병행성 제어 문제
> · 공존하는 프로그램 간의 충돌 해결 문제

가. 메모리 및 자원의 효율적인 사용 나. 사용자에게 편리한 인터페이스 제공

다. 다중 프로그래밍 기법 이용 라. CPU 처리속도 및 입·출력 장치와의 속도 차이

50. UNIX 운영체제의 특징으로 볼 수 없는 것은?

가. 대화식 운영체제이다.

나. 다중 사용자 시스템이다.

다. 대부분의 코드가 어셈블리 언어로 기술되어 있다.

라. 높은 이식성과 확장성이 있다.

51. 운영체제의 역할로 거리가 먼 것은?

가. 사용자와 시스템 간의 인터페이스 제공

나. 여러 사용자 간의 자원 공유 기능 제공

다. 자원의 효율적인 운영을 위한 스케줄링

라. 입·출력에 대한 주력적인 역할 수행

52. 다음은 교착 상태 발생조건 중 어떤 조건을 제거하기 위한 것인가?

> - 프로세스가 수행되기 전에 필요한 모든 자원을 할당 시켜준다.
> - 자원이 점유되지 않은 상태에서만 자원을 요구하도록 한다.

가. Multi Exclusion 나. Hold and Wait 다. Non-preemption 라. Circular Wait

53. CPU 스케줄링을 평가하는 기준으로 가장 거리가 먼 것은?

가. 처리량(Throughput)
나. 대기시간(Waiting Time)
다. 균형 있는 자원 이용
라. 오류 복구 시간

54. 현재 헤드의 위치가 50에 있고, 요청 대기 열의 순서가 다음과 같은 경우, C-SCAN 스케줄링 알고리즘에 의한 헤드의 총 헤드의 총 이동거리는 얼마인가?(단, 현재 헤드의 이동 방향은 안쪽이다.)

요청 대기열의 순서
100, 180, 40, 120, 0, 130, 70, 80, 150, 200

가. 790 나. 380 다. 370 라. 250

55. 가상기억장치 관리 기법에서 페이지(Page) 크기에 관한 설명으로 옳은 것은?

가. 페이지 크기가 작을 경우 - 참조되는 정보와는 무관한 정보가 페이지 크기가 큰 경우보다 더 많이 주기억장치에 적재 될 수 있다.
나. 페이지 크기가 작을 경우 - 마지막 페이지의 내부 단편화는 늘어난다.
다. 페이지 크기가 클 경우 - 마지막 페이지의 내부 단편화 가 줄어든다.
라. 페이지 크기가 클 경우 - 페이지 테이블의 크기는 작아진다.

56. CPU 스케줄링 특성 중 대화형 시스템에서 가장 중요한 인자로 사용되는 것은?

가. 반응시간(Response Time)
나. 비용(Cost)
다. CPU 사용률
라. 처리량(Throughput)

57. 프로세스(Process) 정의에 대한 설명 중 옳지 않은 것은?

가. 동기적 행위를 일으키는 주체
나. 실행중인 프로그램
다. 프로시저의 활동
라. 운영체제가 관리하는 실행 단위

58. 다음 설명은 분산 처리 시스템의 장점 중 무엇에 해당하는가?

특정한 시스템 병목 현상을 제거하기 위해 필요한 자원을 추가할 수 있으므로 선택적인 성능 향상을 가능하게 한다.

가. 통신과 정보공유
나. 점진적인 확장
다. 가용성
라. 고장 허용성

59. 로더의 종류 중 별도의 로더 없이 언어 번역 프로그램이 로더의 역할까지 담당하는 것은?

가. Absolute Loader
나. Relocating Loader
다. Overlay Loader
라. Compile and Go Loader

60. 다중 처리기 운영체제 형태 중 주/종(Master/Slaver) 시스템에 대한 설명으로 옳지 않은 것은?

가. 주 프로세서와 종 프로세서 모두 운영체제를 수행한다.

나. 비대칭 구조를 갖는다.

다. 주 프로세서는 입·출력과 연산을 담당하고, 종 프로세서는 연산만 담당한다.

라. 주 프로세서가 고장나면 시스템 전체가 다운된다.

정보처리 산업기사 - 2007년 3월 시행

61. 다음과 같이 주기억장치의 공백이 있다고 할 때, 최적 적합(best fit) 배치 방법은 13K 크기의 프로그램을 어느 영역에 할당하는가?

영역	크기
A	25K
B	9K
C	15K
D	30K

가. A　　나. B　　다. C　　라. D

62. 유닉스에서 자식 프로세스를 생성할 때 사용하는 명령은?

가. pipe　　나. fork　　다. mknod　　라. open

63. 다음은 무엇에 관한 정의인가?

- 실행 중인 프로그램	- 비동기적 행위를 일으키는 주체
- 프로시저가 활동 중인 것	- PCB를 가진 프로그램

가. 파일 시스템　　나. 프로세스
다. 세마포어　　라. 모니터

64. PCB에 저장되는 정보가 아닌 것은?

가. 프로세스의 우선순위
나. 할당되지 않은 주변 기기들의 상태 정보
다. 프로세스가 위치한 메모리에 대한 포인터
라. 프로세스의 현재 상태

65. 교착상태 발생의 필요충분조건이 아닌 것은?

가. 상호 배제　　나. 점유 및 대기
다. 선점　　라. 환형 대기

66. 분산 처리 운영시스템의 설명으로 옳지 않은 것은?

가. 시스템의 점진적 확장이 용이하다.
나. 신뢰성, 가용성이 증대된다.
다. 자원의 공유와 부하 균형이 가능하다.
라. 중앙 집중형 시스템에 비해 보안 정책이 간소해진다.

67. 수행 중인 프로그램에서 0으로 나누는 연산이나, 허용되지 않는 명령어의 수행, 스택의 오버플로우(overflow)등과 같은 잘못이 있을 때 발생하는 인터럽트는 무엇인가?
   가. 기계 검사(Machine Check) 인터럽트
   나. SVC(SuperVisor Call) 인터럽트
   다. 프로그램 검사(Program Check) 인터럽트
   라. 재시작(Restart) 인터럽트

68. 분산처리 운영체제 시스템의 구조 중 성형구조에 대한 설명으로 옳지 않은 것은?
   가. 자체가 단순하고 제어가 집중되어 모든 작동이 중앙 컴퓨터에 의해 감시되므로 하나의 제어기로 조절이 가능하다.
   나. 집중제어로 보수와 관리가 용이하다.
   다. 중앙 컴퓨터 고장시 전체 네트워크에는 영향을 주지 않는다.
   라. 중앙 노드를 제외한 노드의 고장은 다른 노드에 영향을 주지 않는다.

69. 다음 접근제어 리스트에서 "파일1" 이 처리될 수 없는 것은?
   (단, 여기서 R=읽기, W=쓰기, P=인쇄, L=공유)

종류	접근제어리스트(ACL)
파일1	(A, RWP)
파일2	(B, RWL)

   가. 읽기　　나. 쓰기　　다. 인쇄　　라. 공유

70. 다음 설명은 무엇에 관한 것인가?

"실행 중인 프로세스는 주기억장치를 참조할 때 일부 페이지만 집중적으로 참조하는 성질이 있다."

   가. Locality　　나. Thrashing
   다. Fragmentation　　라. Compaction

71. 페이지 기법에 관한 설명으로 옳지 않은 것은?
   가. 페이지 크기가 작을수록 더 많은 페이지가 존재한다.
   나. 페이지가 클수록 더 큰 페이지 테이블 공간이 필요하다.
   다. 페이지 크기가 작을 경우 우수한 working set을 가질 수 있다.
   라. 페이지 크기가 클수록 참조되는 정보와는 무관한 많은 양의 정보가 주기억 장치에 남게 된다.

72. 페이지 교체 알고리즘 중 2개의 비트, 즉 참조 비트와 변형 비트가 사용되는 것은?
   가. FIFO　　나. LFU
   다. NUR　　라. LRU

73. 대기리스트에 다음과 같은 작업들이 있다. FCFS방식으로 스케줄링 할 때 가장 먼저 실행되는 작업은?

작업	대기시간	처리예상시간
A	10	25
B	37	9
C	20	30
D	31	12

가. A　　나. B　　다. C　　라. D

74. FIFO 교체 알고리즘을 사용하고 페이지 참조의 순서가 다음과 같다고 가정한다면, 할당된 프레임의 수가 3일 때 몇 번의 페이지 부재가 발생하는가?
(단, 할당된 프레임은 초기에 모두 비어 있다고 가정함)

페이지 참조의 순서 :
0 1 2 3 0 1 4 0 1 2 3 4

가. 7　　나. 8　　다. 9　　라. 10

75. 파일 디스크립터에 대한 설명으로 옳지 않은 것은?
가. 파일 제어 블록(FCB)이라고도 한다.
나. 시스템에 따라 다른 구조를 가질 수 있다.
다. 파일 관리를 위해 시스템이 필요로 하는 정보를 가지고 있다.
라. 파일 시스템이 관리하므로 사용자가 직접 참조할 수 있다.

76. 유닉스에서 커널(Kernel)에 대한 설명으로 옳지 않은 것은?
가. 주기억장치에 적재된 후 상주하면서 실행된다.
나. UNIX의 핵심적인 부분이다.
다. 프로세스 관리, 기억장치 관리, 파일 관리, 입·출력 관리 등의 기능을 수행한다.
라. 사용자의 명령어를 인식하여 프로그램을 호출하고 명령을 수행하는 명령어 해석기이다.

77. 운영체제의 설계 목적으로 가장 타당한 것은?
가. 처리량의 향상과 응답시간의 단축　　나. 처리량의 감소와 응답시간의 증가
다. 처리량의 감소와 응답시간의 단축　　라. 처리량의 향상과 응답시간의 증가

78. 운영체제의 역할로 거리가 먼 것은?
가. 목적 프로그램과 로드 모듈의 연결
나. 사용자와의 인터페이스 구현
다. 프로세서, 메모리 등의 자원 스케줄링
라. 입·출력을 위한 편의 제공

79. 디스크 대기 큐에 다음과 같은 순서(왼쪽부터 먼저 도착한 순서임)로 트랙의 액세스 요청이 대기 중이다. 모든 트랙을 서비스하기 위하여 FCFS 스케줄링 기법이 사용되었을 때, 모두 몇 트랙의 헤드 이동이 생기는가?

(단, 현재 헤드의 위치는 50 트랙이다.)

디스크 대기 큐 : 10, 40, 55, 35

가. 50　　나. 85　　다. 105　　라. 110

80. RR(Round Robin)방식에 관한 설명으로 옳지 않은 것은?

가. 시분할 시스템을 위해 고안된 방식이다.

나. 프로세스에게 이미 할당된 프로세서를 강제로 빼앗을 수 없고 그 프로세스의 사용이 종료된 후에 스케줄링 해야 하는 방법을 택하고 있다.

다. 시간 할당량이 클 경우 FCFS 기법과 같아지고, 시간 할당량이작을 경우 문맥 교환 및 오버헤드가 자주 발생될 수 있다.

라. 시스템이 사용자에게 적합한 응답시간을 제공해 주는 대화식 시스템에 유용하다.

정보처리 기사 - 2007년 3월 시행

41. 유닉스에서 파일 내용을 화면에 표시하는 명령과 파일의 보호 모드를 설정하여 파일의 사용 허가를 지정하는 명령을 순서적으로 옳게 나열한 것은?

가. cp, rm　　나. open, chown　　다. cat, chmod　　라. type, mkdir

42. SSTF 방식을 사용할 경우 현재 헤드가 53에 있다고 가정하면, 디스크 대기 큐에 다음과 같은 순서(왼쪽부터 먼저 도착한 순서임)의 액세스 요청이 대기 중일 때 가장 먼저 실행되는 것은?

디스크 대기 큐 : 80, 122, 65, 76

가. 80　　나. 122　　다. 65　　라. 76

43. 프로세스의 정의로 거리가 먼 것은?

가. 프로시저가 활동 중인 것　　나. 동기적 행위를 일으키는 주체
다. PCB를 가진 프로그램　　라. 실행 중인 프로그램

44. 파일 구성 방식 중 ISAM(Indexed Sequential Access Merhod)의 물리적인 색인 구성은 디스크의 물리적 특성에 따라 색인(Index)을 구성하는데, 다음 중 3단계 색인에 해당되지 않는 것은?

가. 실린더 색인(Cylinder Index)　　나. 트랙 색인(Track Index)
다. 마스터 색인(Master Index)　　라. 볼륨 색인(Volume Index)

45. 유닉스의 I-node에 포함되는 내용이 아닌 것은?

가. 파일이 최초로 수정된 시간　　나. 파일 소유자의 사용자 식별
다. 파일의 크기　　라. 파일의 링크 수

46. 유닉스에서 기존 파일 시스템에 새로운 파일 시스템을 서브 디렉토리에 연결할 때 사용하는 명령은?

가. mount　　나. mkfs　　다. fsck　　라. mknod

47. 분산 처리 시스템의 설명으로 적합하지 않은 것은?

가. 신뢰도 향상　　나. 자원 공유　　다. 연산 속도 향상　　라. 보안성 향상

48. 분산 운영체제의 구조 중 다음 설명에 해당하는 것은?

- 모든 사이트는 공유 버스에 연결된 구조이다. - 기본 비용은 사이트 수에 비례한다. - 사이트의 고장은 다른 사이트 간의 통신에 영향을 주지 않지만 링크의 고장은 전체 시스템에 영향을 준다. - 사이트의 추가와 삭제가 용이하다.

가. Multi-Access Bus Connection　　나. Hierarchy Connection
다. Star Connection　　라. Ring Connection

49. 파일 보호 기법 중 다음 설명에 해당하는 것은?

- 사용자에 따라 접근할 수 있는 파일이나 디렉토리의 목록을 정해서 사용자의 신원에 따라 서로 다른 접근 권한을 허용한다.

가. Cryptography　　나. Password　　다. Naming　　라. Access Control

50. 매크로 프로세서가 수행해야 하는 기본적인 기능에 해당하지 않는 것은?
가. 매크로 정의 확장　　나. 매크로 호출 인식
다. 매크로 정의 인식　　라. 매크로 정의 저장

51. 메모리 관리 기법 중 Worst Fit 방법을 사용할 경우 9K가 요구되는 프로그램 실행을 위해 어느 부분이 할당되는가?

	메모리 크기	사용 여부
a 영역	8K	Free
b 영역	12K	Free
c 영역	10K	In use
d 영역	9K	In use
e 영역	16K	Free

가. a 영역　　나. b 영역　　다. c 영역과 d 영역　　라. e 영역

52. 다중 프로그래밍 작성의 환경에서 어떤 프로그램의 실행을 중단하고 다른 프로그램의 실행을 재개할 때, 그 프로그램의 재개에 필요한 환경을 다시 설정하는 것을 의미하며, 운영체제에서 Overhead의 큰 요인 중 하나로 작용하는 것은?
가. Context Switching　　나. Monitor
다. Semaphore　　라. Dispatching

53. 파일 시스템에 대한 설명으로 옳지 않은 것은?
가. 고급 언어에 대한 번역 기능을 제공한다.
나. 사용자가 파일을 생성, 수정, 제거할 수 있도록 한다.
다. 파일 공유를 위해서 여러 종류의 접근 제어 기법을 제공한다.
라. 불의의 사태에 대비한 예비(Backup)와 복구(Recovery) 능력을 갖추어야 한다.

54. 선점(Preemptive) 기법의 스케줄링에 해당하는 것은?
가. FIFO　　나. SJF　　다. HRN　　라. RR

55. 운영체제의 설명으로 옳지 않은 것은?

가. 운영체제는 컴퓨터 사용자와 컴퓨터 하드웨어간의 인터페이스로서 동작하는 일종의 하드웨어 장치다.
나. 운영체제는 컴퓨터를 편리하게 사용하고 컴퓨터 하드웨어를 효율적으로 사용할 수 있도록 한다.
다. 운영체제의 성능 평가 요소에는 처리 능력, 반환 시간, 사용 가능도, 신뢰도 등이 있다.
라. 운영체제는 프로세서, 메모리, 주변장치, 파일 등을 관리한다.

56. 파일의 구성 방식 중 순차 파일에 대한 설명으로 옳지 않은 것은?

가. 부가적인 정보를 보관하지 않으므로 불필요한 공간 낭비가 없다.
나. 파일 구성이 용이하다.
다. 대화식 처리보다 일괄 처리에 적합한 구조이다.
라. 임의의 특정 레코드를 검색하는 효율이 높다.

57. 실행 중인 프로세스가 일정 시간 동안 자주 참조하는 페이지의 집합을 무엇이라고 하는가?

가. Working Set　　나. Locality
다. Thrashing　　라. Prepaging

58. SJF 방법의 단점을 보완하여 개발한 것으로, 프로그램의 처리 순서는 그 실행(서비스) 시간의 길이뿐만 아니라 대기 시간에 따라 결정되는 스케줄링 방식은?

가. SRT　　나. HRN
다. MFQ　　라. RR

59. LRU 교체 기법에서 페이지 프레임이 3일 경우 페이지 호출 순서가 3인 곳(화살표 부분)의 빈칸을 위에서부터 아래쪽으로 옳게 나열한 것은?

4	2	0	5	2	1	7	3 ↓
4	4	4	5	5	5	7	
	2	2	2	2	2	2	
		0	0	0	1	1	

가. 3, 2, 1　　나. 7, 3, 1　　다. 7, 2, 3　　라. 5, 2, 3

60. 다음 중 공간 구역성(Spatial Locality)과 밀접한 관계가 있는 것은?

가. 스택(Stack)　　나. 순환(Looping)
다. 배열 순례(Array Traversal)　　라. 부프로그램(Subprogram)

정보처리 산업기사 - 2006년 9월 시행

61. 보안에 대한 설명 중 옳지 않은 것은?
    가. 외부보안은 불법 침입자나 천재지변으로부터 시스템을 보호하는 것이다.
    나. 내부보안은 하드웨어나 운영체제의 내장된 보안 기능을 통해 신뢰성을 유지하고 시스템을 보호하는 것이다.
    다. 외부보안은 시설보안과 운용보안으로 구분할 수 있다.
    라. 사용자 인터페이스 보안은 사용자의 신원을 운영체제가 확인하는 절차 없이 시스템 접근을 허용하는 것이다.

62. 운영체제(Operating System)에 대한 설명으로 거리가 먼 것은?
    가. 운영체제는 컴퓨터 하드웨어가 사용자 간의 매개체 역할을 하는 시스템 프로그램이다.
    나. 운영체제의 주목적은 컴퓨터 시스템을 편리하게 이용할 수 있게 하는데 있다.
    다. 운영체제는 컴퓨터 시스템을 공정하고 효율적으로 운영하기 위해 어떻게 자원을 할당할 것인가를 결정한다.
    라. 운영체제는 컴퓨터 시스템에 항상 존재해야 하며 컴파일러, 문서편집기, 데이터베이스 등의 프로그램을 반드시 포함하고 있어야한다.

63. 파일 구성에 따른 분류 중 해싱 함수를 이용하여 레코드 키에 의한 주소 계산을 통해 접근할 수 있도록 구성한 파일은?
    가. 직접 파일　　나. 순차 파일　　다. 인덱스 파일　　라. 색인 순차 파일

64. Round- Robin 스케줄링(Scheduling) 방식에 대한 설명으로 옳지 않은 것은?
    가. 할당된 시간(Time Slice) 내에 작업이 끝나지 않으면 대기 큐의 맨 뒤로 그 작업을 배치한다.
    나. 시간 할당량이 작아질수록 문맥교환 과부하는 낮아진다.
    다. 시간 할당량이 충분히 크면FIFO 방식과 비슷하다.
    라. 적절한 응답시간이 보장되므로 시분할 시스템에 유용하다.

65. UNIX에서 시스템과 사용자 간의 인터페이스를 담당하며 사용자의 명령을 받아 명령을 수행하는 명령어 해석기는?
    가. Inode　　나. port　　다. kernel　　라. shell

66. 다음과 같은 특징을 갖는 디스크 스케줄링 정책은?

- 현재 위치로부터 탐색 거리가 가장 짧은 트랙에 대한 요청을 먼저 서비스한다. - 디스크 요청이 특정 트랙 근처에 몰릴 경우 먼 거리의 트랙에 대한 서비스는 매우 오래 기다리게 되는 기아 상태가 발생할 수 있다. - 처리량이 많은 일괄처리시스템에 유용하다.

가. SSTF　　나. FCFS　　다. C-SCAN　　라. SCAN

67. 주기억장치의 배치(Placement) 전략 종류가 아닌 것은?

가. First - Fit　　나. Last - Fit　　다. Best - Fit　　라. Worst - Fit

68. 여러 개의 병렬 프로세스가 공통의 변수 또는 자원에 접근 할 때 그 조작을 정당하게 실행하기 위하여 접근 중인 임의의 시점에서 하나의 프로세스만이 그 접근을 허용하도록 제어하는 것을 무엇이라고 하는가?

가. 상호 배제　　나. 페이징　　다. 세그먼테이션　　라. 다중 프로그래밍

69. 하나의 프로세스가 자주 창조하는 페이지들의 집합을 무엇이라 하는가?

가. locality　　나. working set　　다. segment　　라. fragmentation

70. 파일 내용을 화면에 표시하는 UNIX 명령은?

가. cp　　나. mv　　다. rm　　라. cat

71. 다음과 같이 트랙이 요청되어 큐에 순서적으로 도착 하였다. 모든 트랙을 서비스하기 위하여 디스크 스케줄링 기법 중 FCFS스케줄링 기법이 사용되었을 경우, 트랙 35는 요청된 트랙 중 몇 번째에 서비스를 받게 되는가? (단, 현재 헤드의 위치는 트랙 50이다.)

큐에 도착한 요청 트랙의 순서 : 10, 40, 50, 35

가. 1번째　　나. 2번째　　다. 3번째　　라. 4번째

72. 4개의 페이지를 수용할 수 있는 주기억장치가 현재 완전히 비어 있으며, 어떤 프로세스가 다음과 같은 순서로 페이지번호를 요청했을 때 페이지 대체 정책으로 FIFO를 사용한다면 페이지 부재(Page-fault)의 발생 횟수는?

요청 페이지 번호 순서 : 1, 2, 3, 4, 1, 2, 55

가. 6회　　나. 5회　　다. 4회　　라. 3회

73. 운영체제의 목적으로 옳지 않은 것은?

가. 신뢰성 향상　　나. 사용자 인터페이스 제공

다. 처리량의 향상　　라. 응답시간 증가

74. 동시에 여러 개의 작업이 수행되는 다중프로그램이 시스템 또는 가상기억장치를 사용하는 시스템에서 하나의 프로세스가 작업수행 과정에서 수행하는 기억장치접근에서 지나치게 페이지 폴트가 발생하여 전체 시스템의 성능이 저하되는 것을 무엇이라고 하는가?

가. spooling　　나. interleaving

다. swapping　　라. thrashing

75. 하나의 프로세스가 CPU를 할당받아 실행하고 있을 때 우선순위가 높은 다른 프로세스가 CUP를 강제로 빼앗아 사용할 수 있는 선정형 스케줄링 기법의 종류에 해당하는 것은?

가. FIFO　　나. SRT　　다. SJF　　라. HRN

76. 파일시스템의 기능으로 거리가 먼 것은?

가. 여러 종류의 접근 제어 방법 제공

나. 파일의 생성, 변경, 제거

나. 네트워크 제어

라. 파일의 무결성과 보안을 유지할 수 있는 방안 제공

77. 로더의 기능이 아닌 것은?

가. 번역(compile)　　나. 할당(allocation)　　다. 링킹(linking)　　라. 재배치(relocation)

78. HRN 스케줄링에서 우선 순위 계산식은?

가. (대기 시간 + 서비스 시간) / 대기 시간

나. (대기 시간 + 서비스 시간) / 서비스 시간

다. 대기 시간 / (대기 시간 + 서비스 시간)

라. 서비스 시간 / (대시 기간 + 서비스 시간)

79. PCB(Process Control Block)의 내용이 아닌 것은?

가. 프로세스의 현 상태　　나. 프로세스의 우선 순위

다. 프로세스의 평균 페이지 부재율　　라. 프로세스의 고유 식별자

80. 컴퓨터시스템이 중앙 집중 형태에서 분산처리 시스템으로 발전하게 된 이유로 거리가 먼 것은?

가. 자원 공유　　나. 연산 속도 향상　　다. 신뢰성 향상　　라. 보안기능 향상

정보처리 기사 - 2006년 9월 시행

41. 선점(preemption) 스케줄링 방식에 대한 설명으로 옳지 않은 것은?

가. 대화식 시분할 시스템에 적합하다.

나. 긴급하고 높은 우선순위의 프로세스들이 빠르게 처리 될 수 있다.

다. 일단 CPU를 할당 받으면 다른 프로세스가 CPU를 강제적으로 뺏을 수 없는 방식이다.

라. 선점을 위한 시간 배당에 대한 인터럽트용 타이머 클럭(Clock)이 필요하다.

42. UNIX에서 파일에 대한 액세스(읽기, 쓰기, 실행) 권한을 설정하여 사용자에게 제한적인 권한을 주려고 할 때 사용하는 명령어는?

가. chmod　　나. cp　　다. cat　　라. is

43. 4개의 페이지를 수용할 수 있는 주기억장치가 있으며, 초기에는 모두 비어 있다고 가정한다. 다음의 순서로 페이지 참조가 발생할 때, FIFO 페이지 교체 알고리즘을 사용할 경우 페이지 결함의 발생 횟수는?

페이지 참조 순서 : 1, 2, 3, 1, 2, 4, 5, 1, 2

가. 6회　　나. 7회　　다. 8회　　라. 9회

44. UNIX 에 대한 설명으로 거리가 먼 것은?

가. 트리 구조의 파일 시스템을 갖는다.

나. 대화식 시분할 운영체제이다.

다. 이식성(portability)이 높다.

라. 다중 태스킹(Multitasking) 환경이 지원되지 않는다.

45. UNIX 의 셀(shell)에 대한 설명으로 옳지 않은 것은?

가. 명령어 해석기이다.

나. 시스템과 사용자 간의 인터페이스를 담당한다.

다. Bourne shell, C shell등이 있다.

라. 프로세스, 기억장치, 입/출력 관리를 수행한다.

46. 주기억장치 관리 기법 중 worst - fit을 사용할 경우 10K의 프로그램이 할당받게 되는 영역 번호는?(단, 모든 영역은 현재 공백 상태라고 가정한다.)

영역	크기
영역1	9K
2	15K
3	10K
4	30K

가. 영역 1　　나. 영역 2　　다. 영역 3　　라. 영역 4

47. SJF 기법의 길고 짧은 작업 간의 불평등을 보완하기 위한 기법으로 대기 시간과 서비스 시간을 이용한 우선순위 계산 공식으로 우선순위를 정하는 스케줄링 기법은?

가. Round-Robin　　나. FIFO　　다. HRN　　라. Multilevel Feedback Queue

48. 다음은 무엇에 관한 정의인가?

- 실행 중인 프로그램 - 프로시저가 활동 중인 것 - 비동기적 행위를 일으키는 주체 - PCB의 존재로서 명시되는 것

가. 페이지　　나. 프로세스　　다. 모니터　　라. 세그먼테이션

49. 다중 프로그래밍 시스템에서 CPU가 할당되는 프로세스를 변경하기 위하여 현재 CPU를 사용하여 실행되고 있는 프로세스의 상태 정보를 저장하고, 앞으로 실행될 프로세스의 상태 정보를 설정한 후 CPU를 할당하여 실행되도록 하는 것을 무엇이라고 하는가?

가. Working set　　나. Context switching　　다. Locality　　라. Thread

50. 다중 처리기 운영체제 형태 중 주/종(Master/Slave) 처리기에 대한 설명으로 옳지 않은 것은?

가. Slave 만이 운영체제를 수행할 수 있다.

나. Master에 문제가 발생하면 입/출력 작업을 수행할 수 없다.

다. 비대칭 구조를 갖는다.

라. 하나의 처리기를Master 로 지정하고 다른 처리기들은 Slave로 처리한다.

51. 스래싱(THRASHING) 현상의 해결 조치로 틀린 것은?

가. 부족한 자원을 증설한다.

나. 일부 프로세스를 중단시킨다.

다. 성능자료의 지속적 관리 및 분석으로 임계치를 예상하여 운영한다.

라. 다중프로그래밍의 정도를 높여준다.

52. 교착상태(Deadlock)에 관한 설명으로 틀린 것은?

가. 교착상태 발생의 필요충분조건은 상호 배체, 점유 및 대기, 환형 대기, 비선점 조건이다.

나. 교착상태란 두 개 이상의 프로세스들이 자원을 점유한 상태에서 서로 다른 프로세스가 점유하고 있는 자원을 동시에 사용할 수 있는 현상을 의미한다.

다. 교착상태의 회피(avoidance)는 교착상태에 빠질 가능성을 인정하고 적절히 이를 피해 가는 방법이다.

라. 교착상태의 회복(recovery)은 교착상태에 빠져 있는 프로세스를 중지시켜 시스템이 정상적으로 동작할 수 있도록 하는 방법이다.

53. 절대로더에서 할당 및 연결 작업의 수행 주체는?

가. 링커　　나. 로더　　다. 어셈블러　　라. 프로그래머

54. 디스크스케줄링 기법 중 헤드가 항상 바깥쪽에서 안쪽으로 움직이면서 가장 짧은 탐색 거리를 갖는 요청을 서비스 하는 것은?

가. FCFS　　나. C-SCAN　　다. SCAN　　라. SSTF

55. 페이지(page) 크기에 대한 설명으로 옳은 것은?

가. 페이지 크기가 작을 경우 동일한 크기의 프로그램에 더 많은 수의 페이지가 필요하게 되어 주소 변환에 필요한 페이지 사상표의 공간은 더 작게 요구된다.

나. 페이지 크기가 작을 경우 페이지 단편화를 감소시키고 특정한 참조지역성만을 포함하기 때문에 기억장치 효율은 좋을 수 있다.

다. 페이지 크기가 클 경우 페이지 단편화로 인해 많은 기억공간을 낭비하고 페이지 사상표의 크기도 늘어난다.

라. 페이지 크기가 클 경우, 디스크와 기억 장치 간에 대량의 바이트 단위로 페이지가 이동하기 때문에 디스크 접근시간 부담이 증가되어 페이지 이동 효율이 나빠진다.

56. 다음 설명과 가장 밀접한 분산 운영체제의 구조는?

- 모든 사이트는 하나의 중앙 노드에 직접 연결되어 있다.
- 통신비용이 저렴하다.
- 중앙 노드의 과부하시 성능이 현저히 감소한다.
- 중앙 노드의 고장시 모든 통신이 단절된다.

가. Ring connection　　나. Star connection

다. Hierarchy connection　　라. Partially connection

57. 파일의 구성 방식 중 Indexed Sequential Access File에서 색인 구역(index area)의 색인 종류에 해당하지 않는 것은?

가. 레코드 색인　　나. 마스터 색인

다. 실린더 색인　　라. 트랙 색인

58. 운영체제가 입/출력 장치를 제어하기 위해서는 장치에 관한 상세한 정보를 알고 있어야 한다. 하지만 새로운 주변 장치가 생겨날 때마다 새로운 장비를 제어할 수 있도록 운영체제를 수정할 수 없으므로 이를 위해서 컴퓨터 주변장치를 만드는 업체에서는 입/출력 장치를 제어하는 프로그램을 만들어 함께 공급하고 있다. 이러한 프로그램을 무엇이라고 하는가?

가. 세마포어(semaphore)　　나. 상주 모니터(resident monitor)

다. 작업제어 언어(JCL)　　라. 장치 구동기(device driver)

59. 보안 유지 기법 중 하드웨어나 운영체제에 내장된 보안 기능을 이용하여 프로그램의 신뢰성 있는 운영과 데이터의 무결성 보장을 기하는 기법은?

가. 외부 보안 　　　　　　나. 운용 보안

다. 사용자 인터페이스 보안 　　라. 내부 보안

60. 운영체제(Operation System)의 주요 역할 및 기능으로 거리가 먼 것은?

가. 컴퓨터 시스템에서의 오류 처리

나. 사용자 간의 자원 스케줄링

다. 고급 언어로 작성된 원시 프로그램의 번역

라. 입력 및 출력에 대한 보조적 기능 제공

정보처리 산업기사 - 2006년 5월 시행

61. 가상 기억 장치 시스템에서 가상 페이지 주소를 사용하여 데이터를 접근하는 프로그램이 실행될 때, 프로그램에서 접근하려고 하는 페이지가 주기억 장치에 있지 않은 경우 발생하는 현상은?

가. page fault　　나. context switching
다. mutual exclusion　　라. overlay

62. UNIX 운영체제에서 가장 핵심적인 부분으로 하드웨어를 보호하고 응용프로그램들에게 서비스를 제공해 주는 것은?

가. kernel　　나. shell
다. IPC　　라. process

63. 3페이지가 들어 갈 수 있는 기억장치에서 다음과 같은 순서로 페이지 번호가 참조될 때 FIFO 기법을 사용하면 최종적으로 기억공간에 남는 페이지 번호는? (단, 현재 기억 장치는 모두 비어 있다고 가정한다.)

참조 페이지 번호 : 1, 2, 3, 4, 1, 3, 1, 2

가. 3, 4, 1　　나. 4, 1, 2　　다. 2, 3, 4　　라. 1, 2, 3

64. 선점형(preemptive) 스케줄링 기법에 해당하는 것은?

가. FIFO 스케줄링　　나. SJF 스케줄링
다. HRN 스케줄링　　라. Round-Robin 스케줄링

65. 구역성(locality)에 대한 설명으로 옳지 않은 것은?

가. 프로세스가 실행되는 동안 일부 페이지만 집중적으로 참조되는 경향을 말한다.
나. 시간구역성은 최근에 참조된 기억장소가 가까운 장래에도 계속 참조될 가능성이 높음을 의미한다.
다. 공간구역성은 하나의 기억장소가 참조되면 그 근처의 기억장소가 계속 참조되는 경향이 있음을 의미한다.
라. 프로세스가 효율적으로 실행되기 위해 프로세스에 의해 자주 참조되는 페이지들의 집합을 말한다.

66. 운영체제의 설계 목표가 아닌 것은?

가. 빠른 응답시간　　나. 경과 시간 단축
다. 처리량 감소　　라. 폭넓은 이식성

67. 분산 처리 시스템의 네트워크 위상(Topology)에 따른 분류 중 아래 설명에 해당하는 구조는?

- 중앙 노드가 고장나면 모든 통신이 단절된다.
- 모든 사이트는 하나의 중앙 노드에 직접 연결되어 있다.
- 중앙 노드에 과부하가 되면 성능이 현저히 감소한다.

가. hierachy connection　　　나. star connection
다. ring connection　　　라. multiaccess connection

68. 최적 적합(best fit) 기법을 이용한다면 12K 크기의 프로그램은 아래 그림 중 주기억장치의 어느 부분에 할당하여야 하는가?
(단, A, B, C, D는 사용가능한 공간의 크기를 표시하고 있음)

운영체제
A.　16K
B.　15K
C.　18K
D.　11K

가. A　　　나. B　　　다. C　　　라. D

69. 스케줄링의 목적으로 옳지 않은 것은?
가. 단위 시간당 처리량을 최대화 하기 위하여
나. 오버헤드를 최대화 시키기 위하여
다. 응답시간과 자원의 활용간에 균형을 유지하기 위하여
라. 대화식 사용자에게 가능한 빠른 응답을 주기 위하여

70. 로더의 기능에 해당하지 않는 것은?
가. 할당(Allocation)　　　나. 실행(Execution)
다. 연결(Linking)　　　라. 재배치(Relocation)

71. UNIX 시스템에서 이용자와 시스템을 연결해 주는 매체로서 명령문 해석기라고 할 수 있는 것은?
가. 커널(kernel)　　　나. 쉘(shell)
다. 인터프리터(inter)　　　라. 소켓(socket)

72. 인터럽트의 종류 중 프로그램 명령 사용법이나 지정법에 잘못이 있을 경우, 허용되지 않는 명령문 실행의 경우, divide by zero의 경우 등에 발생하는 것은?
가. 입출력 인터럽트　　　나. 외부 인터럽트
다. 프로그램 검사 인터럽트　　　라. 기계 검사 인터럽트

73. 다음과 같은 트랙이 요청되어 큐에 도착하였다. 모든 트랙을 서비스하기 위하여 SCAN 스케줄링 기법이 사용되었을 때 트랙 35는 요청된 트랙 중 몇 번째 찾게 되는가? (단, 현재 헤드의 위치는 50 트랙이고, 헤드는 트랙0 방향으로 움직이고 있다.)
가. 1　　　나. 2　　　다. 3　　　라. 4

74. 빈번한 페이지의 부재 발생으로 프로세스의 수행 소요시간보다 페이지 교환에 소요되는 시간이 더 큰 경우를 의미하는 것은?

가. 스레싱(thrashing)　　나. 세마포어(semaphore)
다. 페이징(paging)　　라. 오버레이(overlay)

75. UNIX 시스템의 특징이 아닌 것은?

가. 대화형의 시분할 시스템　　나. 계층적 파일 시스템
다. Stand alone　　라. 네트워킹 시스템

76. 특정 레코드를 검색하기 위하여 키(Key)와 보조기억 장치 사이의 물리적인 주소로 변환할 수 있는 사상 함수(mapping function)가 필요한 파일은?

가. 순차 파일　　나. 인덱스된 순차파일
다. 직접 파일　　라. 분할 파일

77. 둘 이상의 프로세스들이 서로 다른 프로세스가 차지하고 있는 자원을 요구하며 무한정 기다리게 되어 해당 프로세스들의 진행이 중단되는 현상을 무엇이라 하는가?

가. semaphore1　　나. waiting
다. synchronization　　라. deadlock

78. 라운드로빈(Round Robin) 스케줄링에서 시간 할당량에 대한 설명으로 옳지 않은 것은?

가. 시간 할당량이 커지면 FCFS 스케줄링과 같은 효과를 얻는다.
나. 시간 할당량이 작아지면 프로세스 문맥 교환 횟수가 증가한다.
다. 시간 할당량이란 단위 시간별로 작업 스케줄링을 하는 방식에서 그 단위 시간을 의미한다.
라. 짧은 대화식 사용자에게는 시간 할당량을 크게 하는 것이 효율적이다.

79. 다중 프로그래밍 운영체제에서 한 순간에 여러 개의프로세스에 의하여 공유되는 데이터 및 자원에 대하여, 한 순간에는 반드시 하나의 프로세스에 의해서만 자원 또는 데이터가 사용되도록 하고, 이러한 자원이 프로세스에 의하여 반납된 후, 비로소 다른 프로세스에서 자원을 이용하거나 데이터를 접근할 수 있도록 지정된 영역을 의미하는 것은?

가. monitor　　나. semaphore
다. critical section　　라. working set

80. 운영체제의 기능으로 거리가 먼 것은?

가. 사용자 인터페이스 제공
나. 자원 스케쥴링
다. 데이터의 공유
라. 원시 프로그램을 목적 프로그램으로 변환

정보처리 기사 - 2006년 5월 시행

41. 유닉스 시스템에서 커널의 수행 기능에 해당되지 않는 것은?
    가. 프로세스 관리　　나. 기억장치 관리　　다. 입/출력관리　　라. 명령어 해독

42. 가상기억장치에 대한 설명으로 옳지 않은 것은?
    가. 연속 배당 방식에서의 기억 장소 단편화 문제를 적극적으로 해결할 수 있다.
    나. 기억 장치의 이용률과 다중 프로그래밍의 효율을 높일 수 있다.
    다. 가상기억장치의 일반적인 구현방법은 페이징 기법과 세그먼테이션 기법이 있다.
    라. 주기억장소의 물리적 공간 보다 큰 프로그램은 실행될 수 없다.

43. 교착상태 발생의 조건이 아닌 것은?
    가. Mutual exclusion　　나. Preemption　　다. Hold-and-wait　　라. Circular wait

44. 유닉스시스템에서 새로운 프로세스를 생성하는 시스템 호출은?
    가. fork()　　나. exec()　　다. exit()　　라. make()

45. 분산시스템에 대한 설명으로 거리가 먼 것은?
    가. 다수의 사용자들이 데이터를 공유할 수 있다.
    나. 다수의 사용자들 간에 통신이 용이하다.
    다. 귀중한 장치들이 다수의 사용자들에 의해 공유될 수있다.
    라. 집중형(centralized) 시스템에 비해 소프트웨어의 개발이 용이하다

46. 운영체제를 기능에 따라 분류했을 경우 아래의 설명에 해당하는 제어 프로그램(control program)은?

"어떤 업무를 처리하고 다른 업무로의 이행을 자동적으로 수행하기 위한 준비 및 그 처리 완료를 담당하는 기능을 수행한다. 즉, 작업의 연속 처리를 위한 스케줄 및 시스템 자원 할당 등을 담당한다.

    가. 감시 프로그램(supervisor program)
    나. 데이터 관리 프로그램(data management program)
    다. 작업 제어 프로그램(job control program)
    라. 문제 프로그램(problem program)

47. 시스템 타이머에서 일정한 시간이 만료된 경우나 오퍼레이터가 콘솔상의 인터럽트 키를 입력한 경우 발생하는 인터럽트는?
    가. 프로그램 검사 인터럽트　　나. SVC 인터럽트
    다. 입/출력 인터럽트　　라. 외부 인터럽트

48. UNIX에서 파일의 사용 허가를 정하는 명령은?

가. finger　　나. chmod　　다. fsck　　라. ls

49. 분산 운영체제 구조 중 다음의 특징을 갖는 구조는?

- 모든 사이트는 하나의 호스트로 직접 연결 - 중앙 컴퓨터 장애시 모든 사이트 간 통신 불가 - 통신시 최대 두 개의 링크만 필요 - 통신비용 저렴

가. 링 연결구조(RING)

나. 다중접근 버스 연결구조(MULTI ACCESS BUS)

다. 계층 연결구조(HIERARCHY)

라. 성형 연결구조(STAR)

50. 실행 중인 프로세스는 일정 시간에 메모리의 일정 부분만을 집중적으로 참조한다는 개념을 의미하는 것은?

가. Locality　　나. Monitor　　다. Spooling　　라. Fragmentation

51. 태스크 스케줄링 방법 중 Round-Robin 방식에 대한 설명 중 옳지 않은 것은?

가. FIFO 방식으로 선점(preemptive)형 기법이다.

나. 처리하여야 할 작업의 양이 가장 작은 프로세스에게 cpu를 할당하는 기법이다.

다. 대화식 사용자에게 적당한 응답시간을 보장한다.

라. 시간할당량이 작을 경우 문맥교환에 따른 오버헤드가

52. UNIX 운영체제의 특징이 아닌 것은?

가. 높은 이식성　　나. 계층적 파일 시스템

다. 단일 사용자 시스템　　라. 다중 사용자 환경

53. 로더(loader)의 기능이 아닌 것은?

가. Allocation　　나. Linking

다. Relocation　　라. Compile

54. 다음은 무엇에 대한 설명인가?

너무 잦은 페이지 교체현상으로 어떤 프로세스가 계속적으로 페이지 부재가 발생, 프로세스의 처리 시간보다 페이지 교체 시간이 더 많아지는 현상을 말한다. 따라서 시스템은 심각한 성능저하를 초래한다.

가. Page-Fault　　나. Segmentation

다. Thrashing　　라. Working-Set

55. 해싱 등의 사상 함수를 사용하여 레코드 키에 의한 주소 계산을 통해 레코드를 접근할 수 있도록 구성한 파일은?

가. 순차 파일　　나. 인덱스 파일
다. 직접 파일　　라. 다중 링 파일

56. UNIX 시스템에서 파일보호를 위해 사용하는 방법으로 read, write, execute 등 세 가지 접근 유형을 정의하여 제한된 사용자에게만 접근을 허용하고 있다. UNIX의 이러한 파일보호 방법은 파일 보호 기법의 종류 중 무엇에 해당하는가?

가. 파일의 명명(Naming)　　나. 접근제어(Access control)
다. 비밀번호(Password)　　라. 암호화(Cryptography)

57. 선입선출(FIFO) 교체 알고리즘을 사용하고 참조하는 페이지 번호 순서는 다음과 같다. 할당된 페이지 프레임의 수가 4개이고 이들 페이지 프레임은 모두 비어 있다고 가정할 경우 몇 번의 페이지 부재가 발생하는가?

참조 페이지 번호 : 0 1 2 3 0 1 4 0 1 2 3 4

가. 7　　나. 8　　다. 9　　라. 10

58. 선점(preemptive) 방식을 사용하는 CPU 스케줄링 방식은?

가. SRT 스케줄링　　나. FIFO 스케줄링
다. HRN 스케줄링　　라. SJF 스케줄링

59. 가장 바람직한 스케줄링 정책은?

가. CPU 이용률을 줄이고 반환시간을 늘린다.
나. 응답시간을 줄이고 CPU 이용율은 늘린다.
다. 대기시간을 늘리고 반환시간을 줄인다.
라. 반환시간과 처리율을 늘린다.

60. HRN(Highest Response Scheduling) 스케줄링 기법에서 우선순위 결정 방법은?

가. (대기시간 + 서비스 시간) / 대기 시간
나. (대기시간 + 서비스 시간) / 서비스 시간
다. 대기시간 / (대기 시간 + 서비스 시간)
라. 서비스 시간 / (대기 시간 + 서비스 시간)

정보처리 산업기사 - 2006년 3월 시행

61. 분산 운영체제의 구조 중 모든 사이트는 하나의 중앙 노드에 직접 연결되어 있으며 중앙 노드에 과부하가 걸리면 성능이 현저히 감소되고, 중앙 노드의 고장시 모든 통신이 이루어지지 않는 구조는?

가. Start Connection　　나. Ring Connection
다. Fully Connection　　라. Hierarchy Connection

62. 운영체제(Operating System)의 자원 경영과 거리가 먼 것은?

가. 프로세스(Process) 경영　　나. 알고리즘(Algorithm) 경영
다. 입출력 시스템(I/O System) 경영　　라. 파일(File) 경영

63. 다음은 일반적으로 널리 사용되는 파일 보호 기법에 대하여 기술하고 있다. UNIX 시스템에서는 파일보호를 위해 Read, Write, Execute 등 세 가지 접근 유형을 정의하여 사용하고 있다. 이는 어떤 방법을 응용한 것인가?

가. 파일의 명명(Naming) - 파일 이름을 다른 사용자가 알 수 없도록 만든다.
나. 접근제어(Access Control) - 사용자의 신원에 따라 서로 다른 접근 권한을 허용한다.
다. 비밀번호(Paasword) - 각 파일에 판독/기록 패스워드를 부여한다.
라. 암호화(Cryptography) - 파일의 내용을 알 수 있도록 암호화한다.

64. Flynn의 다중처리기 분류에서 Array Processor와 가장 밀접한 것은?

가. SIMD　　나. SISD
다. MISD　　라. MIMD

65. 보안 매커니즘의 설계 원칙에는 개방된 설계, 최소 특권, 특권의 분할, 매커니즘의 경제성 등이 있다. 이 중 개방된 설계의 의미를 가장 적절하게 설명한 것은?

가. 알고리즘은 알려졌으나, 그 키는 비밀인 암호 시스템의 사용을 의미한다.
나. 트로이 목마로부터의 피해를 제한하기 위해 모든 주체는 업무 완수에 필요한 최소한의 특권만을 사용해야 한다.
다. 가능하다면 객체에 대한 접근은 하나 이상의 조건을 만족하게 해야 한다.
라. 가능한 한 기능 검증과 쉽게 정확한 구현을 할 수 있도록 간단히 설계한다.

66. HRN(Highest Response-ration Next) 스케줄링 방식의 특징으로 옳지 않은 것은?

가. 비선점 스케줄링 기법이다.
나. 긴 작업과 짧은 작업간의 지나친 불평등을 보완하는 기법이다.
다. 우선순위 결정식은 (대기시간+서비스시간)/대기시간이다.
라. 우선순위 결정식에서 대기시간이 분자에 있으므로 긴작업도 대기시간이 큰 경우에는 우선 순위가

높아진다.

67. 프로세스의 정의와 거리가 먼 것은?

가. 디스크 상에 저장된 파일 형태의 내용
나. 실행중인 프로그램
다. 프로시저가 활동 중인 것
라. 운영체제가 관리하는 실행 단위

68. 유닉스 시스템의 구조순서가 바르게 구성된 것은?

가. 사용자-커널-쉘-하드웨어
나. 사용자-쉘-하드웨어-커널
다. 사용자-커널-하드웨어-쉘
라. 사용자-쉘-커널-하드웨어

69. 운영체제에 관한 설명으로 옳지 않은 것은?

가. 운영체제는 사용자가 쉽게 하드웨어에 접근할 수 있도록 한다.
나. 운영체제는 CPU, 기억장치, 파일, 입출력 장치 등의 자원을 관리한다.
다. 운영체제는 사용자와 컴퓨터 시스템 간의 인터페이스 기능을 제공한다.
라. 운영체제는 고급 언어로 작성된 프로그램을 컴파일하여 기계어로 만들어준다.

70. 구역성(Locality) 이론에 대한 설명으로 옳지 않은 것은?

가. 구역성 이론은 시간(Temporal) 구역성과 공간(Spatial) 구역성으로 구분할 수 있다.
나. 공간 구역성 이론은 기억장소가 참조되면 그 근처의 기억장소가 다음에 참조되는 경향이 있음을 나타내는 이론이다.
다. 구역성이란 실행중인 프로세스가 일정 시간 동안에 참조하는 페이지의 집합을 의미한다.
라. 일반적으로 공간 구역성의 예는 배열순례(Array Traversal), 순차적 코드의 실행 등을 들 수 있다.

71. 버퍼링과 스풀링에 대한 설명으로 옳지 않은 것은?

가. 버퍼링과 스풀링은 CPU 연산과 I/O 연산을 중첩시켜 CPU의 효율을 높이기 위하여 사용한다.
나. 버퍼링은 단일사용자 시스템에 사용되고, 스풀링은 다중사용자 시스템에 사용된다.
다. 버퍼링은 디스크를 큰 버퍼처럼 사용하고 스풀링은 주기억장치를 사용한다.
라. 버퍼링과 스풀링은 큐 방식의 입출력을 수행한다.

72. 스레드(Thread)의 특지이 아닌 것은?

가. 자신만의 스택과 레지스터(STACK, REGISTER)를 갖는다.
나. 하나의 프로세스 내에서 병행성을 증대시키기 위한 기법이다.
다. 운영체제의 성능을 개선하려는 하드웨어적 접근 방법이다.
라. 독립된 제어흐름을 갖는다.

73. CPU 스케줄링 알고리즘 중 SJF(Shortest Job First) 스케줄링 방법에 의해 다음 작업들을 실행시킬 때, 평균 반환 시간은 얼마인가?

프로세스	버스트 시간
P1	7
P2	12
P3	3
P4	6

가. 19　　나. 14　　다. 7　　라. 12

74. 기억장치 관리정책 중 CPU에 의해 실행되거나 참조되기 위해서 주기억장치로 적재할 다음 프로그램이나 자료를 언제 가져 올 것인가를 결정하는 정책은?

가. 교체정책(Replacement Strategic)　　나. 할당정책(Assignment Strategic)
다. 반입정책(Fetch Strategic)　　라. 배치정책(Placement Strategic)

75. UNIX 시스템의 특징으로 볼 수 없는 것은?

가. UNIX 시스템은 사용자에 대해 대화형 시스템이다.
나. UNIX 시스템은 다중 작업 시스템(Multi-tasking System)이다.
다. UNIX 시스템의 파일 구조는 단층구조 형태이다.
라. UNIX 시스템은 다 사용자(Multi-user) 시스템이다.

76. 다음과 같은 트랙이 요청되어 큐에 도착하였다. 모든 트랙을 서비스하기 위하여 SSTF 스케줄링 기법이 사용되었을 때 트랙 35는 요청된 트랙 중 몇 번째 찾게 되는가? (단, 현재 헤드의 위치는 트랙 50이고, 헤드는 트랙 0 방향으로 움직이고 있다.)

요청된 트랙 : 10 40 55 35

가. 3번　　나. 4번　　다. 5번　　라. 6번

77. 세 개의 페이지를 수용할 수 있는 주기억장치로 현재 페이지는 모두 비어 있는 상태이다. 어떤 프로그램이 다음과 같은 순서로 페이지 번호를 요구하였을 때, 페이지 교체 기법으로 FIFO 기법을 사용하였다면, 페이지 부재는 몇 번 일어나겠는가?

요청된 페이지 번호 : c, d, e, b, d, e, c

가. 3번　　나. 4번　　다. 5번　　라. 6번

78. 세마포어(Semaphore)의 동작(Operation)과 관련이 없는 것은?

가. C 연산　　나. P 연산
다. V 연산　　라. Semaphore Initialize(초기치 연산)

79. 운영체제가 프로세스의 관리와 연관하여 하는 활동 중 옳지 않은 것은?
   가. 사용자 프로세스와 시스템 프로세스의 생성과 제거
   나. 프로세스의 일시중지와 재수행
   다. 프로세스 비동기화를 위한 기법 제공
   라. 교착상태 처리를 위한 기법 제공

80. 가변 분할 기억장치에서 입력된 프로그램과 데이터를 어느 곳에 적재할지를 결정하는 기억장치 배치전략으로 거리가 먼 것은?
   가. Last-Fit 기법　　나. First-Fit 기법
   다. Best-Fit 기법　　라. Worst-Fit 기법

정보처리 기사 - 2006년 3월 시행

41. 기억장치의 관리 전략 중 반입(Fetch) 전략의 설명으로 옳은 것은?
   가. 프로그램/데이터를 주기억장치로 가져오는 시기를 결정하는 전략
   나. 프로그램/데이터에 대한 주기억장치 내의 위치를 결정하는 전략
   다. 주기억장치 내의 빈공간 확보를 위해 제거할 프로그램/데이터를 선택하는 전략
   라. 프로그램/데이터의 위치를 이동시키는 전략

42. 데커(Dekker) 알고리즘에 대한 설명 중 옳지 않은 것은?
   가. 교착상태가 발생하지 않음을 보장한다.
   나. 프로세스가 임계영역에 들어가는 것이 무한정 지연될 수 있다.
   다. 공유 데이터에 대한 처리에 있어서 상호배제를 보장한다.
   라. 별도의 특수 명령어 없이 순수하게 소프트웨어로 해결된다.

43. 하나의 프로세스가 작업 수행 과정에서 수행하는 기억 장치 접근에서 지나치게 페이지 폴트가 발생하여 프로세스 수행에 소요되는 시간보다 페이지 이동에 소요되는 시간이 더 커지는 현상은?
   가. 스레싱(Thrashing)　　나. 워킹세트(Working Set)
   다. 세마포어(Semaphore)　　라. 교환(Swapping)

44. 운영체제 형태 중 시대적으로 가장 먼저 생겨난 것은?
   가. 다중처리 시스템　　나. 시분할 시스템
   다. 일괄처리 시스템　　라. 분산처리 시스템

45. SCAN의 무한 대기 발생 가능성을 제거한 것으로 SCAN 보다 응답시간의 편차가 적고, SCAN과 같이 진행 방향상의 요청을 서비스하지만, 진행중에 새로이 추가된 요청은 서비스하지 않고 다음 진행시에 서비스하는 디스크 스케줄링 기법은?
   가. N-step SCAN 스케줄링　　나. C-SCAN 스케줄링
   다. SSTF 스케줄링　　라. FCFS 스케줄링

46. Working Set W(t, w)는 t-w 시간부터 t 까지 참조된 page 들의 집합을 말한다. 그 시간에 참조된 페이지가 {2, 3, 5, 5, 6, 3, 7}이라면 Working Set는?
   가. {3, 5}　　나. {2, 6, 7}
   다. {2, 3, 5, 6, 7}　　라. {2, 7}

47. UNIX 운영체제의 특징으로 볼 수 없는 것은?
   가. 대화식 운영체제이다.
   나. 다중 사용자 시스템(Multi-user system)이다.

다. 대부분의 코드가 어셈블리 언어로 기술되어 있다.
라. 높은 이식성과 확장성이 있다.

48. 분산시스템을 설계하는 주된 이유가 아닌 것은?
가. 신뢰도 향상　나. 자원 공유　다. 보안의 향상　라. 연산 속도 향상

49. 스레드(Thread)에 관한 설명으로 옳지 않은 것은?
가. 스레드는 하나의 프로세스 내에서 병행성을 증대시키기 위한 메커니즘이다.
나. 스레드는 프로세스의 일부 특성을 갖고 있기 때문에 경량(ligiht weight) 프로세스라고도 한다.
다. 스레드는 동일 프로세스 환경에서 서로 독립적인 다중 수행이 불가능하다.
라. 스레드 기반 시스템에서 스레드는 독립적인 스케줄링의 최소 단위로서 프로세스의 역할을 담당한다.

50. 직접 파일(Direct File)에 대한 설명으로 거리가 먼 것은?
가. 직접 접근 기억장치의 물리적 주소를 통해 직접 레코드에 접근한다.
나. 키에 일정한 함수를 적용하여 상대 레코드 주소를 얻고, 그 주소를 레코드에 저장하는 파일 구조이다.
다. 직접 접근 기억장치의 물리적 구조에 대한 지식이 필요하다.
라. 직접 파일에 적합한 장치로는 자기테이프를 주로 사용한다.

51. 파일 손상을 막기 위한 파일 보호 기법이 아닌 것은?
가. 파일 명명(File Naming)　나. 접근 제어(Access Control)
다. 암호화(Password/Cryptography)　라. 복구(Recovery)

52. 스풀링(Spooling)에 대한 설명으로 옳지 않는 것은?
가. "Spooling" 은 "Simultaneous Peripheral Operation On-Line)" 의 약자이다.
나. 스풀링은 주기억장치를 버퍼로 사용한다.
다. 어떤 작업의 입/출력과 다른 작업의 계산을 병행 처리하는 기법이다.
라. 다중 프로그래밍 시스템의 성능 향상을 가져온다.

53. 운영체제를 기능상으로 분류했을 때, 제어 프로그램 중 보기의 설명에 해당하는 것은?

> [보기]
> 주기억장치와 보조기억장치 사이의 자료 전송, 파일의 조작 및 처리, 입/출력 자료와 프로그램간의 논리적 연결 등, 시스템에서 취급하는 파일과 데이터를 표준적인 방법으로 처리할 수 있도록 관리한다.

가. 문제 프로그램(Problem Program)
나. 감시 프로그램(Supervisor Program)
다. 작업 제어 프로그램(Job Control Program)
라. 데이터 관리 프로그램(Data Management Program)

54. Flynn이 제안한 4가지 병렬처리 방식 중에서 이론적일 뿐 실질적인 처리방식으로 사용되지 않는 구조는?

가. SISD　　나. SIMD　　다. MISD　　라. MIMD

55. UNIX에서 프로세스를 복제하는 기능과 관계되는 것은?

가. getppid　　나. getpid　　다. fork　　라. exec

56. 교착상태 해결 방안으로 발생 가능성을 인정하고 교착 상태가 발생하려고 할 때, 교착상태 가능성을 피해가는 방법은?

가. 예방(Prevention)　　나. 발견(Detection)

다. 회피(Avoidance)　　라. 복구(Recovery)

57. 4개의 페이지를 수용할 수 있는 주기억장치가 있으며, 초기에는 모두 비어 있다고 가정한다. 다음의 순서로 페이지 참조가 발생할 때, LRU 페이지 교체 알고리즘을 사용할 경우 몇 번의 페이지 결함이 발생하는가?

페이지 참조 순서 : 1, 2, 3, 1, 2, 4, 1, 2, 5

가. 4회　　나. 5회　　다. 6회　　라. 7회

58. 운영체제를 자원 관리자(Resource Manager)라는 관점으로 보았을 때, 자원들을 관리하는 과정을 순서대로 옳게 나열한 것은?

[보기]
㉮ 프로세스에 배당된 자원을 회수하는 과정
㉯ 어떤 프로세스에게 언제, 어떤 자원을 할당할 것인가를 결정하는 분배 정책 수립 과정
㉰ 시스템 내 모든 자원들의 상태를 파악하는 과정
㉱ 자원을 배당하고 운영함으로써 수립된 정책을 수행하는 과정

가. ㉮-㉯-㉰-㉱　　나. ㉯-㉰-㉱-㉮　　다. ㉮-㉰-㉯-㉱　　라. ㉰-㉱-㉯-㉮

59. UNIX 시스템에서 쉘(Shell)에 대한 설명으로 옳지 않은 것은?

가. 명령어를 해석하는 명령해석기이다.

나. 프로세스의 관리를 한다.

다. 단말장치로부터 받은 명령을 커널로 보내거나 해당 프로그램을 작동시킨다.

라. 사용자와 Kernel 사이에서 중계자 역할을 한다.

60. NUR 기법은 호출 비트와 변형 비트를 가진다. 다음 중 가장 나중에 교체될 페이지는?

가. 호출 비트 : 0, 변형 비트 : 0　　나. 호출 비트 : 0, 변형 비트 : 1

다. 호출 비트 : 1, 변형 비트 : 0　　라. 호출 비트 : 1, 변형 비트 : 1

정보처리 산업기사 - 2005년 9월 시행

61. 분산 운영체제와 네트워크 운영체제의 설명으로 옳지 않은 것은?
가. 분산 운영체제는 전체 시스템에 대하여 일관성 있는 설계가 가능하다.
나. 네트워크 운영체제는 기존의 운영체제 위에 통신 기능을 추가한 것이다.
다. 분산된 시스템 내에 하나의 운영체제가 존재할 때 이것을 네트워크 운영체제라 한다.
라. 분산 운영체제에서는 네트워크로 연결된 각 노드들의 독자적인 운영체제가 배제된다.

62. 다음과 같은 트랙이 요청되어 큐에 도착하였다. 모든 트랙을 서비스하기 위하여 LOCK 스케줄링 기법이 사용되었을 때 모두 몇 트랙의 헤드 이동이 생기는가?(단, 현재 헤드의 위치는 50 트랙이고 헤드는 트랙 0 방향으로 움직이고 있다.)

10 40 55 35

가. 50　　나. 85　　다. 105　　라. 110

63. 병렬처리의 주종(master/slave) 시스템에 대한 설명으로 옳지 않은 것은?
가. 주프로세스는 연산만 수행하고 종프로세스는 입출력과 연산을 수행한다.
나. 주프로세스만이 운영체제를 수행한다.
다. 하나의 주프로세스와 나머지 종프로세스로 구성된다.
라. 주프로세스의 고장시 전 시스템이 멈춘다.

64. 은행원 알고리즘(banker's algorithm)은 어느 경우에 사용하는가?
가. 교착상태의 예방(deadlock reservation)
나. 교착상태의 회피(deadlock avoidance)
다. 교착상태의 발견(deadlock detection)
라. 교착상태의 회복(recovery for deadlock)

65. 현재 헤드의 위치가 50에 있고, 요청 대기 열에는 아래와 같은 순서로 들어 있다고 가정할 때 FCFS(First Come First Served) 스케줄링 알고리즘에 의한 헤드의 총 이동 거리는 얼마인가?

100, 180, 40, 120, 0, 130, 70, 80, 150, 200

가. 790　　나. 380　　다. 370　　라. 250

66. 세그먼트 기법의 설명으로 거리가 먼 것은?
가. 세그먼트의 길이는 서로 다른 것이 일반적이다.
나. 내부 단편화가 발생하지 않는다.
다. 압축(compaction) 기법이 사용될 수 있다.
라. 외부 단편화가 발생하지 않는다.

67. SJF(Shortest Job First) 스케줄링의 설명으로 옳지 않은 것은?
가. 작업이 끝나기까지의 실행시간 추정치가 가장 작은 작업을 먼저 실행시킨다.
나. 평균 대기 시간을 최소화한다.
다. 선점 스케줄링 기법에 해당된다.
라. FIFO 보다 평균 대기 시간이 작지만 긴 작업의 경우 FIFO 기법보다 더 크고 예측이 더욱 어렵다.

68. 운영체제의 목적으로 거리가 먼 것은?
가. 시스템 성능 향상 나. 처리량 향상
다. 응답시간 증가 라. 신뢰성 향상

69. 기억장치의 할당 전략에 대한 설명으로 옳은 것은?
가. 최초(first) 적합 전략은 빈 공간을 찾기 위해 기억장치 전체를 조사해야 하는 단점이 있다.
나. 최악(worst) 적합 전략은 입력된 작업을 가장 큰 공백에 배치한 후에도 종종 남은 공백이 여전히 큰 경우가 있기 때문에 상당히 큰 다른 프로그램을 수용할 수 있다는 장점이 있다.
다. 최적(best) 적합 전략은 최초적합, 최적적합, 최악적합 전략 중 배치 결정을 가장 빨리 내릴 수 있는 장점이 있다.
라. 최악(worst) 적합 전략의 경우 공간 리스트가 가장 큰 순서부터 크기 순으로 되어 있어도 전체 리스트를 검색해야 한다.

70. 디스크 스케줄링 기법 중 가장 안쪽과 가장 바깥쪽의 실린더에 대한 차별대우를 없앤 기법은?
가. FCFS 나. SSTF
다. n-단계 SCAN 라. C-SCAN

71. 로더의 기능에 해당되지 않는 것은?
가. allocation 나. linking
다. relocation 라. compile

72. 색인 순차 접근(Indexed Sequential Access) 방식의 구성 중 인덱스 영역(Index Area)에 해당하지 않는 것은?
가. 마스터 인덱스(Master index) 나. 섹터 인덱스(Sector index)
다. 실린더 인덱스(Cylinder index) 라. 트랙 인덱스(Track index)

73. UNIX에서 디스크 자체에 관련된 정보를 가지고 있는 블록은?
가. 부트 블록 나. 슈퍼 블록
다. inode 블록 라. 사용자 블록

74. 다음과 같은 작업에서 이를 SJF 정책으로 프로세스를 스케줄링하면 평균 반환시간(turnaround time)은 얼마나 되는가?

작업	버스트 시간(burst time) (밀리초)
1	7
2	8
3	3
4	6

가. 16 밀리초　　나. 6 밀리초　　다. 13 밀리초　　라. 17 밀리초

75. 잠재적 위협에 대처하고 그 위협을 제거하기 위한 보안의 목적과 거리가 먼 것은?

가. 비밀성　　나. 유통성　　다. 가용성　　라. 무결성

76. 한 UNIX 파일의 보호 모드 값이 640(Octal)일 경우 소유자, 그룹, 다른 사용자들이 각각 실행할 수 있는 허가 사항으로 옳지 않은 것은?

가. 소유자는 파일을 읽고 쓸 수 있다.

나. 그룹내의 멤버들을 읽을 수만 있다.

다. 어떤 사용자라도 실행할 수 있다.

라. 그룹 외의 사용자는 읽지도 쓰지도 실행도 할 수 없다.

77. 한 작업이 CPU를 할당받으면 그 작업이 종료 될 때까지 다른 작업에서 CPU를 할당하지 못하는 스케줄링 기법에 해당하는 것으로만 짝지어진 것은?

가. SRT, SJF　　나. SRT, HRN

다. Round Robin, FIFO　　라. FIFO, SJF

78. 프로세스는 준비-실행-대기를 반복하면서 실행된다. 다음 중 실행상태에서 대기상태를 거치지 않고 바로 준비상태로 가는 경우에 해당하는 것은?

가. 실행이 종료된 경우　　나. 입출력이 발생한 경우

다. 시간 할당량이 초과된 경우　　라. 입출력이 종료된 경우

79. Process Control Block(PCB)의 내용이 아닌 것은?

가. 프로세스의 현재 상태　　나. 프로세스 식별자

다. 프로세스의 우선순위　　라. 페이지부재(page fault) 발생 회수

80. HRN(Highest Response-Ratio Next) 스케줄링 기법에서 가변적 우선 순위는 다음 식으로 계산된다. ㉠, ㉡에 알맞은 내용은?

우선순위 = (대기한 시간 + ㉠) / ㉡

가. ㉠ 서비스를 받을 시간 ㉡ 서비스를 받을 시간
나. ㉠ 서비스를 받을 시간 ㉡ 실행된 시간
다. ㉠ 실행된 시간 ㉡ 서비스를 받을 시간
라. ㉠ 응답시간 ㉡ 서비스를 받을 시간

정보처리 기사 - 2005년 9월 시행

41. 분산시스템의 장점으로 거리가 먼 것은?
   가. 자원 공유　　나. 연산 속도 향상
   다. 신뢰도 향상　　라. 보안성 향상

42. 병행 프로그래밍 기법 하에서 발생할 수 있는 오류에 대한 오류방지 방법이 아닌 것은?
   가. 세마포어(SEMAPHORE)　　나. 비동기화(ASYNCHRONIZATION)
   다. 상호배제(MUTUAL EXCLUSION)　　라. 모니터(MONITOR)

43. 컴퓨터 시스템의 일반적인 보안 유지 방식으로 거리가 먼 것은?
   가. 외부 보안(external security)
   나. 사용자 인터페이스 보안(user interface security)
   다. 공용 키 보(public kcy sccurity)
   라. 내부 보안(internal security)

44. 유닉스 프로세스에서 프로세스에 의해서 사용되는 정적 자료를 저장하는 영역은?
   가. 자료 영역(data area)　　나. 코드 영역(code area)
   다. 스택 영역(stack area)　　라. 사용자 영역(user area)

45. 유닉스 시스템에서 사용자가 새로운 프로세스를 생성하기 위하여 부모 프로세스를 복제하는 시스템 호출 방법은?
   가. getpid( )　　나. make( )
   다. fork( )　　라. exec( )

46. 주기억장치 배치 전략 기법으로 최초 적합(first fit) 방법을 사용한다고 할 때, 아래와 같은 기억장소 리스트에서 10K 크기의 작업은 어느 기억공간에 할당되는가?

운영체제
사 용 중
5K
사 용 중
15K
사 용 중
25K

   가. 1번　　나. 2번　　다. 3번　　라. 할당할 수 없다.

47. 프로그램 검사 인터럽트가 발생되는 이유로 적합하지 않은 것은?
가. 잘못 사용된 명령어(invalid CPU instruction)가 나타날 경우
나. 부당한 기억장소 참조와 같은 프로그램 상의 오류가 발생할 경우
다. 계산 결과로서 소수점 넘침 현상(fixed-point arithmetic overflow)이 나타날 경우
라. 주어진 CPU 사용 시간을 해당 프로세스가 모두 소진 할 경우(interval time going out)

48. 파일 시스템에 관한 설명 중 옳지 않은 것은?
가. 파일(File)은 연관된 데이터들의 집합이다.
나. 파일은 각각의 고유한 이름을 갖고 있다.
다. 파일은 주로 주기억장치에 저장하여 사용한다.
라. 사용자는 파일을 생성하고 수정하며 제거할 수 있다.

49. 운영체제가 프로세스 관리에 관련되어 수행하는 활동이 아닌 것은?
가. 사용자 프로세스와 시스템 프로세스의 생성과 제거
나. 프로세스의 중지와 재수행
다. 디스크 스케줄링
라. 슬립큐, 레디큐 관리

50. 어떠한 디스크의 요청을 처리하기 위해 헤드가 먼 곳까지 이동하기 전에, 현재 헤드 위치에서 가까운 모든 요구를 먼저 처리함으로서 전반적인 탐색시간을 줄이는 알고리즘은?
가. SCAN 스케줄링
나. FCFS 스케줄링
다. C-SCAN 스케줄링
라. SSTF 스케줄링

51. 다음과 같이 작업이 제출되었다. 이를 SJF 정책을 사용하여 스케줄하면 작업번호 3의 완료 시간은?

작업번호	도착시간	실행시간
1	10:00	2:00
2	10:10	1:00
3	10:25	0:25

가. 13 : 25　　나. 12 : 25　　다. 12 : 00　　라. 14 : 00

52. 운영체제를 계층구조로 나눌 때 ① -③에 들어갈 내용이 차례로 옳게 나열된 것은?

하드웨어 - CPU관리 - (①) - (②) - (③) - 파일 시스템 관리 - 사용자 프로세스

[보기] ㉮ 기억장치 관리㉯ 주변장치 관리㉰ 프로세서 관리
가. ㉮-㉯-㉰
나. ㉮-㉰-㉯
다. ㉰-㉯-㉮
라. ㉰-㉮-㉯

53. 아래와 같은 P, V 연산에 의해 임계 구역의 접근을 제어하는 상호 배제 기법은?

```
P(S) : while S <= 0 do skip;
S : S - 1;
V(S) : S := S + 1;
```

가. 데커 알고리즘(Dekker Algorithm) 나. 피터슨 알고리즘(Peterson Algorithm)
다. Lamport의 빵집 알고리즘 라. 세마포어(Semaphore)

54. 메모리 관리 기법 중에서 서로 떨어져 있는 여러 개의 낭비 공간을 모아서 하나의 큰 기억 공간을 만드는 작업을 무엇이라고 하는가?

가. Swapping 나. Coalescing 다. Compaction 라. Paging

55. 파일디스크립터(File Descriptor)에 대한 설명으로 옳지 않은 것은?

가. 파일 디스크립터 내용에는 파일의 ID 번호, 디스크 내 주소, 파일 크기 등에 대한 정보가 수록된다.
나. 파일이 액세스되는 동안 운영체제가 관리 목적으로 알아야 할 정보를 모아 놓은 자료구조이다.
다. 해당 파일이 Open되면 FCB(File Control Block)가 메모리에 올라와야 한다.
라. 모든 시스템에 동일한 자료구조를 갖는다.

56. 분산 처리 시스템의 네트워크 위상 중 무엇에 대한 설명인가?

- 각 노드가 공평한 서비스를 받는다.
- 전송매체와 노드의 고장 발견이 쉽다.
- 새로운 노드를 추가할 경우 통신회선을 절단해야 한다.
- 목적지에 도달하는데 단방향인 경우 최대 n-1개의 노드를 거쳐야 한다.

가. 완전 연결 구조 나. 계층 연결 구조
다. 성형 구조 라. 링형 구조

57. UNIX에서 한 프로세스의 출력이 다른 프로세스의 입력으로 사용되는 것을 무엇이라고 하는가?

가. 셸(shell) 나. 파이프라인(pipeline)
다. 백그라운드(background) 라. 커널

58. 분산처리 시스템에서 분산의 대상이 되는 것을 설명한 것 중 옳지 않은 것은?

가. 공유자원에 접근할 경우 시스템 유지를 위해 제어를 분산할 필요가 있다.
나. 처리기와 입출력 장치와 같은 물리적인 자원을 분산할 수 있다.
다. 분산처리시스템에서 분산의 대상이 되는 것은 하드웨어와 제어이며 자료는 분산 대상이 아니다.
라. 시스템 성능과 가용성을 증진하기 위해 자료를 분산할 수 있다.

59. UNIX에서 사용자에 대한 파일의 접근 제한하는데 사용되는 명령은?

가. chmod　　나. grep

다. cp　　라. cat

60. 페이지 대치 문제에 관련된 사항 중 잘못된 것은?

가. 스래싱(thrashing) 현상이 일어나면 시스템의 처리율이 증가한다.

나. 시간 지역성이란 최근에 참조한 기억장소가 다시 참조될 가능성이 높다는 것이다.

다. 공간 지역성이란 참조된 기억장소에 대해 근처의 기억 장소가 다시 참조될 가능성이 높다는 것이다.

라. 어떤 프로세스가 빈번하게 참조하는 페이지들의 집합을 작업세트라 한다.

정보처리 산업기사 - 2005년 5월 시행

61. 클라이언트/서버(Client/Server) 시스템의 설명으로 적합하지 않은 것은?
   가. 사용자 중심의 개별적인 클라이언트 운영 환경이 가능하다.
   나. 시스템 확장이 용이하고 유연성이 있다.
   다. 많은 자원을 공유할 수 있다.
   라. 폐쇄적인 시스템으로 하드웨어와 소프트웨어 선택에 제약이 있다.

62. 사용자의 신원을 운영체제가 확인하는 절차를 통해 불법 침입자로 부터 시스템을 보호하는 보안은?
   가. 외부 보안　　나. 운용 보안
   다. 사용자 인터페이스 보안　　라. 내부 보안

63. 데이터 암호화 시스템 중, 암호화키와 해독키가 따로 존재하여 암호화 키는 공용키로 공개되어 있고 해독 키는 개인키로 비밀이 보장되어 있는 방식은?
   가. 비밀 번호(password)　　나. DES(Data Encryption Standards)
   다. 공개 키 시스템(public key system)　　라. 디지털 서명(digital signature)

64. 프로세스 상태전이에 관한 설명이다. 옳지 않은 것은?
   가. 준비리스트에 있는 프로세스와 보류상태에 있는 프로세스들은 각기 우선순위가 주어진다.
   나. 준비리스트에 있는 프로세스는 일정시간이 지나면 실행 상태로 전이된다.
   다. 준비리스트의 맨 앞에 있던 프로세스가 cpu를 취하게 되는 것을 디스패칭이라 한다.
   라. 보류리스트에 있는 리스트는 프로세스 자의가 아닌 외적 조건에 의해 프로세스 전이가 일어난다.

65. 구역성(locality)에 대한 설명으로 옳지 않은 것은?
   가. 시간구역성의 예로는 순환, 부프로그램, 스택 등이 있다.
   나. 구역성에는 시간구역성과 공간구역성이 있다.
   다. 어떤 프로세스를 효과적으로 실행하기 위해 주기억장치에 유지되어야 하는 페이지들의 집합이다.
   라. 프로세서들은 기억장치내의 정보를 균일하게 엑세스하는 것이 아니라, 어느 한순간에 특정 부분을 집중적으로 참조한다.

66. 기억장치의 관리 전략 중 배치(Replacement)전략의 설명으로 옳은 것은?
   가. 프로그램과 데이터의 위치를 이동시키는 전략
   나. 주기억장치 내의 빈 공간 확보를 위해 제거할 프로그램과 데이터를 선택하는 전략

다. 프로그램과 데이터에 대한 주기억장치 내의 위치를 정하는 전략
라. 프로그램과 데이터를 주기억장치로 가져오는 시기를 결정하는 전략

67. 하나의 프로세스가 공유 자원의 사용을 완료할 때까지 다른 프로세스의 공유 자원에 대한 접근을 □지하도록 하는 제어 기법을 의미하는 것은?
가. 세그먼트(segment)
나. 모니터(monitor)
다. 임계 영역(critical section)
라. 상호 배제(mutual exclusion)

68. 페이징 시스템의 페이지 관리 전략 중 □근래에 쓰이지 않은 페이지들은 가까운 미래에도 쓰이지 않을 가능이 높다.□라는 이론에 근거한 교체 전략은?
가. LFU(Least Frequently Used) 페이지 교체
나. FIFO 페이지 교체
다. NUR(Not Used Recently) 페이지 교체
라. 무작위 페이지 교체(random page replacement)

69. 선점형(preemption) 스케쥴링에 해당하는 것은?
가. FIFO 나. RR(Round Robin)
다. SJF 라. HRN

70. UNIX 시스템에서 파일의 권한 모드 설정에 관한 명령어는?
가. chgrp 나. chmod
다. chown 라. cpio

71. SJF(Shortest Job First) 스케줄링에서 작업 도착 시간과 CPU 사용시간은 아래 표와 같다. 모든 작업들의 평균 대기시간은 얼마인가?

작업	도착시간	CPU 사용시간
1	0	23
2	3	35
3	8	10

가. 15 나. 17 다. 24 라. 25

72. 다음 표는 고정 분할에서의 기억 장치단편화 현상을 보이고 있다. 내부단편화(Internal Fragmentation)는 얼마인가?

영역	분할의 크기	작업의 크기
A	20K	10K
B	50K	60K
C	120K	160K
D	200K	100K
E	300K	150K

가. 480k　　나. 430k　　다. 260k　　라. 170k

73. UNIX 파일 시스템의 구조를 설명하는 내용으로 옳지 않은 것은?

가. i-node 테이블 : 파일에 대한 크기, 디스크 주소, 파일유형, 사용허가권, 생성날짜 등이 기록된다.

나. 실린더 그룹 블록 : 실제 데이터가 저장되는 공간이다.

다. 수퍼블록 : 파일 시스템의 크기, i-node 테이블 크기, free 블록리스트 등 파일시스템을 관리하는데 필수적인 정보가 저장된다.

라. 부트블록 - 부트스트랩에 필요한 파일들이 존재하며 루트영역 외에는 해당되지 않는다.

74. 파일 시스템의 기능에 대한 설명으로 옳지 않은 것은?

가. 사용자가 파일을 생성, 수정, 제거할 수 있도록 한다.

나. 적절한 제어방식을 통해 다른 사람의 파일을 공동으로 사용할 수 있도록 한다.

다. 사용자가 이용하기 편리하도록 사용자에게 익숙한 인터페이스를 제공해야 한다.

라. 정보의 암호화와 해독에 대한 기능은 제공하지 않는다.

75. 분산 시스템의 설명으로 옳지 않은 것은?

가. 확장성의 용이　　나. 보안성 향상　　다. 자원 공유　　라. 응답 시간 예측 가능

76. 운영체제에 관한 설명으로 거리가 먼 것은?

가. 운영체제는 컴퓨터를 운영하기 위한 제어 루틴으로 구성된다.

나. 운영체제 이외의 프로그램들은 운영체제가 제공한 기능에 의존하여 컴퓨터 시스템의 자원에 접근한다.

다. 운영체제는 일종의 시스템 명령어이므로 사용자들이 운영체제와 직접 상호 작용할 수 없다.

라. 운영체제는 컴퓨터 하드웨어와 사용자 사이의 인터페이스 역할을 한다.

77. 프로세스 제어 블록(PCB)의 내용이 아닌 것은?

가. 프로세스 식별번호　　나. 기억장치 관리 정보　　다. 우선순위 정보　　라. 초기 값 정보

78. RR(Round-Robin) 스케줄링 기법에서 시간 할당량이 대부분의 작업을 완료할 만큼 길다면, 다음의 어느 기법과 비슷한 결과를 얻게 되는가?
   가. FIFO　　나. SJF　　다. HRN　　라. SRT

79. 모니터에 대한 설명으로 옳지 않은 것은?
   가. 한 순간에 둘 이상의 프로세스가 모니터에 들어갈 수 있다.
   나. 모니터의 경계에서 상호 배제가 시행된다.
   다. 모니터 외부의 프로세스는 모니터 내부 데이터를 접근할 수 없다.
   라. 특정 공유자원이나 한 그룹의 공유자원을 할당하는데 필요한 데이터 및 프로시저를 포함하는 병행성 구조이다.

80. 다음은 디스크 할당기법으로서 연속할당 기법에 관하여 기술한 것이다. 잘못된 것은?
   가. 외부단편이 발생한다.
   나. 논리적으로 연속된 레코드들이 물리적으로 인접하여 저장되므로 액세스 시간이 증가된다.
   다. 파일의 디렉토리를 구현하기가 수월하다.
   라. 새로운 파일을 생성할 때 그 파일크기보다 큰 연속된 기억 공간이 없으면 그 파일을 생성할 수 없다.

정보처리 기사 - 2005년 5월 시행

41. 세그먼테이션 기법에 대한 설명으로 옳은 것은?

가. 각 세그먼트의 크기는 같다.
나. 내부 단편화가 발생한다.
다. 외부 단편화가 발생한다.
라. 공유가 불가능하다.

42. 컴퓨터시스템에서 전송 정보가 오직 인가된 당사자에 의해서만 수정될 수 있도록 통제하는 것을 정보 보안에서는 무엇이라고 하는가?

가. 기밀성　나. 인증　다. 가용성　라. 무결성

43. 분산 운영체제에서 사용자가 원하는 파일이나 데이터베이스, 프린터 등의 자원들이 지역 컴퓨터 또는 네트워크 내의 다른 원□지 컴퓨터에 존재하더라도 위치에 관계없이 그의 사용을 보장하는 개념은?

가. 위치 □명성
나. 접근 □명성
다. 복사 □명성
라. 접근 독립성

44. 프로세스 제어블록(Process Control Block)에 대한 설명으로 옳지 않은 것은?

가. 프로세스에 할당된 자원에 대한 정보를 갖고 있다.
나. 프로세스의 우선순위에 대한 정보를 갖고 있다.
다. 부모 프로세스와 자식 프로세스는 PCB를 공유한다.
라. 프로세스의 현 상태를 알 수 있다.

45. 디스크 스케줄링 방법 중 LOOK 방식을 사용할 때 현재 헤드가 60 에서 50 으로 이동해 □다고 가정할 경우 다음과 같은 디스크 큐에서 가장 먼저 처리되는 것은?

70, 80, 100, 90

가. 70　나. 80　다. 100　라. 90

46. UNIX 에서 사용자와 시스템 간의 인터페이스를 담당하는 것은?

가. shell　나. Exec　다. fork　라. Lex/YACE

47. 가상기억장치의 페이지 대치(REPLACEMENT) 알고리즘이 아닌 것은?

가. FIFO(FIRST IN FIRST OUT)
나. LRU(LEAST RECENTLY USED)
다. SSTF(SHORTEST SEEK TIME FIRST)
라. LFU(LEAST FREQUENTLY USED)

48. 운영체제의 주된 관리 작업으로 거리가 먼 것은?
    가. 응용 프로그램 유지 관리　　　　나. 기억장치 관리
    다. 입출력 장치 관리　　　　라. 프로세서 관리

49.파일 시스템의 기능이 아닌 것은?
    가. 파일의 생성, 변경, 제거
    나. 파일에 대한 여러 가지 접근 제어 방법 제공
    다. 정보 손실이나 파괴를 방지하기 위한 기능
    라. 고급 언어로 작성된 원시 프로그램의 번역

50. UNIX 파일 시스템의 inode에서 관리하는 정보가 아닌 것은?
    가. 파일의 링크 수　　　　나. 파일이 만들어진 시간
    다. 파일의 크기　　　　라. 파일이 최초로 수정된 시간

51. 암호화 기법 중 공용키 시스템(Public Key System)에 대한 설명으로 잘못된 것은?
    가. 암호화키와 해독키는 보안되어야 한다.
    나. 키의 분배가 용이하다.
    다. 암호화키와 해독키가 따로 존재한다.
    라. 공용키 암호화 기법을 이용한 대표적 암호화 방식에는 RSA가 있다.

52. 운영체제의 성능 판단 요소로 거리가 먼 것은?
    가. 처리 능력　　나. 비용　　다. 신뢰도　　라. 사용가능도

53. UNIX에서 명령어를 백그라운드로 수행시킬 때 가장 큰 장점은?
    가. 기억장치를 작게 차지한다.
    나. CPU를 독점적으로 사용할 수 있다.
    다. 해당 명령문의 수행시간을 단축할 수 있다.
    라. 수행중인 명령문이 끝나기 전에 다른 명령문을 줄 수 있다.

54. 한정된 시간 제약조건에서 자료를 분석하여 처리하는 시스템으로 비행기 제어 시스템이나 교통 제어 등에 사용되는 운영체제의 종류는?
    가. 분산 처리 시스템(distributed processing system)
    나. 일괄 처리 시스템(batch processing system)
    다. 실시간 시스템(real-time system)
    라. 병렬 처리 시스템(paralled processing system)

55. 교착 상태의 해결 기법 중 일반적으로 자원의 낭비가 가장 심한 것으로 알려진 기법은?

가. 교착 상태의 예방　　나. 교착 상태의 회피

다. 교착 상태의 발견　　라. 교착 상태의 복구

56. RR(Round-Robin) 스케줄링에 대한 설명으로 옳지 않은 것은?

가. 선점(preemptive) 방식이다.

나. 시간 할당량(time quantum)이 커지면 FCFS 스케줄링과 같은 효과를 얻는다.

다. 시간 할당량이 작아지면 프로세스 문맥 교환(context switch)이 자주 일어난다.

라. 작업이 끝나기까지의 실행시간 추정치가 가장 작은 작업을 먼저 실행시키는 기법이다.

57. 스케줄링 하고자 하는 세 작업의 도착시간과 실행시간은 다음 표와 같다. 이 작업을 SJF로 스케줄링 하였을 때, 작업 2의 종료시간은? (단, 여기서 오버헤드는 무시한다.)

작업	도착시간	실행시간
1	0	6
2	1	3
3	2	4

가. 3　　나. 6　　다. 9　　라. 13

58. 다음 표는 고정 분할에서의 기억 장치 단편화 현상을 보이고 있다. 외부단편화(External Fragmentation)는 총 몇 K인가?

(분할: 20,50,120,200,300　작업: 10,60,160,100,150)

	분할의 크기		작업의 크기
A	20K	←	10K
B	50K	←	60K
C	120K	←	160K
D	200K	←	100K
E	300K	←	150K

가. 480 k　　나. 430 k　　다. 260 k　　라. 170 k

59. 분산 운영체제의 설명으로 옳지 않은 것은?

가. 시스템 변경을 위한 점진적인 확대 용이성

나. 고가의 하드웨어에 대한 여러 사용자들 간의 공유

다. 빠른 응답시간

라. 향상된 보안성

60. 분산 운영체제의 구조 중 완전 연결(Fully Connection)에 대한 설명으로 옳지 않은 것은?

가. 모든 사이트는 시스템 안의 다른 모든 사이트와 직접 연결된다.

나. 사이트들 간의 메시지 전달이 매우 빠르다.

다. 기본비용이 적게 든다.

라. 사이트 간의 연결은 여러 회선이 존재하므로 신뢰성이 높다.

정보처리 산업기사 - 2005년 3월 추가 시행

61. 파일 디스크립터에 포함되는 내용이 아닌 것은?

가. 파일의 이름

나. 보조기억장치에서의 파일의 위치

다. 생성된 날짜와 시간

라. 파일 오류에 대한 수정 방법

62. 운영체제의 형태 중 공장의 공정제어 등에 사용되어 처리해야 할 작업이 발생한 시점에서 즉각적으로 처리하여 그 결과를 얻어내는 방식은?

가. 일괄처리 방식　　나. 분산처리 방식

다. 오프라인 방식　　라. 실시간 방식

63. 다음과 같은 상황으로 작업이 제출되었다고 할 때, 작업 스케줄링 방법 중 SJF(Shortest Job First)를 적용한다면 작업 3이 완료되는 시간은?

제출 작업	제출 시간	예상수행 시간
작업 1	10:00	2.00
작업 2	10:01	1.00
작업 3	10:25	0.25

가. 3:25　　나. 10:25　　다. 12:25　　라. 13:25

64. 시간 할당량(Quantum)과 가장 관련 깊은 작업 스케줄링 방식은?

가. Round-robin　　나. SJF　　다. FIFO　　라. HRN

65. 아래의 작업 중 운영체제가 CPU 스케줄링 기법으로 HRN 방식을 구현했을 때 우선순위가 가장 높은 것은?

작업번호	①	②	③	④
대기시간	20	5	3	5
서비스시간	5	5	12	3

가. ①　　나. ②　　다. ③　　라. ④

66. 가상기억장치 성능에 중요한 영향을 미치는 페이지 교체 알고리즘에 대한 설명 중 옳지 않은 것은?

가. FIFO - 가장 오랫동안 주기억장치에 있었던 페이지를 교체

나. 최적 교체- 가장 오랫동안 사용되지 않을 페이지를 교체

다. LRU - 최근에 사용한 페이지를 교체

라. 2차 기회(second chance) - 참조 비트를 이용해 FIFO 알고리즘을 개선

67. 다음 중 UNIX파일 시스템에서 -rwxr-xr-x 권한에 대한 설명으로 옳은 것은?
   가. 디렉토리에 대한 접근권한을 설명하고 있다.
   나. 이 파일의 소유자는 읽기와 실행만이 가능하다.
   다. 이 파일은 모든 사용자가 실행할 수 있다.
   라. 이 파일은 모든 사용자가 쓰기 권한을 갖는다.

68. 분산 운영체제에 대한 설명으로 잘못된 것은?
   가. 분산 운영체제는 전체 운영체제로서 각각의 컴퓨터를 실행시킨다.
   나. 분산 운영체제는 동적으로 프로세스를 CPU에게 할당한다.
   다. 분산 운영체제는 사용자들이 기계들의 종류를 알고 있어야 한다.
   라. 네트워크 운영체제에 비해 일관성 있는 시스템 설계가 가능하다.

69. 다중 처리 시스템(Multi-Processing System)에 대한 설명으로 옳지 않은 것은?
   가. 여러 개의 CPU를 사용하여 응용 프로그램을 여러 개의 처리기로 실행함으로써 작업의 신속한 처리가 가능하다
   나. 다중 처리기 자체의 중복성으로 인해 가용성을 증진시키며, 단일 지점의 고장은 제거될 수 있다.
   다. 운영체제가 여러 CPU 간의 기억장치를 공유하기 위한 스케쥴링이 간단해진다.
   라. 서로 다른 응용 프로그램에 대해 서로 다른 목적을 위해 자신을 동적으로 재구성할 수 있다.

70. 가상기억장치에 대한 설명으로 옳지 않은 것은?
   가. 프로세스의 전체가 완전히 기억장치 내에 존재하지 않아도 수행이 가능한 기법이다.
   나. 가상기억장치는 실제 메모리로부터 사용자 논리 메모리를 분리하는 것이다.
   다. 가상기억장치는 구현하기 쉽고, 만약 잘못 사용하여도 실질적인 성능과는 무관하다.
   라. 가상기억장치는 대개 요구 페이징(demand paging)에 의해서 구현된다.

71. 보조기억장치의 보안 유지 기법 중 다음은 무엇에 해당하는가?

ㅇ 화재, 홍수 등과 같은 천재지변으로 부터의 보안 ㅇ 외부 침입자로 부터의 보안 ㅇ 감지 기능이 중요함.

   가. 시설보안　　　　　　　나. 운용보안
   다. 사용자 인터페이스 보안　　　　　　　라. 내부 보안

72. 순차파일의 장점이 아닌 것은?
   가. 간단한 구조이기 때문에 특정 레코드를 검색하기 편리하다.
   나. 레코드들을 순차적으로 저장하기 때문에 저장매체의 효율이 높다.

다. 어떠한 저장매체에서도 파일 구성이 가능하다.

라. 레코드 정렬순서에 따라 순차적으로 접근하기 때문에 다음 레코드에 대한 접근 속도가 빠르다.

73. 분산처리 시스템의 장점에 해당하지 않는 것은?

가. 계산속도 향상　　나. 보안의 용이성 향상

다. 신뢰성 향상　　라. 자원 공유 증대

74.UNIX에서 i-node에 들어있는 정보가 아닌 것은?

가. 파일의 유형　　나. 파일의 보호권한

다. 최종 수정시간　　라. 자유 블록 비트맵

75. 병행중인 프로세스들 간에 공유 변수를 액세스하고 있는 하나의 프로세스 이외에는 다른 모든 프로세스들이 공유 변수를 액세스하지 못하도록 제어하는 기법을 무엇이라 하는가?

가. 상호보완　　나. 상호배제

다. 접근제한　　라. 상호접근제한

76. 디스크 대기 큐가 65, 112, 40, 16, 90, 165, 35 이고 입출력 헤드의 처음 위치가 100, 전체 트랙길이가 200 일 때 트랙 접근 순서가 90, 112, 65, 40, 35, 16, 165 이고 헤드 이동거리가 10, 22, 47, 25, 5, 19, 149 라면 사용된 디스크 스케쥴링 기법은?

가. FIFO(First-In First-Out)

나. SSTF(Shortest Seek Time First)

다. SCAN

라. LOOK

77. 인터럽트의 종류 중 입출력 수행, 기억 장치 할당, 오퍼레이터와의 대화 등을 위하여 발생하는 것은?

가. 기계 검사 인터럽트　　나. 외부 인터럽트

다. 입/출력 인터럽트　　라. SVC 인터럽트

78. 어떤 프로세스가 실행에 필요한 수만큼의 프레임을 갖지 못하여 빈번한 페이지 부재(page fault)의 발생으로 프로그램 수행에 보내는 시간보다 페이지 교환에 보내는 시간이 더 큰 현상은?

가. 요구 페이징(demand paging)　　나. 스래싱(thrashing)

다. 단편화 (fragmentation)　　라. 블록킹(blocking)

79. 아래와 같이 주어진 세그먼트 사상 테이블을 이용하여 다음의 논리적 주소를 물리적 주소로 변환하면? (단, 논리적인 주소는 (세그먼트 ID, 변위)로 구성되어 있다.)

- 논리 주소 : (1, 15)

[세그먼트 사상 테이블]

세그먼트	시작주소	세그먼트 길이
0	219	600
1	2300	14
2	90	100
3	900	200

가. 2300　　나. 2315　　다. 115　　라. 오류 발생

80. 교착 상태의 예방을 위하여 각 자원 유형에 일련의 순서번호를 부여하는 것은 다음 중 어떤 교착 상태 발생 조건을 제거하기 위한 것인가?

가. 상호배제 조건　　나. 점유와 대기 조건　　다. 비선점 조건　　라. 환형대기 조건

정보처리 기사 - 2005년 3월 추가 시행

41. 너무 자주 페이지 교환이 발생하여 어떤 프로세스가 프로그램 수행에 소요되는 시간보다 페이지 교환에 소요되는 시간이 더 많은 경우를 무엇이라고 하는가?

가. locality　　나. thrashing
다. working set　　라. pre-paging

42. 운영체제의 목적으로 거리가 먼 것은?

가. 사용자 인터페이스 제공　　나. 주변 장치 관리
다. 데이터 압축 및 복원　　라. 신뢰성 향상

43. 사용자가 요청한 디스크 입, 출력 내용이 다음과 같은 순서로 큐에 들어 있다. 이 때 SSTF 스케쥴링을 사용한 경우의 처리 순서는?
(단, 현재 헤드 위치는 53 이고, 제일 인쪽이 1번, 바깥쪽이 200번 트랙이다.)

큐의 내용 : 98 183 37 122 14 124 65 67

가. 53-65-67-37-14-98-122-124-183　　나. 53-98-183-37-122-14-124-65-67
다. 53-37-14-65-67-98-122-124-183　　라. 53-67-65-124-14-122-37-183-98

44. UNIX 운영체제의 특징과 가장 거리가 먼 것은?

가. 높은 이식성　　나. 파일 시스템의 리스트 구조
다. 사용자 위주의 시스템 명령어 제공　　라. 쉘 명령어 프로그램 제공

45. UNIX 파일 시스템의 블록구조에 포함되지 않는 것은?

가. 사용자 블록(USER BLOCK)　　나. 부트 블록(BOOT BLOCK)
다. INODE 리스트　　라. 슈퍼(SUPER) 블록

46. 다음과 같은 접근제어 행렬에 대한 설명 중 옳은 것은?

파일 사용자	김영수	이길동	최동규
인사 파일	E	REW	E
급여 파일	RW	NONE	R

(E : 실행가능　R : 판독가능　W : 기록가능)

가. 김영수는 인사와 급여파일을 판독하고 기록할 수 있다.
나. 이길동은 인사와 급여파일을 읽을 수 있다.
다. 최동규는 급여파일의 내용을 변경할 수 있다.
라. 이길동은 인사파일에 대한 모든 권한을 가지고 있다.

47. 두개의 프로세스 간 선행순서를 Pi<Pj 로 표현할 경우 Pj 가 먼저 실행된다고 가정한다면, P2<P1, P4<P2, P4<P3의 선행관계가 있는 경우에 병행으로 실행될 수 있는 프로세스는?

가. P1, P3 나. P1, P4 다. P2, P4 라. P3, P4

48. 컴퓨터 자체 내의 기계적인 장애나 오류로 인하여 발생하는 인터럽트는?

가. 입출력 인터럽트 나. 외부 인터럽트
다. 기계 검사 인터럽트 라. 프로그램 검사 인터럽트

49. 페이지 교체 기법 중 매 페이지마다 두개의 하드웨어 비트가 필요한 기법은?

가. FIFO 나. LRU 다. LFU 라. NUR

50. 기억 장치 관리에서 60K의 사용자 공간이 아래와 같이 분할되어 있다고 가정할 때 24K, 14K, 12K, 6K의 작업을 최적적합(best-fit) 전략으로 각각 기억 공간에 들어온 순서대로 할당할 경우 생기는 총 내부 단편화(internal fragmentation)의 크기와 외부단편화(external fragmentation)의 크기는 얼마인가?

운영체제
25K
15K
10K
10K

가. 내부 단편화 4K, 외부 단편화 6K 나. 내부 단편화 6K, 외부 단편화 8K
다. 내부 단편화 6K, 외부 단편화 10K 라. 내부 단편화 4K, 외부 단편화 12K

51. UNIX 특징을 설명한 것중 틀린 것은?

가. 대화식 시분할 체제이다.
나. 하나 이상의 작업을 백그라운드에서 수행할 수 있으므로 대화식 시스템이라고 부르기도 한다.
다. 동시에 여러 가지 작업을 수행하는 다중 테스킹 운영체제이다.
라. 다중 사용자 운영체제로 두 사람 이상의 사용자가 동시에 시스템을 사용할 수 있다.

52. 다음의 운영체제 형태 중 시대적으로 가장 먼저 생겨난 방식은?

가. 다중프로그래밍 시스템 나. 시분할 시스템
다. 일괄처리 시스템 라. 분산처리 시스템

53. 분산 처리 시스템과 관련이 없는 설명은?

가. 분산된 노드들은 통신 네트워크를 이용하여 메시지를 주고받음으로서 정보를 교환한다.
나. 사용자에게 동적으로 할당할 수 있는 일반적인 자원들 이 각 노드에 분산되어 있다.
다. 시스템 전체의 정책을 결정하는 어떤 통합적인 제어 기능은 필요하지 않다.
라. 사용자는 특정 자원의 물리적 위치를 알지 못하여도 사용할 수 있다.

54. 순차 파일에 대한 설명으로 틀린 것은?
   가. 적합한 기억 매체로는 자기 테이프를 쓰면 편리하다.
   나. 필요한 레코드를 삽입하는 경우 파일 전체를 복사할 필요가 없다.
   다. 기억장치의 효율이 높다.
   라. 검색시에 효율이 나쁘다.

55. 분산 운영체제의 개념 중 강결합 시스템(TIGHTLY -COUPLED)의 설명으로 틀린 것은?
   가. 프로세스간의 통신은 공유메모리를 이용한다.
   나. 여러 처리기들 간에 하나의 저장장치를 공유한다.
   다. 메모리에 대한 프로세스 간의 경쟁 최소화가 고려되어야 한다.
   라. 각 사이트는 자신만의 독립된 운영체제와 주기억장치를 갖는다.

56. 디스크 스케쥴링 기법 중 다음의 특징을 갖는 기법은?

디스크의 헤드가 제일 바깥 트랙에서부터 시작하여 제일 안쪽 트랙으로 이동하면서 요구에 대한 서비스를 수행하는 기법으로 안쪽 실린더 도착시 다시 바깥쪽 실린더 쪽으로 헤드가 이동하면서 수행하는 서비스

   가. FCFS(FIRST COME FIRST SERVICE)
   나. SSTF(SHORTEST SEEK TIME FIRST)
   다. SCAN
   라. LRU(LEAST RECENTLY USED)

57. 실행 중인 프로세스가 CPU 할당시간을 다 사용한 후 어떤 상태로 전이하는가?
   가. ready 상태　　나. running 상태
   다. block 상태　　라. suspended 상태

58. 스케줄링 알고리즘의 성능평가 기준이 아닌 것은?
   가. 반환시간　　나. 대기시간
   다. CPU 사용률　　라. 버퍼링

59. 교착상태의 예방 기법 중 각 프로세스는 한꺼번에 자기에게 필요한 자원을 모두 요구해야 하며, 이 요구가 만족되지 않으면 작업을 진행할 수 없게 하는 방법이 있다. 이것은 다음 중 무슨 조건을 방지하기 위함인가?
   가. 비선점(non preemption) 조건
   나. 점유 및 대기(hold & wait) 조건
   다. 순환대기(circular wait) 조건
   라. 상호배제(mutual exclusion) 조건

60. 중앙 컴퓨터와 직접 연결되어 응답이 빠르고 통신비용이 적게 소요되지만, 중앙 컴퓨터에 장애가 발생되면 전체 시스템이 마비되는 분산 시스템의 위상 구조는?

가. 완전연결(fully connected) 구조　　나. 성형(star) 구조

다. 계층(hierarchy) 구조　　라. 환형(ring) 구조

정보처리 산업기사 - 2005년 3월 시행

61. 분산 운영체제에서 프로세스 P가 사이트 A에 있는 파일에 접근할 때 프로세스가 원격 프로시져 호출(Remote Procedure Call)을 이용하여 이동하는 이주 기능은?

가. 데이터 이주 나. 연산 이주
다. 프로세스 이주 라. 사이트 이주

62. HRN 스케줄링에서 우선순위 결정의 계산식은?

가. (대기시간 + 실행시간) / 실행시간
나. (대기시간 + 서비스 시간) / 실행시간
다. (대기시간 + 서비스 시간) / 서비스 시간
라. (실행시간 + 서비스 시간) / 서비스 시간

63. 디음괴 같은 세그멘트 테이블이 있을 때, 실제 주소는 얼마가 되겠는가?
(단, 가상주소 = s(2,100))

세그먼트 번호	크기	시작주소
0	1200	4000
1	800	5700
2	1000	2000
3	500	3200

가. 1500 나. 1600 다. 2000 라. 2100

64. 운영체제의 기능으로 적당하지 않은 것은?

가. 컴퓨터 시스템의 초기화 기능
나. 효율적인 자원관리와 할당기능
다. 고급 언어로 작성된 프로그램을 기계어로 번역하는 기능
라. 오류 검사 및 복구 기능

65. 유닉스 시스템에서 파일의 내용을 화면에 출력할 때 사용하는 명령어는?

가. cat 나. finger 다. ls 라. print

66 .파일 시스템의 일반적인 기능으로 거리가 먼 것은?

가. 사용자 외에 타인이 파일에 대한 작업을 할 수 없도록 한다.
나. 사용자가 파일을 생성하고, 변경하고 제거할 수 있도록 한다.
다. 정보의 손실이나 파괴를 방지하기 위해 백업과 복구 능력을 갖추어야 한다.
라. 사용하기 편리한 인터페이스를 제공해야 한다.

67. UNIX에서 커널의 기능이 아닌 것은?

가. 프로세스 관리 기능 나. 기억장치 관리 기능
다. 입/출력 관리 기능 라. 명령어 해독 기능

68. 프로세스의 정의로 적당하지 않은 것은?

가. 하드웨어에 의해 사용되는 입/출력 장치
나. 실행중인 프로그램
다. 운영체제 내에 프로세스 제어 블록의 존재로서 명시되는 것
라. 프로세서가 할당되는 개체

69. 사용자 password에 대한 설명으로 옳지 않은 것은?

가. 추측 가능한 사용자의 전화번호, 생년월일 등으로는 구성하지 않는 것이 바람직하다.
나. 암호가 짧을수록 추측에 의한 암호 발각 가능성이 희박하다.
다. 암호는 자주 변경하는 것이 바람직하다.
라. 불법 액세스를 방지하는데 사용된다.

70. 인터럽트의 종류에 해당하지 않는 것은?

가. 프로세스 인터럽트 나. 입/출력 인터럽트
다. 외부 인터럽트 라. SVC(Supervisor Call) 인터럽트

71. 운영체제가 보조 기억장치의 적절한 관리를 위해서 하는 일 중 옳지 않은 것은?

가. 기억 장소의 할당 나. 응용 프로그램 유지보수
다. 빈 공간의 관리 라. 디스크 스케줄링

72. 하나의 프로세스가 자주 참조하는 페이지의 집합을 의미하며, 이런 페이지 집합이 적재되면 프로세스는 한동안 페이지 폴트 없이 실행될 수 있다. 이런 페이지 집합을 무엇이라 하는가?

가. working set 나. critical section
다. paging 라. fragmentation

73. 기억장치 배치 전략으로 사용되지 않는 것은?

가. 최적 적합(best-fit) 전략 나. 최초 적합(first-fit) 전략
다. 최종 적합(last-fit) 전략 라. 최악 적합(worst-fit) 전략

74. 분산 처리 시스템의 장점에 해당하지 않는 것은?

가. 자원의 공유 나. 신뢰도 향상
다. 부하의 균형 라. 보안의 향상

75. 비선점(nonpreemptive)형 프로세스 스케줄링 방식에 해당하는 것은?

가. SJF, SRT　　나. SJF, FIFO
다. Round-Robin, SRT　　라. Round-Robin, SJF

76. 페이지 교체 기법 중 시간 오버헤드를 줄이는 기법으로서 참조비트(referenced bit)와 변형비트(modified bit)를 필요로 하는 방법은?

가. FIFO　　나. LRU　　다. LFU　　라. NUR

77. 파일의 편성 방식 중 해쉬(Hash) 기법과 가장 연관이 많은 파일은?

가. 순차파일　　나. 직접파일
다. 색인파일　　라. 색인순차파일

78. 디스크의 서비스 요청 대기큐에 도착한 요청이 다음과 같을 때 SSTF 스케쥴링 기법 사용시 75번 트랙은 몇 번째로 서비스 받는가? (단, 현재 헤드위치는 100번 트랙으로 가정한다.)

FRONT 105, 75, 58, 90, 35, 200, 64, 89

가. 두 번째　　나. 세 번째　　다. 네 번째　　라. 다섯 번째

79. 하나의 프로세스가 시스템 내에 존재하는 동안 그 프로세스는 여러 상태를 거치게 된다. 상태 전이에 관한 설명으로 옳지 않은 것은?

가. 디스패칭(dispatching) : 준비상태 →실행상태
나. 보류상태(block) : 실행상태 →보류상태
다. 조건만족(wakeup) : 보류상태 →실행상태
라. 할당시간 종료(time runout) : 실행상태 →준비상태

80. 프로그램이 프로세서에 의해 수행되는 속도와 프린터 등에서 결과를 처리하는 속도의 차이를 극복하기 위해 디스크 저장 공간을 사용하는 기법은?

가. 링킹(linking)　　나. 사이클 스틸링(cycle stealing)
다. 스풀링(spooling)　　라. 페이징(paging)

정보처리 기사 - 2005년 3월 시행

41. 해싱 등의 사상 함수를 사용하여 레코드 키에 의한 주소 계산을 통해 레코드를 접근할 수 있도록 구성한 파일은?

가. 순차 파일　　나. 인덱스 파일
다. 직접 파일　　라. 다중 링 파일

42. 디스크 스케쥴링시 발생하는 병목현상을 제거하기 위한 방법으로 옳지 않은 것은?

가. 제어장치가 포화상태가 되면 해당 제어장치에 부착된 디스크의 수를 감소시킨다.
나. 입출력 채널이 복잡하면 그 채널에 부착된 제어장치 중 몇 개를 다른 채널로 옮긴다.
다. 입출력 채널이 복잡하면 채널을 추가한다.
라. 입출력 채널이 복잡하면 그 채널에 부착된 제어장치를 통합한다.

43. 견고한 분산 시스템을 구축하기 위해서는 어떤 종류의 결함이 발생할 수 있는지 알아야 한다. 분산 시스템에서 발생할 수 있는 일반적인 결함으로 볼 수 없는 것은?

가. 링크 결함　　나. 사이트 결함
다. 메시지의 분실　　라. 데이터 결함

44. 은행가 알고리즘(Banker's Algorithm)은 다음 교착상태 관련 연구 분야 중 어떤 분야에 속하는가?

가. 교착 상태의 예방　　나. 교착 상태의 회피
다. 교착 상태의 발견　　라. 교착 상태의 복구

45. 자원이 총 12개이고, 현재 할당된 양이 10개(P1:2, P2:4, P3:4)일 경우 아래 시스템을 안전 상태가 되도록 하려면, 다음 보기 항 중 A, B의 요구량으로 적합한 것은?

프로세스	현재할당량	최대요구량	추가요구량
P1	2	5	3
P2	4	A	B
P3	4	8	4

가. 7, 3　　나. 6, 2　　다. 7, 4　　라. 6, 3

46. 자식 프로세스의 하나가 종료될 때까지 부모 프로세스를 임시 중지시키는 유닉스 명령어는?

가. exit()　　나. fork()　　다. exec()　　라. wait()

47. NUR(Not-Used-Recently) 페이지 교체방법에서 가장 우선적으로 교체 대상이 되는 것은?

가. 참조되고 변형된 페이지　　나. 참조는 안되고 변형된 페이지
다. 참조는 됐으나 변형 안된 페이지　　라. 참조도 안되고 변형도 안된 페이지

48. 인터럽트에 대한 설명으로 옳지 않은 것은?
   가. 프로세서가 명령문을 수행하고 있을 때 다른 작업을 처리하기 위해 그 수행을 강제로 중단시키는 사건을 인터럽트라고 한다.
   나. 인터럽트 발생시 복귀 주소(return address)는 시스템 큐에 저장한다.
   다. 인터럽트가 발생하면 해당 인터럽트 처리 루틴으로 가서 그 사건을 처리한 후 원래 중단되었던 프로그램 지점으로 되돌아온다.
   라. 인터럽트의 종류 중 기계검사 인터럽트는 하드웨어에 고장이 생겼을 때 발생하는 인터럽트를 말한다.

49. 가상기억장치에 대한 설명 중 옳지 않은 것은?
   가. 동적주소 변환(DAT) 기법은 프로세스가 수행될 때 가상주소를 실주소로 바꾸어 준다.
   나. 크기가 고정된 블럭을 페이지라 하며, 크기가 변할 수 있는 블럭을 세그먼트라 한다.
   다. 인위적 연속성(artificial contiguity)이란 가상주소 공간상의 연속적인 주소가 주기억장치에서도 인위적으로 연속성을 보장해야 하는 성질을 말한다.
   라. 세그먼트 기법에서 한 프로세스의 세그먼트들은 동시에 모두 기억장치 내에 있을 필요가 없으며, 연속적일 필요도 없다.

50. HRN(Highest Response Scheduling) 스케쥴링 기법에서 우선순위 결정 방법은?
   가. (대기시간 + 서비스 시간) / 대기 시간
   나. (대기시간 + 서비스 시간) / 서비스 시간
   다. 대기시간 / (대기 시간 + 서비스 시간)
   라. 서비스 시간 / (대기 시간 + 서비스 시간)

51. UNIX에서 파이프의 의미로 가장 적합한 것은?
   가. 분산 처리를 위한 임시 화일
   나. 프로세스 간의 생산자-소비자 모델의 데이터 전달을 위한 큐
   다. 프로세스간의 통신을 위한 공유 메모리
   라. 세마포어에 의해서 공유가 제어되는 자원을 사용하기 위해 대기 중인 프로세스들의 큐

52. 현재 헤드의 위치가 50에 있고 트랙 0번 방향으로 이동하며 요청 대기 열에는 다음과 같은 순서로 들어 있다고 가정할 때 헤드의 총 이동거리가 가장 짧은 스케줄링은?

100, 180, 40, 120,0, 130, 70, 80, 150, 200

   가. C-SCAN 스케줄링
   나. FCFS 스케줄링
   다. SCAN 스케줄링
   라. SSTF 스케줄링

53.분산 운영체제의 구조 중 아래 설명에 해당하는 구조는?

- 각 사이트는 정확히 다른 두 사이트와 물리적으로 연결되어 있다.
- 정보 전달 방향은 단방향 또는 양방향일 수 있다.
- 기본비용은 사이트의 수에 비례한다.
- 메시지가 링을 순환할 경우 통신비용은 증가한다.

가. ring connection　　나. hierarchy connection
다. star connection　　라. partially connection

54. 시스템 성능 평가 요인과 거리가 먼 것은?

가. 프로그램 크기　　나. 신뢰도
다. 처리능력　　라. turnaround time

55. 시스템 소프트웨어와 그 기능에 대한 설명 중 옳지 않은 것은?

가. 로더 : 실행 가능한 프로그램을 기억 장치로 적재
나. 링커 : 사용자 프로그램 소스코드와 I/O 루틴과의 결합
다. 언어 번역기 : 고급언어로 작성된 사용자 프로그램을 기계어로 번역
라. 디버거 : 실행시간 오류가 발생할 경우 기계 상태 검사 및 수정

56. 운영체제의 일반적인 역할이 아닌 것은?

가. 사용자들 간의 하드웨어의 공동사용
나. 자원의 효과적인 운영을 위한 스케줄링
다. 입, 출력에 대한 보조역할
라. 실행 가능한 목적(object) 프로그램 생성

57. UNIX 시스템에서 파일보호를 위해 사용하는 방법으로 read, write, execute 등 세 가지 접근 유형을 정의하여 제한된 사용자에게만 접근을 허용하고 있다. UNIX의 이러한 파일보호 방법은 파일 보호 기법의 종류 중 무엇에 해당하는가?

가. 파일의 명명(Naming)　　나. 접근제어(Access control)
다. 비밀번호(Password)　　라. 암호화(Cryptography)

58. 교착상태 예방에 대한 설명 중 옳지 않은 것은?

가. 교착상태의 예방은 자원의 이용율이 낮아지지만 널리 사용되는 방법이다.
나. 교착 상태의 예방은 시스템의 운영 중 상황을 보아가면서 교착 상태 가능성을 피해가는 것이다.
다. 교착상태의 예방은 가장 명료한 해결책이나 프로세스가 실행하기 전에 모든 자원을 배당시키는 등 엄격한 자원 배당과 해제 정책을 사용해야 한다.

라. 교착상태 예방은 상호배제, 점유 및 대기, 비선점, 환형대기 중 어느 하나라도 발생하지 않게 함으로써 예방이 가능하다.

59. 다중 프로그래밍 시스템에서 운영체제에 의하여 CPU가 할당되는 프로세스를 변경하기 위하여 현재 CPU를 사용하여 실행되고 있는 프로세서의 상태정보를 저장하고 제어권을 인터럽트 서비스 루틴에게 넘기는 작업을 무엇이라 하는가?

가. semaphore　　나. monitor

다. mutual exclusion　　라. context switching

60. 분산처리 시스템의 장점 중 무엇에 해당하는가?

> 특정한 시스템 병목 현상을 제거하기 위해 필요한 자원을 추가할 수 있으므로 선택적인 성능 향상을 가능하게 한다.

가. 통신과 정보 공유(communication and information sharing)

나. 점진적인 확장(incremental growth)

다. 가용성(availability)

라. 고장 허용성(fault tolerance)

찾 아 보 기

(ㄱ)

(ㄴ)

(ㄷ)

(ㄹ)

(ㅁ)

(ㅂ)

(ㅅ)

(A)

(B)

(C)

(D)

(Q)

(R)

(S)

(T)

(U)

(V)

(W)

운영체제의 이해

2009년 1월 15일 인쇄
2009년 1월 20일 발행
저 자 안 동 찬 · 변 창 우 공저
펴낸이 오 성 걸
펴낸곳 오성미디어
주 소 132-916 서울시 도봉구 창 3동 491-1
전 화 02)997-0136
FAX 02)997-0137
등 록 2000. 5. 12 제 7-212 호
ISBN 978-89-92583-40-4 정가 18,000원